왕실 혼례의 기록
가례도감의궤와 미술사

李成美 지음

소와당

책을 펴내며

조선시대 궁중의 중요한 행사의 전말(顚末)을 기록하여 도설(圖說), 즉 그림과 더불어 책으로 묶어놓은 조선왕조의 의궤(儀軌)들은 그 기록의 자세함과 내용의 풍부함으로 인하여 우리나라 문화사 연구에 무궁무진한 자료를 제공해 준다. 이러한 자료적 가치를 세계적으로 인정받아 2007년 6월 이들 의궤는 유네스코 세계기록유산(UNESCO Memory of the World)에 등재된 바 있다.

필자가 다년간 재직했던 한국정신문화연구원(韓國精神文化硏究院, 현 한국학중앙연구원)의 장서각(藏書閣) 도서관은 서울대 규장각(奎章閣) 도서관에 이어 두 번째로 의궤 전적(典籍)을 많이 소장하고 있다. 프랑스 국립 도서관에는 1866년 병인양요(丙寅洋擾) 때 프랑스 해군이 약탈해간, 외규장각에 보관되었던 의궤들이 보관되어 있다. 필자는 여러 해 동안 이들 의궤를 가까이 접하면서 그 자료의 풍부함에 매료되어 필자의 전공인 미술사, 나아가서는 문화사의 관점에서 의궤를 심층 연구할 기회를 갖게 되었다. 이들 연구는 모두 공동연구의 형식을 취했으므로 그 결과물은 1994년부터 2005년까지 여러 편의 한국정신문화연구원 공동연구서로 출간되었다.

이번에 펴내게 된 『가례도감의궤와 미술사』는 왕실 혼례의 기록인 가례도감의궤(嘉禮都監儀軌)에 관한 것이다. 원래 필자가 연구책임을 맡고 강신항(姜信沆), 유송옥(劉頌玉) 두 교수들과 실행한 공동연구의 결과물인 『藏

書閣所藏 嘉禮都監儀軌(장서각소장 가례도감의궤)』(城南: 韓國精神文化硏究院, 1994)에 실렸던 필자의 논문「藏書閣所藏 嘉禮都監儀軌의 美術史的 考察(장서각소장 가례도감의궤의 미술사적 고찰)」을 수정하거나 상당부분 다시 집필한 것을 주축으로 하였다. 필자는 이 책에 이어서 궁중의 크고 작은 잔치를 기록한 진찬(進饌)·진연(進宴)의궤, 국왕의 초상화를 그리거나 훼손된 초상화를 모사한 행사의 기록인 어진(御眞) 관련 도감의궤에 관한 글들을 출간할 예정이다.

이 책에는 또한 필자가 의궤를 다룬 여러 편의 논문을 쓰게 된 경위, 그 과정에서 도움을 주셨던 분들의 이야기, 또는 그 과정에서 있었던 여러 가지 에피소드를 수필 형식으로 다룬「에필로그: 나와 조선시대 의궤연구」를 말미에 실었다. 이 글은 제자들이 나의 정년퇴임을 맞아 출간했던『조선왕실의 미술문화』(서울: 대원사, 2005)에 실렸던 것을 역시 이번 책에 맞게 수정, 재편집한 것이다.

현재 한국과 프랑스 두 정부 간에 파리에 있는 의궤들의 반환협상이 진행되고 있다. 파리 소장본들은 많은 책들이 국왕의 열람을 위해 만든, 따라서 장정(裝幀), 종이, 글씨, 그리고 그림들이 다른 본에 비해 획기적으로 우수한, 어람용(御覽用) 의궤들이므로 의궤 연구자에게는 매우 귀중한 것들이다. 이 협상 과정이 때때로 미디어에 의해 보도되면서 조선왕조 의궤에 관한 일반 국민들의 관심도 점차 높아가고 있다.

　그러나 의궤를 통해서 우리가 조선왕조의 문화를 어느 정도 깊이 있고 폭넓게 이해할 수 있는가를 보여주는 연구서들이 매우 부족한 현실이다. 따라서 필자는 그동안 주로 전문가들을 대상으로 하였던 논문들, 그리고 때로는 절판 되거나 손쉽게 구할 수 없는 공동연구서에 실린 필자의 논문들을 단행본으로 만드는 것이 필요하다고 생각하였다. 마침 필자의 이러한 뜻을 헤아린 도서출판 소와당(笑臥堂)의 류형식(柳炯植) 편집장은 이 까다로운 출판을 선선히 맡아주겠다고 하여 이 책을 펴내게 되었다.

　원래의 논문들이 전문가들만을 대상으로 하였던 관계로 대부분 한자(漢字)를 그대로 노출시킨 글들이었는데 이번에는 되도록 많은 어휘를 한글로 바꾸고 한자(漢字)가 필요하다고 생각되는 경우 괄호 안에 넣었다. 또한 의궤 문서에서 사용된 많은 어휘들을 문장 안에서 풀이해서 좀 더 쉽게 그 의미가 이해되도록 하였고, 문장도 되도록이면 평이하게 작성하도록 노력하였다. 이들 어휘를 책 뒤에 〈용어해설〉에 묶어 놓아 반복하여 나타나는 경우에 언제든지 찾아볼 수 있도록 하였다.

　에필로그 가운데 첫 번째 공동연구서를 출간할 때의 도판 촬영에 관한 애로사항을 설명한 부분이 있는데 이번에는 많은 도판을 소와당에서 다시 촬영하였다. 이 과정에서 흔쾌히 촬영에 협조해 주신 한국학중앙연구원 장서각의 최진옥(崔珍玉) 관장님께 진심으로 감사드린다.

내 글들을 개고(改稿)하는 과정에서 지난 일 년 동안 많은 도움을 준 나의 연구조교 신선영(申善暎, 한국학중앙연구원 박사과정), 그리고 이제 석사학위를 마치고 선영의 뒤를 이어 나의 연구조교로 도움을 주고 있는 이윤희(李侖禧)에게도 애정 어린 고마움을 표시한다. 끝으로 류형식 편집장과 소와당 편집부의 여러분들께 다시 한 번 감사드린다.

2008년 봄
靜軒 李成美 識

차 례

책을 펴내며 ·· 4

1. 머리말 ·· 11
2. 가례도감의궤의 제작 및 현존 현황 ·· 24
3. 1600년대 가례도감의궤와 반차도 행렬의 구성 ························ 34
   1. 소현세자 가례도감의궤(1627) ··· 34
   2. 숙종 가례도감의궤(1681) ··· 55
   3. 1600년대 기타 가례반차도의 특징적 구성 요소 ················· 81
4. 1700년대 가례도감의궤와 반차도 행렬의 구성 ························ 92
   1. 영조와 정순후 가례(1759) 이전 ·· 92
   2. 영조 가례도감의궤(1759) ··· 95
   3. 왕세손〔정조〕가례도감의궤(1762) ································· 158
5. 1800년대 가례도감의궤와 반차도 행렬의 구성 ······················ 182
   1. 순조 가례도감의궤(1802) ··· 183
   2. 왕세자〔익종/문조〕가례도감의궤(1819) ························· 191
   3. 헌종 효현후 가례도감의궤(1837) ···································· 197
   4. 헌종 효정후 가례도감의궤(1844) ···································· 202
   5. 철종 가례도감의궤(1851) ··· 207
   6. 고종 가례도감의궤(1866) ··· 215
   7. 왕세자〔순종〕가례도감의궤(1882) ································· 222
6. 대한제국시대 가례도감의궤와 반차도 행렬의 구성 ················· 230
   1. 황태자〔순종〕가례도감의궤(1906) ································· 230

7. 가례반차도의 회화 양식 · 238

   1. 육필화(肉筆畵) 가례반차도(1627, 1638, 1651) · 238
   2. 육필(肉筆)과 판화기법의 혼용(1671, 1681, 1696) · 246
   3. 판화기법의 본격적인 적용(1700년대 이후) · 253

8. 조선왕조 가례도감에 봉사(奉事)한 화가들과 그들의 임무 · 280

   1. 가례 행사 때 화가들의 임무 · 280
   2. 가례도감에 참여한 화가들의 명단 · 317

9. 맺음말 · 345

에필로그: 나와 의궤연구 · 351

부록 · 389

   헌종 효현후 가례도감의궤(1837) 내용 요약 · 390
   『畵寫兩家譜錄』에 기재된 화가들의 명단(가나다순) · 397

참고문헌 · 406
도판·표 목록 · 413
용어해설 · 423
찾아보기 · 436

1
머리말

조선시대에는 궁중의 모든 길흉의례(吉凶儀禮) 및 국가행사가 거행될 때마다 그 행사를 직접 맡아서 주관하는 임시 관사(官司)인 도감(都監)이 설치되었다. 이 도감에서는 그 행사의 모든 단계 과정을 날짜순으로 기록한 등록(謄錄)을 만들고, 여기에 행렬 반차도(班次圖: 의식에서 모든 참가자들이 각기 지위에 따라 정해진 위치에 늘어선 모습을 그린 그림) 등의 다른 자료들을 포함한 〈의궤(儀軌)〉라는 필사본 책을 만들었다. '의궤(儀軌)'라는 단어를 글자 그대로 풀이하면 '의식(儀式)의 궤범(軌範)'이다. 좀 더 자세히 살펴보면 국가적 행사가 있을 때 그 의식의 전말(顚末)을 상세히 기록하여 차후에 그와 유사한 행사가 있을 때 그 기록을 범본(範本)으로 삼아 참고할 수 있도록 하기 위한 기록이다. 이전의 의궤를 모두 그대로 따르는 것은 아니지만 기본적인 참고자료로 활용하는 것이다.

의궤는 그 행사의 종류에 따라 가례도감의궤(嘉禮都監儀軌),^(도 1-1) 책례

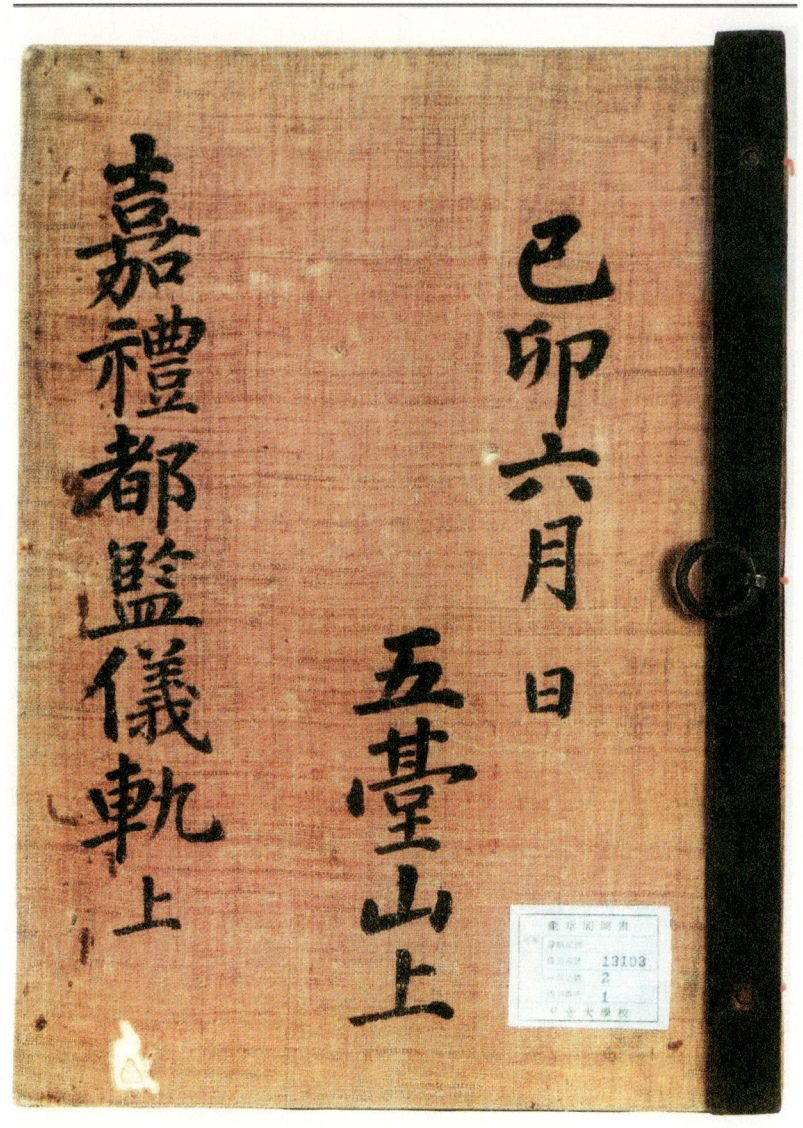

● 도 1-1
영조 가례도감의궤(1759) 표지, 규장각

도감의궤(册禮都監儀軌), 존숭도감의궤(尊崇都監儀軌) 등등으로 분류된다. 그 내용은 행사의 책임을 맡은 각급 관원들의 명단, 논의과정, 의식의 세부 절차, 관계 관청 상호간에 주고받은 문서의 기록, 예물의 상세한 목록, 기타 행사에 소요되는 각종 물건의 목록 및 제작에 소요되는 품목, 그 제작을 맡은 장인(匠人)들의 이름, 그들에 대한 보수(報酬) 등의 상세한 기록을 담고 있다. 이들 의궤는 조선시대의 정치, 경제, 사회, 문화 등 각 분야에 걸친 풍부한 자료를 제공하므로 그 사료적 가치는 실로 막중하다. 머리말 마지막 부분에 첨부한 〈표 1〉에는 우선 이러한 의궤들을 행사의 종류, 또는 내용별로 분류하고 그들이 어떤 행사를 위한 의궤인가를 간단히 풀이하였다.[1] 그러므로 각 종류별 의궤에는 가례도감의궤가 현재 20건(件)이 현존하는 것과 같이 여러 건(件)의 의궤가 있으며, 이들 각 건마다 제작 당시 여러 부(실제로 의궤 책에는 몇 건으로 표시되었음)가 만들어졌으므로 현재도 한 부 이상 남아있다. 아래에서는 이들을 '책(册)'으로 지칭하겠다. 그런데 의궤에 따라 두 권 또는 세 권으로 작성된 것도 있음을 밝혀 둔다.

현재 3600여 책(册)에 달하는 이들 도감의궤류는 서울대학교의 규장각(奎章閣) 도서관에 540종 2700여 책, 한국학중앙연구원의 장서각(藏書閣) 도서관에 293종 356책, 프랑스 국립도서관(Bibliothèque Nationale de France)에 191종 297책, 일본의 궁내청(宮內廳)에 71책, 그리고 런던의 대영

---

[1] 이 표는 『藏書閣所藏 嘉禮都監儀軌』에 게재된 공저자 강신항(姜信沆) 교수의 「儀軌硏究 序說」이라는 글 '제II장 各 儀軌의 種類'에 열거된 26종과 『藏書閣所藏 儀軌 解題』(韓國精神文化硏究院, 2001), 『파리 국립도서관 소장 외규장각 의궤 조사 연구』(외교통상부, 2003), 그리고 한영우, 『조선왕조 의궤』(일지사, 2005) 등 최근의 의궤 조사 결과를 담은 책들을 참고로 하여 필자가 새로 작성한 것이다.

● 도 1-2
전 김홍도(1745~1806), 〈규장각도(奎章閣圖)〉, 견본채색, 144.4×115.6cm, 국립중앙박물관

●도 1-3
창경궁 장서각. 1911년 건립

도서관(British Library)에 1책이 각각 보관되어 있다. 이 숫자는 2005년까지 이들 도서관에서 파악한 숫자이며 여러 도서관에 같은 건의 의궤가 중복 소장되어 있음을 알 수 있다.

    서울대 규장각 소장 의궤들은 원래 왕실 도서 보관 장소였던 창덕궁의 규장각에(도 1-2) 있던 것들과 예조(禮曹) 및 각 사고(史庫)에 보관되어 있던 것들이 주류를 이룬다. 장서각 도서관에 수장되어 있는 것은 서울대 규장각에 이관되고 남은 것들로 일제강점기에 창경궁에 건립된 장서각에(도 1-3) 보관되었던 것이다. 프랑스 국립도서관 보관본은 1866년 병인양요 때 프랑스 해군에 의해 약탈된 강화도 외규장각에 있던 책들이다.(도 1-4)(도 1-5)

    1985년, 파리 국립도서관의 박병선(朴炳善) 씨는 한국학중앙연구원(당

머리말 —— 15

● 도 1-4
2002년도에 복원된 외규장각(外奎章閣) 건물. 윤진영 촬영

시 한국정신문화연구원)의 지원으로 이들 의궤를 그 종류에 따라 프랑스 국립 도서관 소장본을 중심으로 규장각 및 장서각 소장본을 서지학적으로 비교 검토하여 『조선조의 의궤(朝鮮朝의 儀軌)』라는 책으로 발간한 바 있다.[2] 박병선 씨는 이어서 1992년 *Règles Protcolaires de la Cour Royale de la Corée*

---

2 朴炳善 編著,『朝鮮朝의 儀軌-파리 所藏本과 國內所藏本의 書誌學的 比較 檢討』, 韓國精神文化硏究院 古典資料叢書 85-1, 1985. 이 책은 22種 191件에 달하는 파리 소장본 의궤의 규장각 및 장서각에 소장 유무를 밝히고 이들을 서지학적으로 검토하였다. 여기서 한 가지 아쉬운 것은 이와 같이 많은 수의 의궤를 수록하였음에도 불구하고 파리에 없는 의궤들이 포함되지 않아 이 책이 현존하는 의궤의 총 목록이 되지 못한다는 점이다.

● 도 1-5
《강화부궁전도(江華府宮殿圖)》 화첩 중 〈외규장각도(外奎章閣圖)〉.
1881년, 36.8×26.7cm, 국립중앙도서관

des Li : 1392-1910 (李朝 朝廷의 儀典 規定)라는 책을 편술하여 여러 의궤의 내용을 일목요연하게 볼 수 있도록 목차와 그 간단한 해석을 수록하였다.[3] 이 책도 위의 책과 마찬가지로 프랑스 국립도서관 소장본을 중심으로 하였으므로 규장각이나 장서각에는 있으나 파리에는 없는 의궤들이 누락되었다. 예를 들면 조선시대 임진왜란 이후 거행된 20건의 가례도감의궤 가운데 박병선 씨의 두 저술에는 모두 13건만이 수록되어 있다.[4]

박병선 씨의 위의 두 책이 조선시대 각종 의궤 전체의 대강적인 파악이라는 점에서 의궤 연구에 선행적인 역할을 하였다고 볼 수 있다면, 이들 의궤를 통해 조선시대 복식사를 연구한 유송옥(劉頌玉) 교수의 『朝鮮王朝 宮中儀軌服飾(조선왕조 궁중의궤복식)』(1991)은 의궤기록을 통한 한 가지 주제의 심도 있는 첫 연구라는 점에서 의의가 크다.[5] 이처럼 의궤들은 어느 한 측면에서 상세히 검토한다면 조선시대 조정(朝廷)의 의결과정, 의식절차, 수공업의 분업 상태 등과 같은 정치, 경제, 사회사적 측면뿐만 아니라 조선시대 궁중을 중심으로 한 생활과 문화 등 여러 측면을 좀 더 구체적으로 이해하게 될 것이다. 따라서 본 연구에서는 반차도(班次圖) 등 기타 그림이 비교적 많이 포함되어 있는 가례도감의궤를 미술사적 측면에서 깊이 있게 다루어 보고자 한다.

조선시대 선조(宣祖) 이후에는 삼간택(三揀擇)에서 선택된 처자(處子)는

---

3 Park Byeng-sen, *Règles Protcolaires de la Cour Royale de la Corée des Li* : *1392-1910*, Kyujanggak Archives, Université Nationale de Séoul, 1992.
4 임진왜란 이후 조선왕실의 가례도감의궤 총 목록은 이 글의 〈표 1〉과 〈표 2〉에 상세히 정리되어 있다.
5 劉頌玉, 『朝鮮王朝 宮中儀軌服飾』, 修學社, 1991. 이 책은 의궤 기록, 반차도, 그리고 현존하는 옛 衣裳, 기타 기록들을 참작하여 조선시대의 궁중의상을 연구한 저서이다.

이미 보통사람의 신분이 아니므로 자신의 집으로 돌아가지 않고 왕궁 밖의 '궁(宮),' 즉 별궁(別宮)으로 가서 가례 당일에 입궁할 때까지 그곳에 거처하며 국모(國母)가 될 사전 교육을 받았다. 또한 납채(納采: 청혼), 납징(納徵: 청혼 수락), 고기(告期: 혼인날짜 통보), 책비(冊妃: 비 책봉), 친영(親迎: 신부를 맞아 들임) 등의 혼례 절차나 의식(儀式)을 사가(私家)에서 치르는 것이 사실상 불가능하므로 별궁은 이러한 실제적 문제를 해결해 주는 중요한 역할을 하였다.[6]

    가례도감의궤에 포함되어 있는 반차도는 왕이나 왕세자가 삼간택 이후 가례 당일까지 별궁(別宮)에서 거처하고 있는 신부를 맞이하는 친영의(親迎儀)를 마치고 새로운 왕비나 왕세자빈과 더불어 대궐로 돌아올 때, 또는 왕비나 왕세자빈이 혼례 의식을 치르고 별궁에서 어전(御殿)으로 행차할 때의 문무백관, 각종 의장(儀仗), 악대(樂隊) 등이 형성하는 길고 화려한 행렬을 묘사한 그림이다. 이 행렬도는 행사의 기록으로도 중요하지만, 연대를 확실히 알 수 있는 회화작품으로서도 그 가치가 크다.

    또한 가례도감의궤에는 반차도뿐만 아니라 직접 그림으로 보여주지는 않았으나 당시 행사에 사용되었던 여러 가지 병풍들, 교명(敎命: 왕비, 왕세자, 세자빈 등을 책봉할 때 훈유하는 말을 적은 화려한 두루마리), 기타 그림이 그려진 각종 의장기(儀仗旗)의 제작에 관한 여러 가지 비교적 상세한 기록들이 있어 당시 회화 및 장식미술에 관한 다양하고 생생한 자료를 제공하여 준다. 아울러 이러한 제작의 실무를 담당했던 각 방(一房, 二房, 三房, 修理所, 別工作)에 종사하였던 화원들의 이름, 후기에 가면 이들의 등급, 실제적인 역할 분담 등이 상세히 적혀 있어 조선시대 화원에 관한 보다 많은 자료를 채

---

6 국혼과 별궁에 관해서는 金用淑,『朝鮮朝宮中風俗硏究』(一志社, 1986), pp. 229-233 참조.

취할 수 있게 된다. 조선시대 화원에 관한 총괄적인 기록이 『화사양가보록(畵寫兩家譜錄)』[7] 이외에 따로 없는 실정이므로 이 의궤 기록들은 귀중한 자료이다.

제2장에서는 가례도감의궤가 대략 몇 건씩 제작되었으며, 그들의 현존 상황은 어떤가를 살펴본다. 제3장부터 제6장까지는 연대별로 각 도감의궤에 관한 간단한 해설에 이어 가례반차도 행렬의 구성 내용을 구체적으로 살펴보고자 한다. 1600년대, 1700년대, 그리고 1800년대를 거치면서 조금씩 바뀌는 반차도 구성 요소들을 그 변천 요인들을 살펴봄으로써 가례행사 자체의 이해를 돕기 위함이다. 제7장에서는 가례반차도의 회화양식을 검토하고자 한다. 모든 것을 붓으로 직접 그린 육필화(肉筆畵)인 초기의 반차도와 차츰 목판화 기법이 가미되기 시작한 17세기 후반기, 그리고 거의 대부분의 윤곽선이 판화 처리된 18세기 이후의 반차도들에서 시대적 변화양상을 볼 수 있다. 제8장에서는 우선 가례 행사에 참여한 화가들의 여러 가지 임무에 관해 살펴보고, 가례에 참여했던 모든 화가들의 이름을 가나다순으로, 그리고 가례 참여 연대순으로 정리하고 이들의 이름이 기존의 서화인명사서류(書畵人名辭書類)에 기재되어 있는지 여부를 살펴보아 가례도감의궤의 기록을 통하여 얻을 수 있는 새로운 자료를 구분해 보기로 한다.

가례도감의궤 20건 가운데 그 내용이나 편집체계가 가장 잘 정비되었다고 생각되는 헌종 효현후 가례도감의궤(1837)의 내용을 간략하게 요약한 것을 부록(附錄)에 첨부하여 독자들의 이해를 돕도록 하였다.[8]

7 吳世昌, 『畵寫兩家譜錄』, 筆寫本, 1916. 國立中央圖書館, 古-3126-1(葦昌 古書-4402-5). 또는 『李朝繪畫』(지식산업사, 1975) 별권 부록, pp. 181-213.
8 이 부록은 『藏書閣所藏 嘉禮都監儀軌』에 게재된 공저자 姜信沆 교수의 「儀軌研究序說」에 담긴 내용을 필자가 수정·증보한 것이다.

표 1_ 조선시대 도감의궤의 종류와 그 내용

왕실전례(王室典禮) 관련 의궤	
가례도감의궤(嘉禮都監儀軌)	국왕, 왕세자 및 왕세손의 혼례의식 절차와 행사 전말(顚末)의 기록.
책례(冊禮)도감의궤	왕세자, 왕세손, 왕세제 등의 책봉(冊封) 의식 절차와 행사 전말의 기록.
풍정(豊呈), 진연(進宴), 진찬(進饌), 진작(進爵), 수작(受爵)의궤	궁중의 연례(宴禮) 의식 절차와 행사 전말의 기록. 행사의 중요도나 규모에 따라 좌측 〈의궤의 종류〉 난에 기입된 순서대로 가장 큰 행사는 풍정(豊呈), 가장 작은 행사는 수작(受爵)으로 불린다.
존숭(尊崇)도감의궤	왕, 왕후, 왕대비, 대왕대비 등에게 존호(尊號)를 올릴 때의 의식과 절차 등의 기록.
빈전(殯殿)혼전(魂殿)도감의궤	국왕 및 후비(后妃)의 상사(喪事)가 났을 때, 습(襲), 염(斂), 성복(成服), 성빈(成殯) 및 혼전(魂殿) 의 설치 등 일반적 의식의 기록. 빈전은 시신(屍身)을 안치한 장소. 혼전은 장례후 종묘에 신주를 모실 때까지 신주와 혼백(魂魄)을 모시는 장소.
국장(國葬)도감의궤	왕과 왕비의 국장을 치른 내용의 기록.
산릉(山陵)도감의궤	국왕 및 후비(后妃)의 국장 때 산릉(山陵) 조성에 관한 의절(儀節)의 기록.
묘(墓), 원소(園所)도감의궤	왕세자 또는 왕세자빈의 묘소를 조성한 기록.
부묘(祔廟)도감의궤	상기(喪期)를 마친 왕과 왕비의 신주를 종묘(宗廟)로 모실 때의 의식절차와 행사 전말의 기록.
묘호(廟號), 시호(諡號) 도감의궤	왕이 죽은 뒤 묘호와 시호에 관한 절차의 기록.
천릉(遷陵), 천원(遷園) 도감의궤	왕릉이나 원소(園所) 즉 세자, 왕자, 공주의 묘를 옮기는 행사 전말의 기록.
봉릉(封陵), 봉묘(封墓) 도감의궤	추존(追尊)된 왕과 왕비의 능(陵), 세자빈의 묘 조성 행사 전말의 기록.

표 1 계속 ▶▶▶

국가전례(國家典禮) 관련 의궤	
종묘(宗廟), 사직(社稷)의궤	종묘 제향(祭享)의 축식(祝式)과 사직단(社稷壇)의 관리를 맡아 보는 관청에서 행하는 의식절차에 관한 기록.
친경(親耕)의궤	국왕이 직접 백성들에게 농경의 모범을 보여주는 친경 의식의 절차 및 소요 물품 등에 대한 기록을 정리해 놓은 책.
대례(大禮)의궤	왕 즉위(卽位) 행사에 관련된 기록.
축식(祝式)의궤	국가의 전례 및 각 전(殿), 묘(廟), 궁(宮)의 행사 때 사용 되는 축문(祝文)의 기록.
녹훈(錄勳)도감의궤	공신들에게 녹훈(錄勳)하는 과정과 그 내용의 기록.
영접(迎接)도감의궤	역대 왕실의 길례(吉禮) 및 흉례(凶禮) 때 중국에서 파견된 사신의 영접 의식에 관한 전말의 기록.
건축(建築) 관련 의궤	
영건(營建)도감의궤	조정이 주관한 건축사업 전반에 대한 종합보고서 형식의 기록.
개수(改修)도감의궤	종묘와 영녕전(永寧殿)의 개수 행사 전말의 기록.
영희전(永禧殿)-진전(眞殿)의궤	국왕의 초상화를 모시는 건물인 영희전 개수 행사 전말의 기록.
궁궐수리의궤	한양의 여러 궁궐을 수리한 행사 전말의 기록.
능개수(陵改修)의궤	왕릉 개수 및 석물 배치에 관한 행사 전말의 기록.
화성성역의궤(華城城役儀軌)	1794~1796년(정조 18~20) 경기 화성에 성을 쌓고 수도 다음 규모인 유수부(留守府)라는 새로운 자급자족 도시를 건설한 모든 과정의 기록.
유지비석(遺址碑石)도감의궤	옛 궁궐 유지에 비석을 세우는 행사 전말의 기록.

표 1 계속 ▶▶▶

찬수(撰修) 관련 의궤	
실록청(實錄廳)의궤	『조선왕조실록(朝鮮王朝實錄)』을 찬수 또는 수정할 때 그 전말을 기록한 책.
선원록(璿源錄)수정의궤	왕실의 족보인 『선원보략(璿源譜略)』을 간행한 일에 대한 기록.
국조보감 감인청 (國朝寶鑑監印廳)의궤	『국조보감(國朝寶鑑)』(조선 역대 국왕의 치적 중에서 모범이 될 만한 사실을 수록한 편년체의 역사책)의 찬집과 감독과정 전말의 기록.
동국신속삼강행실찬수청 (東國新續三綱行實纂修廳)의궤	『동국신속삼강행실(東國新續三綱行實)』의 찬집 전말의 기록.
영정(影幀) 관련 의궤	
영정모사(影幀模寫)도감의궤	훼손되거나 파괴된 국왕의 초상화를 남아있는 온전한 본을 보고 모사하는 행사 전말의 기록.
어진도사(御眞圖寫)도감의궤	생존한 국왕의 초상화를 그리는 행사 전말의 기록.
기타	
원행을묘정리의궤 (園幸乙卯整理儀軌)	1795년 사도세자와 혜경궁 홍씨(惠慶宮洪氏)의 회갑을 기념하기 위하여 정조가 어머니와 더불어 화성에 있는 사도세자의 묘에 행차한 행사 전말의 기록. 최초로 정리자(整理字)를 사용하여 인쇄한 책.
보인(寶印)관련도감의궤	보인(寶印) 즉 왕실에서 사용하는 왕, 왕비, 왕세자, 세자빈의 인장에 관한 규정을 수록한 책.

2

가례도감의궤의 제작 및 현존 현황

조선시대 궁중의 혼례는 『국조오례의(國朝五禮儀)』(성종 5년 1474), 『국조오례의서례(國朝五禮儀序例)』(1474), 『국조속오례의(國朝續五禮儀)』와 『국조속오례의서례(國朝續五禮儀序例)』(영조 20년 1744), 그리고 『국조속오례의보(國朝續五禮儀補)』(영조 27년 1751)에 준하여 거행되었다.[9] 이들 책에는 자세한 의식 절차의 설명과 경우에 따라서는 소용되는 기물이나 의장(儀仗)들의

---

9 조선시대 모든 계층의 五禮儀(吉禮, 嘉禮, 軍禮, 賓禮, 凶禮)의 기본을 정립한 禮書인 『國朝五禮儀』와 圖說을 포함한 『國朝五禮儀序例』는 성종 5년(1474) 申叔舟, 鄭陟, 姜希孟 등에 의해 撰定되었다. 그후 영조 20년(1744) 尹汲에 의하여 찬정된 『國朝續五禮儀』와 『國朝五禮儀序例』는 약 270년간 시대의 흐름에 따라 변천된 의례를 반영한 것이다. 1751년(영조 27)에는 『國朝續五禮儀』에서 빠진 부분을 보충하여 申晩 등이 『國朝續五禮儀補』를 편찬하였다. 이들 예서들은 法制資料 118-126집으로 法制處에 의해 1981-82년에 걸쳐 『國朝五禮儀』(1)-(5)로 번역 발간되었다. 이 글에서는 이 법제처본을 인용한다.

그림과 색채에 관한 규정 등이 상세하게 적혀 있기도 하다. 그러나 매번 행사 때마다 그 행사 고유의 여러 가지 사항들과 각 부서의 일을 담당했던 관리들의 이름, 장인들의 이름 등을 상세히 기록하고 반차도를 첨부한 필사본 책의 형태로 가례도감의궤가 제작되었다.

임진왜란 이전의 가례도감의궤는 모두 소실되었고, 현재 남아있는 것들은 1627년(인조 5)에 거행된 소현세자(昭顯世子)와 세자빈 강씨(世子嬪 姜氏)의 가례로부터 시작하여 1906년(光武 10)의 황태자(후의 純宗)와 동궁계비 윤씨(東宮繼妃 尹氏: 후의 純貞孝皇后)와의 가례까지 모두 20건 행사의 기록이다. 이들 기록은 모두 한자(漢字)로 되어 있으나 많은 이두문자(吏讀文字)를 포함하고 있으므로 올바른 해독을 위해서는 두 언어 분야에 상당한 전문지식을 요한다.[10]

가례도감의궤는 매 행사마다 많게는 8건에서 적게는 5건이 제작되었는데, 8건이 제작된 1627년의 경우 어람용(御覽用: 국왕을 위한 本) 1건, 의정부(議政府), 춘추관(春秋館) 및 예조(禮曹) 비치용 각각 1건씩, 그리고 묘향산(妙香山), 태백산(太白山), 오대산(五臺山), 강화부(江華府) 네 곳의 사고(史庫) 분상용(分上用)으로 각각 1건씩 제작되었다.[11] 1638년 가례의 경우에는

---

10 이밖에도 가례행사 때에는 한글만으로 된 많은 기록을 남긴 것을 알 수 있다. 예를 들면 『뎡미가례시 일긔』라는 一冊 102張의 1727년(영조 3) 王世子 嘉禮日記(장서각 번호 2-2709)와 역시 같은 때의 혼수용 각양물목을 기록한 단자 형식의 기록이 不分卷 6冊(장서각 번호 2-2709)으로 있으며, 이밖에도 이와 유사한 무수한 한글 物目單子가 아름다운 갖가지 색종이를 연결하여 만든 기다란 종이에 궁체 한글로 기록되어 있다.
11 소현세자 가례도감의궤(1627) 장서각 소장본, p. 19. 필사본에는 페이지 수가 명시되어 있지 않으나, 마이크로 필름 제작시 면수를 부여하였다. 따라서 이글에 명시된 모든 면수는 마이크로 필름 면수를 따른 것이다.

모두 5건으로 이때에는 어람용 1건과 전국의 사고(史庫) 네 군데 분상용으로 되어 있고,[12] 1681년에는 어람용 1건, 예조 비치용 1건, 그리고 강화부, 태백산, 오대산, 적상산성(赤裳山城) 등의 네 군데 사고(史庫) 분상용으로 모두 6건이 제작되었다.[13] 이는 정묘호란(1627) 이후 1633년 정월에 묘향산 사고를 전라북도 무주 적상산성으로 옮김에 따라 시행된 것이다. 또한 강화부 사고(史庫) 역시 1660년에 부내로부터 정족산성(鼎足山城)으로 옮겨져 이후의 의궤 건수를 열거할 때 강화부 대신에 정족산성 사고에 분상(分上)한 것을 볼 수 있다.[14] 1837년 헌종과 효현후의 가례 때는 모두 6건으로 규장각, 예조, 정족산, 오대산, 태백산, 적상산의 6건으로 열거되어 있는데,[15] 이는 1776년(정조 원년) 왕실도서관으로 규장각이 궐내에 설치됨에 따라 '어람용 (御覽用)' 대신에 규장각(奎章閣)에 비치한 것으로 생각된다.[16] 의궤 건수가 7건인 1882년 가례 때는 시강원(侍講院: 왕세자 교육을 담당한 기관) 용으로 하나 더 첨부되었다.[17]

이처럼 여러 건으로 작성된 가례도감의궤들이 현재는 서울대의 규장각 도서관, 한국학중앙연구원의 장서각 도서관, 그리고 프랑스 국립도서관에

---

12 인조 가례도감의궤(1638) 규장각 소장본, p. 22.
13 숙종 가례도감의궤(1681) 장서각 소장본, p. 69.
14 조선시대 史庫의 위치와 그 변천 및 소장된 典籍들의 현재의 행방에 관해서는 『한국민족 문화대백과사전』(한국정신문화연구원, 1992) 권10, pp. 729-730 참조.
15 헌종 효현후 가례도감의궤(1837) 장서각 소장본, p. 110.
16 규장각은 세조 때 일시 설치되었다가 폐지되고 정조 원년(1776) 다시 왕실도서관으로 궐내에 설치되었다. 1781년에는 江華史庫의 別庫를 신축하여 또 하나의 규장각을 설치한 셈인데, 이를 江都外閣이라고 부르고 궐내의 것을 內奎章閣이라고 구별하여 불렀다. 『한국민족문화대백과사전』 권4, pp. 38-39.
17 왕세자〔순종〕 가례도감의궤(1882) 규장각 소장본, p. 170.

남아있는 것이 전부이며 또한 세 도서관 중에도 규장각 도서관을 제외하고는 모두가 전하는 것이 아니라 각각 몇 가지씩 결본이 있는 실정이다. 장서각 소장의 책들은 무주 적상산사고(赤裳山史庫)에 비치되었던 것들이며, 프랑스 국립도서관에 소장된 것들은 1781년 강화부 사고의 별고를 신축하여 만든 또 하나의 규장각, 즉 외규장각(外奎章閣 또는 江都外閣)에 있던 것들로, 병인양요(1866) 때 프랑스군이 강화를 침범하여 탈취해 간 전적들 중에 포함된 책들이다.

〈표 2〉는 장서각 소장의 가례도감의궤의 일람표이며 〈표 3〉은 장서각에 없는 가례도감의궤의 일람표이다. 이 두 표의 제일 마지막 항에는 각 의궤의 파리국립도서관 소장 여부를 표시하였다.

이상 두 표에 의하면 임진왜란 이후 17세기에 모두 여섯 차례, 18세기에 역시 모두 여섯 차례, 19세기에 모두 일곱 차례, 그리고 20세기에 한 차례의 가례가 있었다. 〈표 2〉의 14번인 대한제국기의 두루마리 형태의 반차도는 〈표 3〉의 7번으로 기재된 1906년의 황태자 가례때 제작된 것으로 추정된다. 왜냐하면 고종 재위시 두 차례 가례 가운데 군복이 양복 형식으로 바뀐 후에 거행된 가례(嘉禮)이므로 새로운 복제(服制)가 반영된 것이다.[18] 같은 가례 행사를 역시 두루마리 형태로 그린 것이 현재 국립고궁박물관에 소장되어 있다.[19] 또한 모두 20차례 가운데 왕의 가례가 아홉 차례, 왕세자(황태자 포함)의 가례가 열 차례, 그리고 왕세손의 가례가 한 차례 있었던 것을 알 수 있다. 가례도감의궤의 기록 분량도 17세기와 18세기 초반까지는 모두

18　金英淑, 孫敬子 共編著, 『韓國服飾史資料選集』 朝鮮篇 II(教文社, 1982), p. 459의 『高宗實錄』, 고종 25년 10월 18일조 참조.
19　劉頌玉, 앞의 책, 원색그림 III-8 참조.

표 2_ 장서각 소장 가례도감의궤와 반차도

	장서각 일련번호	서기(西紀) 간기(刊紀)	조선왕조 중국연호	가례 주인공 비(妃),빈(嬪)	반차도면수 치수(cm)	책수	파리국립 도서관
1	2-2592	1627 丁卯	仁祖 5 天啓 7	昭顯世子 嬪 姜氏	8 43.4×35	1	無
2	2-2684	1651 辛卯	孝宗 2 順治 8	王世子 (후의 顯宗) 明聖后 金氏	12 44.5×34.5	1	有
3	2-2589	1671 辛亥	顯宗 12 康熙 10	王世子 (후의 肅宗) 仁敬后 金氏	12 45.4×34.3	1	有
4	2-2590	1681 辛酉	肅宗 7 康熙 20	肅宗 仁顯王后 閔氏	19 44.5×34.3	1	有
5	2-2685	1696 丙子	肅宗 22 康熙 35	王世子 (후의 景宗) 端懿后 沈氏	12 34.6×33.5	1	有
6	2-2593	1718 戊戌	肅宗 44 康熙 57	王世子 (후의 景宗) 繼妃 宣懿后 魚氏	12 35.7×26.7	1	有 1 無 2
7	2-2595	1802 壬戌	純祖 2 嘉慶 7	純祖 純元王后 金氏	52下 45.3×32.7	2	有

한 권씩으로 되어 있으나, 1759년 영조 가례 때부터 두 권이나 세 권으로 증가한 것을 볼 수 있다.

위의 두 표에 나타난 반차도의 면수를 살펴보면 17세기에는 8 내지 12면으로 비교적 간단한 행렬묘사로 비(妃), 빈(嬪)의 행렬만을 묘사하였으나 18세기에는 대부분 왕, 왕세자와 비빈(妃嬪)의 행렬을 모두 묘사하여 반차도 면수가 전반적으로 증가하였다. 즉 1759년의 영조 가례 반차도가 50면으로 제작된 것을 비롯하여 19세기에는 헌종과 효현후(孝顯后)의 가례(1837) 때 68면으로 늘어났으며, 철종과 철인왕후(哲仁王后)의 가례 때는 92면으로 가

표 2 계속 ▶▶▶

장서각 일련번호	서기(西紀) 간기(刊紀)	조선왕조 중국연호	가례 주인공 비(妃), 빈(嬪)	반차도면수 치수(cm)	책 수	파리국립 도서관
8 2-2677	1819 己卯	純祖 19 嘉慶 24	王世子 (추존 翼宗/文祖) 嬪 趙氏	52下 45.6×32.7	2	有
9 2-2596	1837 丁酉	憲宗 3 道光 17	憲宗 孝顯后 金氏	68下 43.3×36.6	2	有
10 2-2597	1844 甲辰	憲宗 10 道光 17	憲宗 孝定王后 洪氏	80 44.6×31.5	1	無
11 2-2598	1851 辛亥	哲宗 2 咸豊 원년	哲宗 哲仁王后 金氏	92 45.2×32	2	無
12 2-2599	1866 丙寅	高宗 3 同治 5	高宗 明成王后 閔氏	82 31.5×25.6	2	無
13 2-2678	1882 壬午	高宗 19 光緒 8	王世子 (후의 純宗) 純明王后 閔氏	70 31.5×25.6	2	無
14 2-2601	미상	대한제국 (1906?)	두루마리	73.2×53.5		無

장 길고 화려한 행렬을 묘사하고 있다. 그러나 국력이 쇠퇴한 1906년에 거행된 황태자(후의 純宗)와 동궁계비 윤씨(東宮繼妃 尹氏)의 가례 때는 다시 46면으로 줄어든 것을 볼 수 있다. 또한 시대에 상관없이 가례 자체가 왕의 행사인가 또는 왕세자의 행사인가에 따라서 약간의 차이를 볼 수 있는데, 17세기의 가례 가운데 반차도의 면수가 가장 많은 것은 1681년 숙종과 인현왕후의 가례 때로 19면으로 제작되었다. 한편 반차도가 70 내지 92면으로 길어지는 19세기 후반기에도 왕의 가례에 비해 1882년에 거행된 왕세자(후의 純宗) 가례

표 3_ 장서각에 없는 가례도감의궤와 반차도

	서기(西紀) 간기(刊紀)	조선왕조 중국연호	가례 주인공 비(妃), 빈(嬪)	반차도면수 (치수 cm)	책수	파리국립 도서관
1	1638 戊寅	仁祖 16 崇禎 12	仁祖 莊烈后 趙氏	8 44.3×3.3	1	有
2	1702 壬午	肅宗 28 康熙 41	肅宗 仁元王后 金氏	18 46×33.6	1	有
3	1727 丁未	英祖 3 雍正 5	王世子 (추존 眞宗) 孝純后 趙氏	12 46.8×32.7	1	有
4	1744 甲子	英祖 20 乾隆 9	王世子 (사도세자) 獻敬后 洪氏	12 44.9×33.6	1	有
5	1759 己卯	英祖 35 乾隆 24	英祖 繼妃 貞純后 金氏	50 45.8×33	2	有
6	1762 壬午	英祖 38 乾隆 27	王世孫 (후의 正祖) 孝懿后 金氏	18 45.7×33	2	無
7	1906 丙午	고종 光武 10 光緖 32	皇太子 (후의 純宗) 東宮 繼妃 尹氏 (후의 純貞孝皇后)	46 45.3×32.4	2	無

때는 70면으로 제작된 것으로 보아 행사의 규모에 확실히 차이를 두었음을 알 수 있다.

모든 가례도감의궤는 어람용(御覽用)과 사고(史庫) 등 기타 분상용을 처음부터 구별하여 제작하였다. 이와 같은 사실은 각 가례도감의궤에 명시되어 있는데, 그 실례로 숙종의 1681년 가례 때 품목(稟目: 국가에서 내려 받는 물건) 가운데 다음과 같은 구절을 들 수 있다.

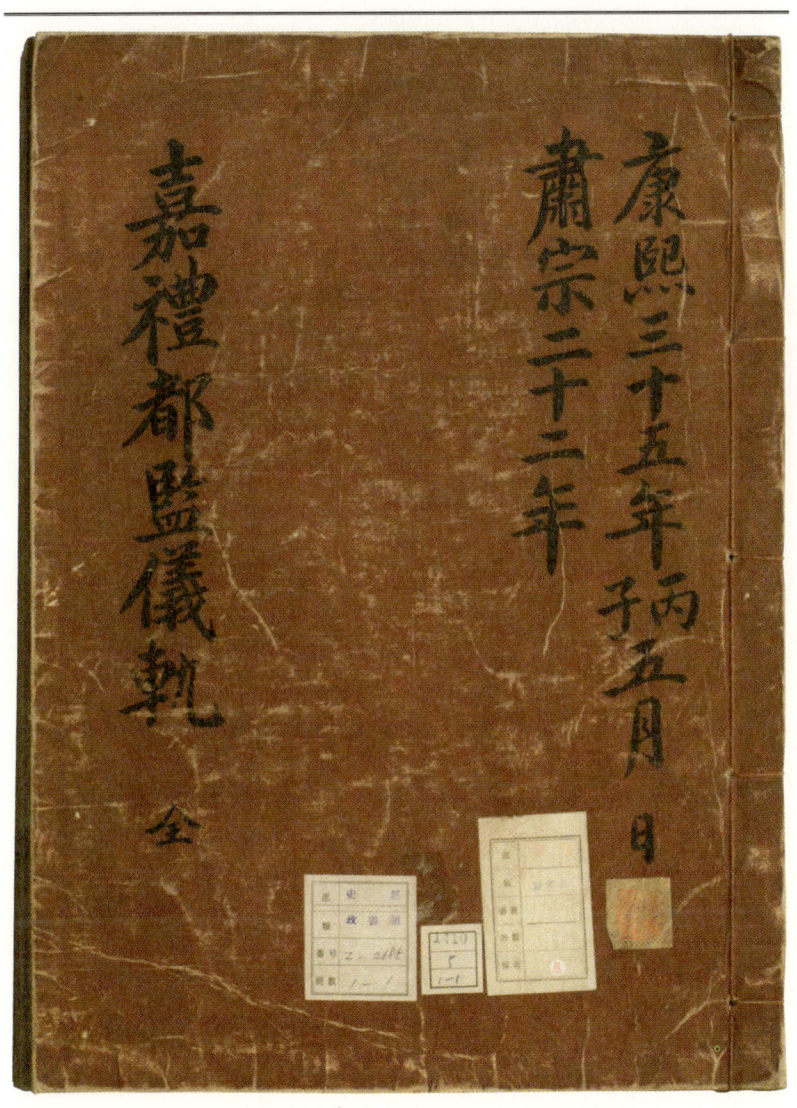

● 도 2-1
왕세자〔경종〕 가례도감의궤(1696) 표지, 장서각

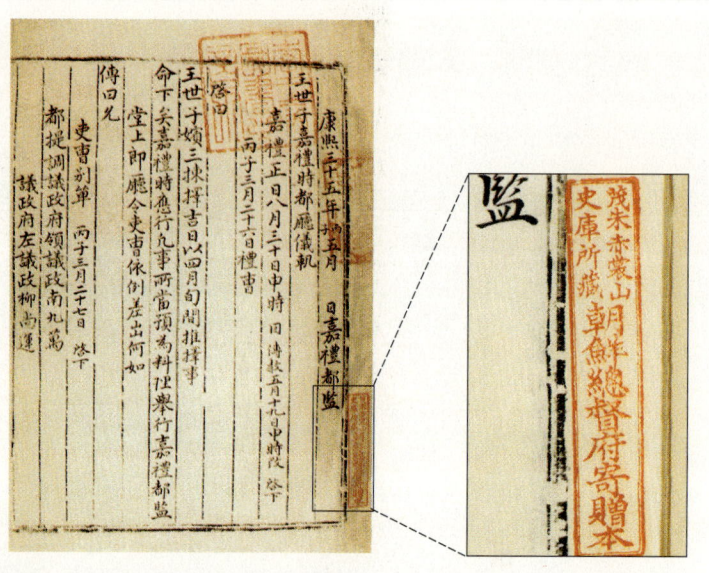

● 도 2-2
왕세자(경종) 가례도감의궤(1696) 내부 첫 장. 장서각

어람의궤(御覽儀軌) 일건의 정서(正書)용으로 상품 초주지(草注紙)[20] 5권, 분상용 5건의 각각 용으로는 저주지(楮注紙)[21] 5권씩, 서사(書寫) 7인용 소용 황필(黃筆) 각각 다섯 자루씩, …… 어람건의 장정(裝幀)으로는 길이 2척 2촌, 폭이 8촌의 초록색 운문대단(雲紋大段)을, 제목을 쓰는 데는 길이 7촌, 폭 2

20 草紙는 풀을 원료로 하여 불순물을 제거한 후 만든 질 좋은 종이. 『大漢和辭典』 9, p. 643. 注紙는 承旨 또는 注書(史草를 쓰는 관리)가 왕의 명령을 필증하기 위해 사용하는 종이. 『古法典用語集』(法制處, 1979), p. 658, 저주지 항목 內.
21 닥나무(楮)를 원료로 한 빛이 좀 누런 注紙.

촌의 백릉(白綾)으로, 안쪽을 바르는 데는 저주지 두 장, 그리고 두석(豆錫) 편철(編鐵) 두 개, 원환(圓環) 한 개, 박을정(朴乙丁 못) 네 개, 국화동구(菊花童具 국화모양의 장식 못), 분상건(分上件)의 장정으로는 길이 2척 2촌, 폭 8촌의 홍염포(紅染布), 배접 휴지 모두 두 근, 편철 두 개씩, 박을정 세 개씩, ……[22]

현재 장서각에 있는 가례도감의궤들은 모두 대정 연간(大正 7, 9년 즉 1918년, 1920년)에 개수(改修)된 것으로 적갈색 표지의 선장(線裝)이며(도 2-1) 내부 첫 장에「茂朱赤裳山 史庫所藏 朝鮮總督府寄贈本(무주적상산 사고소장 조선총독부기증본)」이라는 긴 도장이(도 2-2) 찍혀 있다.[23] 이 글에서는 장서각 소장 가례도감의궤들을 주된 연구대상으로 하였으나, 자료 검토의 온전함을 기하기 위해 규장각 소장본의 마이크로필름(microfilm)들을 추가로 검토하여 〈표 3〉에 명시된 장서각에 없는 가례도감의궤 기록도 포함하였다. 다만 촬영상의 문제로 규장각 소장 반차도는 많은 경우 도판을 제공하지 못하고 규장각 도서관에 비치되어 있는 각 해당 의궤의 마이크로필름 면수 표시로 대신하였다.

---

22 숙종 가례도감의궤(1681), pp. 69-70.
23 규장각, 장서각, 파리국립도서관 소장본들의 기타 자세한 書誌學的 비교는 朴炳善, 앞의 책 (1985) 참조. 박병선 씨에 의하면 파리국립도서관 소장본들이 裝幀의 형태나 板郭이 赤色으로 된 것으로 보아 어람용이었다고 함. 앞의 책, p. 9.

3

1600년대 가례도감의궤와 반차도 행렬의 구성

1. 소현세자 가례도감의궤(昭顯世子 嘉禮都監儀軌), 1627

이 의궤는 1627년(仁祖 5, 天啓 7 丁卯) 소현세자(昭顯世子 1612-1645)와 세자빈 강씨(姜氏)의 가례 행사를 기록한 것으로 현존하는 가례도감의궤 가운데 가장 연대가 이른 것이다.

    소현세자는 1625년(인조 3)에 세자에 책봉되고, 2년 후 겨우 열다섯의 나이에 가례를 치렀다. 1636년 병자호란 때는 인조와 함께 남한산성으로 들어가 항전하다가 삼전도(三田渡)에서 굴욕적으로 항복하였다. 그 뒤 봉림대군(鳳林大君) 및 재신(宰臣)들과 같이 인질로 심양(瀋陽)에 갔다. 심양에 9년 동안 있으면서 질자(質子)의 신분이기는 하지만 조선 조정을 위하여 많은 외교활동을 하였다. 1644년 9월에 그는 청(淸)의 군대를 따라 연경(燕京)에 들어가 70여 일을 머물면서 천문학, 역학(曆學), 기독교 등 서양 문물에 관심을 갖게 되었다. 그는 9년간의 인질생활 끝에 1645년 2월 18일에 귀국하였다. 그러나 뜻하지 않은 부왕(父王)과의 갈등으로 인하여 그해 4월 23일 병석에 눕게 되고 4일 만인 26일에 급서하였다. 세자빈 강씨는 그 후 세자를 죽이려는 역모를 꾸몄다는 누명으로 두 아들과 친정 일가가 몰살을 당하는 비운을 맞았다. 역사상 그녀는 민회빈(愍懷嬪)으로 알려졌다.[24]

이 의궤는 1책으로 구성되어 있으며, 모든 가례도감에서처럼 일방, 이방, 삼방에서 업무를 분담한 것으로 기록되어 있다. 도제조(都提調)는 당시의 좌의정(左議政) 신흠(申欽 1566-1628)이 맡았다. 이 당시만 해도 의궤의 체제가 정비되지 않은 듯 좌목(座目)이 후대의 것과 같이 일목요연하지 않고, 좌목에 나타난 직함(職銜)이 반차도에 실제로 나타난 관원들의 직함과 일치하지 않는 예도 있다.

각 방의 업무분담 상황은 가례도감의궤마다 조금씩 다르게 나타난다. 예를 들면 이 도감에서는 일방에서 교명(敎命), 의대(衣襨: 옷을 넣는 큰 함), 연(輦)의 제작을 담당하고 병풍은 이방(二房)에서 담당하였으나 1638년 가례도감에서는 일방에서 병풍, 반차도, 기타 물품들을 담당하였다. 이 글에서 다루는 모든 가례도감의궤에 기록된 병풍들은 〈표 5. 조선 왕조 가례 때 제작, 사용된 병풍〉에 그 종류, 사용된 장소, 크기 등이 일목요연하게 정리되어 있다. 예를 들면 세자빈 강씨의 별궁에서 사용된 병풍은 열 폭짜리 연화(蓮花) 중병풍(中屛風)이다. 나머지 병풍은 〈표 5〉를 참조하기 바란다. 가례반차도는 8면으로 20건의 가례도감의궤 가운데 가장 면수가 적은 것이다.

반차도는 그 성격상 일종의 기록화(記錄畵)이므로 무엇보다 중요한 기

---

24 소현세자에 관하여 더 상세한 사항은 『규장각소장의궤해제집』③(서울대학교 규장각, 2005), pp. 371-382 참조.

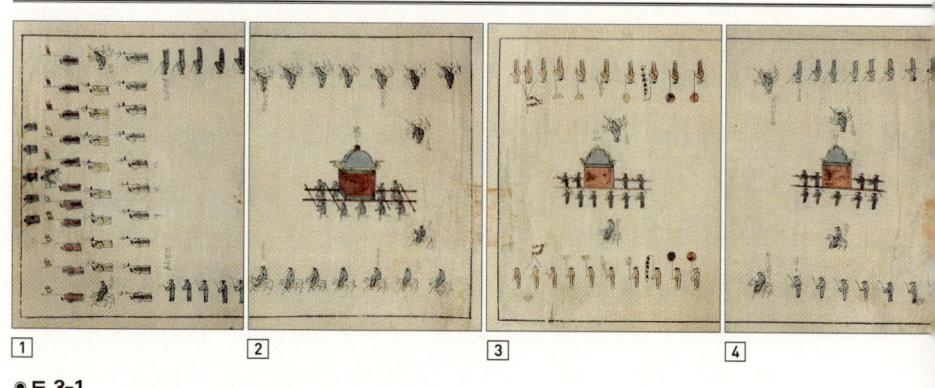

● 도 3-1
소현세자 가례도감의궤(1627) 반차도(全) 제1~8면. 장서각

능은 사실(事實)과 사실(史實)의 충실한 기록이다. 따라서 그 행사에 참여했던 모든 사람들, 모든 기물, 의장(儀仗) 등을 빠짐없이 묘사하면서 그 특징을 잘 살려 곧 알아볼 수 있게 하는 것이 가장 중요하다. 가례반차도가 실제로 묘사하는 행렬은 크게 두 가지로 나눌 수 있다. 첫째는 비/빈(妃/嬪)이 동뢰연(同牢宴: 신랑 신부가 서로 절한 뒤 술잔과 음식을 나누는 의식)을 치르기 위해 별궁에서 대궐로 가는 장면으로, 이 때는 비빈 책봉 때 소용되었던 교명(敎命), 옥책(玉冊) 또는 죽책(竹冊), 금보(金寶: 도금된 인장), 명복(命服: 지위에 따른 의복) 등을 실은 요여(腰輿: 왕실 행사 때 물건을 실어 나르는 작은 가마)나 채여(彩輿: 채색된 작은 가마)와 비/빈의 연(輦), 그리고 관원(官員), 의장대(儀仗隊) 등의 수행원들만 보인다. 17세기에 거행된 여섯 차례의 가례 때 제작된 반차도들은 모두 이 범주에 속한다.

둘째는 왕이나 왕세자가 별궁으로 가서 신부를 맞이하는 친영의(親迎儀)를 마친 후 신부와 더불어 대궐로 돌아오는 장면으로, 이때는 왕/왕세자

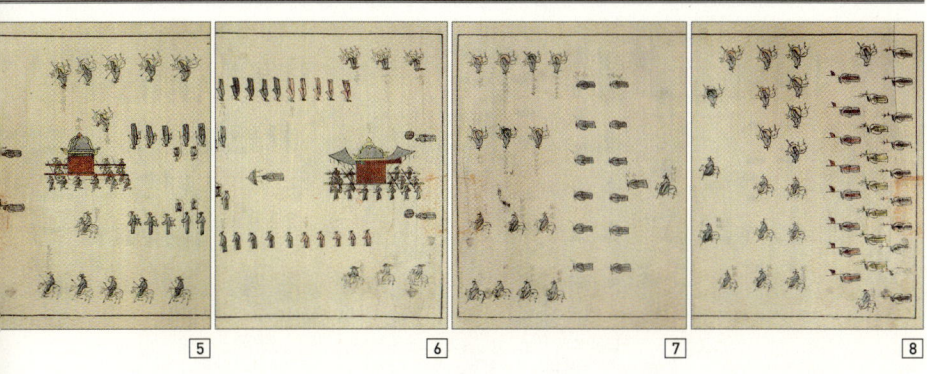

와 비/빈의 연이 모두 행렬에 보이는 경우이다. 『국조오례의(國朝五禮儀)』의 「왕세자 가례(嘉禮)/친영(親迎)」부분에 다음과 같은 구절이 있다.

> 빈(嬪)이 안문을 나서서 연(輦)의 뒤에 이르면 왕세자는 연의 발(輦簾)을 들고 기다린다.…… 빈은 연에 타고 모부(姆傅, 즉 보모)는 덧옷을 걸쳐준다.…… 왕세자는 대문을 나와 연을 타고 궁으로 돌아간다. 시위는 올 때 의식과 같이 한다. 빈의 의장은 그 뒤를 따른다.[25]

1600년대의 가례반차도 중 연대가 제일 이른 1627년의 왕세자 가례인 소현세자(昭顯世子) 가례와 가장 면수가 많은 왕의 가례반차도인 1681

---

25 『國朝五禮儀』卷之四(법제처본 2), pp. 203-204.

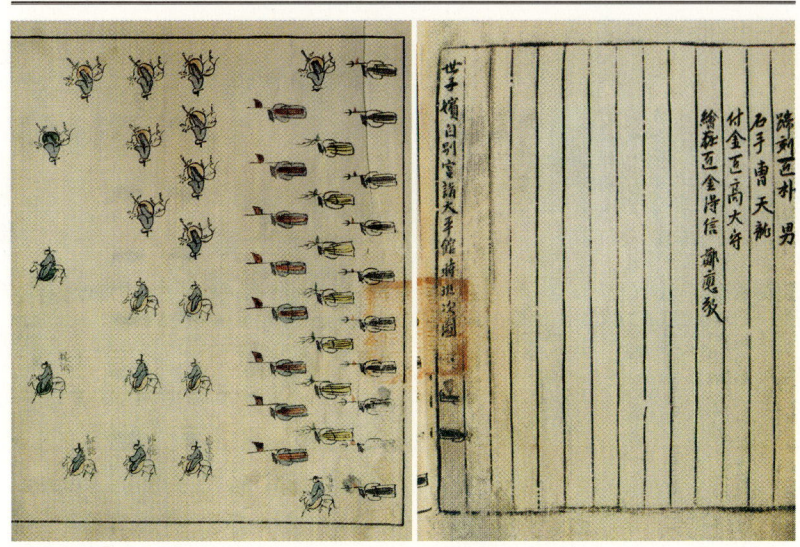

● 도 3-2
소현세자 가례도감의궤(1627) 반차도 제8면과 본문 마지막 면. 장서각

년 숙종(肅宗) 인현왕후(仁顯王后)의 가례반차도 행렬의 실례를 들어 그 행렬의 구성내용을 구체적으로 살펴보겠다. 좀 번거롭기는 하지만 이렇게 함으로써 20건에 달하는 반차도들의 기본적인 내용을 쉽게 파악할 수 있게 하기 위함이다.

　　1627년 반차도는 대부분의 반차도가 그렇듯이 그림 자체 내에 무슨 반차도라는 것이 명시되어 있지 않으나 반차도와 바로 이어져 있는 공장질(工匠秩) 기록 면의 제일 마지막 줄에 "世子嬪自別宮詣大平館時班次圖", 즉 세자빈이 별궁으로부터 태평관(太平館 또는 大平館)으로 갈 때의 반차도라고 적혀 있다.(도 3-2) 이 가례 때는 향교동(鄕校洞) 본궁(本宮)을[26] 별궁으로 사용하였고 친영의(親迎儀)부터의 가례행사는 태평관(太平館)에서[27] 거행되었다.[28] 그림 속 인물들의 진행 방향으로 보아 행렬의 선두과 후미를 구별할 수 있다.[29] 참석 인물들은 대개의 경우 그 부근에 그들의 직책이 명시되어 있으나 그렇지 않은 경우도 간혹 있다.

제1면 행렬의 선두에는 5인의 사령이 일렬로 서있으며,[30] 그 뒤로 말을 탄 부관(部官)이[31] 마부와 같이 있다.(도 3-3左) 그 다음에는 11인의 기수들이 여러 가지 의장기(儀仗旗)를 들고 일렬로 서 있는데 이 반차도에는 각각의 기 이름들이 명시되어 있지 않다. 그러나 이 기들은 홍(紅), 황(黃), 청(靑), 백(白)의 네 가지 색인 것으로 보아 의장의 일부를 이루는 신기(神旗)인 것으로 보인다. 『국조오례의서례(國朝五禮儀序例)』의 가례 노부도설(嘉禮 鹵簿圖說)에 보면 각각의 신기들의 그림과 설명이 상세히 적혀 있다.[32] 가례반차도에 따라 기의 수나 배열된 모습은 일정치 않다. 즉 이 반차도에도 『국조오례의(國朝五禮儀)』의 「왕세자의장(王世子儀仗)」 규칙과 그대로 맞지 않는다. 부관

---

26 향교동 본궁은 한양의 경행방(慶幸坊: 지금의 낙원동 일대)에 있었으며 1619년 孝宗이 태어난 장소이기도 하다.
27 太平館은 조선시대 중국 사신이 오면 숙소로 사용하는 곳이었으며 중구 서소문 태평로에 위치하였다.
28 소현세자 가례도감의궤(1627), pp. 8, 11, 37, 그리고 72 참조.
29 1671년 왕세자〔숙종〕 가례반차도에는 마지막 면인 12면에 "嬪自別宮詣闕圖"라고 板廓 밖에 쓰여 있다. (도 3-19) 참조. 한편 1882년 왕세자 가례반차도에는 제1면 판곽 안에 使令들의 바로 위에 단순히 "嘉禮班次圖"라고 적혀 있다.
30 이 반차도에는 명시되어 있지 않으나 다른 반차도의 경우에 대개 제일 선두의 인물들은 사령으로 되어 있다.
31 이 반차도에는 部官이라 적혀 있으나 1802년, 1882년 등의 반차도에는 唐部官, 즉 방어를 맡은 관리라고 적혀 있음을 볼 수 있다.
32 『國朝五禮儀序例』卷之二「嘉禮 鹵簿圖說」(法制處本 4, pp. 72-74) 참조.

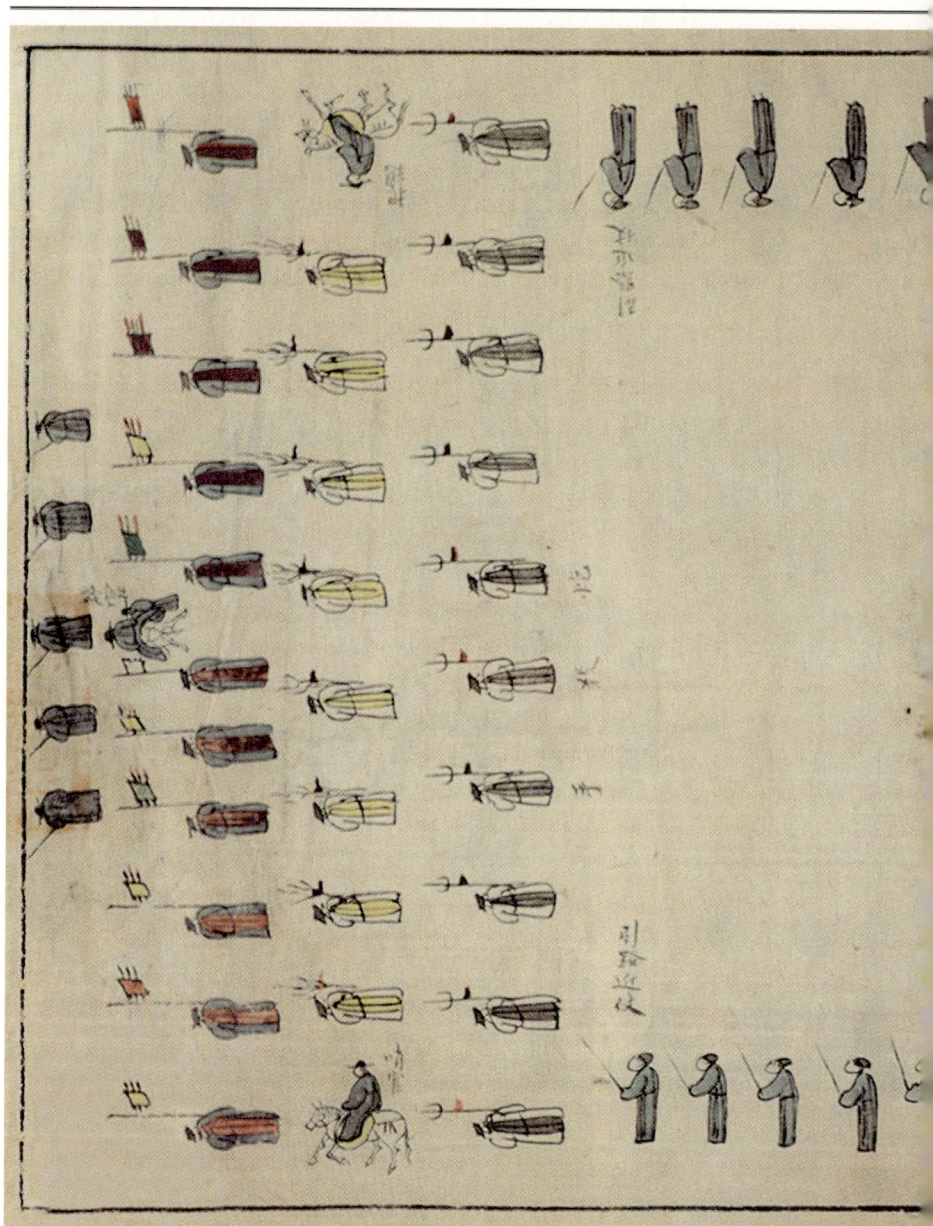

● 도 3-3
소현세자 가례도감의궤(1627) 반차도 제1~2면. 장서각

뒷줄의 왼쪽 끝에는 초관(哨官)이,³³ 오른쪽 끝에는 파총(把摠: 무관의 말단 직)이 각각 말을 타고 있다. 이 두 기마 인물 사이에는 8인의 포살수(砲殺手)가 일렬로, 그 뒤에는 10인의 포살수가 역시 일렬로 모두 18인의 포살수가 봉화를 들고 서 있다. 이 모든 인물들은 기마인물들이 측면상으로 그려진 것을 제외하고는 모두 뒤에서 본 모습으로 그려져 행렬 전체를 우리가 뒤에서 보는 것으로 그려져 있다. 모든 반차도(班次圖)에는 측면상 인물들은 화면에서 보면 의궤(儀軌) 책의 양쪽 판곽(板廓) 선상에 서 있는 모습으로 되어 있다. 즉 한쪽을 기준으로 보면 다른 한쪽은 거꾸로 서 있는 형상이다. 화면의 넓은 폭을 채우고 있는 이들 전위대(前衛隊)에 이어 그 뒤를 따르는 인로근장(引路近仗)이라는 길을 인도하는 역할을 하는 인물들이 양쪽으로 각각 5인씩 모두 10인이 행렬의 진행방향으로 서 있는 모습이 측면상으로 그려져 있다. 이들 인로(引路)는 「왕세자 의장」에 보면 "푸른 옷에 검정색 건(巾)을 쓴다"고 되어 있다.³⁴

제2면의 중심부에는 교명문(敎名文: 왕비, 왕세자, 세자빈 등을 책봉할 때 훈유하는 말을 쓴 글)이 안치된 가마를 12인이 메고 가는 모습이 화면의 가운데를 차지한다.(도 3-3㉮) 이 교명여(敎命輿)를 호위하는 기마인물들은 모두 16인인데 가마의 바로 뒤에는 2인의 집사(執事)가,³⁵ 양쪽에는 내금위(內禁衛: 궁중을 지키고 임금을 호위하는 군사) 8인과 선전관(宣傳官: 백성에게 명령을 전하는 임무를 맡은 관리) 6인으로 구성되어 있다. 이들 기마 인물들은 모두 백마에 황색 안장, 그리고 푸른 옷에 검은 건으로 통일된 옷차림을 보여준

---

33 一哨(100인의 병사)를 다스리는 尉官.
34 『國朝五禮儀序例』卷之二 (法制處本 4), p. 205. 여기에는 8인의 引路라고 되어 있으나 그림에는 10人이 보인다.

다. 교명여(敎命輿)는 역시 측면에서 보았으나 전면이 약간 보이도록 행렬의 진행방향으로부터 바라본 것으로 묘사되어 제일 전위대(前衛隊)의 완전 뒷모습이나 기타 인물들의 완전 옆모습과 약간의 차이를 보인다. 가마를 멘 인물들도 개별적으로는 완전 측면상이지만 전체를 약간 위에서 바라보아 이들이 가마를 에워싼 위치 파악이 가능하게 되어 있다.

제3면의 중심부에는 죽책(竹冊: 왕세자 및 세자빈 책봉문을 적은 竹片 簡冊)을 봉안한 죽책여(竹冊輿)가 옆모습으로 그려졌으며, 12인의 가마꾼들도 역시 측면으로 약간 위에서 본 모습으로 그려졌다.(도 3-4左) 죽책여의 양쪽으로는 기마집사가 각각 1인씩, 그리고 양쪽으로는 한쪽에 각각 10인씩 대칭형으로 모두 20인의 의장 행렬이 호위하고 있다. 이들의 각각은 그 명칭이 표시되어 있지 않으나, 1651년 왕세자〔현종〕 가례도감의궤 반차도의 제4면의(도 3-20) 의장 행렬로 보아 그 명칭들을 알 수 있다. 즉 제일 앞에 세 사람이 들고 서 있는 기는 백택기(白澤旗)이며,[36] 그 다음으로 금등(金鐙), 은등(銀鐙)의 마구, 은장도(銀粧刀), 반대쪽에는 금장도(金粧刀), 금립과(金立瓜), 반대쪽에는 은립과(銀立瓜), 모절(旄節) 그리고 두 개의 작선(雀扇) 등이다. 이들은 모두 『國朝五禮儀序例』에 밝혀진 바에 비슷하게 준하는 것이다.[37] 한편 소현세자 가례도감의궤 중 이방(二房)의 「빈의장조(嬪儀仗

35　왕세자 가례반차도에 포함된 집사관은 정확히 각각의 지위가 명시되어 있지 않으나, 『國朝五禮儀序例』卷之二「嘉禮 執事官條」(法制處本 4), p. 207에 다음과 같은 구절을 참작할 수 있다.
　　世子嬪 納嬪 때의 집사관인 納采正使(정1품), 副使(정2품), 傳敎官(承旨), 典儀(통례원 관원), 協律郞(掌樂院 관원), 謁者(參外, 즉 7품 이하), 掌畜者(掌苑署 官員), 儐者(빈객을 인도 접대하는 사람: 參外), 掌次者(장막을 치고 자리 까는 일을 맡은 관원: 典設官員).

36　白澤은 神獸의 일종으로 사람의 말을 하며 유덕한 임금의 治世에 출현한다고 함. 『大字源』, p. 1198.

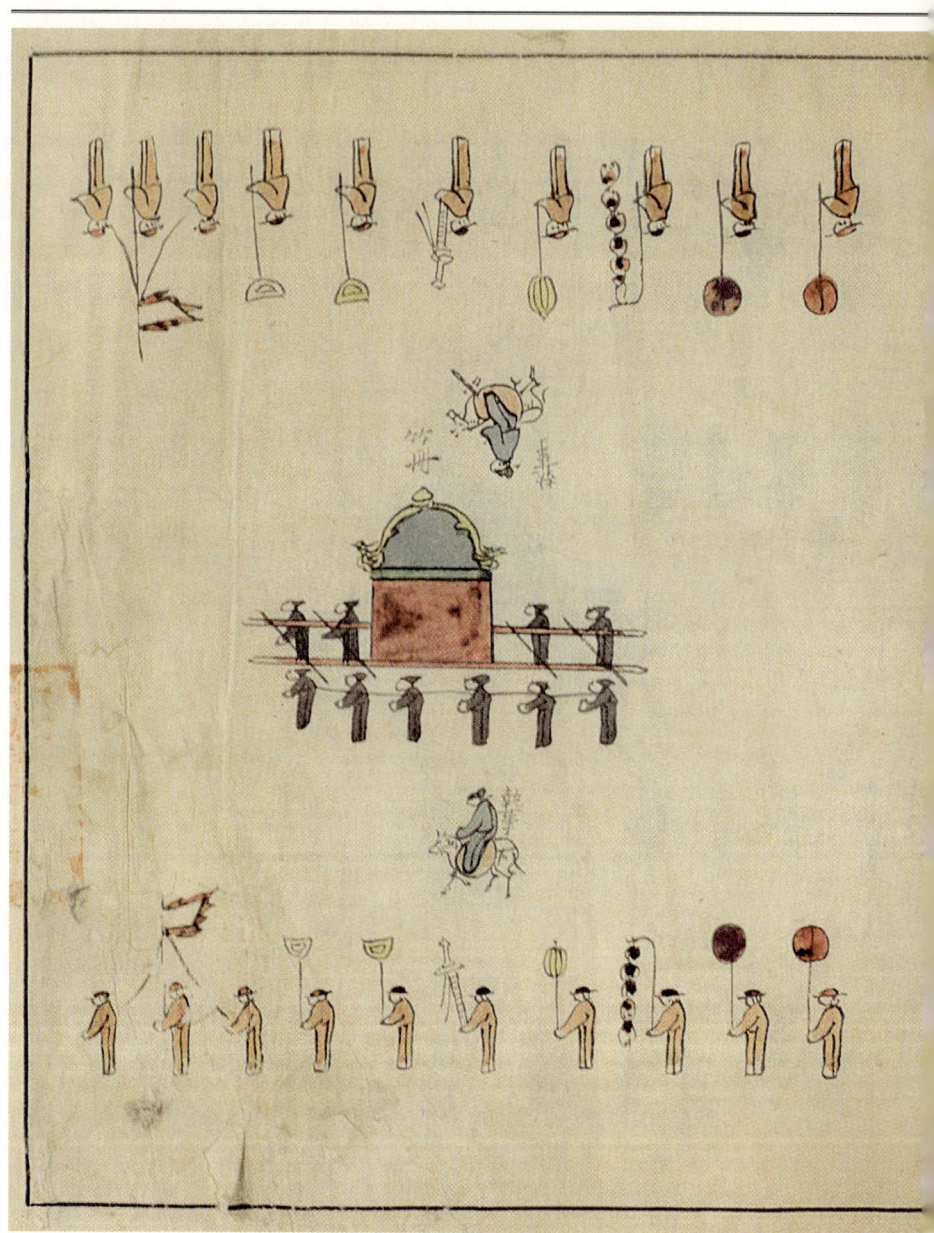

도 3-4
소현세자 가례도감의궤(1627) 반차도 제3~4면, 장서각

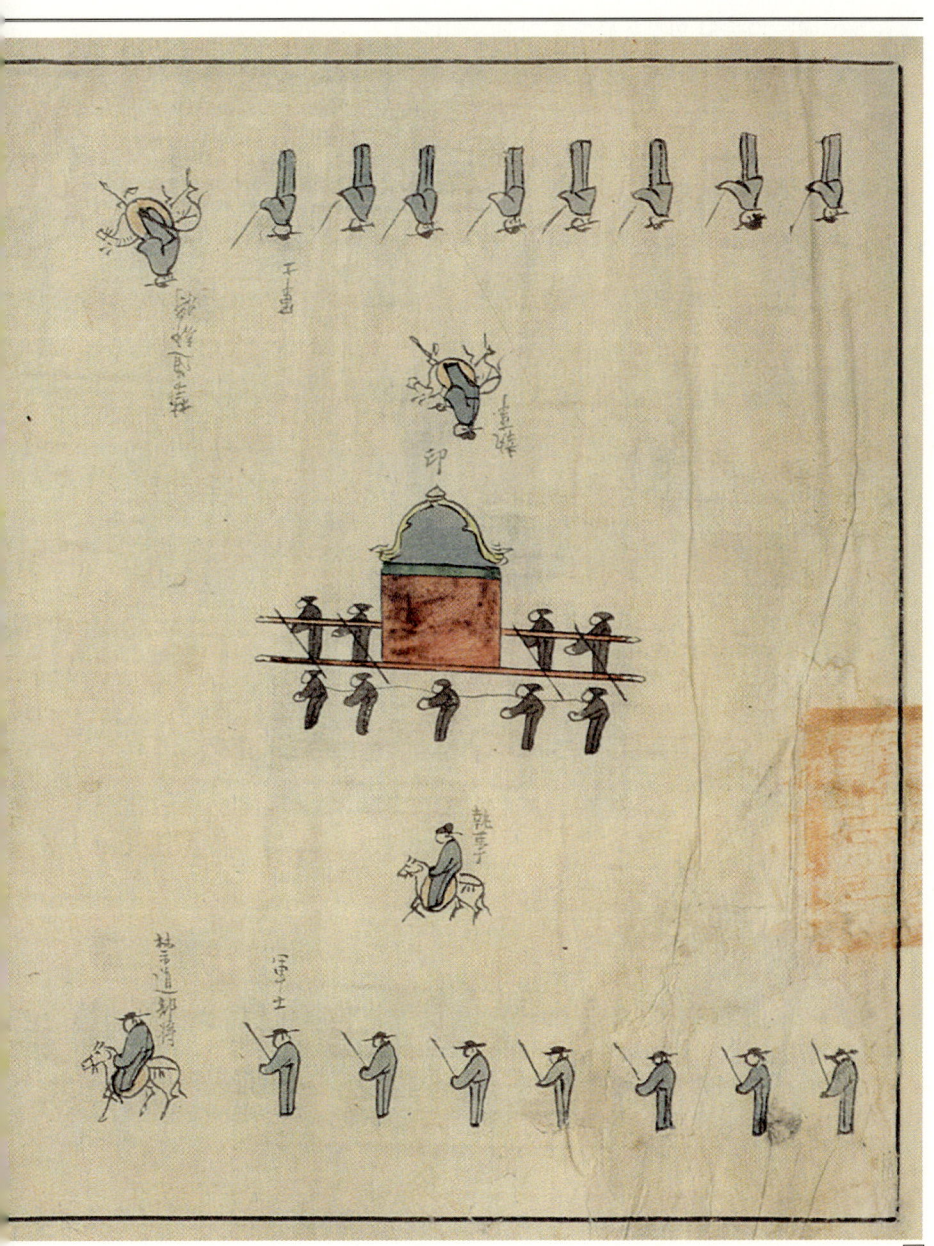

條 p. 68)」에는 다음의 의장물들이 열거되어 있다.

백택기(白澤旗) 2, 금등(金鐙) 2, 은등(銀鐙) 2, 금장도(金粧刀) 1, 금립과(金立瓜) 1, 은립과(銀立瓜) 1, 모절(旄節) 2, 작선(雀扇) 4, 청선(靑扇) 2, 청양산(靑陽傘) 1, 청개(靑蓋) 2, 오장(烏杖) 10

『국조오례의서례』「가례 노부도설」을 보면 백택기(白澤旗)는 "흰 바탕에 백택과 구름을 그린다. 청(靑), 적(赤), 황(黃), 백(白) 네 가지의 채색을 사용하여 기각(旗脚)은 불꽃 모양으로 만든다"고 되어 있으나(p. 216) 이 반차도에는 가운데 그림이 생략된 흰 바탕에 붉은 불꽃모양의 기각을 보이는 기를 묘사했다. 참고로 〈도 3-5〉에는 『궁중유물도록(宮中遺物圖錄)』에 게재되어 있는 현재 남아있는 백택기의 한 예로 기각이 노란 기를 제시한다.[38] 금·은등(銀鐙), 장도(粧刀), 금·은립과(銀立瓜) 등의 의장물은 모두 나무로 만든 것에 각각 도금(鍍金), 도은(鍍銀)한 것이다.[39]

제4면은 인여(印輿)가 초점을 이루는 장면이다.^(도 3-4右) 세자빈 책봉시 죽책(竹册)과 더불어 중요한 보물로 존호를 새긴 도장인 옥인(玉印)을 보내

---

37 『國朝五禮儀序例』에는 왕세자빈의 의장 조항이 따로 없는데 『國朝續五禮儀序例』에는 왕세자빈의 의장이 명시되어 있다. 그러나 이 반차도는 1627년의 가례, 즉 『國朝續五禮儀序例』가 편찬된 1762년 이전의 가례반차도이므로 두 서례를 모두 참작할 필요가 있다. 「王世子 儀仗」에는 白澤旗에 앞서 왕세자의 象徵 神獸旗인 麒麟旗가 있는 것으로 되어 있으나 반차도에는 백택기로부터 도열해 있는 것으로 보인다. 또한 백택기의 뒤에 駕龜仙人旗, 豹骨朶子, 熊骨朶子 등의 의장도 생략되었으며 令字旗, 闗闢馬 등도 역시 생략되었다. 『國朝五禮儀序例』卷之二(法制處本 4), pp. 205-206과 『國朝續五禮儀序例』卷之一(法制處本 5), p. 362 참조.
38 『宮中遺物圖錄』(문화재관리국, 1986), p. 172, 도 209 참조.

◉ 도 3-5
백택기(白澤旗). 대한제국, 명주, 중심부 147×131cm, 화염각 34cm, 국립고궁박물관

● 도 3-6
소현세자 가례도감의궤(1627) 반차도 제5~6면. 장서각

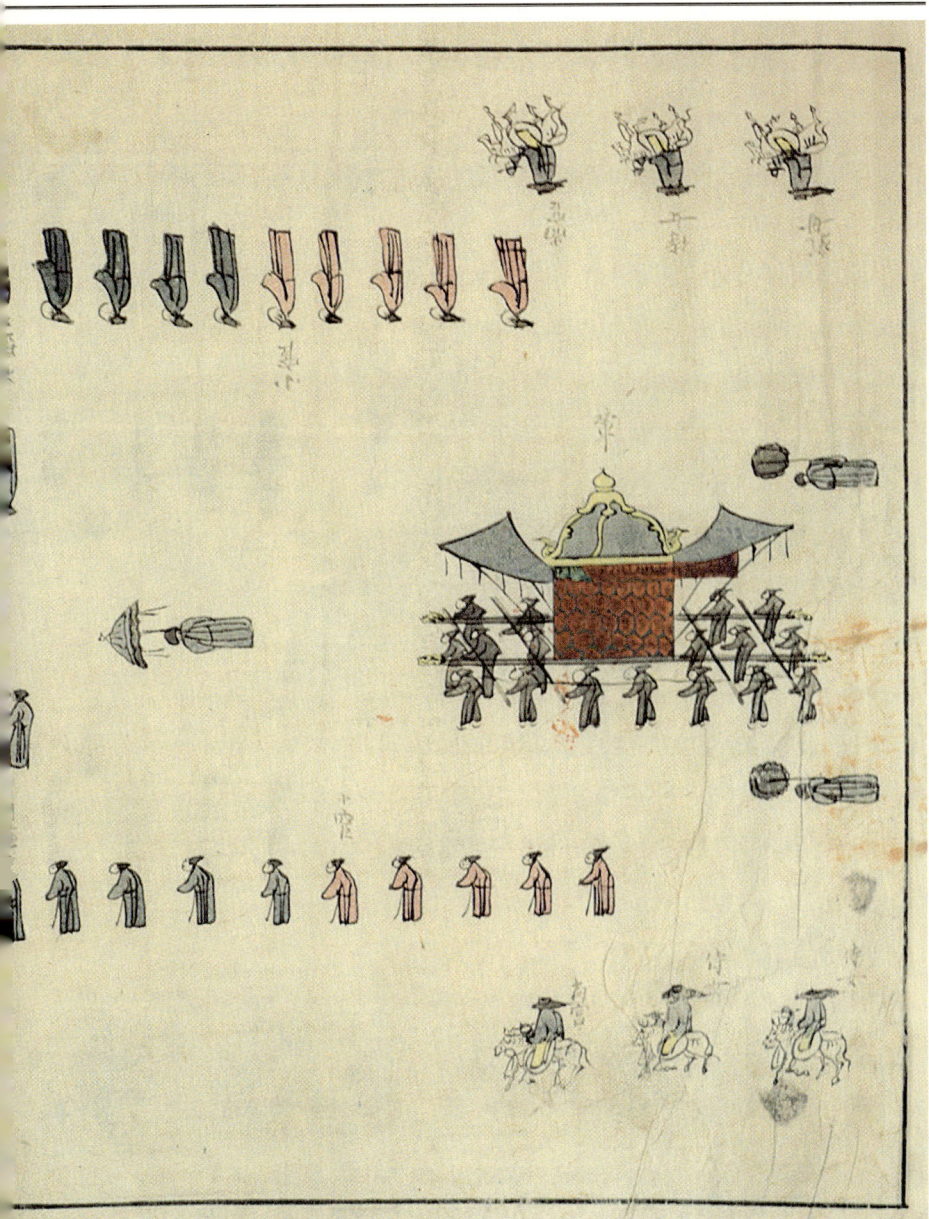

는 것이다. 죽책과 옥인은 대개 가례도감의 삼방(三房)에서 제작하게 된다.[40] 이 가마는 10인의 가마꾼이 메고 있으며, 그 양쪽으로는 기마집사(騎馬執事)가 각각 1인씩 호위하고 있다. 이들 전체를 호위하는 양쪽의 군사는 기마 금도도장이 인도하는 7인이며 이들은 모두 푸른 옷에 검은 모자, 그리고 세장(細杖)을 들고 있다.

제5면의 중앙에는 세자빈의 정복인 명복(命服)이[41] 안치된 명복여가 2인의 청개대(靑蓋隊)를 앞세우고 기마 집사의 호위를 받으며 14인의 여대(輿隊)에 의해 호송되는 모습이 보인다.(도3-6좌) 명복여의 뒤에는 각종 기물들을 등에 진 6인이 2열로 따라가며 그 뒤로는 청등을 받쳐 든 사람들이 각각 2인씩 서있다. 이 전체를 호위하는 10인(양쪽에 각각 5인)의 기마인물들은 끝이 뭉툭한 검은 장대를 든 오장충찬위(烏杖忠贊衛)이다. 충찬위는 조선시대의 중앙군에 포함되었던 양반 특수병종으로 오위(五衛)의 하나인 충장위에 속했던 군대이다.[42]

제6면에는 이 반차도에서 가장 중요한 왕세자빈의 연을 19인의 연대가 메고 가는 장면이 보인다.(도3-6좌) 앞의 여러 채여들이 비교적 단순하게 청색 지붕에 약간의 도금장식이 있고 앞면은 단순히 붉게 칠해져 있는 반면에 세자빈의 연은 훨씬 크고 장식도 화려하다. 「가례 노부도설」에는 왕세자/세자

39　金鐙: 칠하지 아니한 장대의 위에 도금한 말등자를 만들어 꽂고 그 하단은 쇠로 장식한다. 銀粧刀: 나무로 만드는데, 칼집에 조각을 하고 은을 입혔으며, 붉고 푸른 채색을 사이에 칠했다. 銀立瓜: 만든 모양은 참외와 같고 은색을 칠하며 붉게 칠한 막대기 머리에 세워 꽂는다. 『國朝五禮儀序例』卷之二 「嘉禮 鹵簿圖說」(法制處本 4), p. 222.
40　소현세자 가례도감의궤(1627), p. 101 三房所掌 참조. 그리고 이글의 〈표 4〉에 각 연도별 가례도감의궤의 各房 所掌 참조.
41　命服은 一命부터 九命까지 품계의 服制를 이르며, 이 경우는 세자빈의 正服이다.
42　韓㳓劤·李成茂 外, 『譯註經國大典』 註釋篇(韓國精神文化硏究院, 1986), p. 544 참조.

빈(王世子/世子嬪) 연(輦)을 다음과 같이 규정하고 있다.

좌우에 장강(長杠) 두 개가 있는데 검게 칠을 하며 양쪽 끝에는 도금한 용두(龍頭)를 만들어 씌워 놓는다. 장강 아래에는 발이 있고 장강 위에는 판자를 깔며 그 위에 네 개의 기둥을 세우는데…(중략). 위에는 지붕이 있는데 그 형상이 점점 궁륭(穹窿)하게 한다. 위에는 아청저사(鴉靑苧絲)로 덮고 네 면에 둘러서 상하의 판첨(板簷)을 만드는데 청록저사(靑綠苧絲)를 층층으로 겹쳐서 드리우는 휘장을 만든다. 주석에 도금한 네 개의 량(梁)을 굽게 휘어 잡아서 서까래에 꽂고, 그 끝에는 금봉두(金鳳頭)를 만드는데 그 입에 둥근 고리가 있다. 옥정(屋頂)에는 도금한 주석으로 호로(葫蘆) 모양의 꼭지를 만든다.……[43]

연(輦)의 앞에는 두 사람이 청등(靑燈)을 들고 있고 청산(靑傘)을 든 사람이 따르고 있다. 연의 바로 뒤에는 청선(靑扇)을 든 사람 둘이 따라가고 있다. 화면의 양쪽으로는 푸른 복장을 한 별감(別監)들이 각각 5인씩, 그리고 붉은 옷차림의 소환(小宦)이 각각 5인씩 모두 일렬로 서서 간다.[44] 이들보다 약간 행렬의 바깥쪽으로 한쪽에는 상궁(尙宮), 시녀(侍女) 둘, 그리고 다른 한쪽에는 상궁, 시녀, 유모(乳母) 등 여섯 여인들이 말을 타고 가는 모습이 측면상으로 묘사되었다. 남기마상(男騎馬像)들은 일부 예외가 있으나 모두

---

[43] 『國朝五禮儀序例』卷之二 「嘉禮 鹵簿圖說」(法制處本 4), pp. 230-231. 중략된 부분은 이 반차도에 보이지 않는 난간과 그 판자에 그린 神獸들의 그림에 관한 설명이다.
[44] 別監은 掖庭署(조선시대 傳謁, 供御筆, 關門鎖鑰, 硯禁庭鋪設 등을 관장하던 관청)의 예속. 小宦은 宦官의 일종.

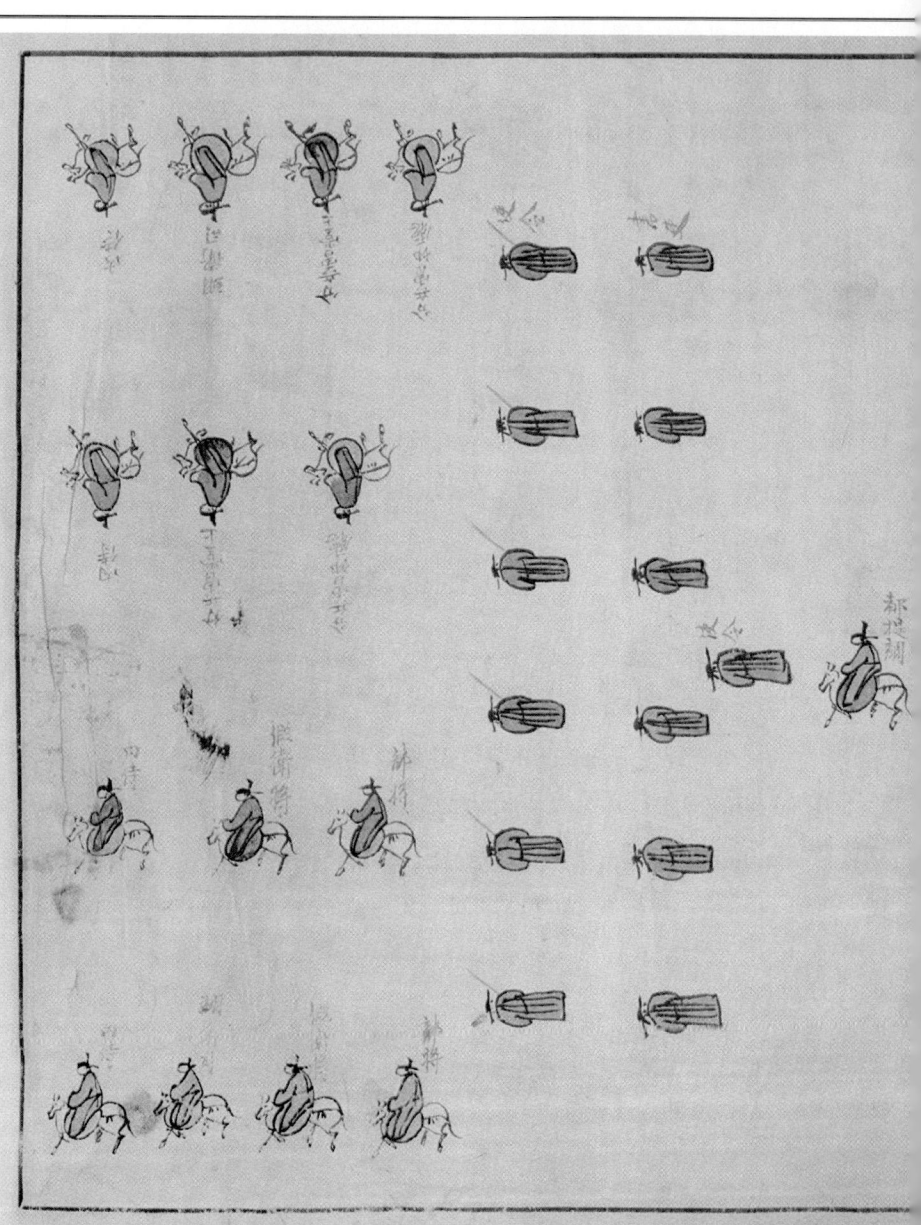

도 3-7
소현세자 가례도감의궤(1627) 반차도 제7~8면. 장서각

마부를 대동하지 않은 반면에 이들 6인의 여인 기마인물들은 모두 마부를 대동하고 있다.

제7면에는 세자빈의 연을 뒤에서 호위하는 4인의 내시, 2인의 익위사(翊衛司),[46] 2인의 가위장(假衛將),[45] 2인의 분병조당상(分兵曹堂上), 2인의 분병조낭청(分兵曹郎廳)들이 기마행렬을 이루고 있으며, 그 뒤로 6인의 사령이 세장(細杖)을 들고 일렬로, 바로 그 뒤에는 6인의 서리(書吏)가 일렬로 서 있다.(도 3-7左) 행렬의 그 다음 구성인원들이 제7면의 뒷부분과 제8면에 걸쳐 있는데 사령 1인을 앞세운 가례도감의 총 책임자인 도제조(都提調: 의정부 좌의정) 신흠(申欽)을 위시하여 그 바로 아래에는 3인의 제조(提調: 의정부 우찬성, 예조판서, 호조판서), 2인의 도청(都廳), 6인의 낭청(郎廳), 그리고 6인의 감조관(監造官) 등이 말탄 모습으로 보이고[47] 행렬의 선두에 있던 것처럼 기수(旗手), 초관(哨官), 포살수(砲殺手)들이 행렬의 후미를 이루고 있다.

이와 같이 가장 짧은 8면 반차도인 이 그림에도 430여 명의 인물들이 각종 기물을 들고 서있는 모습으로 묘사되어 행사의 면모를 자세히 전달해 주고 있다. 이 반차도가 짧기는 하지만 기본적인 요소가 모두 포함되어 있으므로 다른 반차도의 내용을 살펴보는 데 있어서 이 행렬을 근간으로 하여 더해진 요소를 살펴보기로 하겠다.

---

45 假衛將은 임시로 고용된, 또는 다른 부서에서 차용된 衛將으로 볼 수 있다.
46 翊衛司는 王世子의 侍衛를 맡던 관청.
47 이 반차도는 소현세자 가례도감의궤(1627)의 座目 기록과 일치하지 않는다. 기록에는 都廳이 빠지고 그 대신 낭청이 8인으로 되어 있다. 또한 이 의궤는 좌목이 후대의 의궤에서처럼 일목요연하게 되어 있지 않다.

2. 숙종 가례도감의궤(肅宗 嘉禮都監儀軌), 1681

17세기에 거행된 가례 가운데 왕의 가례는 1638년의 인조와 장렬후(莊烈后)의 가례와 1681년의 조선 제19대 숙종(재위 1674-1720)과 계비(繼妃) 인현왕후(仁顯王后) 민씨(閔氏)와의 가례이다. 전자의 반차도 행렬은 8면, 후자는 19면으로 비교적 길게 묘사되었으므로 후자를 17세기에 거행된 왕의 대표적 가례로 다루겠다.

1680년 숙종의 첫 번째 왕비인 인경왕후(仁敬王后) 김씨(1661-1680)가 소생이 없이 승하(昇遐)하자[48] 그 이듬해 정월 초 3일 당시의 빈청령(賓廳領) 중추부사(中樞府事) 송시열(宋時烈), 좌의정 민정중(閔鼎重), 우의정 이상진(李尙眞), 예조판서 이단하(李端夏) 등은 왕비의 덕을 기리고 승하함을 애통히 여김과 동시에 계비의 필요성을 강조하는 계(啓)를 올렸다.[49] 3월 6일에 도감을 설치하고 도제조에는 영의정 김수항(金壽恒)을 임명하는 등 모든 도감의 관원들,[50] 일방(一房), 이방, 삼방, 별공작(別工作), 별궁수리소를 두었다. 삼간택(三揀擇) 후 신부가 머물 장소인 별궁으로는 봉림대군의 사저(私邸)였던 어의궁(於義宮)으로 정하고 이 건물을 수리하여 사용하였다. 이어 그 해 5월에 거행된 가례의 반차도가 바로 이곳에서 친영의(親迎儀)까지를

---

48 인경왕후 김씨는 1671년 세자빈에 책봉되어 가례를 행하고 1674년 왕비에 進奉되었으나 1680년 20세의 나이로 所生이 없이 病死하였다.
49 慈聖殿下以仁敬王妃壼法甚備賢明孝敬至矣盡矣 其於主上內助實多 國運不幸意外昇遐 而且無後嗣 上下之痛曷可勝言 今者歲已改矣 山陵吉日不遠益切悲疚之餘仍念 主上未有 國本國家重事無過於此者 以禮文言之卽大婚宜行於朞年之後 而國事變無窮亦不無權道 晝夜思念欲爲問議于朝廷者也. 숙종 가례도감의궤(1681), p. 1.
50 숙종 가례도감의궤(1681), p. 9ff.

마치고 대궐로 들어갈 때의 행렬도이다.

19면으로 된 숙종 가례도감의궤 반차도의 첫머리에는 아무런 글씨가 없으나 의궤 42쪽에 "왕비가 별궁으로부터 대궐로 들어갈 때의 반차도를 이미 전례에 의해 그려 들여갔다(王妃自別宮詣闕時班次圖旣已起畵依例入)"고 적혀있어 왕비가 동뢰연(同牢宴)을 치르러 입궐하는 장면을 묘사한 것임을 알 수 있다. 따라서 그림에는 왕비의 연(輦) 하나만 보인다. 그러나 등장인물의 수나 이들의 포치방식에서 앞의 소현세자 가례반차도와 많은 차이를 보인다.

제1면에는 포살수 모두 17인이 양쪽에 각각 7인, 그리고 가운데 3인이 행렬의 선두에 기를 들고 가며 가운데 포살수의 바로 뒤에 초관이 간다.(도 3-8) 제2면에는 교명, 옥책, 금보, 명복 등의 보물이 안치된 채여(彩輿)의 가장 선두격인 보마(寶馬)가 2인의 마부에 의해 인도되는 모습이 보인다.(도 3-9左) 그 뒤에는 교명여가 가며 가마의 뒤로 네 명의 기마집사가 각각 마부를 대동하고 따라간다. 제3~4면은 거의 같은 구도를 보이는데 옥책과 금보를 실은 붉은 색과 녹색으로 된 채여를 가운데 두고 앞에는 3인의 기마 내관이, 뒤에는 4인의 기마집사가 따르고 있다.(도 3-9右, 도 3-10左) 세자빈 가례 때의 죽책과 인(印)에 해당하는 물건들이 왕비 가례 때는 옥책과 금보로 격상된 것이다.[51] 제5면에도 같은 구도로 명복여가 가운데 있는 것이 다를 뿐이다.(도 3-10右)

제6~11면까지 이어지는 왕비의장은(도 3-11, 12, 13) 세자빈의 의장보다 훨씬 복잡하고 화려하다. 『국조오례의서례』 권2의 가례 노부(鹵簿) '왕비의장조(王妃儀仗條)'에 보이는 인물, 의장, 그리고 이들의 순서와 완전히 일치

---

51 숙종 가례 때 교명문 提調官兼 이조판서는 김석주(金錫胄)이며, 玉冊文 제술관은 대제학 이민서(李敏敍), 金寶 篆文書寫官은 副司直 김수증(金壽增)이다. 기타 실무담당자의 명단은 숙종 가례도감의궤(1681), p. 76ff 참조.

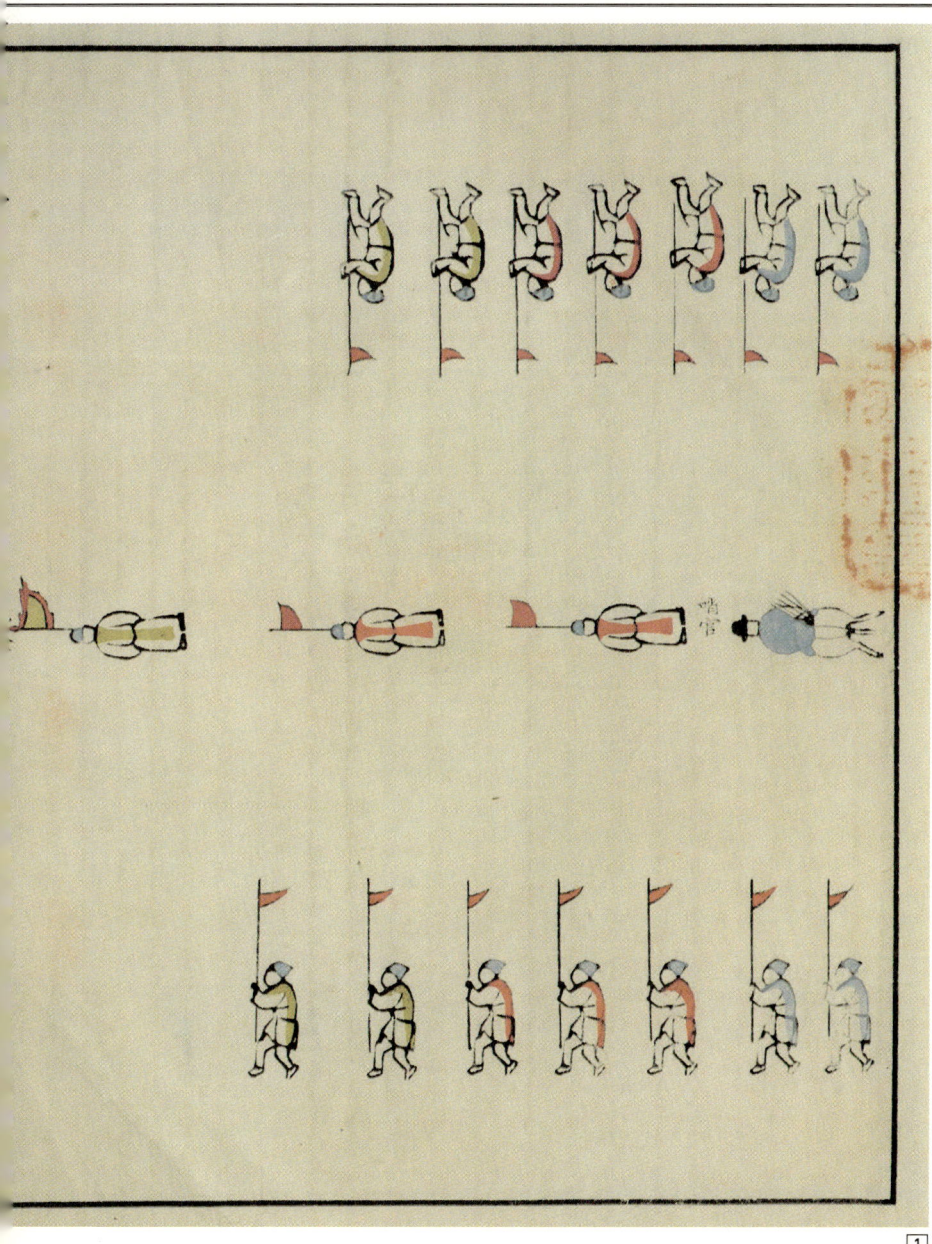

● 도 3-8
숙종 가례도감의궤(1681) 반차도 제1면. 장서각

● 도 3-9
숙종 가례도감의궤(1681) 반차도 제2~3면. 장서각

④
● 도 3-10
숙종 가례도감의궤(1681) 반차도 제4~5면, 장서각

命服

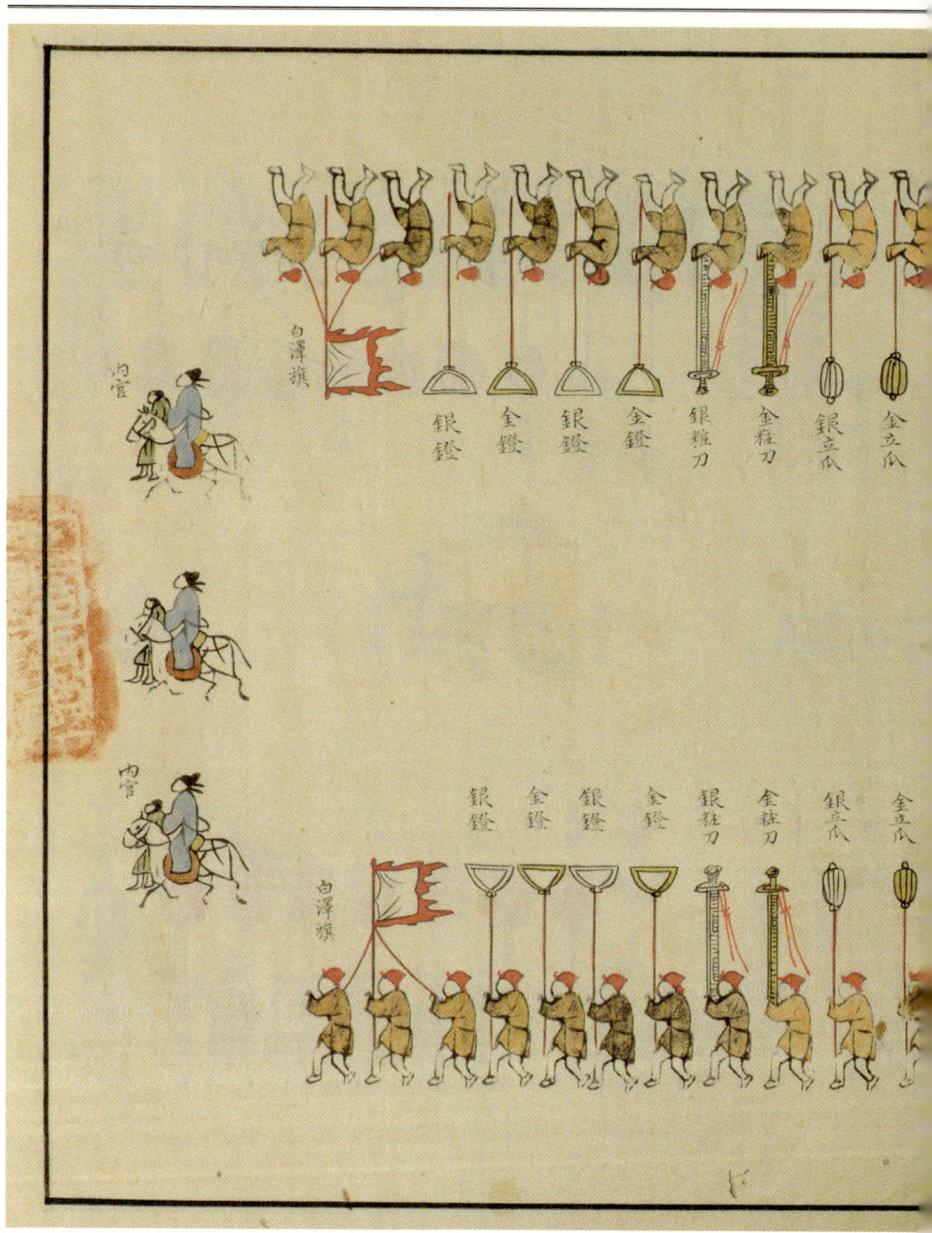

● 도 3-11
숙종 가례도감의궤(1681) 반차도 제6~7면. 장서각

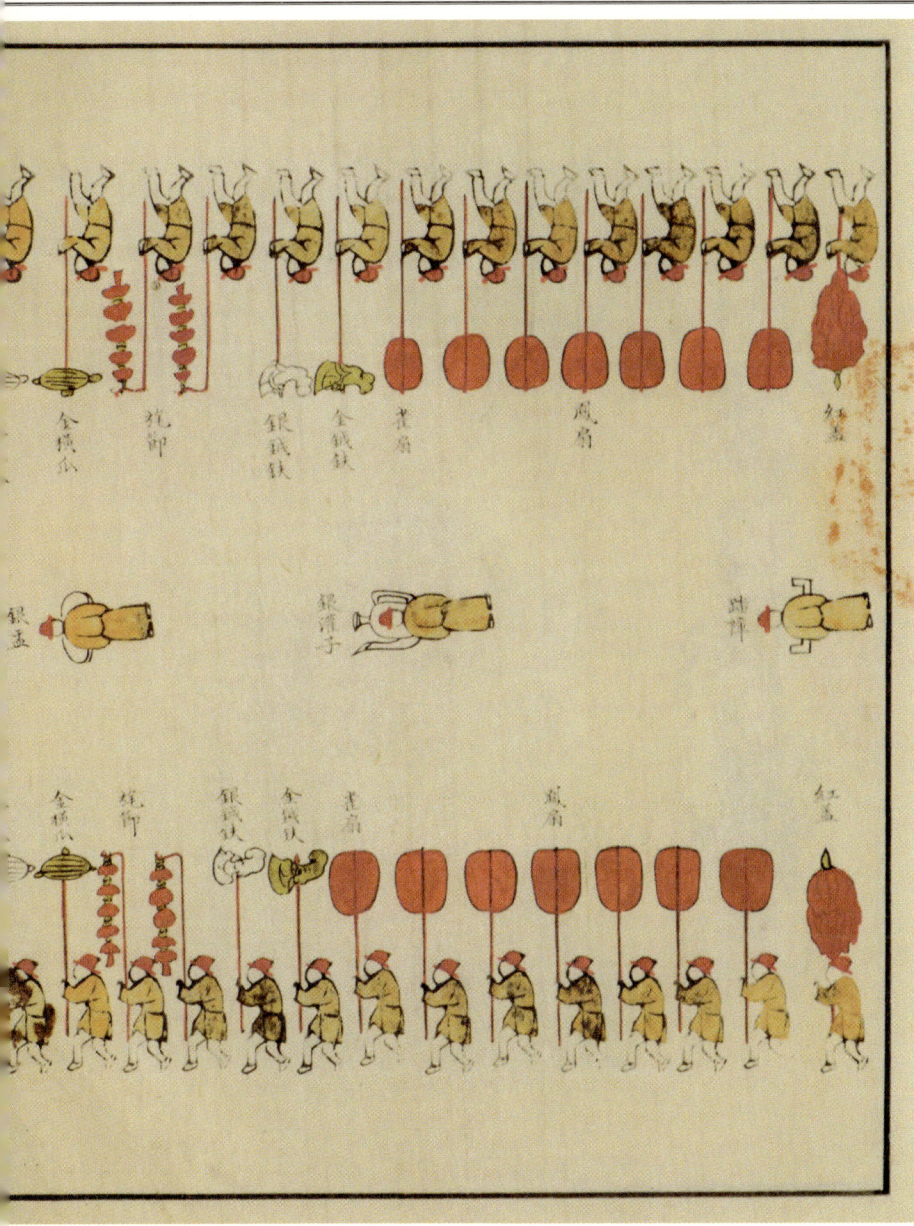

⦁ 도 3-12
숙종 가례도감의궤(1681) 반차도 제8~9면, 장서각

● 도 3-13
숙종 가례도감의궤(1681) 반차도 제10~11면. 장서각

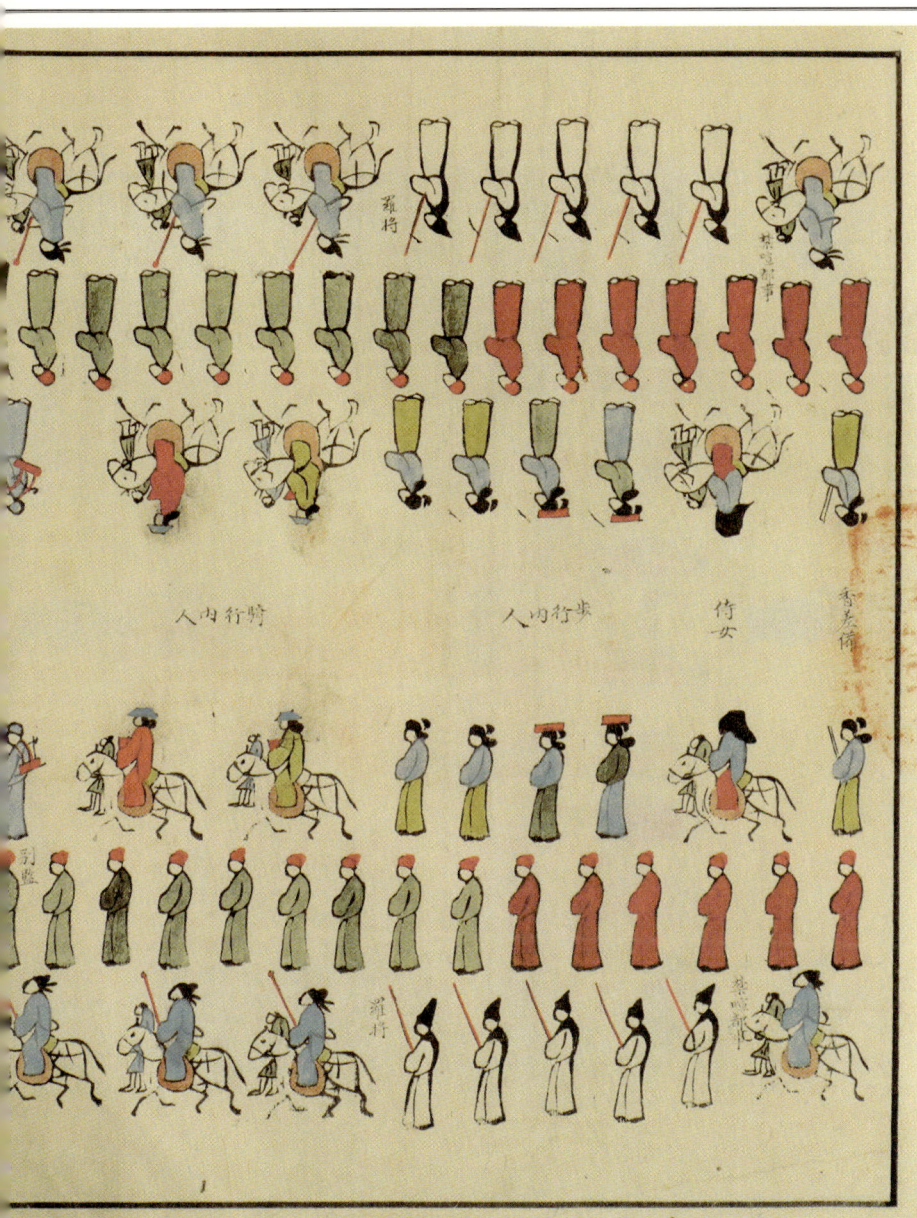

● 도 3-14
숙종 가례도감의궤(1681) 반차도 제12~13면. 장서각

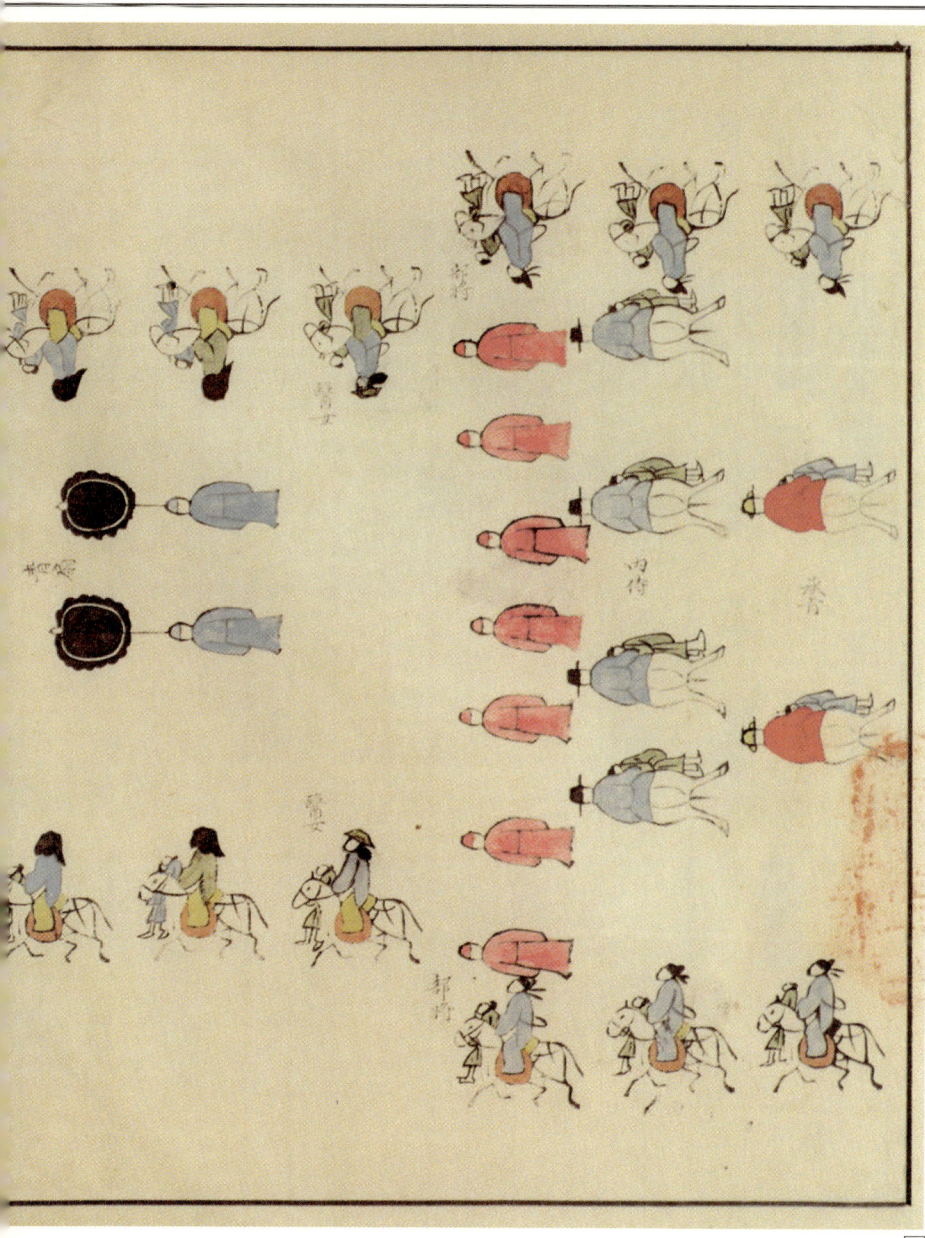

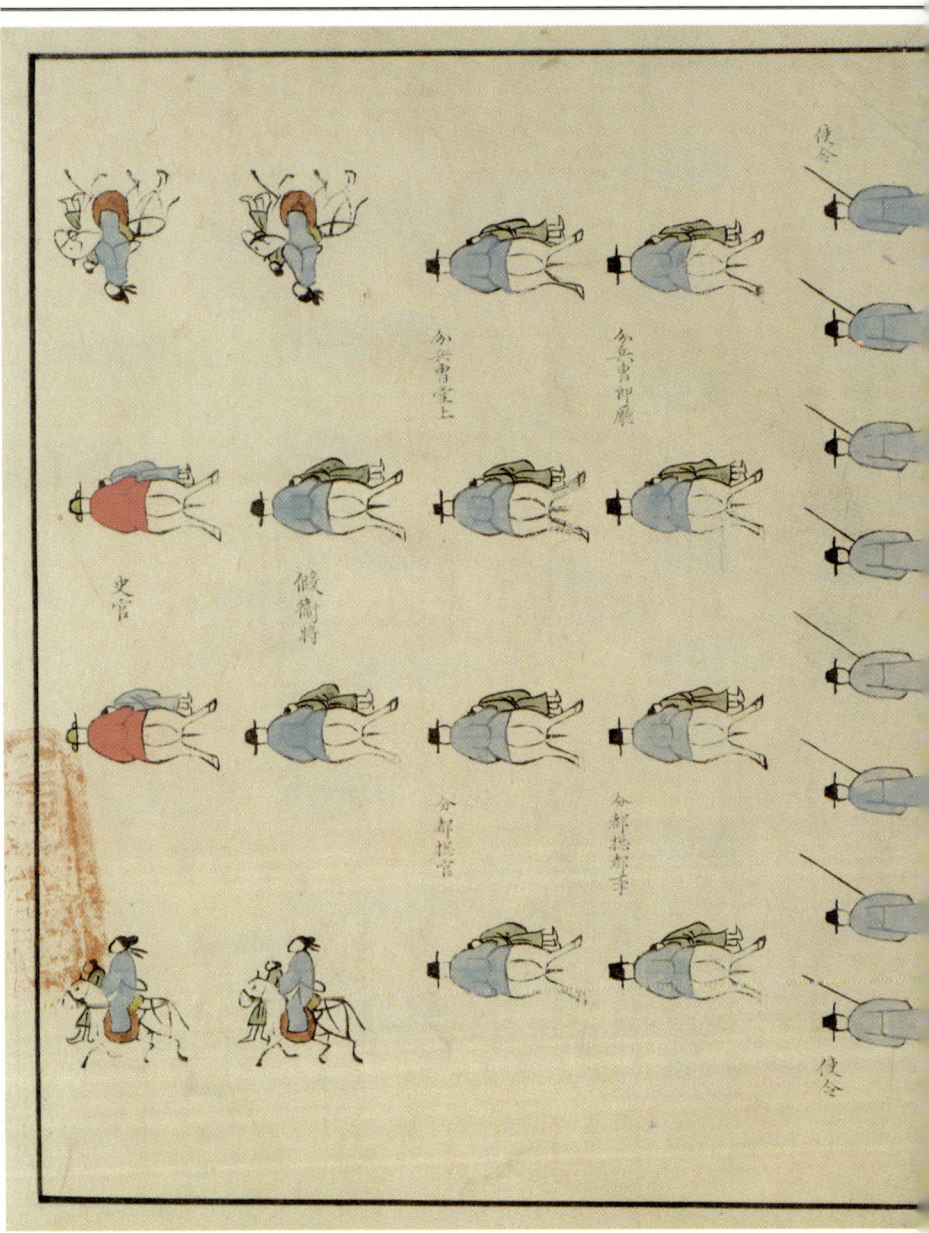

● 도 3-15
숙종 가례도감의궤(1681) 반차도 제14~15면. 장서각

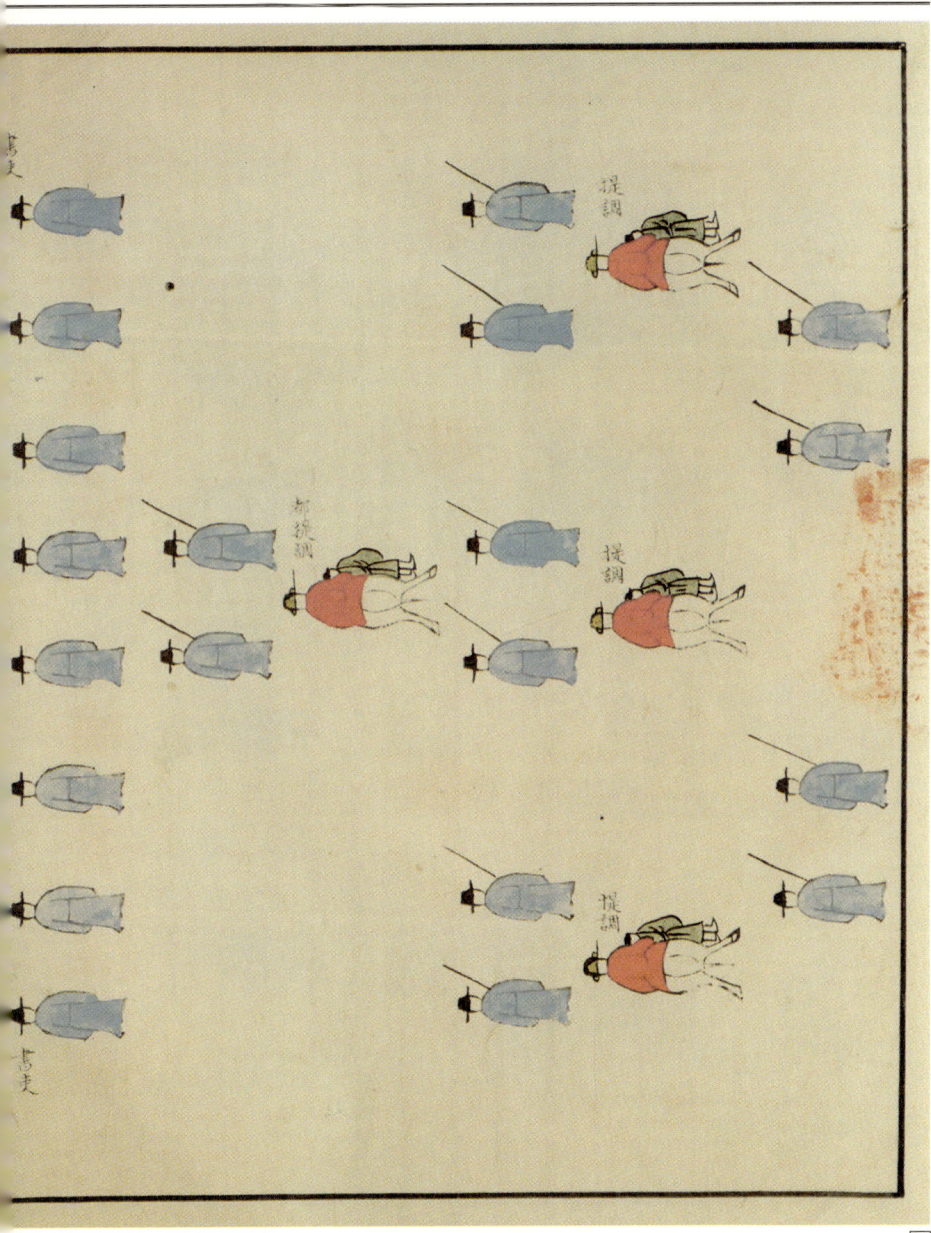

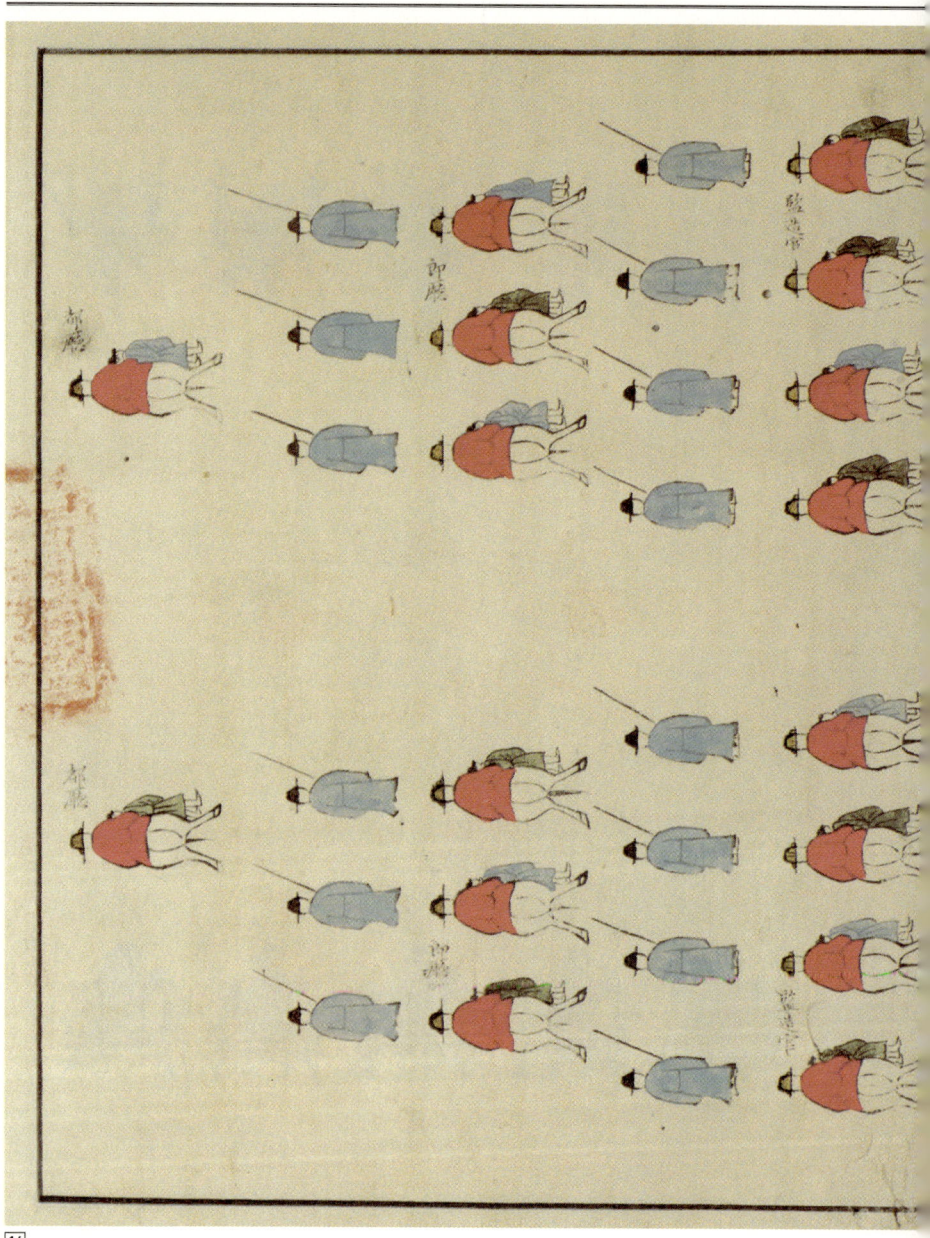

● 도 3-16
숙종 가례도감의궤(1681) 반차도 제16~17면, 장서각

● 도 3-17
숙종 가례도감의궤(1681) 반차도 제18~19면. 장서각

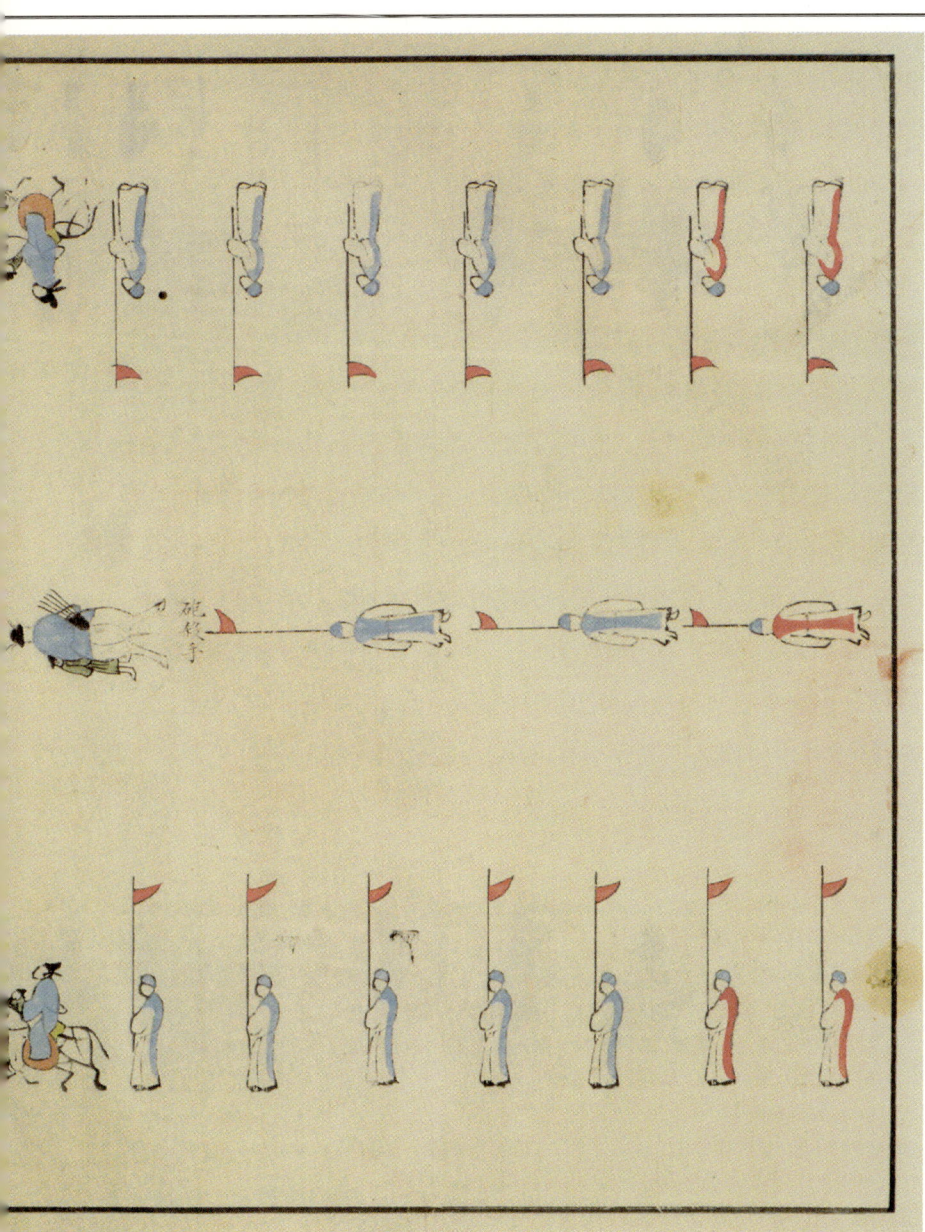

하지 않으나 대체로 비슷한 것을 볼 수 있다.[52] 의장행렬의 선두에는 3인의 기마 내관이 모두 측면상으로 묘사되었고 이어서 양쪽으로 대칭형으로 백택기(白澤旗), 금등(金鐙) 2, 은등(銀鐙) 2, 은장도(銀粧刀), 금장도(金粧刀), 은립과(銀立瓜), 금립과(金立瓜), 은횡과(銀橫瓜), 금횡과(金橫瓜) 각각 1, 모절(旄節) 2,[53] 은월부(銀鉞斧), 금월부(金鉞斧) 각각 1, 작선(雀扇) 3, 봉선(鳳扇) 4, 홍개(紅蓋), 청개(靑蓋) 각각 1, 그리고 장마(仗馬)가 2인의 마부에 의해 인도되어 간다. 이들의 가운데로는 은우(銀盂: 주전자), 은관자(銀灌子), 답진(踏陣),[54] 은교의(銀交倚)를 바쳐든 사람들이 뒷모습으로 보인다. 이 반차도에는 은우와 은관자가 바뀌어 그려졌다. 가례 노부도설 은우 설명에는 "은으로 만든다. 물 깃는 그릇이다."라고 되어 있고 손잡이가 달린 주전자 그림이 있으며, 은관자는 "은으로 만든다. 은반과 같으나 은반보다 깊다."라고 되어 있고 둘레에 꽃잎 같은 장식이 있는 그릇이 그려져 있다.[55] 두 필의 장마보다 조금 뒤로 은교의를 든 사람의 뒤에는 기마(騎馬) 향통배(香桶陪), 즉 향이 담긴 통을 등에 진 남자가 따르는데 이 인물은 『국조오례의서례』나 『국조속오례의서례』 가례 노부도설에 전혀 나타나지 않는 인물이다.

---

52 『國朝五禮儀序例』 卷之二 「嘉禮 鹵簿圖說」(法制處本 4), pp. 203-205 참조. 이 부분이 길고 상세하여 인용을 생략한다.
53 「嘉禮 鹵簿圖說」에는 모절의 설명을 "붉게 물들인 털로 만드는데, 모두 7층으로 하며, 매 층마디 위에 도금한 구리쇠의 덮개가 있는데 연꽃을 새긴다. 가죽끈으로 꿰어서 붉게 칠한 깃대머리의 용구환(龍口環)에 걸어 놓는다."라고 되어 있으나 이 반차도에는 7층 대신 5층으로 생략되어 그려졌다. 『國朝五禮儀序例』 卷之二 「嘉禮 鹵簿圖說」(法制處本 4), p. 221 참조.
54 숙종 가례도감의궤(1681), p. 222의 二房儀軌 所掌 儀仗目錄에는 "銀脚踏一"로 명시되어 있으나 실제 반차도에는 "踏陣"이라 쓰여 있다.
55 『國朝五禮儀序例』 卷之二 「嘉禮 鹵簿圖說」(法制處本 4), pp. 225-226.

청개를 받든 사람 뒤로는 제9면의 중간까지 이어지는 9인의 기마 내관 행렬이 보이고 이어서 7인의 기마 금군이 화살통을 등에 메고 가는 모습이 제10면의 시작부분까지 계속된다. 내인(內人)은 마부를 대동하였으나 금군은 마부 없이 간다. 제10면의 시작부분에는 세자빈의 행렬에는 없었던 전악(典樂: 장악원 소속 정6품)과 16인의 악공들이 각종 악기를 들고 2열로 서있는 뒷모습으로 묘사되었다. 『국조오례의』 권3 왕비를 책봉하는 의식에 "전악이 공인(工人)을 데리고 들어와서 위(位)에 나가고 협률랑(協律郎)이 들어와서 휘(麾: 기)를 드는 자리에 나아간다."라는 대목이 있다.[56] 세부를 살펴보면 전악(典樂)은 녹색, 악공(樂工)들은 홍색 의상을 입고 있으며 가운데에는 북과 종을 든 것이 확실히 보이나 나머지 악기들은 몸에 가려 각각 어떤 악기들인지 확실히는 알 수 없다. 추측컨대 양옆으로는 3인씩이 한 조를 이루어 당비파(唐琵琶),[57] 금(琴),[58] 그리고 또 장고(杖鼓)로 보이는 악기를 들고 있는 듯하다.

제10면의 중간쯤 악공들의 뒤를 이어 기마 주장(朱杖) 내시가 한쪽에 6인씩 모두 12인이 따라가며 그 뒤로는 도보의 나장들이 역시 붉은 장대를 들고 따라간다. 숙종 가례도감의궤(1681)에는 "朱杖二十箇"로 명시되어 있으

---

56 『國朝五禮儀』卷之三(法制處本 2), p. 131. 그밖에도 가례의식의 각 단계에 樂士들의 역할이 적혀 있다.
57 『國朝五禮儀序例』卷之一「吉禮 俗部樂器圖說」에는 唐琵琶와 鄕琵琶의 두 가지가 소개되어 있는데, 이 반차도에 보이는 비파는 윗부분이 공명통과 각을 이루며 꼬부라진 것으로 보아 唐琵琶인 것으로 보인다. 「嘉禮 樂器圖說」에는 吉禮에 나오지 않은 것들만 나와 있어 吉禮의 것을 참작함. (법제처본 4), p. 166 참조.
58 「吉禮 俗部樂器圖說」에 보이는 橫으로 놓인 현금과 가야금 두 가지 악기 중의 하나로 보인다. 위의 책, p. 165.

나[59] 실제 그림에는 명시된 주장(朱杖)은 12개이며 나장(羅將)들이 든 것들을 포함하면 22개이므로 여기서도 차이를 보인다. 악공들의 바로 뒤에는 홍양산(紅陽傘)을 든 사람이 중앙에 있고 그 좌우로 머리를 맞댄 모양으로 '지거이(支擧二)'라는 인물들이 양쪽에 둘씩 4인이 제11면으로 이어지며 등에 붉은 짐을 지고 간다. '지거(支擧)'라는 단어는 아마도 우리말의 '지게'를 적은 이두문(吏讀文)이라고 생각된다.[60] 제11면은 양쪽에 3렬씩 6렬의 인물들이 빽빽이 늘어서 있는데, 10면에서 이어지는 행렬인 주장내시(朱杖內侍)와 나장(羅將)들의 바로 뒤에는 금훤도사(禁喧都事) 1인,[61] 그 윗줄에는 15인의 별감(別監, 이들 가운데 9인은 녹색, 6인은 홍색 의상을 착용)이, 그 안쪽에는 기행내인(騎行內人) 2인, 보행내인(步行內人) 4인(2인은 머리에 붉은 짐을 이고 있다), 기마시녀(騎馬侍女) 1인, 향차비(香差備)[62] 1인 등이 양쪽에 있어 마부들을 포함하여 모두 80인의 각종 인물들이 화려하게 묘사되어 있다.

제12면에는 왕비의 연이 한가운데 있고 한쪽에 5인의 보행내시와 4인의 검은 너울을 뒤집어 쓴 말탄 시녀들이 연을 호위하고 간다.(도 3-14左) 왕비의 연대(輦隊)는 가마에 가린 것을 감안하여 모두 12인으로 추측되며 이 숫

---

59 숙종 가례도감의궤(1681), p. 222.
60 의궤 기록에는 많은 吏讀文이 사용된 것을 볼 수 있으나, '支擧'는 현재 통용되는 이두 사전이나 『古法典用語集』, 金在得 編著, 『古文獻用語解例』(培英社, 1982), 기타 한자, 또는 국어사전에서 볼 수 없는 어휘이다. 그러나 그림에 사람이 등짐을 지고 있는 것으로 보아 '지게'와 비슷하게 사용된 것으로 추측된다.
61 禁喧郎廳은 병조낭관 중에서 임시로 임명하는 벼슬로 임금의 거둥 때 함부로 들어와 떠드는 사람을 막는 일을 맡음. 『古法典用語集』, p. 154 참조. 따라서 금훤도사는 금훤낭청의 책임자 격인 관리.
62 차비는 특별한 임무를 맡기기 위해 임시로 임명하며 신분에 따라 差備官, 差備軍, 差備奴의 구분이 있다. 위의 책, p. 772.

자는 『국조오례의』의 왕비 가례 노부 규정의 60인에 훨씬 못 미친다. 아마도 실제로 그와 같이 많은 숫자의 인물을 그리는 것이 곤란하여 간소화한 듯하다. 연의 묘사도 소현세자 가례반차도의 것과 비교하여 볼 때 아주 간소하게 표현하였다. 시녀들의 행렬은 제13면으로 계속되어 모두 6인인 셈이다. 13면에는 또한 기마의녀(騎馬醫女)가 양쪽에 각각 1인씩 있는데, 이들은 너울 대신에 전모를 썼을 뿐 얼굴을 드러내고 있다. 이들 기마여인들의 행렬 가운데에는 청선(靑扇)을 받쳐 든 사람 둘이 서있는데, 부채의 색채는 청색이 아니고 검은 색으로 되어 있다.

제13면의 중간쯤에 붉은 옷차림의 배면상(背面像) 남자 7인이 일렬로 서 있는데 이들이 누구인지 그림에 명시되지 않았다.(도 3-14右) 그러나 1702년 숙종 인원왕비 가례반차도의 제13면(규장각 마이크로필름 p. 322)에 같은 위치에 배면입상 인물들이 "연배여군(輦陪餘軍)"이라고 적혀 있어 이 반차도에서도 같은 인물로 볼 수 있겠다. 이들의 뒤에는 기마 내시 4인, 승지(承旨) 2인이 따르며 양 옆으로는 기마 부장 각각 3인씩 6인이 이들을 호위한다. 이 행렬은 제14면으로 이어지는데(도 3-15左) 기마부장 4인이 더 있으며, 사관(史官) 2인, 가위장(假衛將) 2인 등이 중앙에, 그 뒤로 분도총관 2인은 왼편에, 분병조당상 2인은 오른편에 나뉘어 있으며, 다음 줄 왼쪽에는 분도총도사 2인, 오른쪽에는 분병조낭청 2인이 모두 마부를 대동한 뒷모습 기마상으로 묘사되었다.[63] 이들 무리를 뒤에서 마무리하는 인물들이 뒷모습으로 일렬로 서 있는 푸른색 옷차림에 장대를 든 사령 8인들이다.

제15면에는(도 3-15右) 검은 모자에 청색 복장을 한 서리(書吏) 8인이 뒷모

---

63 이들 관원들의 명칭 앞에 모두 分字가 있는데, 국가의 큰 행사 때 원래 官衙의 官員만으로는 일손이 부족하므로 임시관원을 더 배치하게 되며 이들을 分○○로 부르는 것이다.

습으로 서 있으며 그 뒷줄에는 2인의 사령이 도제조(영의정 김수항)의 앞장을 서고 그 뒤로는 2인의 사령과 제조 1인이 한 조(組)를 이루는 3조가 보인다. 이와 같은 3인 1조의 사령과 도청 2조가 15면에서 16면으로 계속된다. 사령들은 모두 푸른색 의상을, 도제조 이하 상위직 관원들은 모두 붉은 조복(朝服)을 입어 전체 구성이 선명한 색채 대조를 보인다. 16면의 나머지 공간은 사령 3인에 낭청 3인으로 구성된 두 조가 좌우로 배치되어 있고 그 뒤로는 사령 4, 감조관 4의 두 조가 역시 좌우로 배치된 완전 대칭형 구도를 보인다.

제17면과 18면에는 양쪽으로 늘어선 측면 기마인물상들이 대칭형으로 배치되어 있는데 이들의 직책이 명시되어 있지 않다. 그러나 이 반차도의 제2·3·4면의 인물 배치와 그들의 의상, 그리고 행렬의 선두와 후미(後尾)의 대칭적 인물배치의 관례로 보아 제17면의 선두에 붉은색 옷차림의 6인은 집사(執事)들로 추측되며 나머지 푸른 복장의 인물들은 내관으로 보인다. 이 반차도의 마지막 장면인 제19면은(도 3-17右) 제18면의 내관 행렬의 후미와 가운데 기마 초관(哨官) 1인이 선두에 있고 나머지는 한 쪽에 7인씩, 그리고 가운데 3인, 모두 17인의 포살수가 붉은 기를 들고 서있는 모습으로 채워졌다. 초관과 포살수(砲殺手)의 인원수는 이 반차도 첫머리와 완전히 일치하나 그 배치가 조금 다를 뿐이므로 가례행렬의 선두와 후미가 같은 구성을 보이는 것은 1627년 가례반차도와 마찬가지이다.

이상에서 살펴본 바와 같이 왕세자와 세자빈의 가례 행렬에 비하여 왕과 왕비의 가례행렬은 기본적으로 같은 수의 채여(彩輿)과 연(輦)으로 구성되었음에도 불구하고 더 많은 의장물, 더 많은 사령(使令), 내인(內人), 내시(內侍), 시녀(侍女) 등이 포함되었고, 또한 왕세자 가례 반차도에 없었던 향통배(香桶陪), 전악(典樂)을 선두로 한 악공들, 의녀, 나장, 승지, 서리(書吏)들이 추가되어 두 배 이상의 길고 화려한 행렬을 이룬 것을 볼 수 있다.

3. 1600년대의 기타 가례반차도의 특징적 구성 요소

1627년 소현세자 가례반차도와 1681년 숙종 가례반차도의 전체적 구성과 조금씩 차이를 보이는 나머지 1600년대의 가례반차도의 내용을 간략히 지적함으로써 모든 반차도 내용을 반복적으로 서술하는 것을 피하기로 한다.

  1638년의 인조·장렬후 가례반차도는 왕의 가례임에도 불구하고 소현세자 가례 때와 같은 8면의 짧은 구성을 보인다. 제1면(규장각 마이크로필름 참조)의 포살수 뒤에는 "훈련도감포살수(訓練都監砲殺手)"라고 정식 명칭을 기입한 것이 특징이다. 제2면(규장각 마이크로필름 참조)의 교명여(敎命轝)와 제5면의 명복여(命服轝)가 단순히 붉은 색이 아니고 흰 바탕에 붉은색과 녹색을 사용해서 꽃그림으로 장식한 것이 또한 다르다. 이런 가마는 뒤에 채여(彩轝)라고 불린다.

  1651년의 왕세자〔현종〕 가례반차도는(도 3-19~22) 제1면에 인마(印馬)가 처음 등장하며, 제4면에는 백택기 등 의장 행렬이 있는데 백택기는 흰 바탕에 붉은 기각을 하고 있다. 그러나 실제로 남아있는 백택기는(도 3-5) 흰 바탕에 노란 기각을 하고 있다. 제7면에는 소환귀유적(小宦歸遊赤) 10인이 5인씩 양쪽에 각각 서있는 것이 또한 새롭다.[64] 제8면에 왕의 연(輦)을 호위하는 내관 뒤로 차지(次知: 각 궁방의 일을 맡아 보는 사람) 6인이 3인씩 양쪽으로 서 있고 같은 면의 맨 끝에는 기마 내의원 관원과 의녀가 처음으로 등장한다. 제9면에는(도 3-22좌) 왕의 연을 따라가는 집사의 뒤에 7인의 푸른 옷을 입은 사람들이 서로 손을 잡고 팔을 벌리고 서 있는데, 이들은 직책이 명시

---

64 귀유적은 이들이 착용한 붉은 색 의상을 지칭하는 것으로 추측되나 확실치는 않다. 이 어휘는 이두사전 및 『고법전용어집』 등에서 찾아볼 수 없었다.

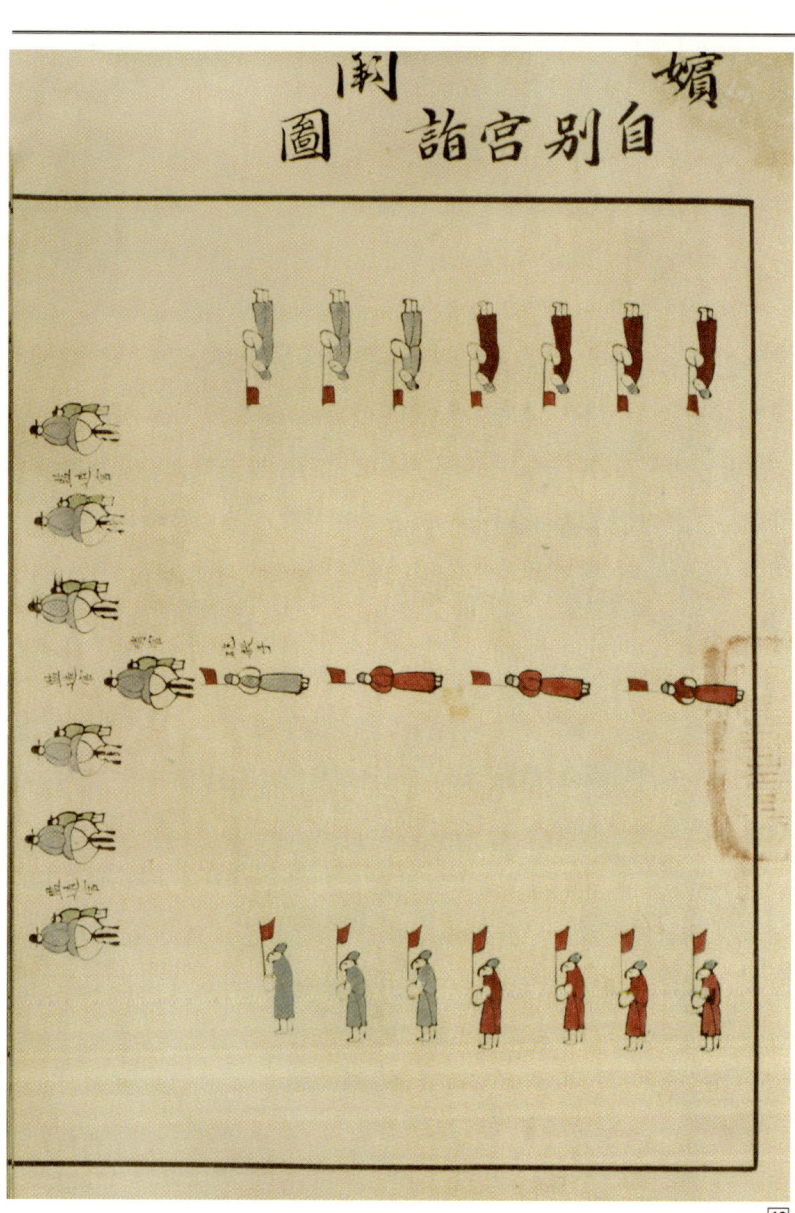

● 도 3-18
왕세자〔숙종〕가례도감의궤(1671) 반차도 제12면, 장서각

되어 있지 않으나 1702년 가례반차도의 예로 보아 "연배여군(輦陪餘軍)"으로 보인다. 이들의 바로 위에는 5인의 분병조(分兵曹)가 말 탄 뒷모습으로 보이며 이어서 분도청부(分都廳府)와 시강원(侍講院: 세자의 교육을 담당하는 기관)의 관원들이 새롭게 등장한다.

　　1671년의 왕세자(후의 숙종) 가례반차도는 제12면에 "세자빈이 별궁으로부터 대궐로 가는 그림〔嬪自別宮詣闕圖〕"이라고 내용이 명시된 드문 예이다.(도 3-18) 이 반차도와 1696년의 왕세자(후의 경종) 가례반차도는 행렬의 구성요소를 보면 위의 반차도들과 차이가 없으나 표현기법에 있어 주목할 만한 점들이 발견된다. 이점에 대해서 다음 장에서 다루기로 한다. 이어서 18세기의 가례도감의궤와 반차도의 내용을 위와 다른 점에 중점을 두며 살펴보기로 한다.

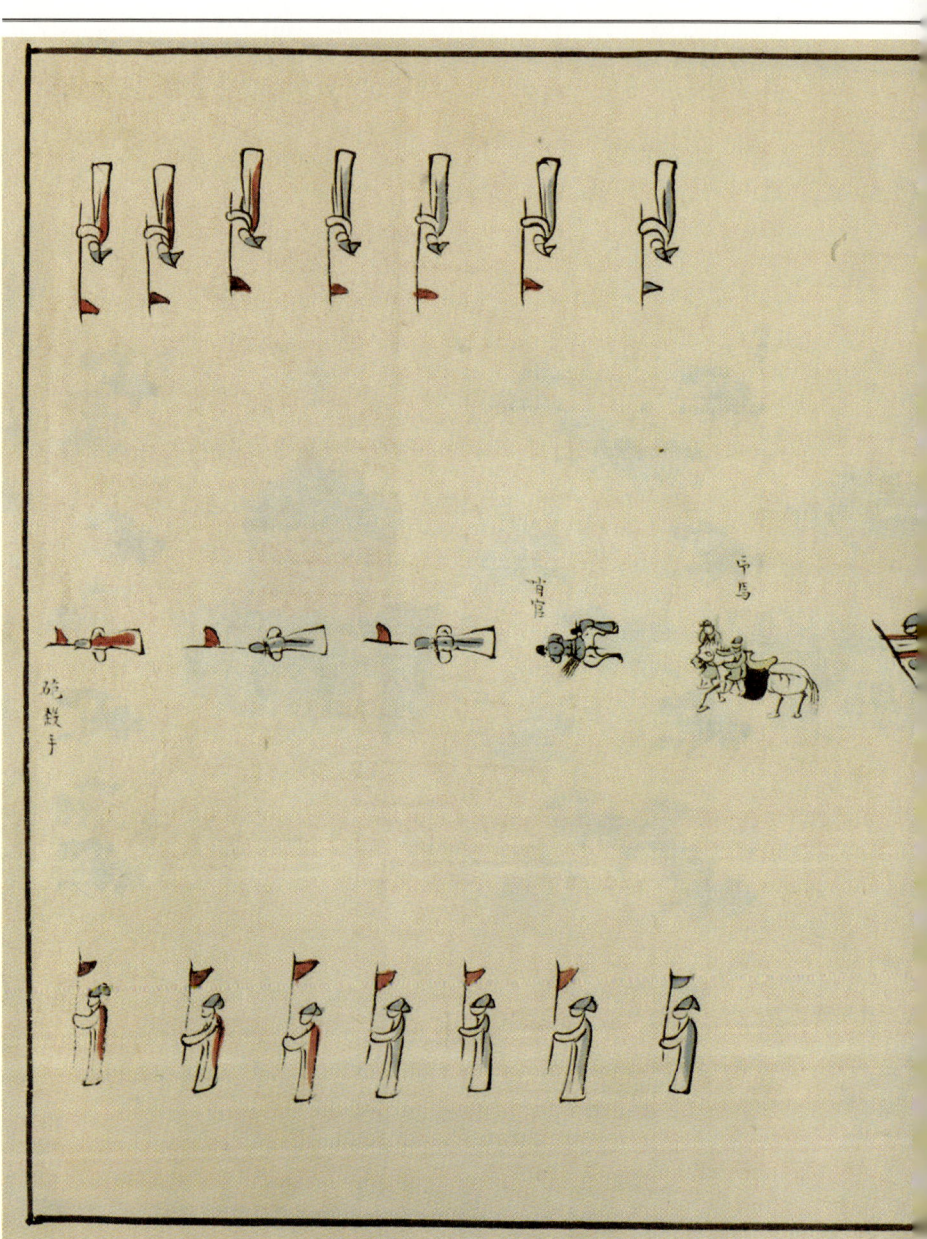

● 도 3-19
왕세자(현종) 가례도감의궤(1651) 반차도 제1~2면. 장서각

● 도 3-20
왕세자〔현종〕가례도감의궤(1651) 반차도 제3~4면, 장서각

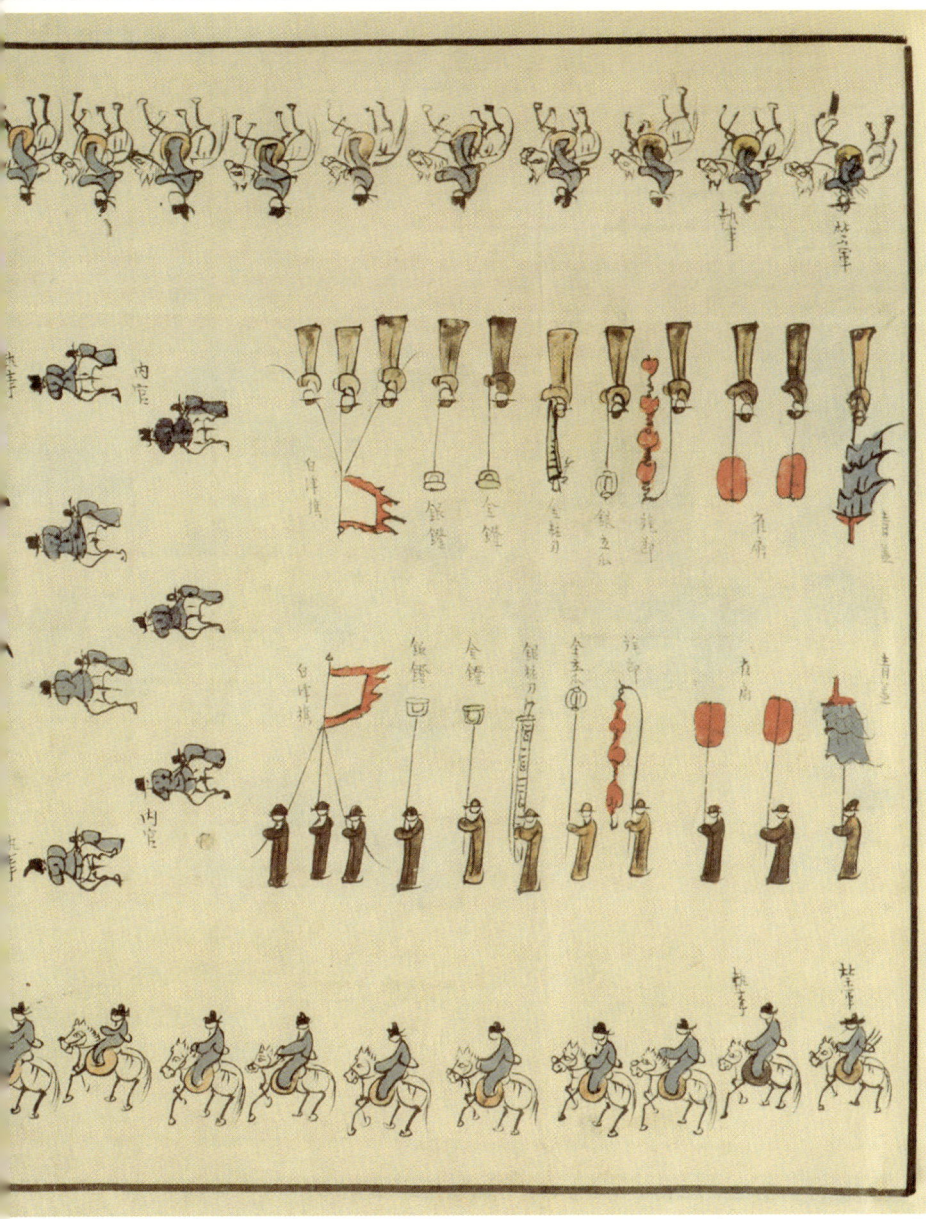

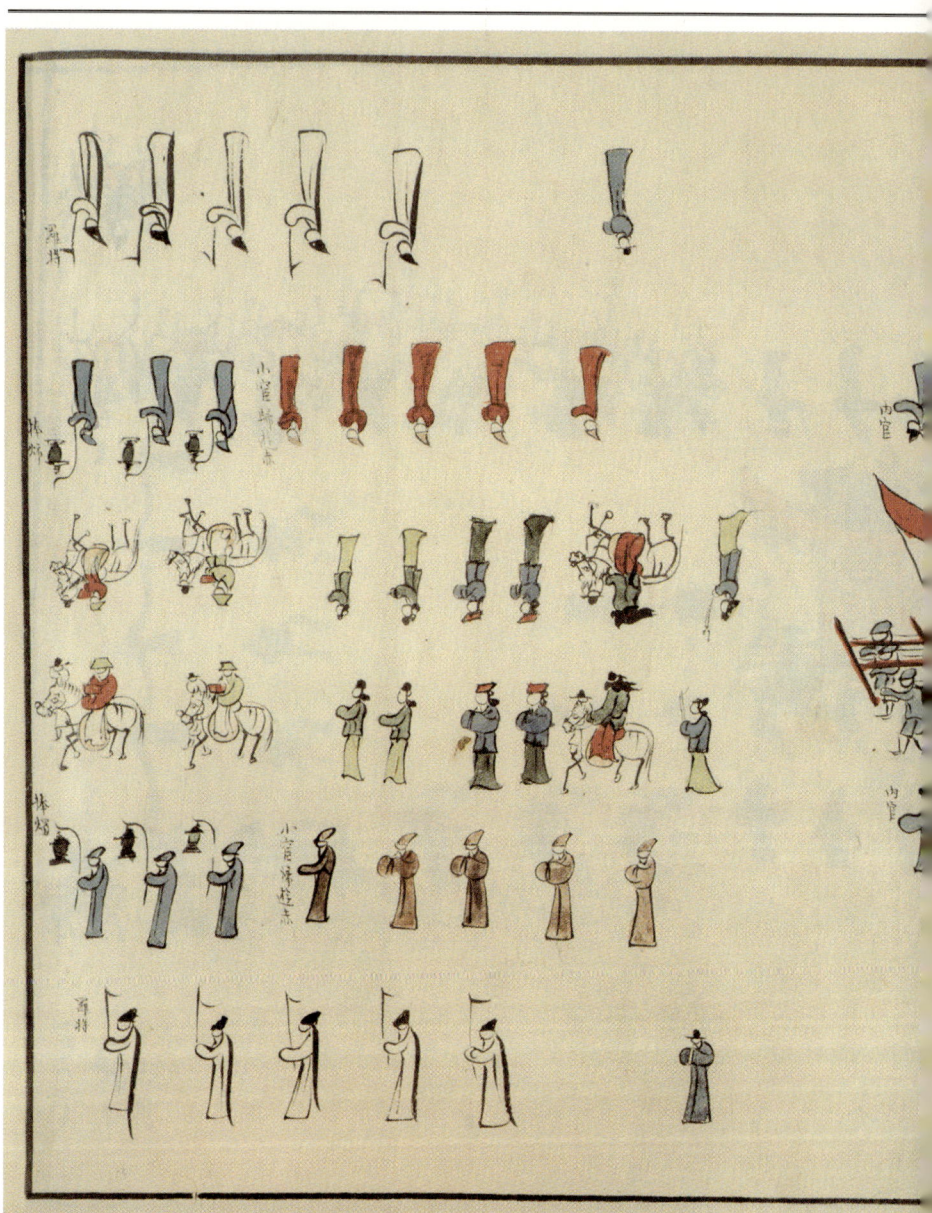

● 도 3-21
왕세자〔현종〕가례도감의궤(1651) 반차도 제7~8면, 장서각

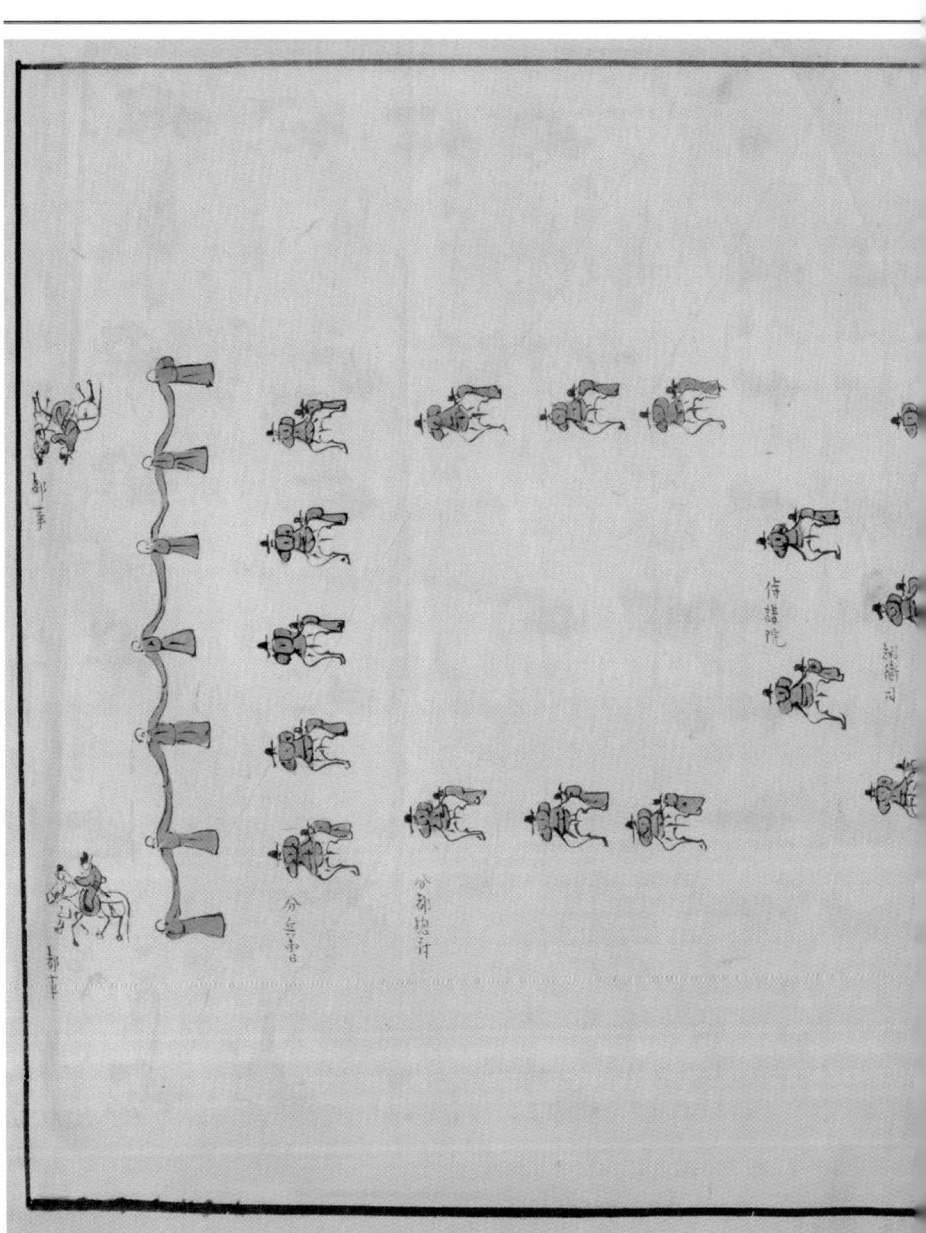

● 도 3-22
왕세자(현종) 가례도감의궤(1651) 반차도 제9~10면, 장서각

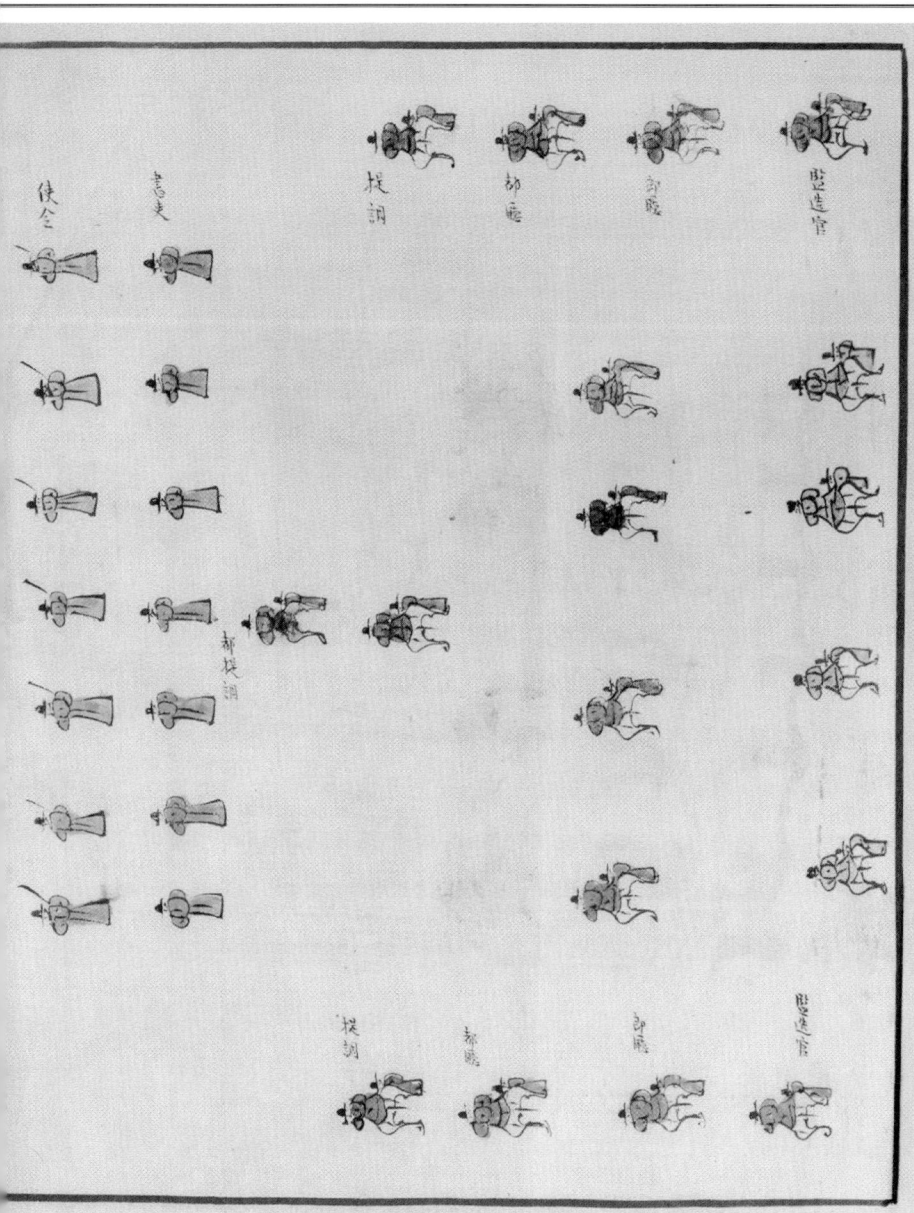

4

1700년대 가례도감의궤와 반차도 행렬의 구성

이 장에서는 가례 의식(儀式)에 획기적인 변화를 보이게 된 1759년의 영조(英祖) 정순후(貞純后) 가례 이전의 세 건의 가례(1702년, 1727년, 그리고 1744년)를 제1절로 묶어서 먼저 살펴본다. 이어서 1744년 『국조속오례의』와 『국조속오례의서례』가, 그리고 1751년 『국조속오례의보』와 『국조속오례의보서례』가 찬술된 후 새로운 의례절차에 의해 거행된 첫 번째 가례인 1759년의 영조 가례를 제2절에서 독립적으로 다룬다. 마지막으로 제3절에서는 조선조 역사상 유일한 왕세손〔정조〕의 가례도감의궤를 살펴본다.

1. 영조와 정순후 가례(1759) 이전

18세기 거행된 첫 번째 가례는 1702년 숙종과 인원왕후(仁元王后 1687-

1757)의 가례이다. 1681년 숙종과 가례를 치렀던 인현왕후 민씨는 1701년 파란 많던 생을 마감하고[65] 숙종은 1702년 김주신(金柱臣)의 딸을 두 번째 계비(繼妃)인 인원왕후로 맞아들였다. 그녀 역시 소생은 없으나 숙종 사후 왕대비로 오래 살면서 많은 존호를 받았다.

    1702년의 반차도 역시 이전의 반차도와 같이 왕비가 예궐(詣闕)할 때의 행렬이다.[66] 따라서 왕비의 가마만 보이는 행렬로 18면으로 구성되어 있다. 이전의 반차도와 다른 점을 몇 가지 지적하여 내용을 소개하겠다.

    행렬 구성인원 가운데 양쪽 의장대 사이에 기물을 들고 있는 인물들의 명칭이 조금씩 다르다. 제7면(규장각 마이크로필름 p. 324)에 은관자 다음으로 발판을 들고 있는 사람은 이전에는 답진 또는 각답으로 기재되어 있었으나 이 반차도에는 답장(踏掌)으로 되어 있으며 제8면(규장각 마이크로필름 p. 320)에는 감조관의 뒤로 양쪽으로 동반(東班)과 서반(西班)으로 기재된 기마 인물들이 제17면으로 이어지며 각각 12인씩 측면 기마상으로 묘사되어 있다. 『국조오례의서례』의 가례왕비의장 행렬의 뒷부분에는 다음과 같이 명시되어 있다.

> …내시(內侍) 4인이 주장을 잡고 좌우로 나뉘어 선다. 다음은 내명부(內命婦)가 가마를 타고, 다음은 외명부(外命婦)가 가마를 타고 수행하며, 다음은 내

---

[65] 1689년 희빈 장씨(禧嬪張氏)의 간계로 폐서인(廢庶人)이 되어 안국동 본댁(本宅: 感古堂)에서 지내게 되었다. 張禧嬪이 낳은 왕자 昀(후의 景宗)이 1698년 원자로 책봉되고 이듬해 다시 세자로 책봉됨과 동시에 장씨는 正妃로 책위되었다. 그러나 1694년의 민비가 복위되고 장씨는 희빈(禧嬪)으로 격하되었다. 그러나 그 후 얼마 되지않아 원인모를 병으로 35세의 젊은 나이로 세상을 떠났다.
[66] 숙종 가례도감의궤(1702) 규장각본, p. 145. "王妃自別宮詣闕班次圖內入時…"

시, 다음은 종친, 문무백관 각 1원과 감찰 2원과 의금부(義禁府)의 당하관(堂下官) 2원이 상복(常服)을 갖추어 입고 좌우로 나뉘어 시위(侍衛)한다.[67]

그러므로 반차도의 동반(東班), 서반(西班)의 인원수와 위의 내용이 어떻게 부합되는지 확실히 알기는 힘들다. 특히 내·외명부들도 이 반차도에는 보이지 않으므로 『국조오례의서례』를 그대로 따르지는 않고 있음을 알 수 있다.

1727년의 가례는 영조의 맏아들인 효장세자(孝章世子, 追尊 眞宗 1719-1728)와 좌의정 조문명(趙文命)의 딸 효순왕후(孝純王后 1715-1751)의 가례이다. 효장세자가 왕위에 오르기 전에 10세의 나이로 죽어 그녀는 실제로 소생도 없고 왕후의 자리에 오르지 못하였으나 정조(正祖)를 입양하였으므로 정조 즉위 후 왕후의 칭호를 받았다.

가례반차도는 모두 12면의 짧은 반차도로 세자빈의 가마만 보이는 세자빈 예궐시의 반차도이다. 제1면(규장각 마이크로필름 p. 325) 행렬의 선두에 이전의 반차도에는 포살수(砲殺手)가 배치되어 있었으나, 이 반차도는 포살수의 바로 앞에 기마사대장이 행렬을 이끄는 모습을 볼 수 있다. 또한 교명여가 제1면에 나올 만큼 포살수와 기수들의 행렬이 축소되었고 교명(教命), 죽책(竹册), 인(印), 명복(命服) 등의 채여(彩輿)를 멘 인원수가 8인으로 역시 축소되었다. 세자빈의 연대(輦隊)도 16인으로 축소되었다. 제12면(규장각 마이크로필름 p. 322) 행렬의 후미 역시 감조관의 바로 뒤에 초관(哨官)과 포살수로 행렬이 끝나는 아주 간결한 반차도임을 알 수 있다.

---

67 『國朝五禮儀序例』卷之二(法制處本 4), p. 205.

1744년의 가례는 영조의 둘째 아들 사도세자(思悼世子 1735-1762)와 영의정 홍봉한(洪鳳漢)의 딸인 혜경궁 홍씨(惠慶宮 洪氏)의 가례이다. 사도세자는 출생후 1년만에 세자에 책봉되고 10세에 헌경후 홍씨(獻敬后 洪氏), 즉 혜경궁 홍씨와 결혼하고, 파란곡절 끝에 영조의 노여움을 사서 서인(庶人)으로 격하되었고, 뒤주에 갇혀 8일만에 굶어 죽었다. 후에 이를 후회한 영조는 복위시켜 사도(思悼)라는 시호를 내렸고 아들 정조가 즉위하자 장헌세자(莊獻世子)로 추존되었고, 1899년 다시 장조(莊祖)로 추존되었다.[68]

가례반차도 역시 12면의 간결한 행렬도이다. 이 반차도는 세자빈이 별궁인 어의궁(於義宮)에서 친영의(親迎儀)를 마치고 대궐로 가는 행렬을 묘사한 것이다. 반차도에는 인물들의 직책이 전혀 표시되어 있지 않으며, 그림도 무척 성의 없이 그린 듯하다. 그림 양식에 관해서는 다음 장에 자세히 논할 것이므로 단지 여기서는 다른 반차도에 비해 내용도 충실하지 못하고 그림 수준도 어람용과 사고(史庫) 분상용의 차이 이상으로 무척 낮다는 사실만 지적해 둔다.

2. 영조 가례도감의궤(英祖 嘉禮都監儀軌), 1759[69]

영조의 첫 번째 왕후는 정성왕후 서씨(貞聖王后 徐氏 1692-1757)로 1721년

---

68 『韓國人名大辭典』, p. 805.
69 이 의궤는 현재 프랑스 국립도서관, 규장각 도서관 등 여러 본이 전하나 가장 완전한 것은 규장각의 五臺山 史庫本(奎13103)이다. 장서각에는 上册만 있다. 규장각에서 1994년 두 권으로 影印하였다. 이를 기초로 民族文化推進會에서 『가례도감의궤(영조 정순왕후)』라는 제목으로 국역하여 1997년에 출간하였다.

세제빈(世弟嬪)으로 책봉되었다가 1724년 영조가 즉위하자 왕비가 되었으나 소생이 없이 승하하였다. 계비(繼妃) 정순왕후 김씨(貞純王后 金氏 1745-1805)는 1759년 왕비에 책봉되어 가례를 행하였다. 이 당시 영조의 나이는 66세이며 김씨는 15세의 처자(處子)였다.[70] 소생은 없으며 정조가 죽고 순조가 어린 나이에 즉위하자 수렴청정하기도 하며 천주교 탄압 등 당시 정치에 크게 관여하였다.[71]

  1759년 6월 영조와 계비 정순후의 가례는 여러 면으로 그 이전의 가례와 큰 차이를 보인다. 1744년 『국조속오례의』와 『국조속오례의서례』가, 그리고 1751년 『국조속오례의보』와 『국조속오례의보서례』가 찬술되어 이전의 예서(禮書)들에서 시대에 맞지 않는 점을 보완하였다. 아울러 1749년(영조 25) 박문수(朴文秀) 등이 왕의 명을 받들어 『국혼정례(國婚定例)』를 찬술하여 궁중 혼수의 수량을 일정하게 제한하는 조치를 취하기도 하였다. 또한 가례 제도를 정비하여 왕의 봉영(奉迎: 使者를 시켜서 왕비를 맞이함)이 친영(親迎: 왕이 직접 왕비를 맞이함)으로 바뀌었다.[72] 『국조속오례의보』를 찬술한 장본인인 신만(申晩)이 당시의 우의정으로서 가례도감의 도제조 역할을 수행한 것도 주목할 만하다.[73]

---

70 신병주, 『66세의 영조, 15세 신부를 맞이하다』 (서울: 효형출판사, 2001) 참조.
71 자세한 내용은 『한국민족문화대백과사전』 19, p. 027 참조.
72 『國婚定例』는 모두 7권 2책으로 왕비, 왕세자, 왕세손, 대군, 공주, 옹주 등 모든 국혼의 예물, 소용되는 각종 의복, 기물, 그리고 이들의 수량 등에 관한 자세한 규정을 정하였다. 국혼에 소용되는 모든 의복의 규정은 1752년에 간행된 『尙方定例』에 재록되었다. 자세한 내용은 『한국민족문화대백과사전』 3, p. 768 참조. 장서각 도서 중에는 1749년 完帙本이 있으며, 규장각에는 연기미상의 필사본이 있다.
73 영조 가례도감의궤(1759) 장서각본, p. 2 座目 참조. 반차도가 포함된 하책은 규장각 소장본을 이용하였다.

이러한 신규 예제(禮制)를 반영한 첫 번째 국왕의 가례라는 점에서 이 의궤(儀軌)는 매우 중요하다. 의궤의 처음에 목록이 일목요연하게 정리된 것도 주목할 만하다. 즉 좌목(座目), 계사(啓辭), 예관(禮關), 이문(移文), 내관(來關), 품목(稟目), 감결(甘結), 서계(書啓), 논상(論賞), 부의궤(附儀軌), 일방(一房), 이방(二房), 삼방(三房), 별공작(別工作), 수리소의궤(修理所儀軌), 그리고 반차도(班次圖)의 순서로 되어있다. 제1책에 목록부터 일방까지, 제2책에 이방부터 수리소의궤까지, 그리고 50면의 길고 화려한 반차도가 수록되어 있다.

좌목에는 도제조(都提調) 이하 여러 도감 관원들의 명단이 있고, 계사질(啓辭秩)에는 간택(揀擇)을 비롯하여 육례(六禮)의 과정이 기록되어 있다. 이전의 가례도감의궤가 대개 삼간택(三揀擇) 일자를 정하는 것부터, 혹은 그 바로 전에 도감을 설치할 것을 계(啓)하는 것으로 시작되는 것과 대조를 보인다. 1759년 6월 2일에 6인을 첫 번째 간택하였고, 4일에 유학(幼學) 김한구(金漢耉), 현감(縣監) 김노(金魯), 유학(幼學) 윤득행(尹得行)의 딸 등 3인을 두 번째 간택하였으며, 9일에는 김한구의 딸을 최종 삼간택하였다. 이어 6월 13일에 납채(納采), 17일 납징(納徵), 19일 고기(告期), 20일 책비(冊妃), 22일 친영(親迎)과 동뢰연(同牢宴)을 행하였다. 삼간택 이후 13일만에 혼례를 치른 셈이다. 일방의궤에는 운두첨자(雲頭籤子: 윗부분이 구름처럼 고불고불한 꽃이), 교명궤(敎命櫃) 등의 채색도가 있으며, 삼방의궤에는 금보(金寶), 주통(朱筒) 등의 도식(圖式)이 있고, 끝으로 반차도가 있다.

이 가례반차도는 왕이 친영의(親迎儀)를 마치고 왕비와 더불어 별궁으로 가는 행렬을 묘사한 첫 번째 예이다. 따라서 왕과 왕비의 연이, 그리고 왕과 왕비의 의장이 모두 포함된 길고 화려한 행렬을 묘사하는 새로운 가례반차도의 효시이며, 반차도의 면수가 50면으로 획기적인 증가를 보인 첫 번째 예이기도 하다.[74] 이 반차도를 크게 두 부분으로 나누면 제1면으로부터 제28면까지는 왕의 행렬이며, 제29면부터 제50면까지가 왕비의 행렬이다. 왕의 행렬은 『국조오례의서례』 권2의 가례 노부 가운데 '대가(大駕)' 행렬의 대부분의 구성요소를 보이고 있다.[75] 선두에는(도 4-1) 사령과 당부관에 이어 또 5인씩 2열의 사령이 있고 그 뒤로 경조당상(京兆堂上), 즉 한성부(漢城府)의 당상관이 말을 타고 가는 모습이 보인다. 이와 같이 보행 사령 2열에 기마 당상 1인씩의 조가 예조당상, 호조당상이 보이고, 이어서 제3, 4면에는(도 4-2) 사헌부(司憲府)당상, 병조당상의 차례로 반복되며 그뒤로 나장(羅將), 서리(書吏), 금부도사(禁府都事)들이 따르며, 제4면에 전사대(前射隊)가 10인씩 양쪽으로, 그리고 6인이 중앙에 배치되어 있다. 이들은 이전의 반차도 선두의 포살수에 해당하는 것이다.

이어서 제5, 6면(도 4-3)에 의장대의 행렬이 양쪽과 중앙 각각 6인씩의 대기수(大旗手)로 시작된다. 양쪽의 기수들은 사각형의 신기를 중앙의 기수들은 기다란 직사각형의 기를 들고 있다. 그 뒤로는 취고수(吹鼓手: 부는 악기와 치는 악기를 연주하는 군대), 뇌자(牢子: 죄인을 다루는 병졸) 3인, 순령수(巡令手) 3인씩 6인이 양쪽으로 서가며 그 가운데 북과 금(金)을[76] 치는 사람

---

74 유송옥 교수는 이 가례반차도를 기점으로 하여 전기와 후기 반차도로 구분하였다. 劉頌玉, 『朝鮮王朝 宮中儀軌服飾』(修學社, 1991), p. 70 주 68 참조. 그러나 1759년 이후의 가례반차도 내용이 아래에서 보는 바와 같이 모두 일률적이 아니므로 이글에서는 전기, 후기로 구분하는 것을 지양하였다.

75 『國朝五禮儀序例』卷之二 「嘉禮 鹵簿圖說」 大駕條(法制處本 4), pp. 192-196 참조. 大駕는 보통 詔勅을 영접할 때, 社稷에 제사할 때, 그리고 종묘에 享祀할 때 쓴다.

76 『國朝五禮儀序例』卷之三 「軍禮 形名圖說」에는 금에 관한 상세한 설명과 손잡이 끈이 달린 둥그런 물체의 그림이 있는데, 맨 마지막에 "지금의 銅羅는 그 남긴 제도이다"라고 하였다.(法制處本 4), pp. 274-275 참조. 일반적으로 군행시 사용하는 鉦을 이른다.

들이 각각 2인씩 기마 기수를 앞세우고 간다.

제7면과 제8면으로 이어지는 장면에는^(도 4-4) 훈련대장, 교련관 5인, 낭청, 중군, 교련관 또 3인 등의 기마상이 중앙에 위치하고 양쪽으로 뇌자(牢子)와 순령수(巡令手) 각각 2인씩이 장대와 기를 들고 간다. 그 다음으로는 가운데에 대기수 1인, 고수와 금수(金手) 각각 2인, 그리고 말 탄 기고수 차지(次知)가 둥그렇게 서가며 양쪽으로는 한쪽에 각각 대기수 4인, 취고수 3인, 뇌자 3인, 순령수 2인 등 24인의 행렬이 제9면으로 이어지며 가운데 무리를 에워싸고 있다.

제 9, 10면에는^(도 4-5) 반차도 행렬의 가장 화려한 부분인 의장행렬이 시작되는데, 기마 금군별장과 교련관 3인이 앞장을 서고 왕의 행렬을 인도하는 둑(纛)이라는 일종의 당기(幢旗)를[77] 든 기마인물이 그 뒤를 따른다. 다음으로 교룡기(蛟龍旗)가[78] 보이는데 기마인물 1인과 보행인물 4인이 모두 같이 기와 연결된 줄을 잡고 있다. 참고로 현재 국립고궁박물관에 소장된 교룡기를 〈도 4-6〉에 제시한다. 제 11면부터 13면까지 이어지는 행렬에는 각종 기나 기타 의장물의 거의 모두에 이름이 쓰여 있을 만큼 자세한 묘사를 볼 수 있다.^(도 4-7, 8)

행렬의 양쪽과 가운데에 나누어 배치된 인물들이 들고 있는 기들이나

---

77 『國朝五禮儀序例』卷之四「軍禮 形名圖說」에는 둑의 정의를 다음과 같이 내렸다. "『韻會』에 '모는 소의 꼬리로 만들며 왼쪽 騑馬의 머리에 싣는다' 라고 하였고, 『廣韻』에는 '크기가 말[斗]과 같다.' 라고 하였으며, 『貳義實錄』에는 '검정 비단으로 만드는데 蚩尤 (黃帝 때의 제후, 병란을 좋아하고 포악한 행동이 심하여 황제의 토벌을 받고 패사하였다 한다)의 머리 같다. 군대를 동원할 때 둑에 제사를 지낸다." (法制處本 4), pp. 273-274 참조.

78 교룡기는 누른 바탕에 교룡과 구름을 그리고 붉은 불꽃모양의 깃발을 한 기. 『國朝五禮儀序例』卷之四「軍禮 形名圖說」(法制處本 4), pp. 271-272 참조.

1
● 도 4-1
영조 가례도감의궤(1759) 반차도 제1~2면, 규장각

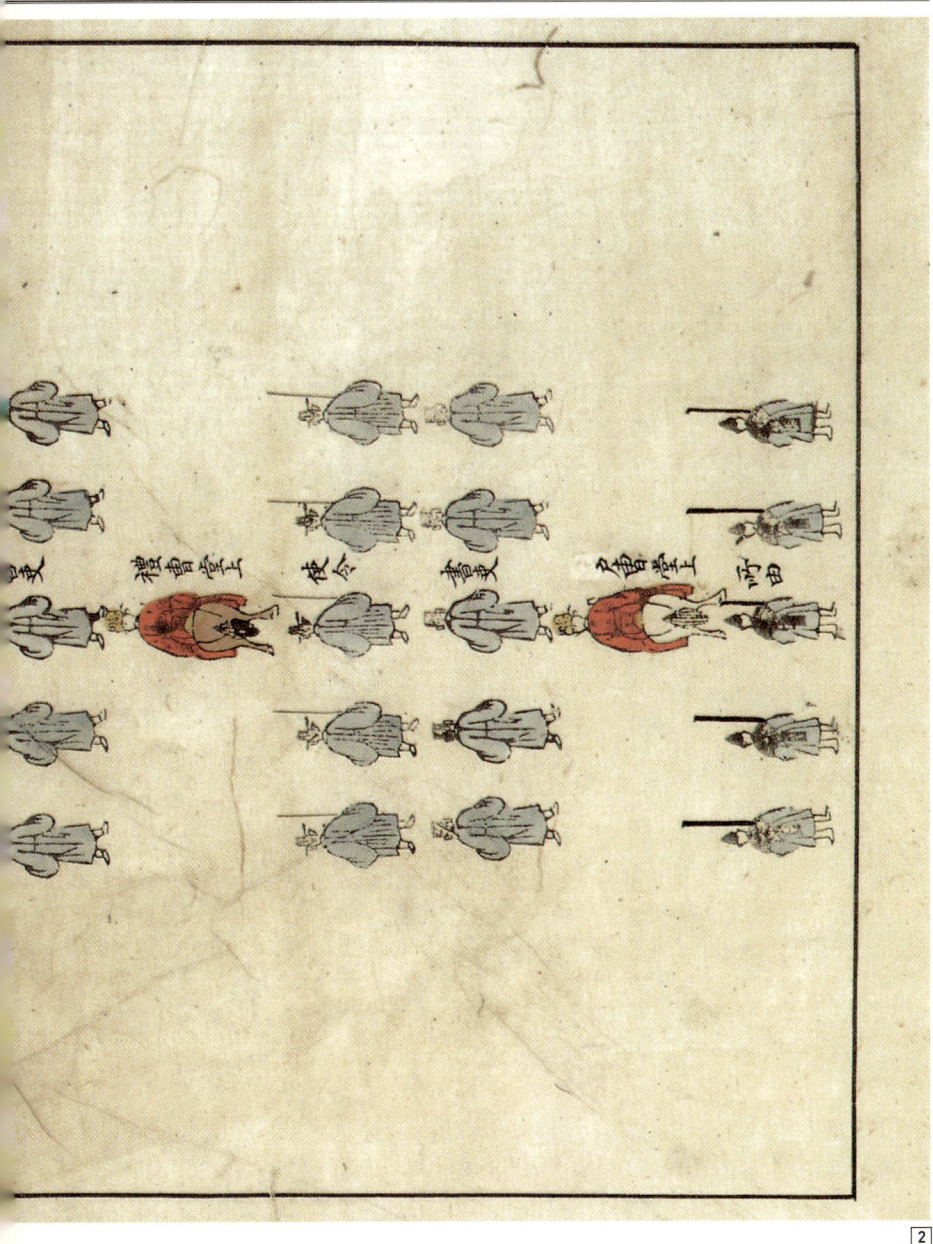

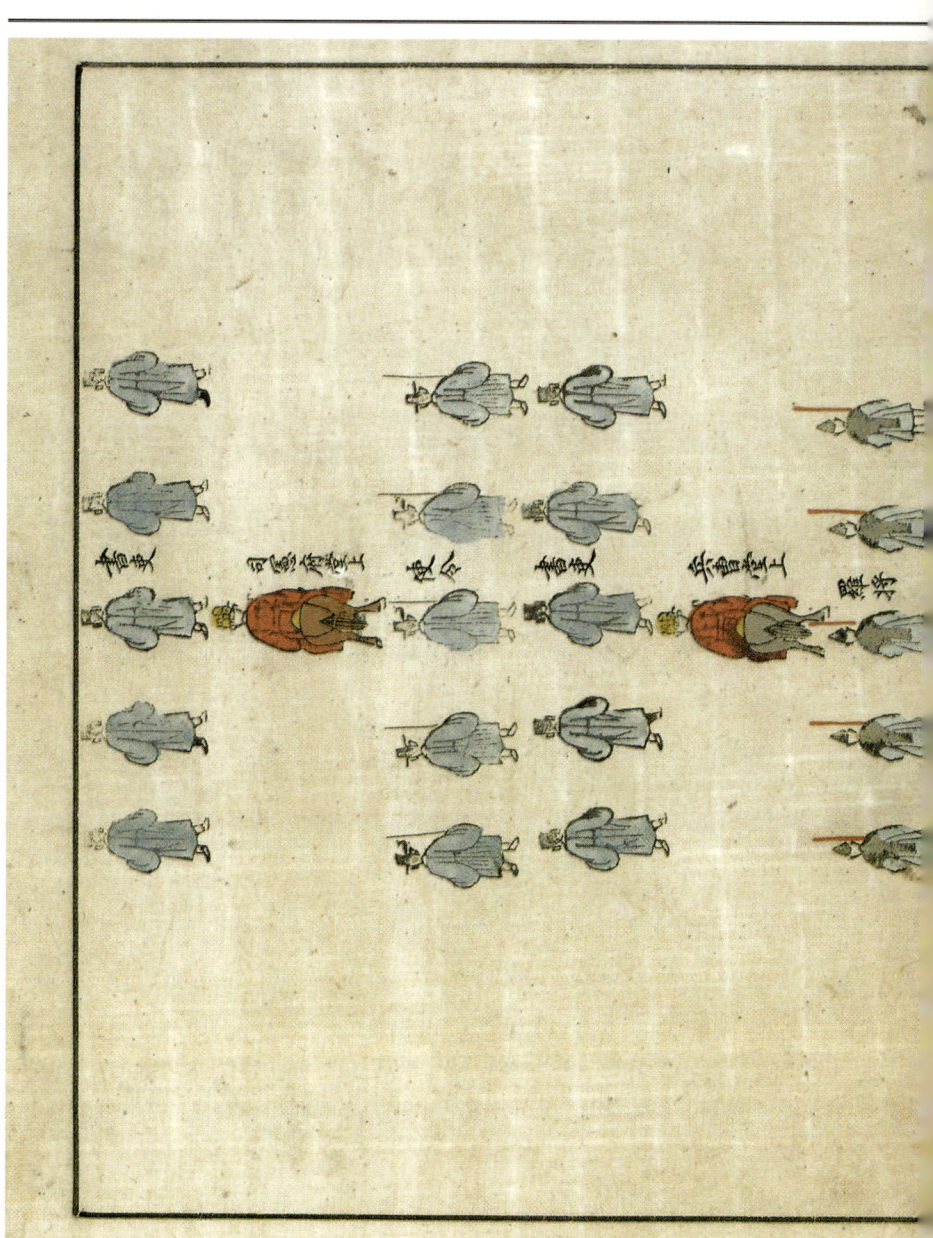

● 도 4-2
영조 가례도감의궤(1759) 반차도 제3~4면, 규장각

● 도 4-3
영조 가례도감의궤(1759) 반차도 제5~6면, 규장각

● 도 4-4
영조 가례도감의궤(1759) 반차도 제7~8면, 규장각

● 도 4-5
영조 가례도감의궤(1759) 반차도 제9~10면, 규장각

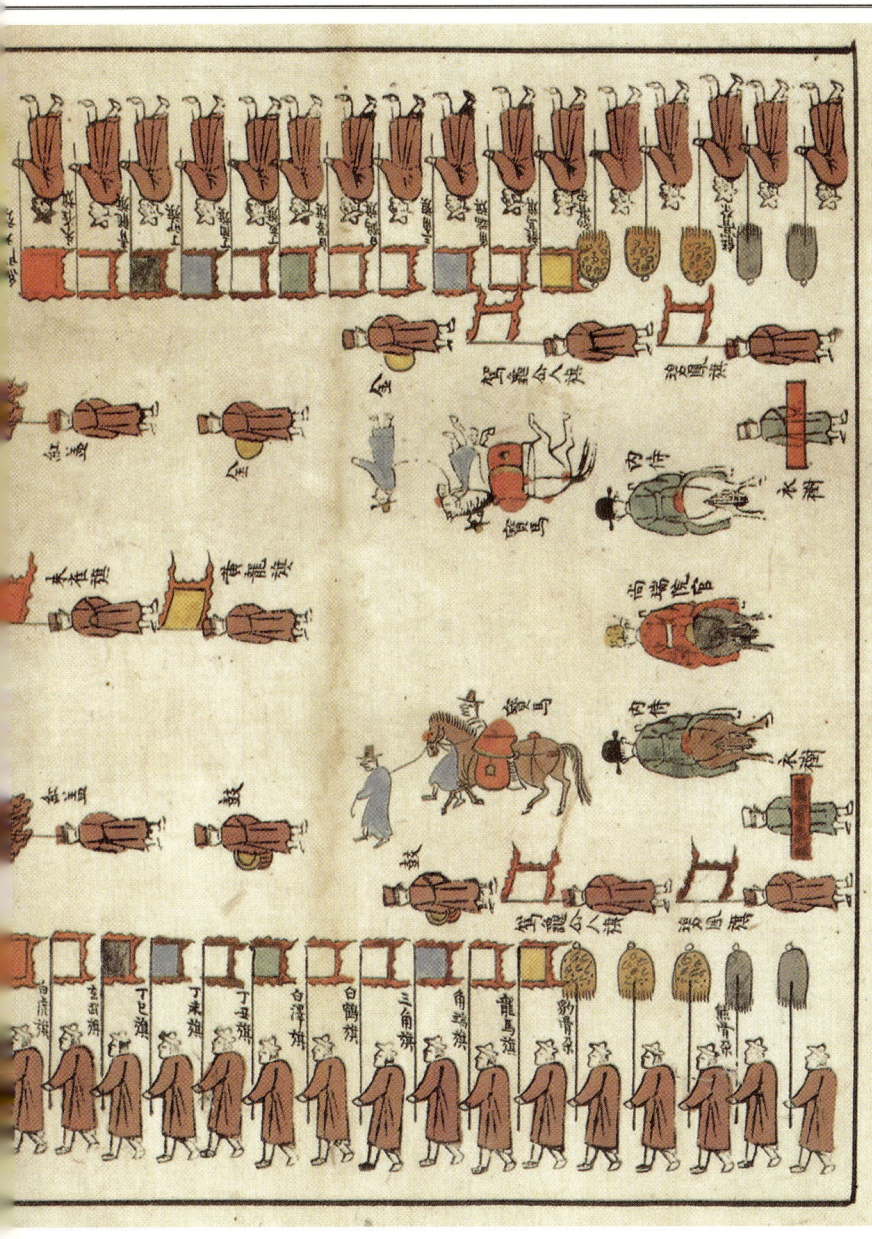

● 도 4-6
교룡기(蛟龍旗), 조선시대, 명주, 294.0×235.0㎝, 화염각 55.0㎝, 국립고궁박물관

의장물들은 모두 「가례 노부도설」에 자세히 설명되어 있다. 즉 홍문대기(洪門大旗)와 오방(중앙, 동서남북)신기인 황룡기(黃龍旗), 청룡기(靑龍旗), 백호기(白虎旗), 주작기(朱雀旗), 현무기(玄武旗), 그리고 나머지 신기들인 정축(丁丑), 정묘(丁卯), 정사(丁巳), 정미(丁未), 정유(丁酉), 정해(丁亥) 등 여섯 개의 신기〔육정기(六丁旗)〕들과 백택기(白澤旗), 삼각기(三角旗), 각단기(角端旗), 용마기(龍馬旗), 천하태평기(天下太平旗), 현학기(玄鶴旗), 백학기(白鶴旗), 가구선인기(駕龜仙人旗: 신선이 거북을 탄 모습), 영자기(令字旗), 금자기(金字旗), 고자기(鼓字旗), 벽봉기(碧鳳旗), 군왕천세기(君王千歲旗), 청룡, 백호, 주작, 현무 등 사신당(四神幢)들과 표골타자(豹骨朶子), 웅골타자(熊骨朶子), 가서봉(哥舒棒) 등과 금등(金鐙), 은등(銀鐙), 금·은장도(金·銀粧刀), 금·은립과(金·銀立瓜), 금·은횡과(金·銀橫瓜), 금·은작자(金·銀斫子), 금·은월부(金·銀鉞斧), 한(罕), 정(旌), 홍개(紅蓋), 홍양산(紅陽傘), 작선(雀扇), 봉선(鳳扇), 용선(龍扇), 청선(靑扇)들과 금(金), 고(鼓), 은우(銀盂), 은관자(銀灌子), 교의(交倚), 각답(脚踏) 등을 든 사람들이다.

 이처럼 모두 25개의 기, 네 개의 당(幢), 기타 28개의 의장물들이 등장한다. 이들 가운데 홍문대기의 설명은 나머지 다른 기들의 기본 형태를 알려주므로 다음에 인용한다.

  붉은 바탕에 청룡과 구름을 그리며, 청(靑) 적(赤) 황(黃) 백(白)의 네 가지 채색을 사용하여 기각(旗脚)을 불꽃 모양으로 한다. 깃대는 검은 칠을 하고 원수(圓首)는 주칠(朱漆)을 하며, 하단은 쇠로 장식한다. 모든 기(旗)도 같다.[79]

 행렬의 가운데는 이들 이외에도 보마(寶馬: 임금이 타는 말) 2필, 기마 상서원관(尙瑞院官: 옥새나 符印에 관한 일을 맡은 관원), 상의원관과 내시들,

그리고 의대(衣襨: 예물 옷을 넣은 상자)를 등에 진 사람들, 봉거군(捧炬軍: 횃불을 든 사람), 장마(仗馬) 열네 필 등이 보인다. 장마는 두 필씩 의장기나 악사, 기타 의장물의 중간 중간에 배치된다.

용선(龍扇)을 끝으로(도 4-8좌) 화려한 의장대의 행렬이 일단락을 지은 후 제13, 14면에 10인의 옥교배가 멘 빈 옥교(玉轎: 임금이 타는 위를 꾸미지 않은 작은 가마)를 기마 부장 1인과 월도차비[80] 2인이 각각 양쪽에서 호위하며 간다. 제14면에는 양쪽 끝의 월도차비 사이에는 사복정(司僕正: 궁중의 가마나 말에 관한 일을 맡아보는 정3품 벼슬)이, 그 뒤로는 양식을 담당하는 통례원의 벼슬인 인의 2인, 좌통례(左通禮), 우통례(右通禮) 등 4인의 기마인물이 부연(副輦)의 선두에 서 간다. 왕의 연에 앞서 부연(副輦)이 먼저 나타나는데(도 4-8좌) 이는 왕이 탄 연(輦)의 앞에 빈 가마를 하나 가도록 하는 관례에 따르는 것이다. 부연의 양쪽으로는 각각 10인씩의 창검군(槍劍軍)이 키보다 두 배 이상이나 되는 기다란 창검을 들고 도열해 있다.

제15면에는(도 4-9좌) 양산을 든 사람 좌우로 금월부와 은월부가, 그 뒤로는 2인의 운검차비(雲劒差備)가[81] 이어서 2인의 길을 인도하는 인배(引陪)와 홍문관의 실무담당자들인 4인의 옥당(玉堂: 홍문관의 관원들) 등 기마 혹은

---

79 『國朝五禮儀序例』 卷之二 「嘉禮 鹵簿圖說」(法制處本 4), pp. 214~226의 각종 기, 낭, 의장물들의 설명과 그림 참조. 위의 嘉禮 鹵簿는 『國朝五禮儀序例』 嘉禮 鹵簿 중 前殿大旗, 後殿大旗, 畢, 蓮花雀旗 등이 빠진 것이다.
80 月刀는 偃月刀의 약칭. 언월도는 전체 길이가 7척, 칼날의 길이가 2척 4촌, 날은 위가 넓으나 끝이 뒤로 젖혀져 초생달 같으며 칼등은 두 갈래로 갈라진 무기.
81 운검은 칼의 일종으로 칼집은 魚皮로 싸고 주홍칠을 하였으며, 白銀으로 장식하고, 붉은 실로 땋은 끈을 드리우며, 얇은 가죽 끈으로 친다. 『國朝五禮儀序例』 卷之四 「軍禮 兵器圖說」(法制處本 4), p. 246 참조.

도보의 인물들이 두 줄로 가며 옥당의 양쪽으로는 어마(御馬)가 각각 한필씩 2인의 마부에 의해 인도되어 간다. 제16면에는 (도 4-9ㅎ) 8인의 선전관청(宣傳官廳)의 악대인 내취(內吹)가 중앙에 두 줄로 가며 그 양쪽으로는 각각 7인씩의 무관 잡직인 별파진(別破陣)이 총을 들고 서서 간다. 이들은 모두 뒷모습으로 그려졌다. 제17면에는 사금(司琴), 무겸(武兼: 무신 겸 선전관), 선전관, 총부낭청(摠部郎廳), 병조낭청 각각 2인씩의 기마상이 모두 뒷모습으로 그려졌다.(도 4-10) 이와 같은 2열의 기마행렬은 제18면으로 이어지는데, 오위장(五衛將), 병조당상, 총부당상 각각 2인씩과 운검(雲劒)을 찬 패운검(佩雲劒)과 보검을 받들어 모신 봉보검(捧寶劒) 각각 2인씩이다.

제19, 20면에는 (도 4-11) 제21면에 등장하는 연(輦)의 전위대(前衛隊)가 시작된다. 가운데는 왕의 호위를 맡은 기마 별군직 6인이 종으로 2열로 가며 그 뒤에는 전부고취 10인이 횡으로 2열을 지어 서있고, 전악(典樂)이 바로 그 뒤를 따른다. 이들의 양쪽으로는 기마 금군과 호위군관 각각 2인씩 나뉘어 있고 이어서 어가(御駕)를 호위 인도하는 가전별초(駕前別抄) 부대가 각각 5인씩 양쪽에 가는데 이 부대는 어가의 양쪽과 후미까지 연결되며 제20면에 9인, 제21면에는 7인, 제22면에는 2인씩 양쪽으로 늘어섰으며, 제21면의 중간쯤부터는 가후(駕後)라는 명칭이 보인다. 이들 기마상의 호위를 받으며 보행 나장, 부연군, 봉촉(捧燭), 무예별감(武藝別監), 별감(別監) 등이 각각의 지물을 들고 제20면을 빽빽히 채우고 있다. 부연군과 무예별감의 행렬은 제21면으로 계속되며 드디어 임금의 연(輦)이 등장한다.(도 4-12) 사방을 열어젖혀 안이 들여다 보이게 묘사된 연 안에는 실제로 왕의 모습은 보이지 않는다. 왕의 연에 이어서 청산 2, 현무기 1, 후전대기 양쪽에 각각 1등의 의장기와 후부고취 8인, 전악 1인 등이 있고, 기마 부연장(扶輦將) 양쪽에 각각 1인, 내시 3인, 사업내승(司業內乘)[82] 2인, 어의(御醫) 3인 등이 연의 후미를

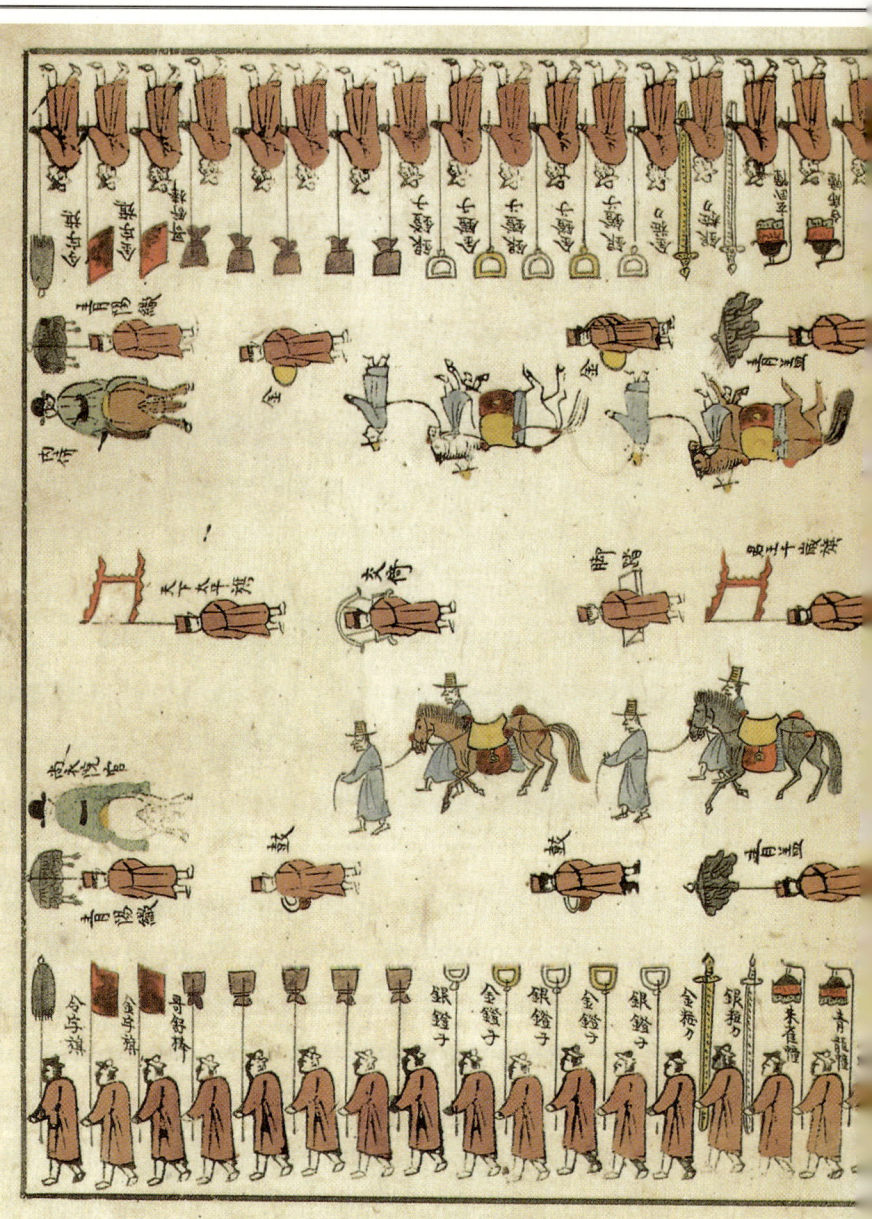

● 도 4-7
영조 가례도감의궤(1759) 반차도 제11~12면, 규장각

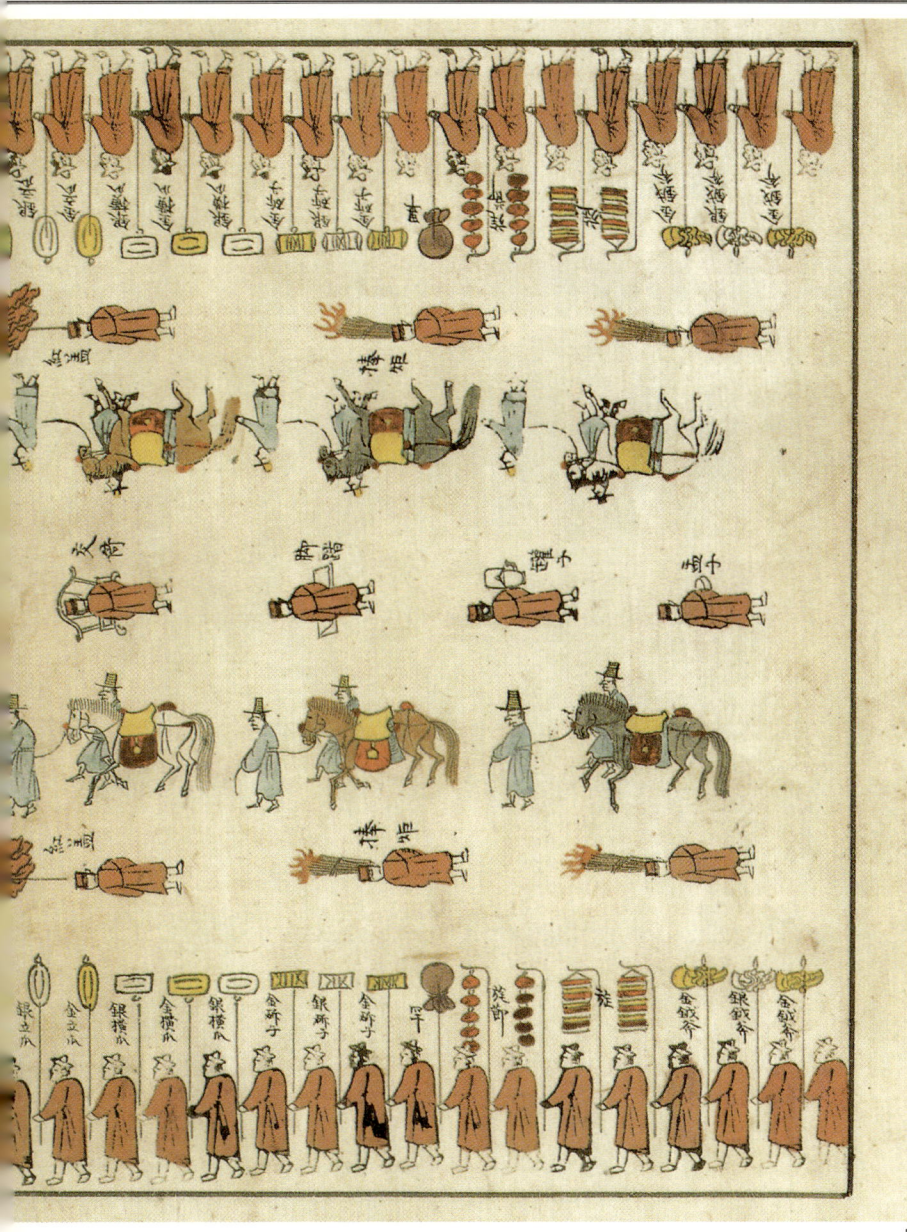

● 도 4-8
영조 가례도감의궤(1759) 반차도 제13~14면, 규장각

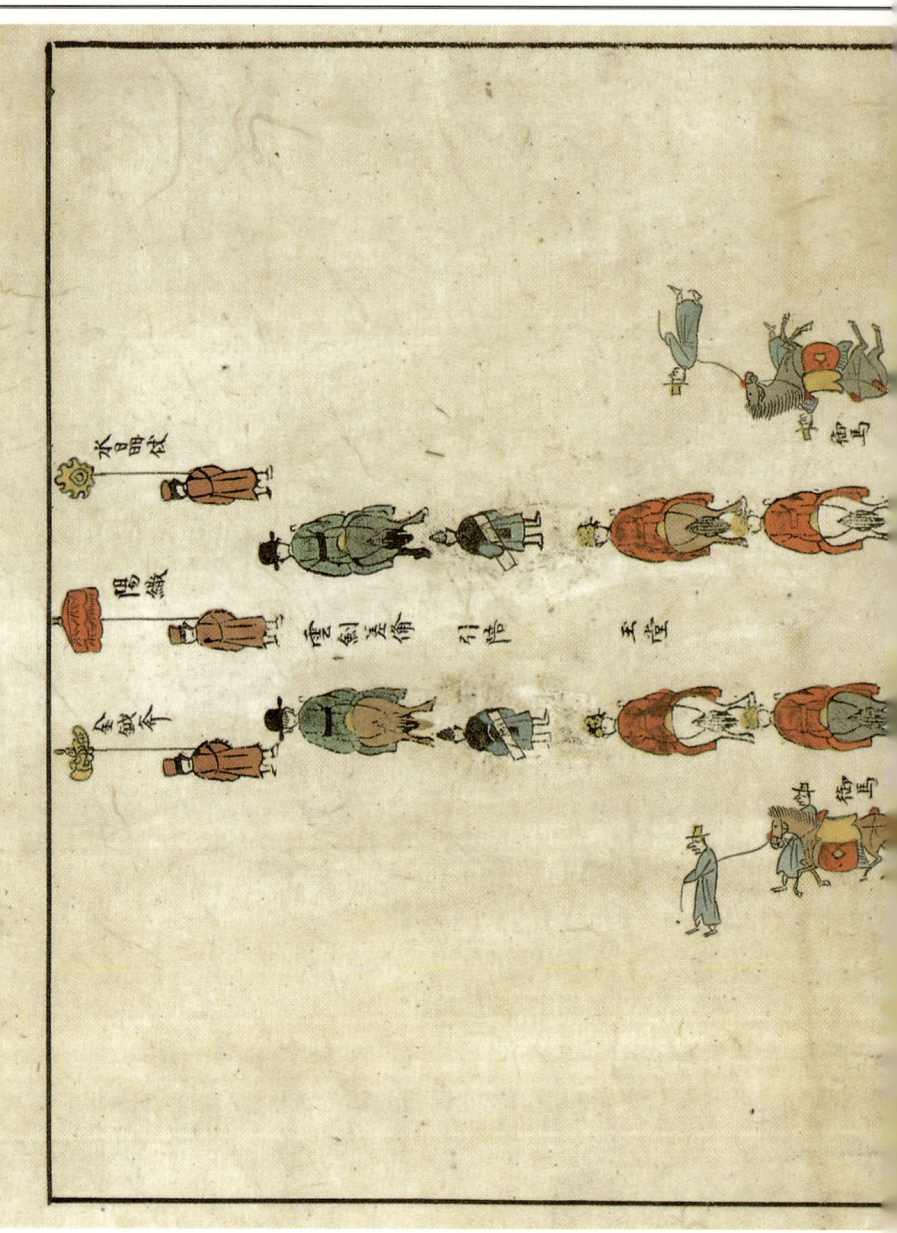

● 도 4-9
영조 가례도감의궤(1759) 반차도 제15~16면, 규장각

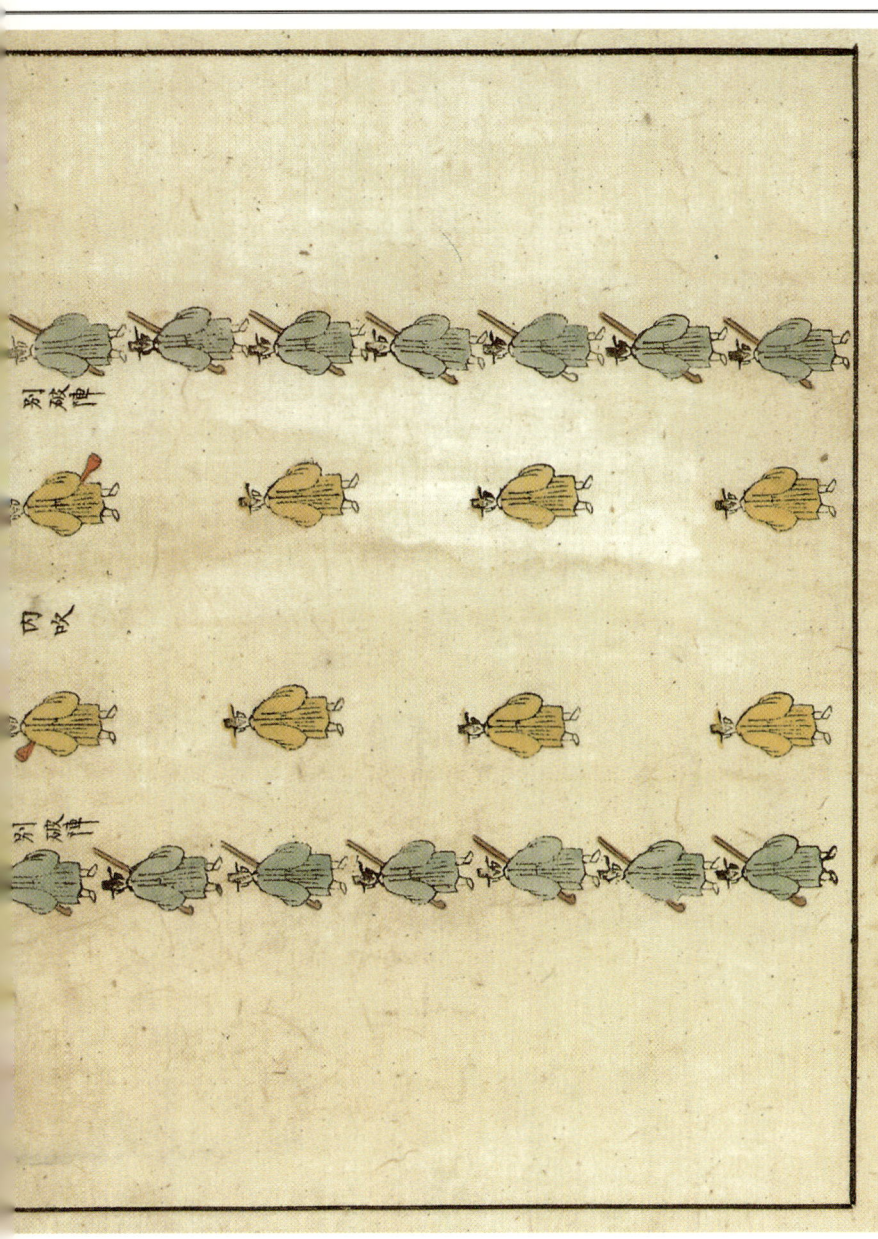

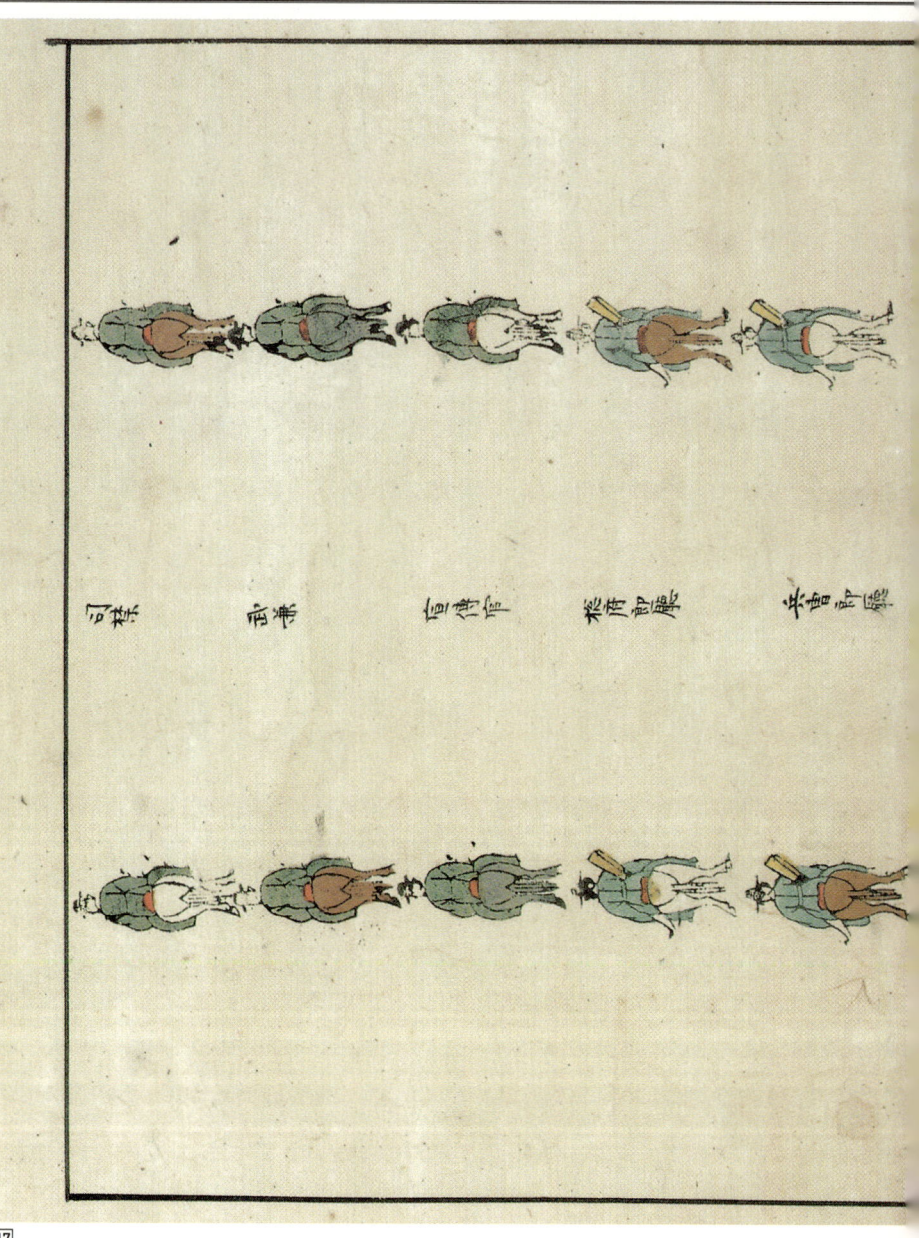

● 도 4-10
영조 가례도감의궤(1759) 반차도 제17~18면, 규장각

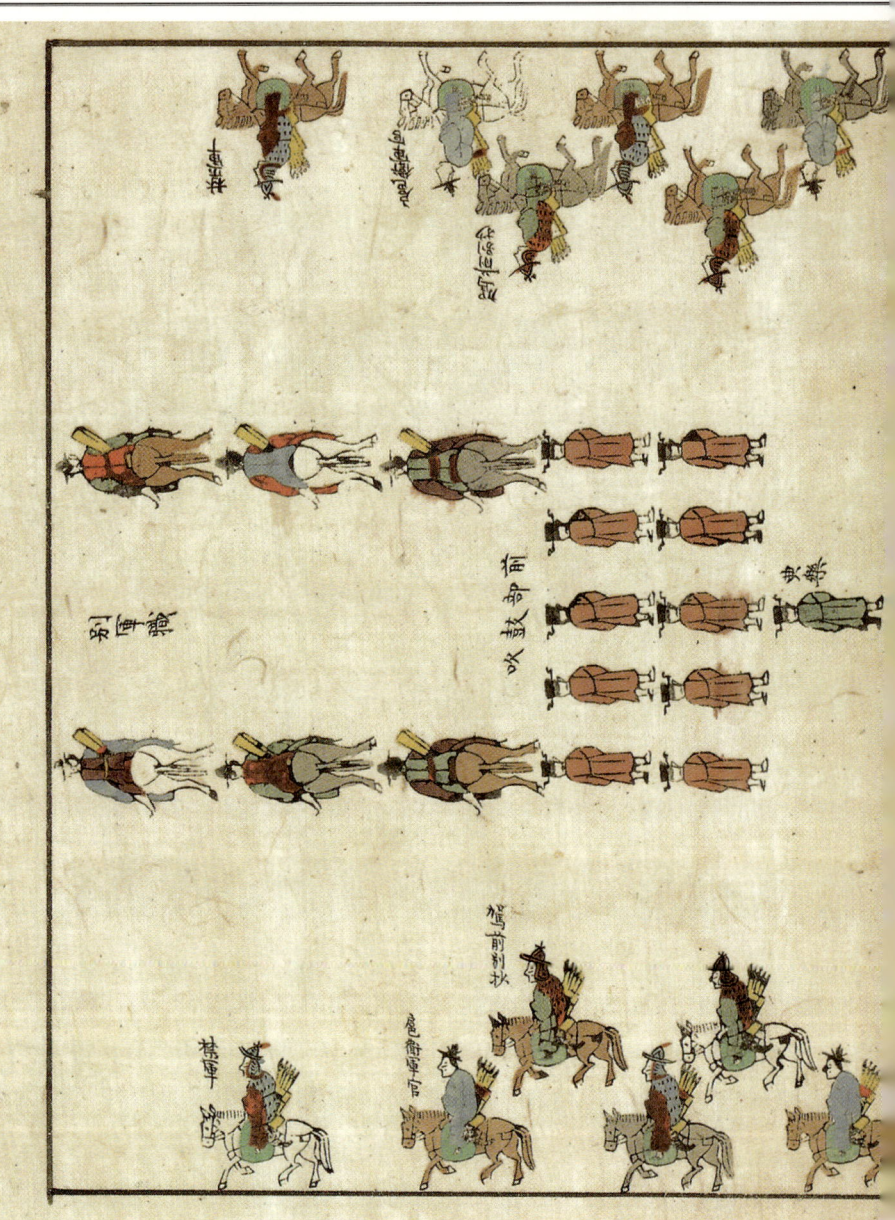

● 도 4-11
영조 가례도감의궤(1759) 반차도 제19~20면. 규장각

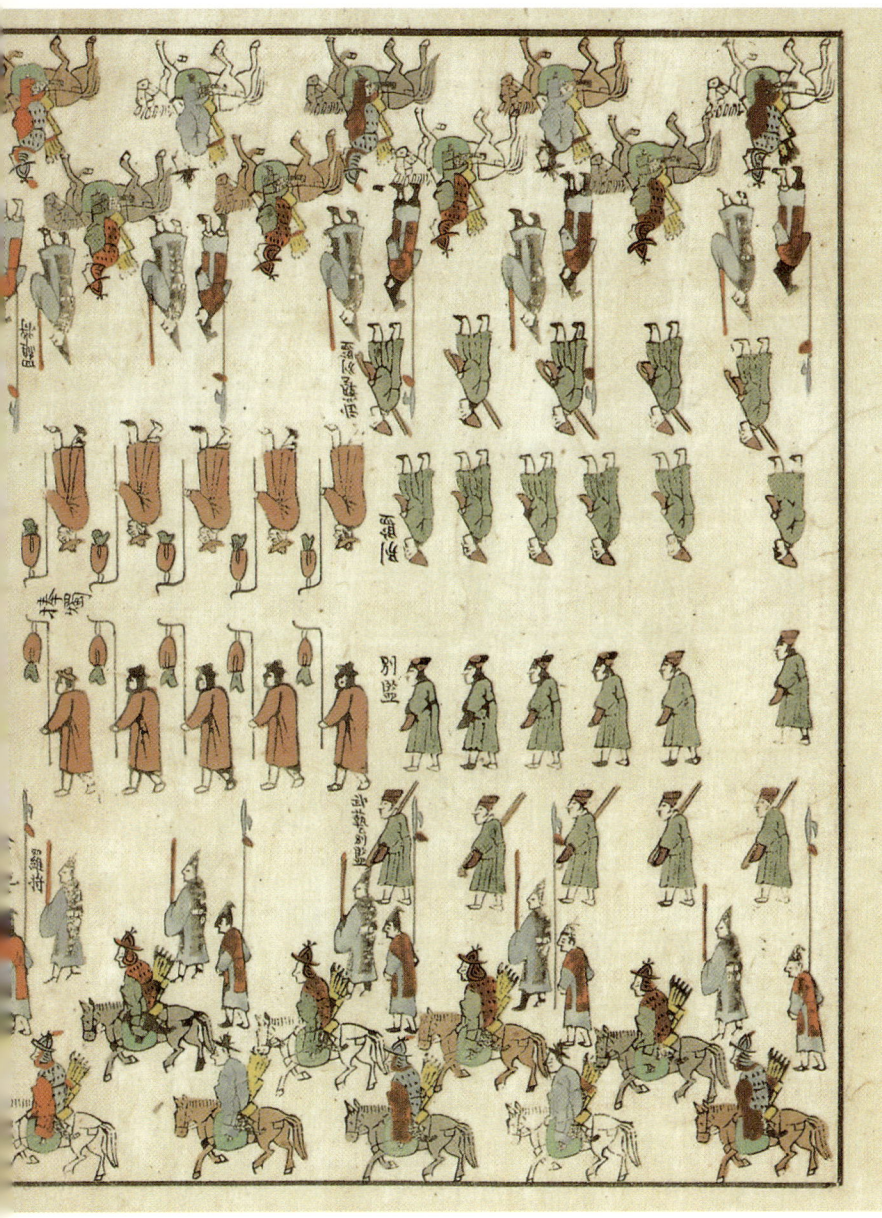

● 도 4-12
영조 가례도감의궤(1759) 반차도 제21~22면, 규장각

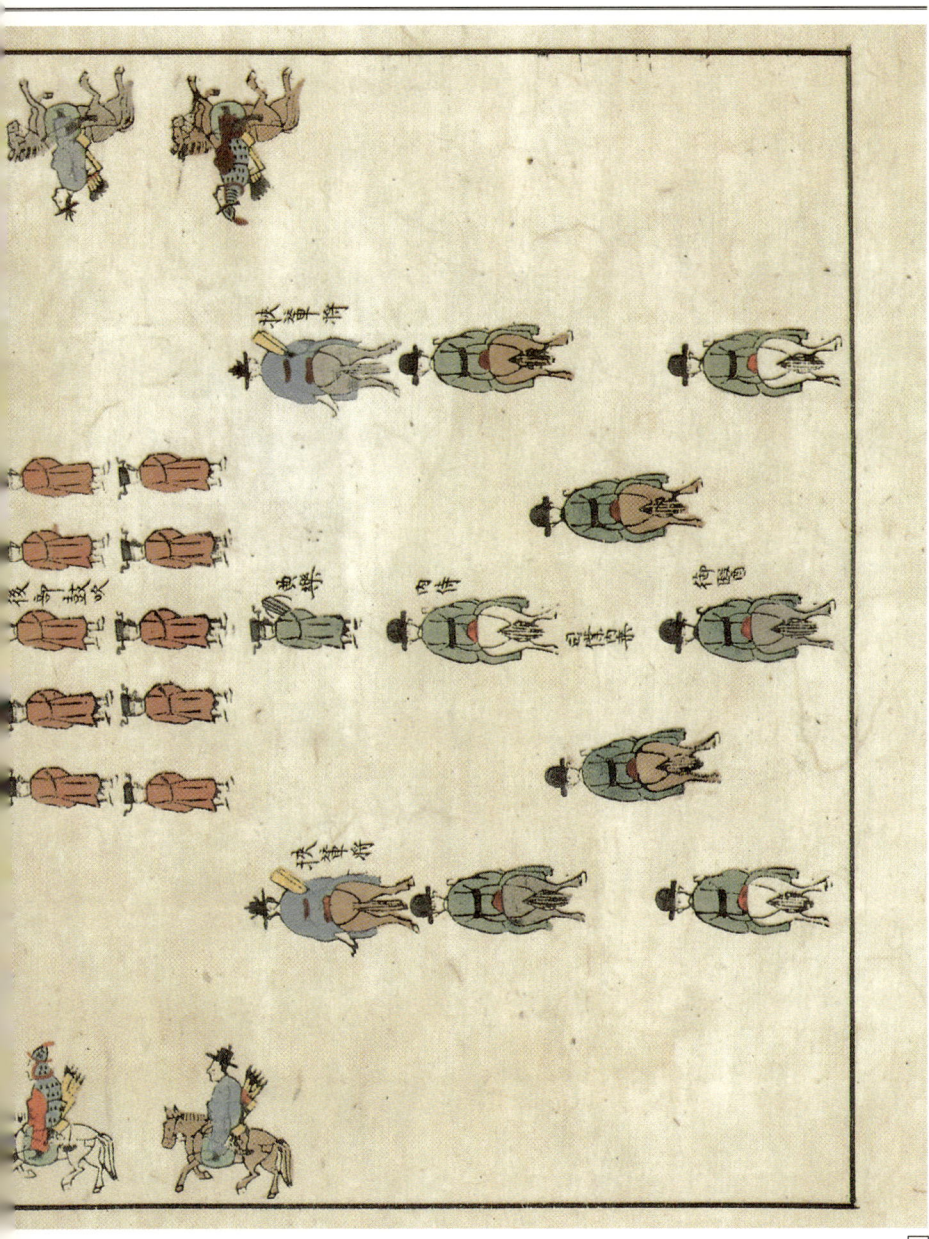

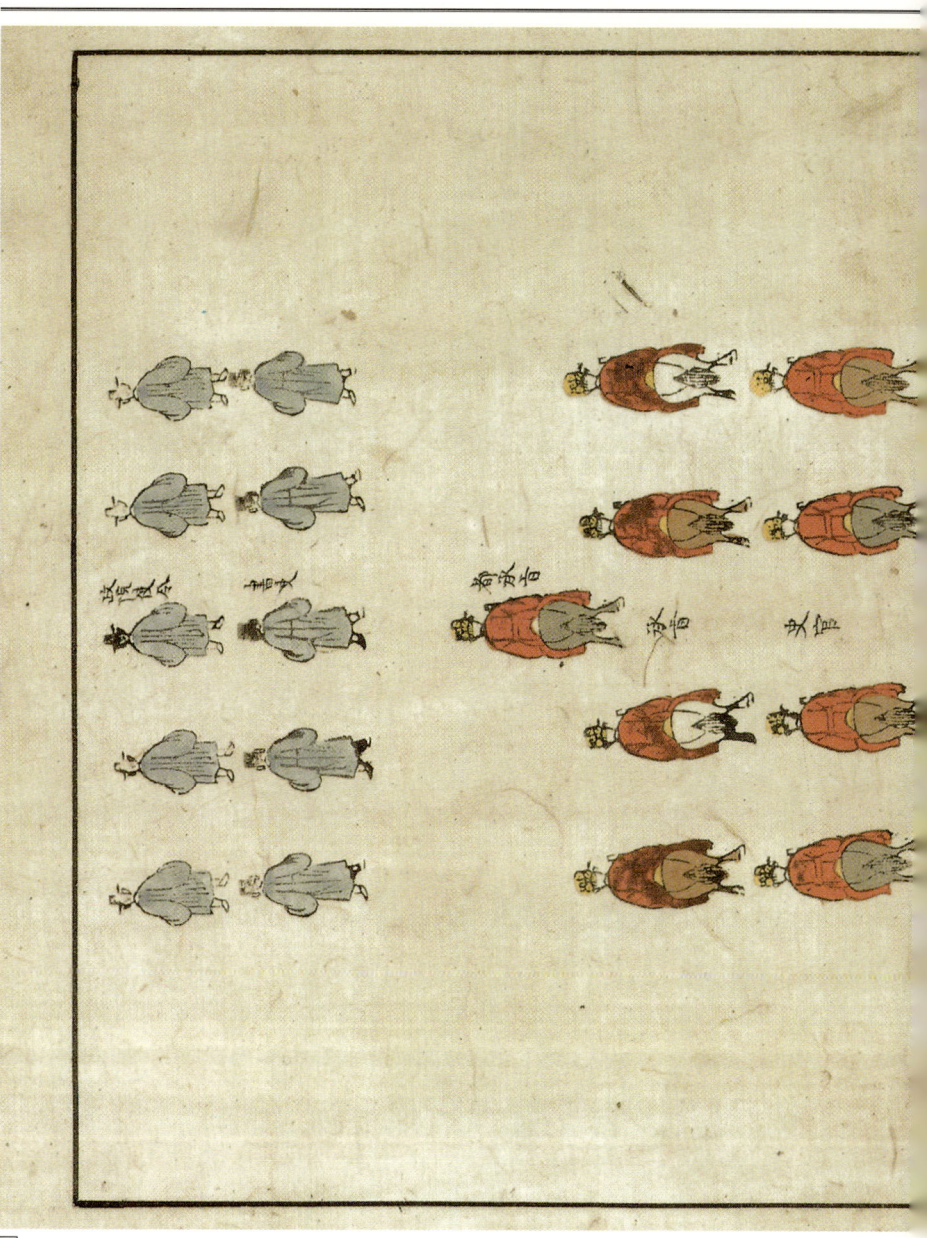

● 도 4-13
영조 가례도감의궤(1759) 반차도 제23~24면, 규장각

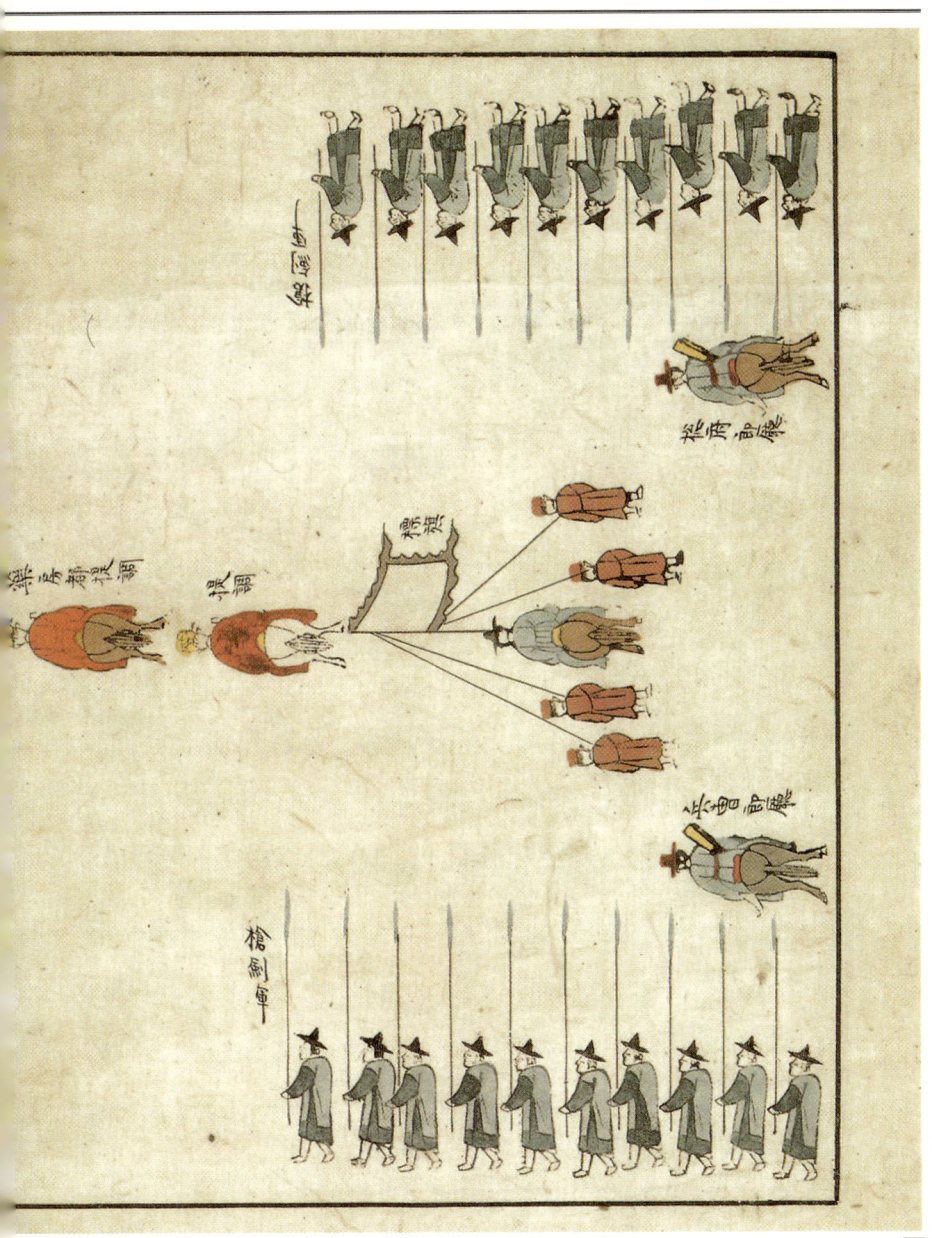

● 도 4-14
영조 가례도감의궤(1759) 반차도 제25~26면, 규장각

● 도 4-15
영조 가례도감의궤(1759) 반차도 제27~28면. 규장각

장식한다.

제23면에는^(도 4-13) 왕 행렬의 마지막 부분이 정원(승정원) 사령 5인과 서리 5인으로부터 시작된다. 이어서 도승지, 승지 4인, 사관(史官) 4인이 보이고 제24면으로 계속되며 약방도제조(藥房都提調: 내의원의 도제조), 제조 등의 기마인물들이 뒤를 따른다. 제조의 뒤를 이어 5인(1 기마, 4 보행)의 기수들이 신기(神旗)를 받들고 가며 그 양쪽으로는 창검군(槍劍軍) 각각 10인씩이 도열해 있다. 신기의 뒤로는 기마 병조낭청과 총부낭청이, 제25면으로 이어지며^(도 4-14) 병조와 총부의 당상과 낭청이 각각 1인씩 두줄로 가며 그 뒤로 5인의 보행나장(步行羅將)들과 기마 금부도사 1인이 이 부분을 마무리 짓는다.

제25면에서 시작되는 동반(東班)과 서반(西班)의 기마 행렬은 (한쪽에 각각 9인씩) 제27면까지 계속되며 감찰을 마지막으로 끝난다. 이 부분은 앞서 본 반차도들과 같이 가운데에는 아무런 다른 인원들이 없다. 제27면의 후반부에는 다시 보행나장 5인과 기마 금부도사(禁府都事) 2인이 등장하며 제28면으로 계속되면서 왕의 행렬 마지막 부대인 후사대(後射隊) 21인(중앙에 1, 양쪽에 각각 10인씩), 중앙에 기를 든 후사대의 뒤로 초관(哨官) 1인과 기총(旗摠) 4인 등이 질서정연하게 일렬로 서서 반차도의 전반부를 마감한다.^(도 4-15)

제29면부터 시작되는 반차도 행렬의 후반부 왕비의 행렬은 앞에서 본 반차도들과 구성요소들이 거의 비슷하지만, 간간히 새로운 요소들이 등장한다.^(도 4-18) 즉 제30면에는 동뢰연(同牢宴)에 필요한 욕석(褥席)을 둘둘 말아 든 사람, 배안상(排案床)을 든 사람 둘, 그리고 충찬위(忠贊衛) 2인이 교명

---

82   內乘은 조선시대 말과 수레를 맡아보는 내사복시(內司僕寺)의 말단 벼슬.

요여(敎命腰輿)의 앞에 가며 이어서 거안차비(擧案差備) 3인과 욕석차비(褥席差備)와 교명차비 각각 1인씩 모두 5인의 기마상이, 그 뒤로는 역시 5인의 기마 내시가 따르고 또 욕석을 든 사람이 하나 보인다. 이들 욕석과 욕석차비는 가례 동뢰연 의식의 다음과 같은 역할에서 볼 수 있다.

    그날 내시의 소속이 왕비의 대차(大次: 큰 장막)를 전하가 거처하는 궁정 합문(閤門) 밖의 서쪽에 남향하여 설치하고 욕석을 펴는데 평상과 같이 한다. 저녁 때에 상침(尙寢)이[83] 그 소속을 거느리고 어악(御幄)을 전하가 거처하는 궁전의 실내에 설치하고, 자리는 겹자리를 펴고, 또 욕석 두개를 펴는데 모두 이불과 베개가 있다. 북쪽 발치에는 병장을 편다.[84]

    제32면의(도 4-19右) 옥책요여의 앞에는 독책상(讀冊床)을 받쳐 든 사람이 하나 더 있고, 요여의 뒤에는 제33면에(도 4-20) 독책상차비가 하나 더 있어 일렬에 7인의 기마인물들이 있는 것이 앞의 대열과 다르다. 이어서 제34면의 금보채여(金寶彩輿)의 전위대로 보마(寶馬), 욕석, 독보상(讀寶床), 배안상을 든 사람들과 충찬위 둘이 있으며, 금보채여의 뒤에는 제35면으로 이어지며 차비와 내시의 행렬이 뒤따른다. 명복채여의 앞뒤로는(도 4-21) 배안상을 든 사람들과 충찬위 그리고 차비, 내시 등으로 비교적 간단하다. 제36면부터는 왕비의 의장행렬이 시작되는데 활통을 멘 기마 금군으로 시작해서 이전의 반차도 왕비 의장이 모두 등장하므로 설명을 생략한다. 단지 제40면의 전악(典

---

83 尙寢은 궁중에서 봉사하는 정6품 내명부 궁인직.
84 『國朝五禮儀』卷之三 「納妃儀(왕비를 맞아들이는 의식)」 同牢條. (법제처본 2), p. 142 그리고 p. 46의 원문 참조.

● 도 4-16
영조 가례도감의궤(1759) 반차도 제21면 세부 왕의 연(輦). 규장각

樂) 양옆의 인물들은 이전의 지거(支擧), 또는 지거군(支擧軍) 명칭 대신 지가 (支架)라는 명칭이 붙었다. (도 4-23右)

왕비의 연은 제42면에야 등장하며 여타 행렬들도 모두 이전의 반차도와 마찬가지이다. 단지 좀 더 많은 인원수가 포함되었으며, 사이사이에 사령이 옆이 반복적으로 나타내며 제일 마지막에는 보행 후사대(後射隊)가 양쪽으로 있고 중앙에는 후사대기(後射隊旗), 기마 후사대장 등 왕의 행렬 후미와 같이 화려하게 끝난 점이 이전과 조금 다르다.

이상과 같이 1759년의 영조 정순후의 가례반차도는 왕과 왕비의 행렬이 모두 포함되어 1700여명의 각종 인물이 등장하는 초호화 행렬도이다. 1749년 『국혼정례(國婚定例)』의 찬술은 왕가의 혼례를 간소화하기 위한 것

● 도 4-17
영조 가례도감의궤(1759) 반차도 제42면 세부 왕비의 연(輦), 규장각

이었음에도 불구하고 오히려 이와 같이 화려한 행렬을 묘사한 것을 보면 영조의 세력과시를 보는 듯하다. 이 행렬을 구경하러 나온 백성들에게 이러한 행렬이 어떻게 비추어졌을까 궁금하기도 하다. 또한 이 가례 반차도가 선례가 되어 예외는 있으나 이후의 가례들이 더욱 길고 화려한 반차도를 남겼음도 상기할 필요가 있다.

● 도 4-18
영조 가례도감의궤(1759) 반차도 제29~30면, 규장각

● 도 4-19
영조 가례도감의궤(1759) 반차도 제31~32면, 규장각

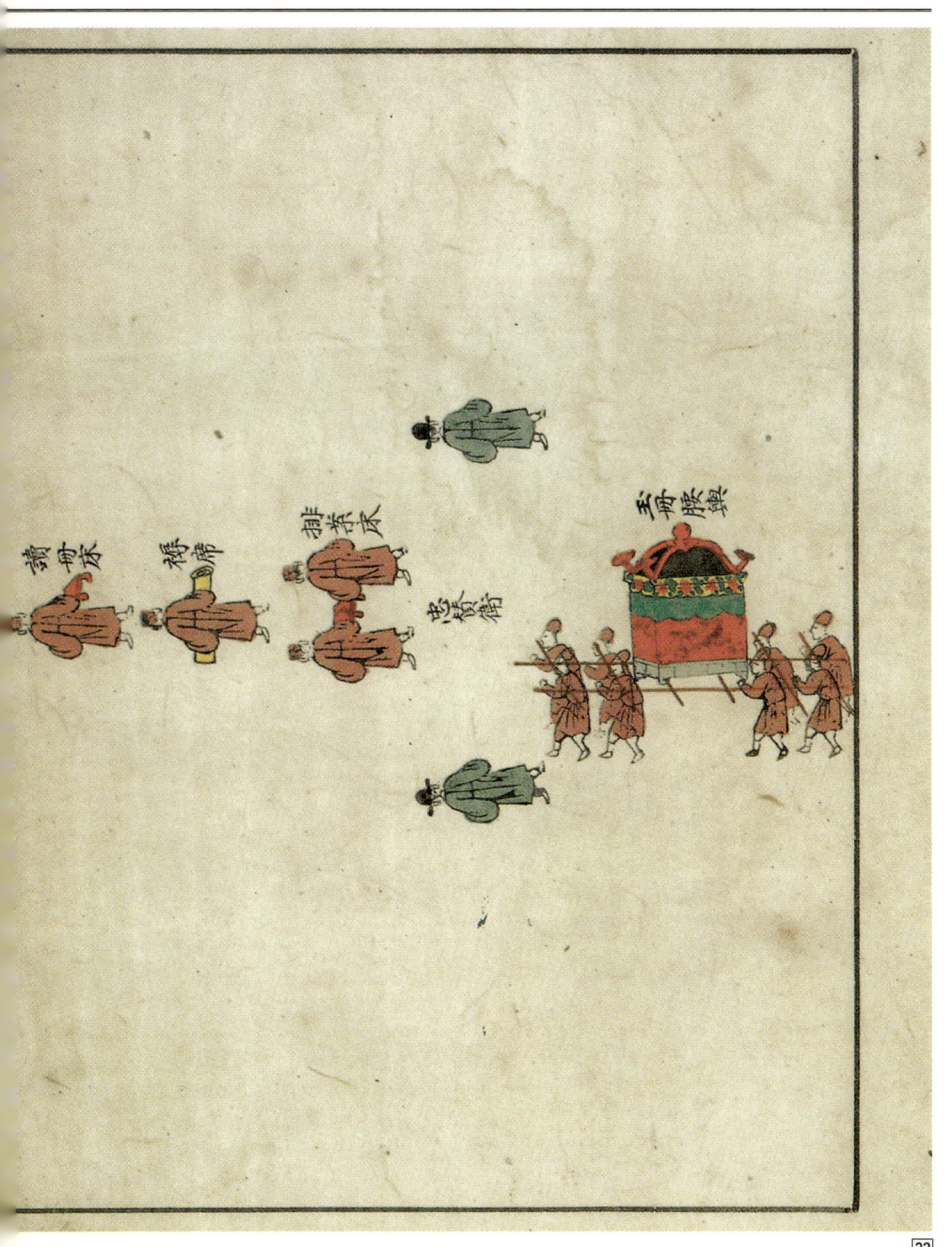

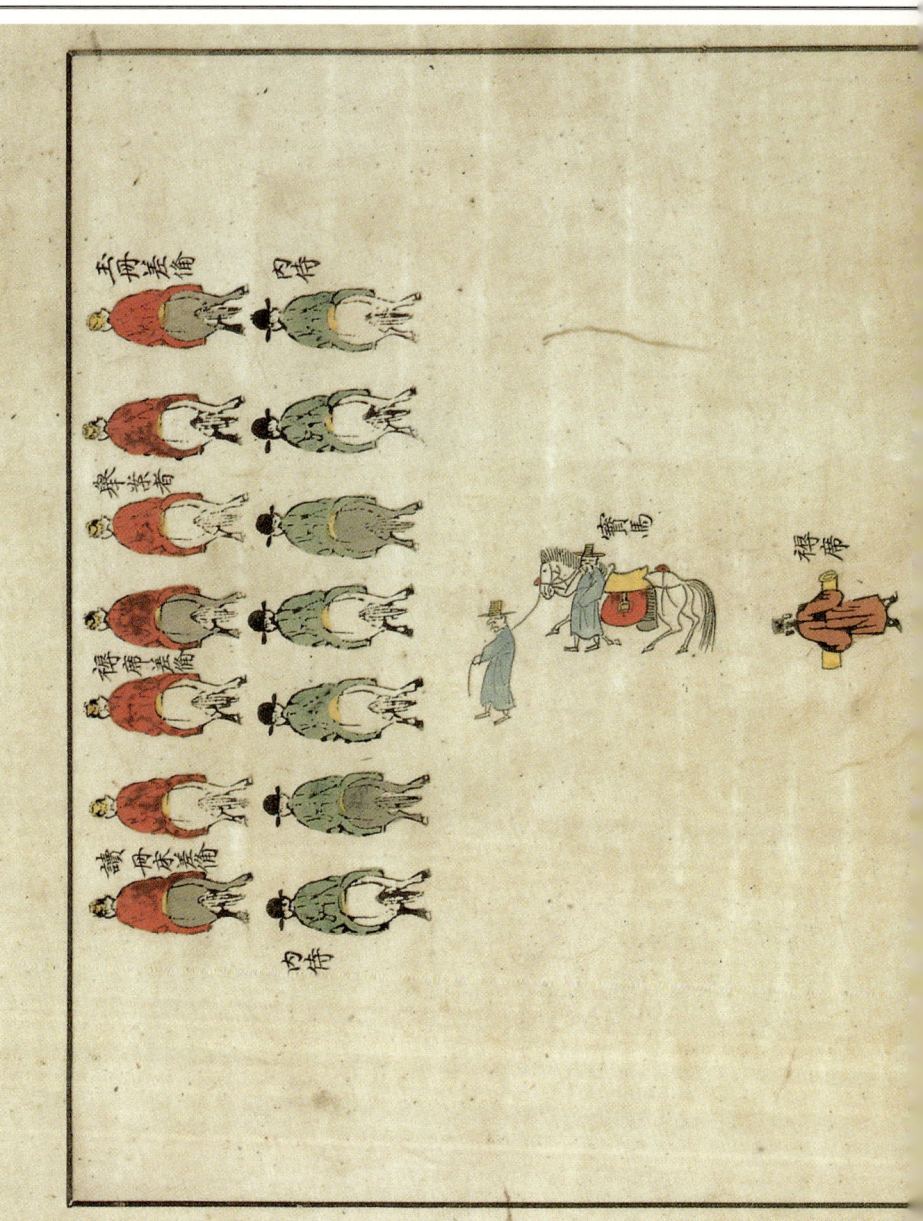

● 도 4-20
영조 가례도감의궤(1759) 반차도 제33~34면, 규장각

● 도 4-21
영조 가례도감의궤(1759) 반차도 제35~36면, 규장각

● 도 4-22
영조 가례도감의궤(1759) 반차도 제37~38면, 규장각

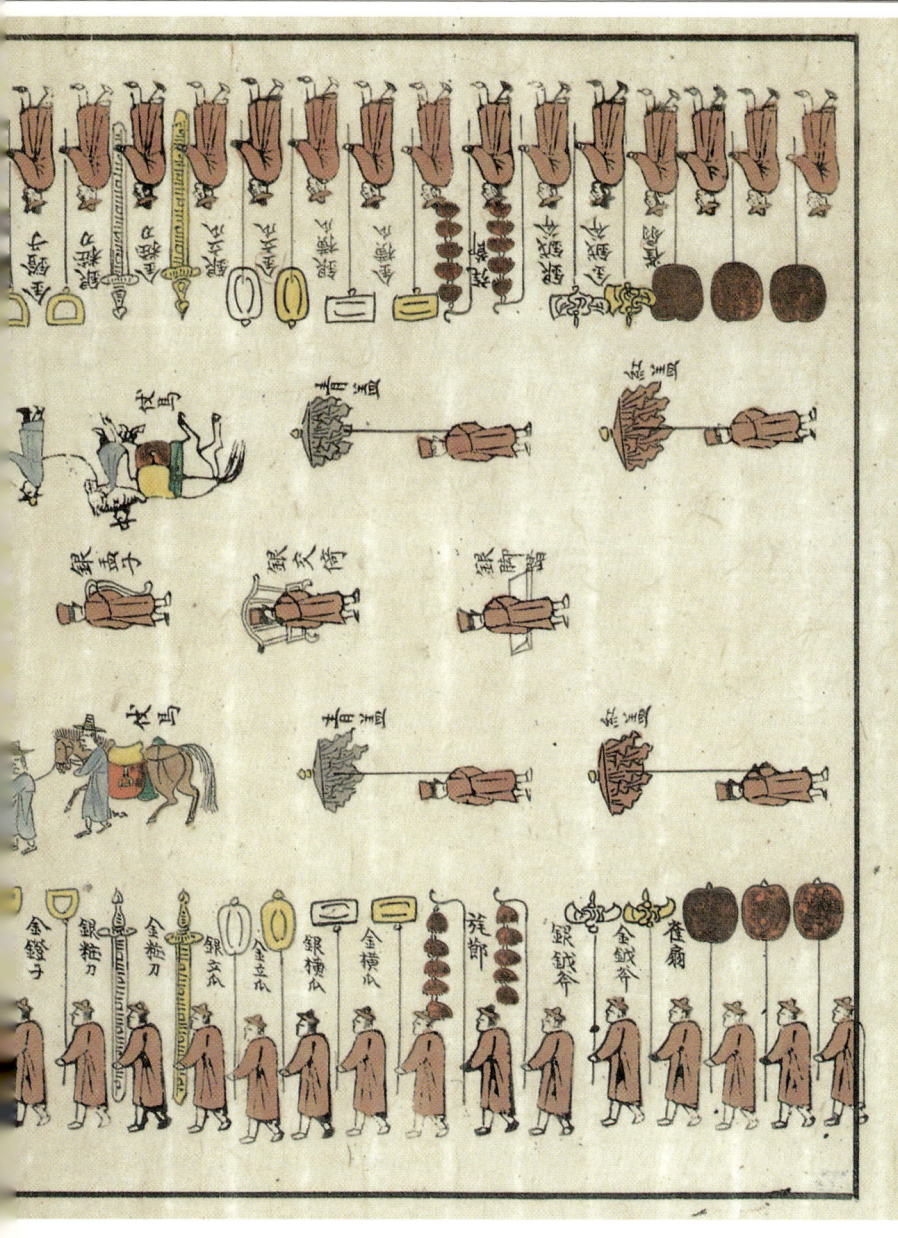

● 도 4-23
영조 가례도감의궤(1759) 반차도 제39~40면, 규장각

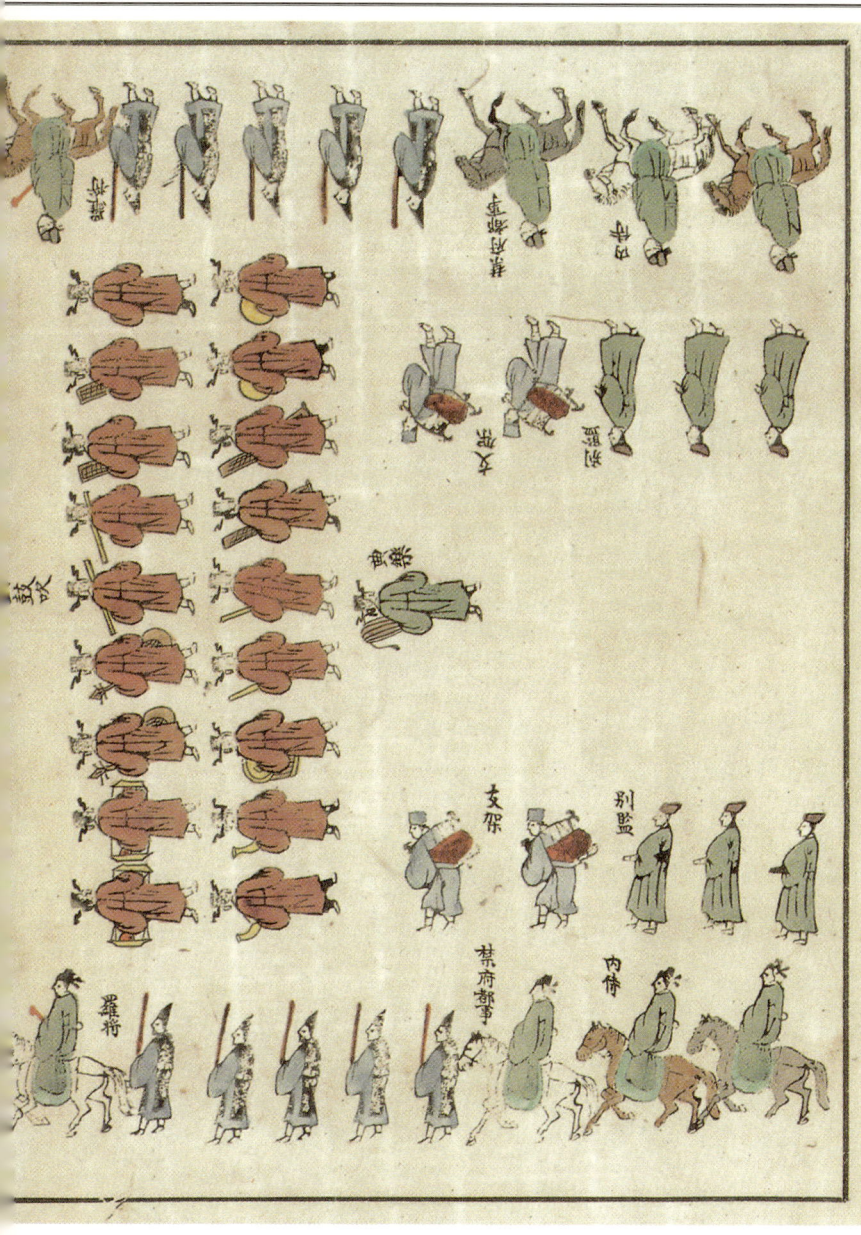

● 도 4-24
영조 가례도감의궤(1759) 반차도 제41~42면, 규장각

● 도 4-25
영조 가례도감의궤(1759) 반차도 제43~44면, 규장각

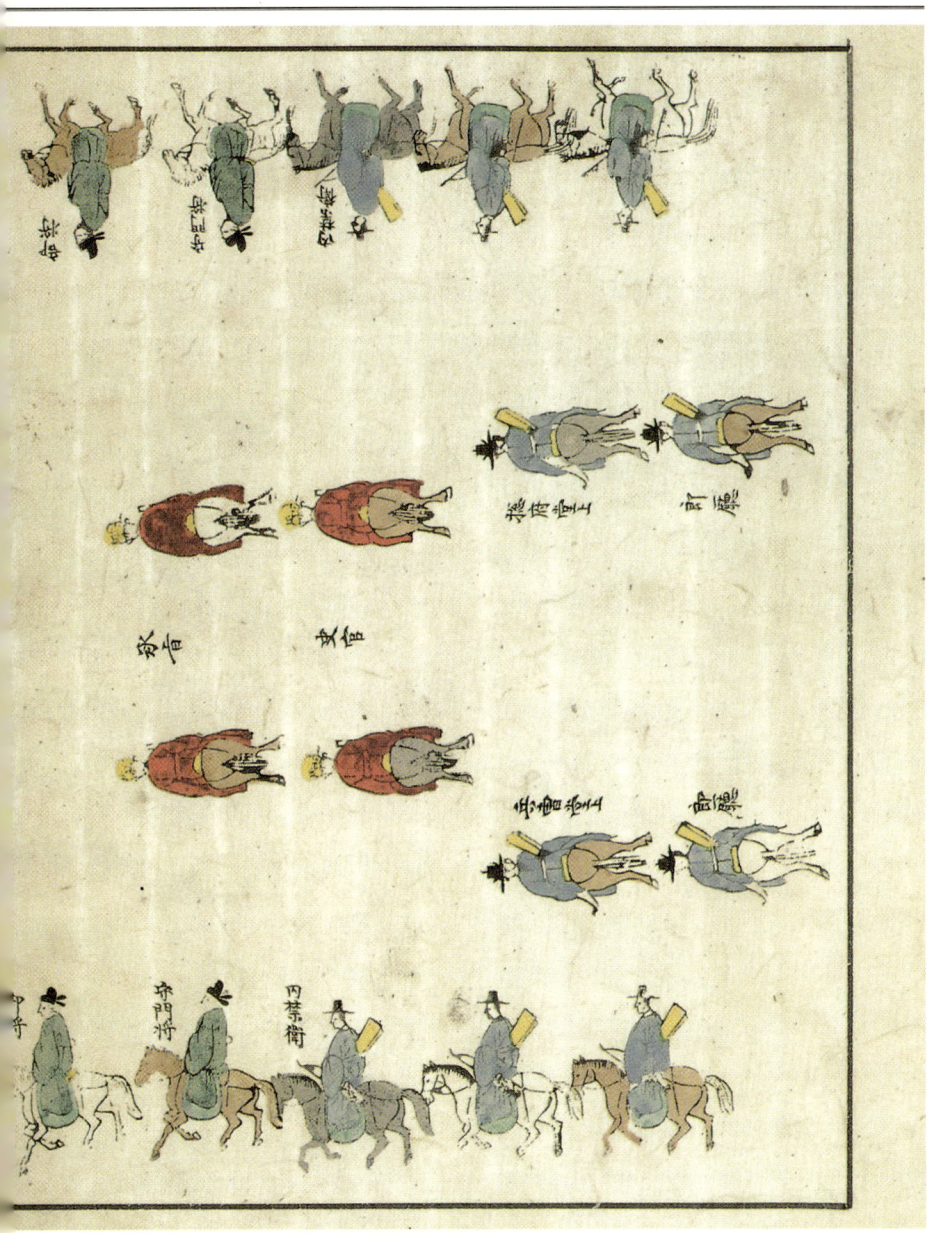

● 도 4-26
영조 가례도감의궤(1759) 반차도 제45~46면, 규장각

● 도 4-27
영조 가례도감의궤(1759) 반차도 제47~48면, 규장각

● 도 4-28
영조 가례도감의궤(1759) 반차도 제49~50면, 규장각

3. 왕세손〔정조〕 가례도감의궤(王世孫〔正祖〕 嘉禮都監儀軌), 1762: 현존하는 유일한 왕세손의 가례

1762년의 왕세손(후의 정조)와 효의후(孝懿后 1753-1821) 가례도감의궤는 현존하는 조선시대 유일한 왕세손의 가례에 관한 기록이다. 전체 목록은 좌목, 계사 부세손책빈의속람(附世孫册嬪儀續覽), 예관(禮關), 이문(移文), 내관(來關), 품목(稟目), 감결(甘結), 서계(書啓), 논상부의궤(論賞附儀軌), 일방, 이방, 별공작, 수리소 등의 순서로 적혀 있으나 실제 편집은 이와 달리 일방, 이방과 반차도가 제2책에 있고 별공작과 수리소의궤가 제1책에 포함되어 있다.

좌목에 해당하는 1761년 10월 30일의 「이조별단(吏曹別單)」에는 이례적으로 도제조(都提調)는 없고 제조가 남태제(南泰齊) 등 2인이며, 기타 도청(都廳) 2인, 낭청(郎廳) 3인의 명단이 있다. 세손빈의 세 번째 간택은 1761년 12월 22일에 거행되어 감사(監司) 김시묵(金時默)의 딸을 간택하였으며 12월 26일 납채, 다음해 1월 3일 납징, 1월 7일 고기, 1월 8일 책빈, 2월 2일에 친영과 동뢰연이 거행되었다. 이 때 세손빈의 나이는 10세였다. 1776년 정조의 즉위와 함께 왕비로 책봉되었다.[85] 「이방의궤(二房儀軌)」 끝에 18면의 채색 반차도가 있다.

왕세손의 가례가 특별한 것임에 관하여 1762년 가례도감의궤에도 다음과 같은 언급이 있다.

---

85 효의후는 소생이 없어 1790년 수빈 박씨(綏嬪 朴氏)가 아들을 낳자 왕세자로 삼았다. 『韓國人名大辭典』, p. 1073.

금번 왕세빈(王世嬪)의 조현례(朝見禮)는 〔왕조의〕 300년에 처음 있는 일이다. 그날의 대전과 중전의 조현례는 〔경희궁(慶熙宮)의〕 광명전(光明殿)에서 행하고 세자궁의 조현례는 상휘당(祥輝堂)과 흥정당(興政堂)에서 행하고 연여(輦輿)는 흥명문(興明門)으로 들어오라는 분부가 계셨다.[86]

가례 행사 자체는 『국혼정례』가 찬술된 이후 이를 의식해서 간소하게 치르려는 의도를 보인 듯 계사질(啓辭秩) 첫머리에는 다음과 같은 구절이 보인다.

〔왕이〕 명하되 "옛 학자들이 이르길 '혼인에 있어서 재물을 논하는 것은 오랑캐나 야만인들의 할 짓이다'라고 한 것은 격언(格言)이며 마음속에 항상 새겨둘 만하다. 더욱이 우리 조정은 검소한 덕을 서로 물려받는데 있어서야! 한사(漢史) 역시 높이 올린 머리와 넓은 소매는 나무랄 것이라고 하지 않았던가! 요즈음 사치 풍조가 날로 성행하는 때 마땅히 왕공(王公)으로부터 시범을 보여야 하지 않겠는가!"[87]

이처럼 전체적인 검소한 분위기를 첫머리에 강조한 후 세부사항을 논의하고 결정하는 대목에 들어가서 역시 다음과 같은 왕(영조)과 가례청(嘉禮

---

86 傳曰今番世孫嬪朝見禮三百年初有之事 其日大殿中殿朝見禮行於光明殿世子宮 嬪朝見禮行於祥輝堂興政堂 陞輦輿興明門入事分付儀曺書入儀註. 왕세손〔정조〕 가례도감의궤 (1762) 上冊, pp. 1~7.
87 傳曰先儒有云婚姻論財夷虜之道 可謂格言 心常誦之 況我朝以儉德相傳 漢史亦不云高髻廣袖之譏乎 近者侈風日盛之時 宜自王公始噫. 왕세손〔정조〕 가례도감의궤(1762) 上冊, p. 5.

廳) 낭청(郎廳)과의 대화가 보인다.

아뢰기를 동뢰연(同牢宴)에 소용되는 옥동자(玉童子) 한 쌍은 『[국혼]정례』 중에는 빠져 있는데 이는 없이 할 수가 없으니 감히 아룁니다. 임금이 말하기를 마땅히 〔궐〕안에 있는 것을 취하고, 의식의 예행연습 시 사용하는 사기동자(砂器童子)도 역시 만들지 않아도 된다. (중략) 옛날의 모든 복제에 순금으로 된 부분을 도금으로 할 것을 아룁니다. 하교한다. 그러나 동뢰연에 소용되는 쌍이단엽잔(雙耳單葉盞) 한 쌍은 『정례』에 의하여 순금으로 하라.[88]

그러나 실제로 동뢰연 기명(器皿)의 목록을 보면 쌍이단엽잔 아래에 "回 傳敎 銀鍍金(전교를 再審하여 은으로 만들고 도금하였다.)"는 주를 달아 놓은 것으로 보아 검소함을 무척 강조한 듯하다.

모두 18면으로 된 이 반차도는 1759년 영조 가례시의 반차도의 새로운 형식을 따르지 않고 왕세자빈의 행렬만을 묘사한 간단한 반차도의 형식을 취하고 있다. 그러므로 1759년 이전의 왕세자 반차도와 비교하여 새롭게 등장하는 요소들이나 왕세손빈(王世孫嬪)의 행렬이므로 전에 없었던 요소들이 어떠한 것들이 있나 하는 점을 살펴보겠다.

먼저 눈에 띄는 것은 제1면에(도 4-29) 이전의 포살대(砲殺隊) 또는 전사대(前射隊) 대신으로 '전패군(前牌軍)'이라고 적혀있는 군인들이 좌우로 각

---

[88] 啓 同牢宴所用玉童子一雙 定例中 滅下矣 此則不可無者故敢達. 上曰當自內取用 習儀時 砂器童子 亦勿造成可也又所.(中略) 啓凡服用昔之純金者皆爲鍍金事 下敎而同牢宴所用 雙耳單葉盞一雙以純金依定例. 왕세손〔정조〕 가례도감의궤(1762) 上冊, p. 33. (장서각에는 1762년 의궤의 상책만 있다. 같은 책 p. 21 참조)

각 늘어섰고(실제로 23인임) 행렬의 제일 뒤에는 후사대(後射隊) 대신 역시 '후패군(後牌軍)'이라는 명칭의 인물들이 보인다. 패(牌)란 40~50명의 번을 같이 서는 한 무리의 조, 또는 군대의 가장 작은 부대를 의미한다.[89] 또한 제 3면에(도 4-30) 교명요여(敎命腰輿) 앞에 8인이 메고 가는 향용정(香龍亭), 즉 향로(香爐)가 안치된 조그만 정자(亭子) 모양의 구조물이 새롭게 등장한 것을 볼 수 있다.

향용정은 가례도감의궤의 책빈의(冊嬪儀)에 사용되는 기물 가운데 열거되어 있는 것을 볼 수 있다.[90] 가례의식 과정에서 향을 피우는 절차는 항상 있으나 특히 책빈과 친영 사이에 치르는 '임헌초계(臨軒醮戒)' 의식에서 그 중요성이 부각되는 것으로 생각된다. 임헌초계 의식은 왕세자(또는 왕세손)의 가례의식 중 책빈의 후에 거행하는 것으로 국초에는 근정전 어좌의 앞에 향안을 설치하고 전하가 어좌에 오르면 향을 피어오르게 하고, 사옹원(司饔院)의 부제조가 왕자 또는 왕세손에게 술잔을 권한 후 전하는 왕자에게 "가서 네 안사람을 맞이하여 우리 종묘의 일을 잇게 하고 힘써 엄하게 거느리도록 하라(往迎爾相承我宗事勗帥以嚴)"고 교명을 내리면 왕세자는 "신 모는 삼가 교지를 받들겠습니다(臣某謹奉 敎旨)"라고 말하고 부복하였다가 일어나 몸을 바로 하는 의식절차를 가리킨다.[91]

이 가례도감의궤에도 친영의 이전 단계 '임헌초계(臨軒醮戒)'에 관한 조항이 설정되어 있다. 여기서는 장소가 경복궁의 근정전 대신에 창덕궁의 인정전으로 되어 있는데, 이는 1592년 임진왜란 당시에 경복궁이 전소한

---

89 『古法典用語集』(法制處, 1979), p. 841.
90 왕세손〔정조〕가례도감의궤(1762) 下册 규장각본, p. 2-10-1 참조.
91 『國朝五禮儀』(法制處本 2), pp. 196-201의 「王世子 嘉禮臨軒醮戒」條 참조.

화재 이후 가례를 창덕궁에서 행한 데 따른 것으로 보인다.[92] 또한 임헌초계 의식에 참가한 관원들 가운데 강서원(講書院)과 위종사(衛從寺) 관원들이 등장하는데[93] 이 반차도의 제14면과 제15면에(도 4-35,36) 이들 인물들이 등장하는 것을 볼 수 있다.[94] 강서원은 왕세손을 모시고 경서를 강의하는 세손강서원의 약칭이며, 위종사(세손위종사)는 왕세손의 호위를 담당하는 기관이다.[95] 그러므로 이들의 존재로만 보아도 이 반차도가 왕세손 가례시의 반차도임을 알 수 있다.

제4면의 죽책채여(竹册彩輿)에 이어서 제6면에는 은인채여(銀印彩輿)가 보인다.(도 4-31右) 왕세자빈의 책빈 때에는 옥인(玉印)이 사용되었음에 반하여 왕세손빈 책빈 때에는 은인이 사용된데 따른 변화를 이 행렬도에서도 볼 수 있다. 또한 모든 채여들을 메는 가마꾼들의 수도 8인으로 비교적 간소하다. 제8면의 장마(仗馬)로 시작되는 의장 행렬도 양쪽에 각각, 은장도와 금장도, 그리고 은립과와 금립과는 하나씩이 양쪽으로 나뉘어 있고 모절, 작선, 청선 등도 모두 한쪽에 하나씩이다.(도 4-32右) 이들은 『국조속오례의보』에 처음으로 포함된 왕세손 의장(儀仗) 조에 열거되어 있는 것보다 훨씬 더 간소화 된 것임을 알 수 있다.[96]

---

92 『한국민족문화대백과사전』(한국정신문화연구원, 1992) 권1, pp. 881-884의 金東賢,「경복궁」조 참조.
93 『國朝續五禮儀補』卷之二「嘉禮 納嬪儀(왕세손이 빈을 맞아들이는 의식)」(法制處本 5), pp. 454-460.
94 왕세손〔정조〕가례도감의궤(1762) 下册, pp. 2-69-72에도 이때의 임헌초계의가 자세히 기록되었다.
95 『古法典用語集』(法制處, 1979), p. 25, 그리고 p. 446.
96 『國朝五禮儀』(法制處本 5), pp. 482-483 참조. 麒麟旗, 豹骨朶子, 熊骨朶子 등 여기에 열거된 의장물들이 반차도에는 모두 빠진 점이 주목된다.

제11면에(도 4-34) 등장하는 새로운 인물들은 부함충찬위(負函忠贊衛) 2인과 대함비(戴函婢: 머리에 함을 이고 가는 여종) 3쌍이다. 이전의 반차도에는 지거(支擧) 또는 지가(支架)의 역할을 여기서는 함을 등에 진 충찬위와 머리에 함을 진 6인의 여인들이 대신하는 것으로 생각된다. 제13면에는(도 4-35) 세손빈의 연이 보이는데 연대는 14인이다. 연의 양옆에는 각각 시배내인(侍陪內人)이라는 명칭으로 모두 10인의 너울을 쓴 말 탄 여인들이 보인다. 제14면과 제15면에 보이는 분강서원관(分講書院官) 두 사람과 분위종사관(分衛從司官) 두 사람은 위에서 언급한 바와 같다. 제16면부터 마지막인 제18면까지는(도 4-36,37) 행렬의 후미로 가운데 기마 초관의 뒤에 6인의 기수들이 늘어섰고 그 양쪽으로 후패군 25인씩 모두 50인이 전체 행렬을 마무리 짓고 있다.

이상에서는 유일한 왕세손 가례 행렬도의 특수한 구성요소들을 살펴보았다. 향용정이 반차도에 처음 등장하는 것은 임헌초계 의식과 관련시켜 보았으며 기타 인물들은 왕세손의 교육과 호위를 위한 관원들임을 보았다. 혼례를 검소하게 치른다는 왕실의 전체적인 정책이나 의도가 강했던 만큼 17세기 초기(1627)의 소현세자 가례반차도에 비하여 반차도 길이 자체는 갑절 이상(8면 대 18면)이지만 실제 등장인물의 수는 약 430 대 394로 줄어든 것을 볼 수 있다. 이 가례를 마지막으로 18세기에는 더 이상의 행사가 없었다.

● 도 4-29
왕세손〔정조〕 가례도감의궤(1762) 반차도 제1~2면, 규장각

● 도 4-30
왕세손(정조) 가례도감의궤(1762) 반차도 제3~4면, 규장각

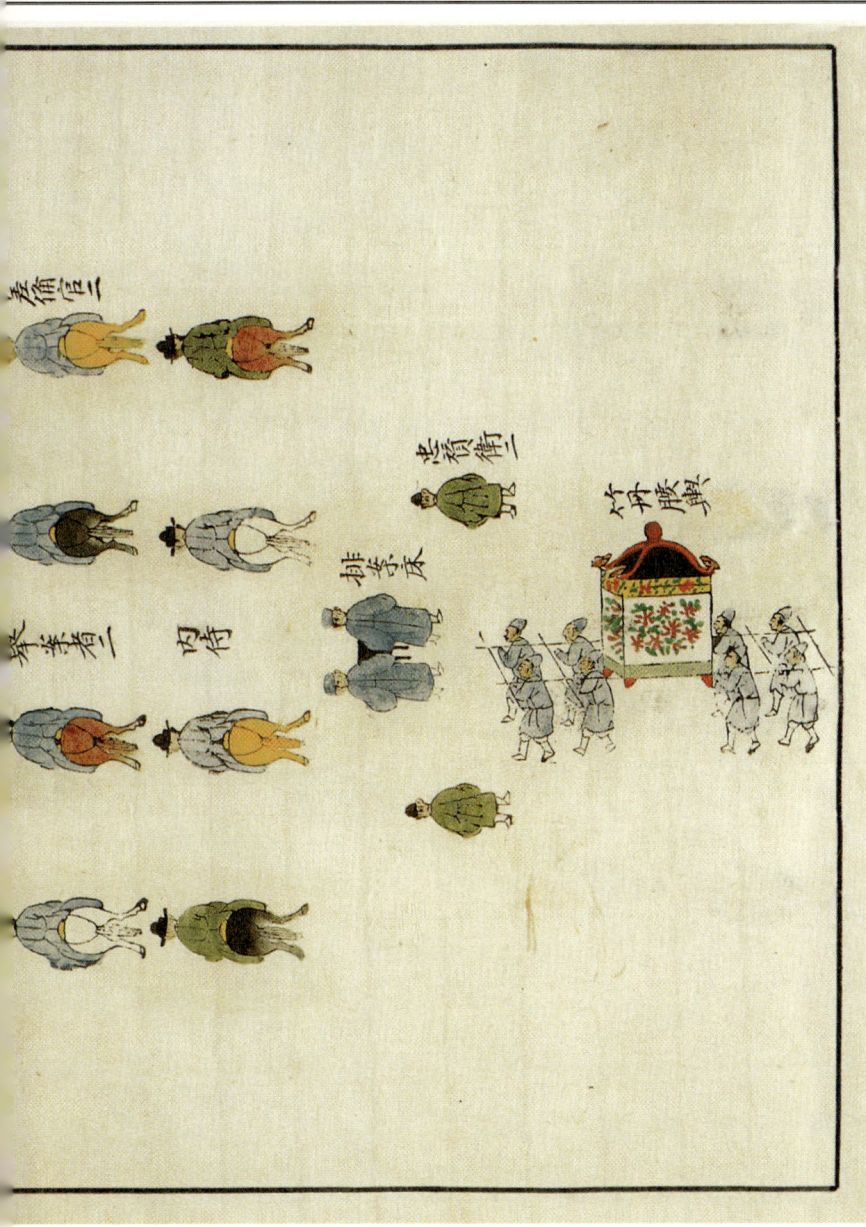

● 도 4-31
왕세손〔정조〕가례도감의궤(1762) 반차도 제5~6면, 규장각

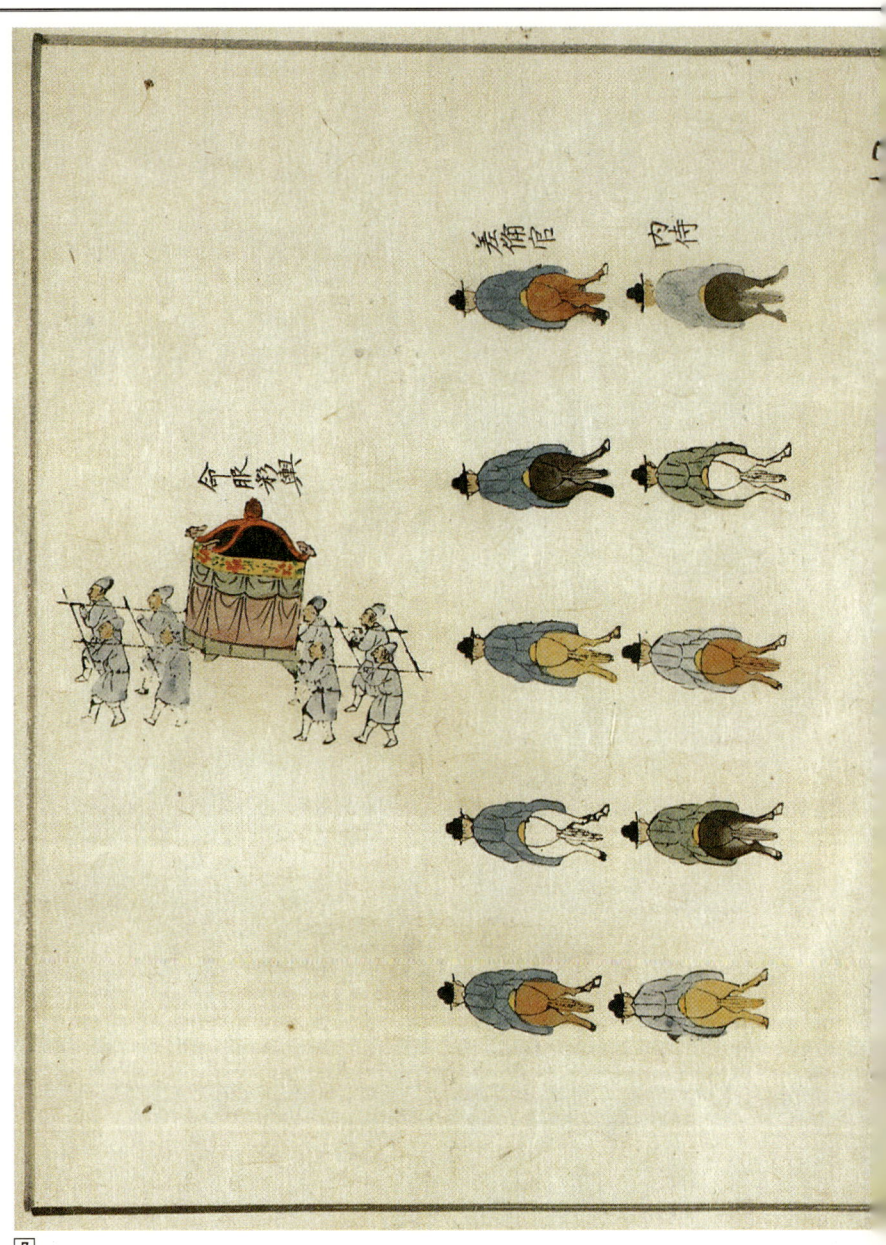

● 도 4-32
왕세손〔정조〕가례도감의궤(1762) 반차도 제7~8면. 규장각

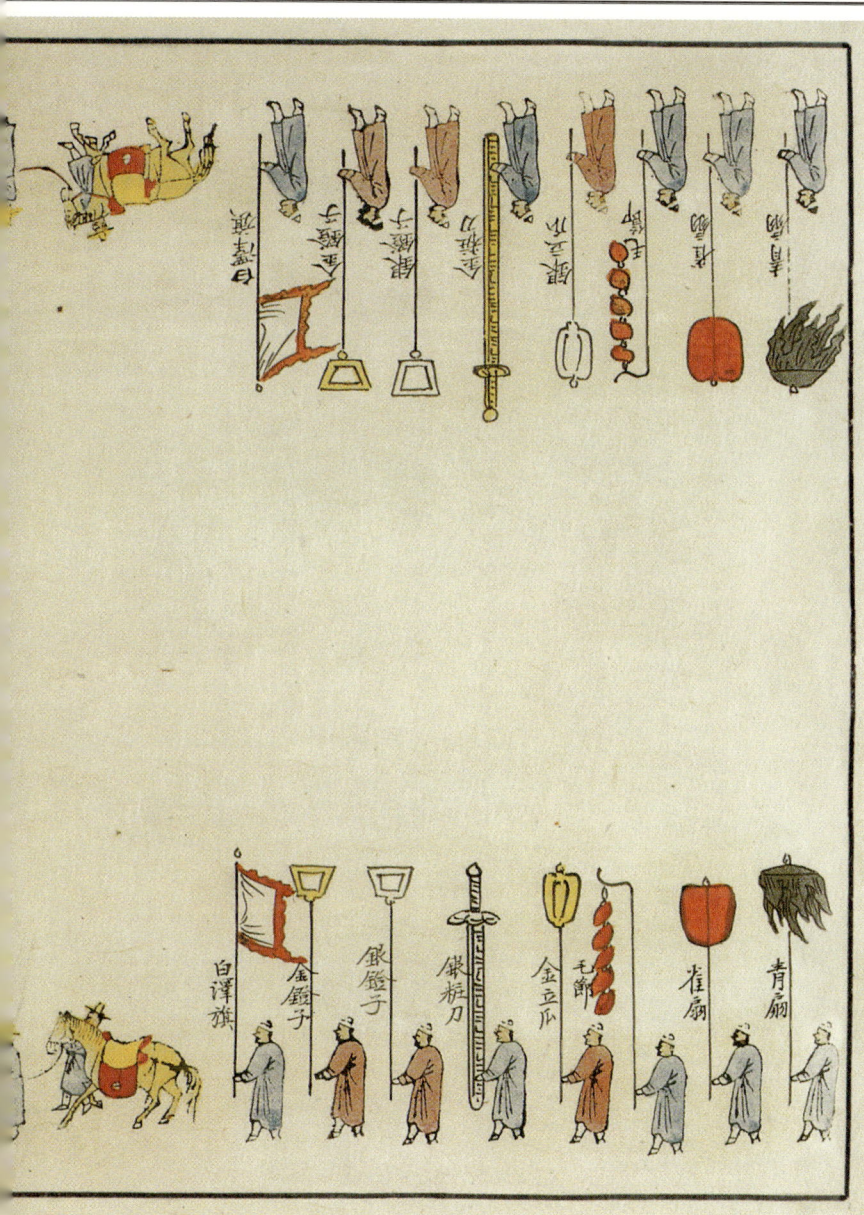

● 도 4-33
왕세손(정조) 가례도감의궤(1762) 반차도 제9~10면, 규장각

● 도 4-34
왕세손〔정조〕 가례도감의궤(1762) 반차도 제11~12면, 규장각

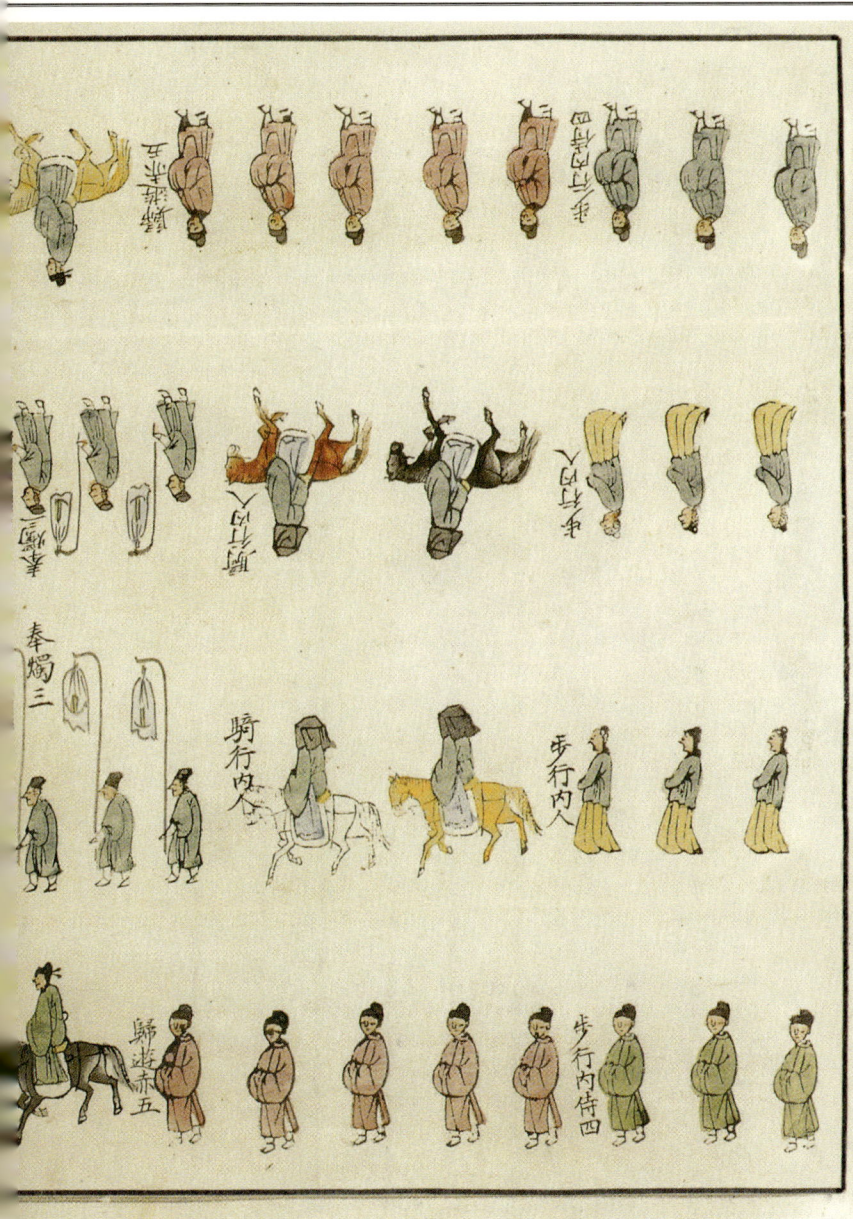

● 도 4-35
왕세손〔정조〕 가례도감의궤(1762) 반차도 제13~14면. 규장각

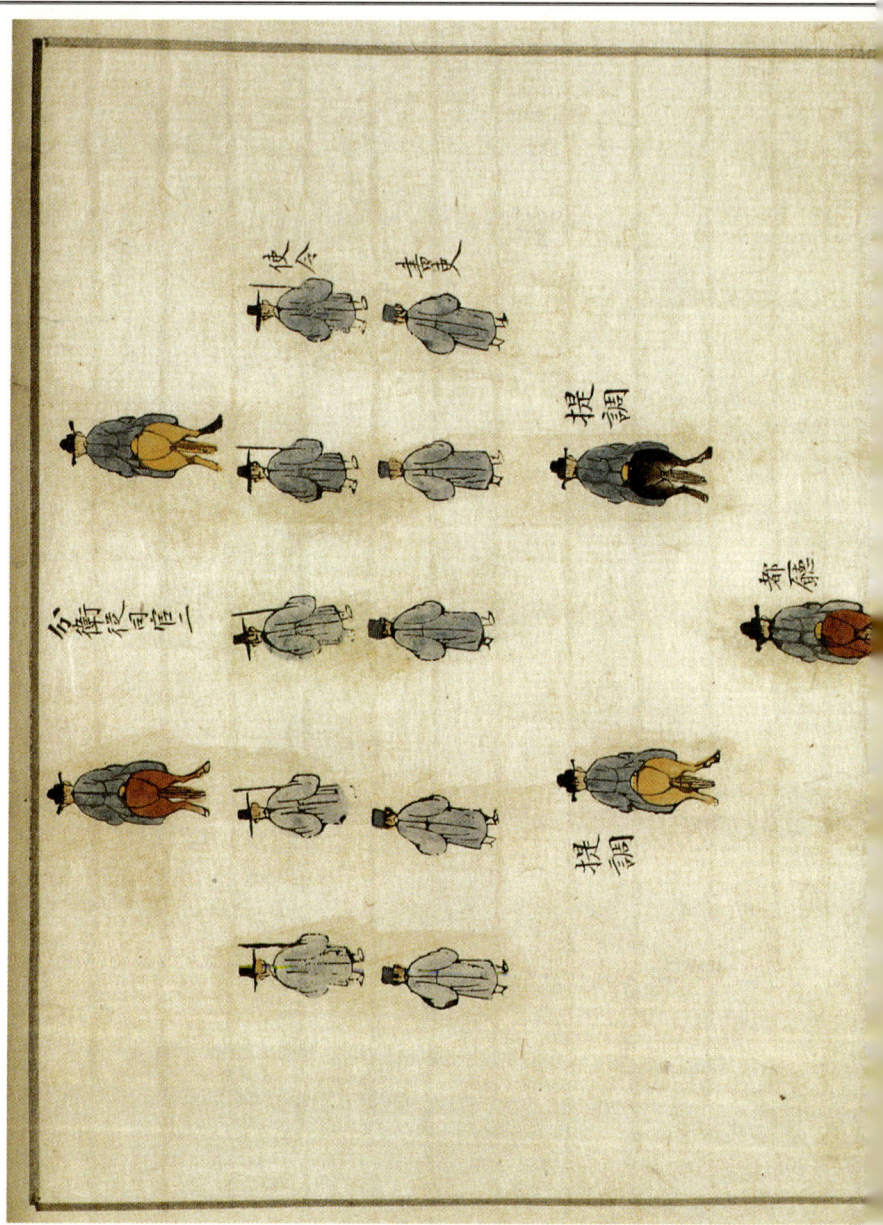

● 도 4-36
왕세손(정조) 가례도감의궤(1762) 반차도 제15~16면, 규장각

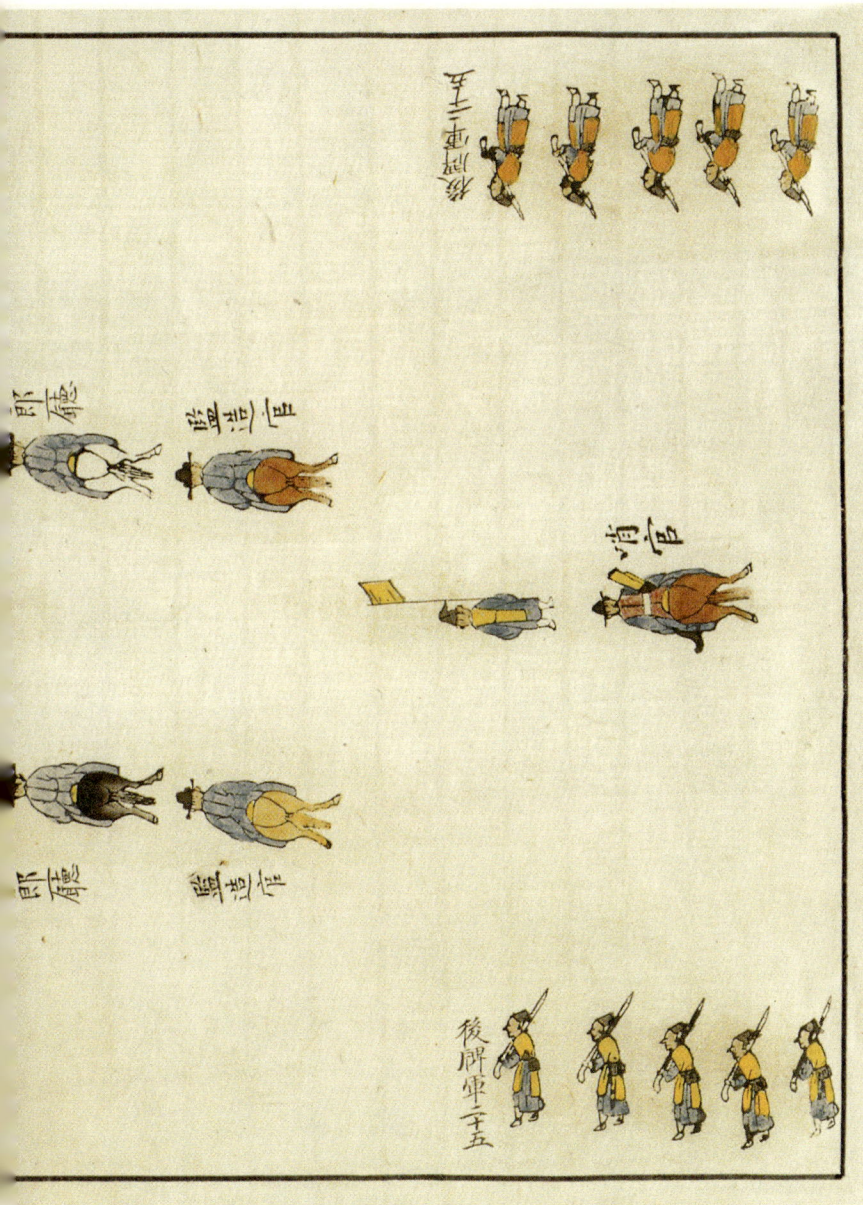

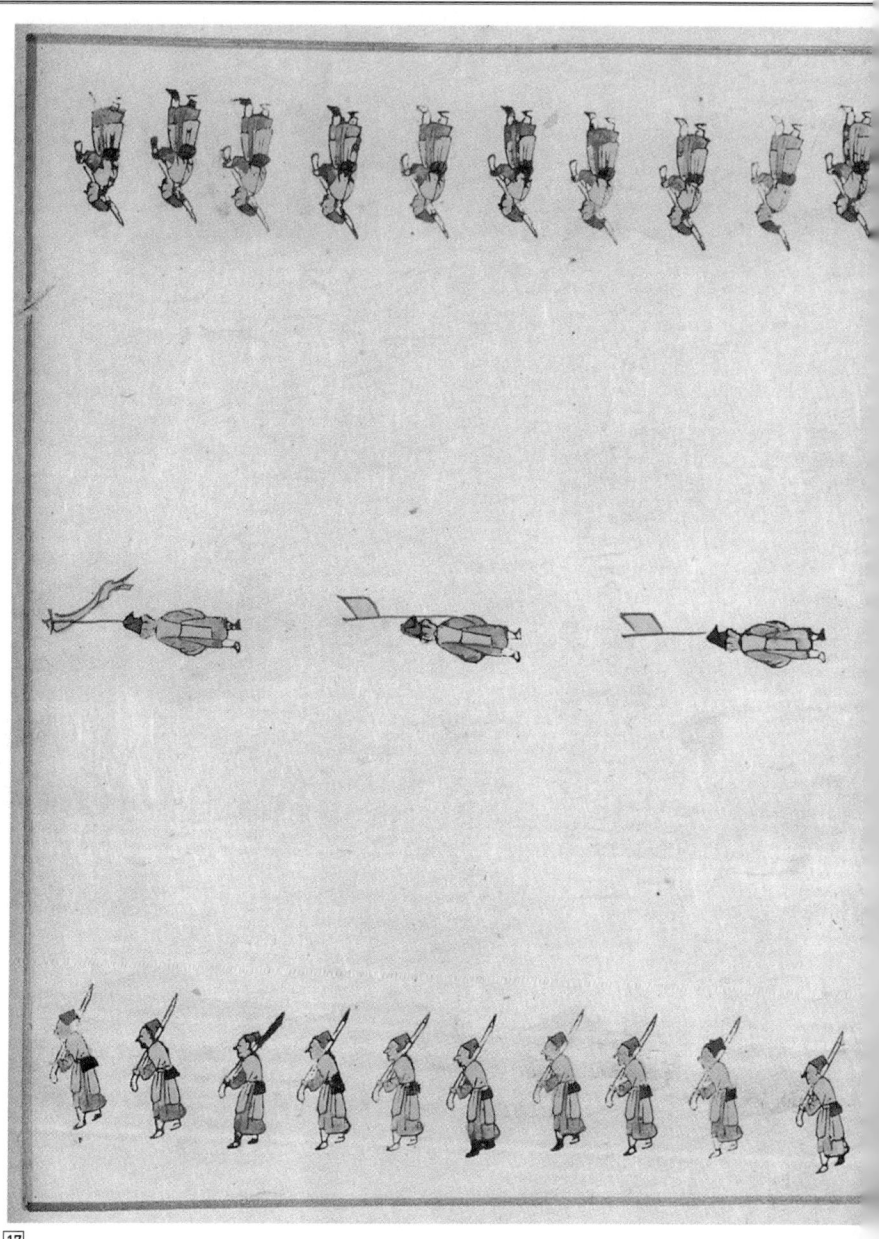

● 도 4-37
왕세손(정조) 가례도감의궤(1762) 반차도 제17~18면, 규장각

5
1800년대 가례도감의궤와 반차도의 구성

〈표 1〉에서 나타난 바와 같이 1800년에는 모두 일곱 차례의 가례(嘉禮)가 거행되었다. 그 가운데 다섯 건이 왕의 가례였고 두 건이 왕세자의 가례였다. 이들 가례반차도는 대체로 영조 가례반차도와 같이 왕과 왕비의 행렬이 모두 묘사된 길고 복잡한 반차도이며 1802년의 순조(純祖)와 순원왕후(純元王后)의 가례반차도가 52면으로 가장 짧고 1851년의 철종(哲宗)과 철인후(哲仁后)의 가례반차도는 92면이나 되는 역사상 가장 긴 행렬도이다. 1819년과 1882년 두 건의 왕세자 가례반차도 역시 각각 52면과 70면이나 되는 긴 행렬도이므로 이전의 반차도와 획기적으로 다른 내용이 담긴 부분만 소개하기로 한다. 도판은 92면으로 된 1851년 철종 가례반차도의 주요 부분을 제시하고 다른 반차도는 선택적으로 제시하거나, 또는 새로운 요소가 등장하였을 때 1851년 반차도의 동일요소로 찾아보도록 하였다.

1. 순조 가례도감의궤(純祖 嘉禮都監儀軌), 1802

1802년(純祖 2, 嘉慶 7 壬戌)의 가례도감의궤는 순조(純祖)와 순원왕후(純元王后 1789-1857)의 혼례 행사 기록이다. 순원왕후의 본관은 안동(安東)이며, 아버지는 영안부원군(永安府院君) 김조순(金祖淳)이다. 1802년에 왕비에 책봉되어 가례를 행하고 1827년에 존호 명경(明敬)을 받았다. 그녀는 추존(追尊) 익종(翼宗)의 어머니, 헌종(憲宗)의 조모(祖母)이며 철종(哲宗)이 즉위하자 수렴청정(垂簾聽政)을 하기도 하였고 많은 존호를 추상(追上)받았다.[97]

이전의 가례도감의궤에 비하여 그 체제가 잘 정비된 것을 다음과 같은 일목요연한 목록(目錄)으로부터 알 수 있다. 좌목(座目), 거행일기(擧行日記), 전교(傳敎, 擧條啓辭並), 이문(移文), 내관(來關), 예관(禮關), 감결(甘結), 미포식(米布式: 쌀과 布로 도감 종사자들에게 준 급여의 명세), 상전(賞典, 附儀軌事目), 일방, 부의주(附儀註), 상의원(尙衣院), 사옹원(司饔院), 내자시(內資寺), 이방, 삼방(附工曹), 별공작, 수리소. 상책(上冊)에는 목록부터 일방까지, 하책(下冊)에는 이방부터 수리소까지, 그리고 목록에는 명시되지 않았으나 52면의 반차도가 수록되어 있다. 좌목에 의하면 도제조는 의정부 영의정 서용보(徐龍輔)가 맡았고 기타 제조 3인(5인이 열거되었으나 그 중 2인은 중간에 교체됨), 그리고 도청(都廳), 낭청(郞廳) 등의 이름이 보인다.

일목요연한 「거행일기」에 의하면 1801년(庚申) 2월 26일에 초간택, 윤4월 9일에 재간택하였다. 이듬해 1802년(壬戌) 8월 15일에 관상감(觀象監)에서 처음으로 도감회동(都監會同)이 있었으며, 9월 6일에 삼간택이 거행되었다. 이어 18일 납채, 20일 납징, 10월 3일 고기, 13일 책비, 16일에 친영과

---

97 『한국인명대사전』, p. 845.

● 도 5-1
순조 가례도감의궤(1802) 반차도 제3면 세부 갈도(喝導), 장서각

동뢰연, 그리고 17일에는 왕대비전에, 18일에는 대왕대비전에 조현례(朝見禮)를 행하였다. 이 밖에도 좀 더 자세한 각 단계 예행연습 날짜 등이 명시되어 있다. 일방의궤에는 교명식(敎命式), 교명궤(敎命櫃)·배안상(排案床) 등의 그림이 있고, 삼방의궤에는 옥책(玉册), 옥책갑(玉册匣), 금보(金寶) 등의 도식과 동뢰연도(同牢宴圖)가 있으며 끝으로 반차도가 있다.

　반차도는 모두 52면으로 되어있으며 왕의 행렬이 제1면부터 제33면까지 이어지고 제34면부터는 왕비의 행렬이 시작되는데 영조 가례반차도의 구성인원들이 거의 그대로 등장한다. 새로운 인물들로는 제3면에 금관조복(金冠朝服)을 차려 입은 기마 호조당상(戶曹堂上)의 뒤에 '갈도(喝導)'라는 인물 5인이 횡으로 작대기를 하나씩 들고 서 있다. 이들은 지체 높은 인물의 행

● 도 5-2
순조 가례도감의궤(1802) 반차도 제11면 둑당기와 교룡기. 장서각

차 때에 큰소리로 외치며 길을 치우는 역할을 하는 인물들이며, 이전의 인로 (引路)의 역할을 하는 것으로 생각된다. 다음으로는 제11면에 둑당기(纛幢旗)와 교룡기가 등장하는데(도 5-2) 이들을 받드는 사람의 수가 이전에는 기마인물 하나였는데 기마인물 1인과 보병 4인 모두 5인으로 늘어난 것을 볼 수 있다. 현재 국립고궁박물관에 보관되어 있는 교룡기를 참고로 제시한다.(도 4-6) 또한 영조의 가례 행렬은 창검군의 수가 모두 20인 정도였는데, 이 가례에는 기마 창검장(槍劍長) 1인과 보행 창검군 76인 등 모두 77인으로 늘었고, 이들이 제24면과 25, 26, 27면에 걸쳐 화면을 가로 5열, 그리고 양쪽으로 일렬씩 사다리를 이루고 서있는 것을 볼 수 있다.(도 5-3,4) 제26면에는 임금의 명령을 전달하는 역할을 맡은 '사알(司謁)' 그리고 '도로사지(道路事

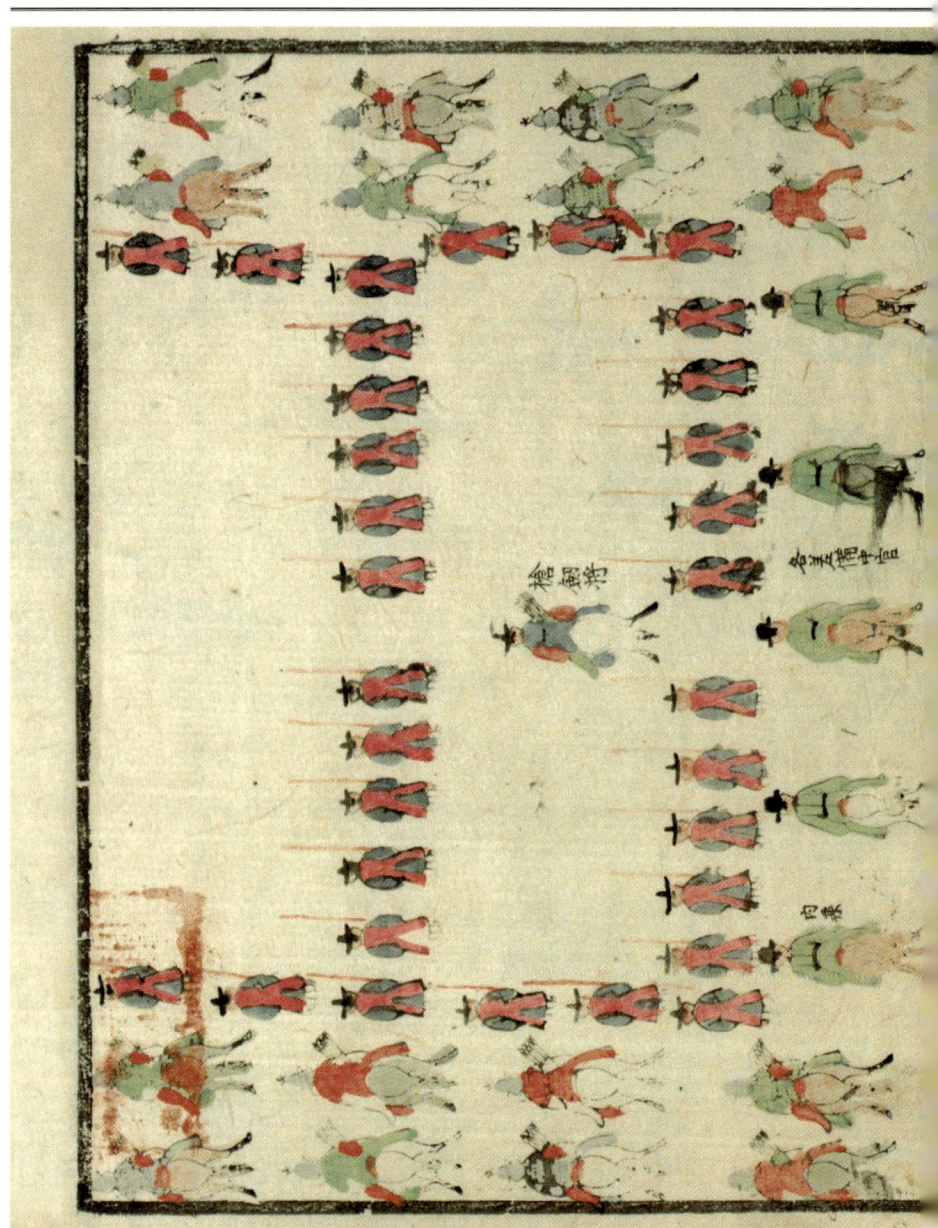

● 도 5-3
순조 가례도감의궤(1802) 반차도 제25~26면. 장서각

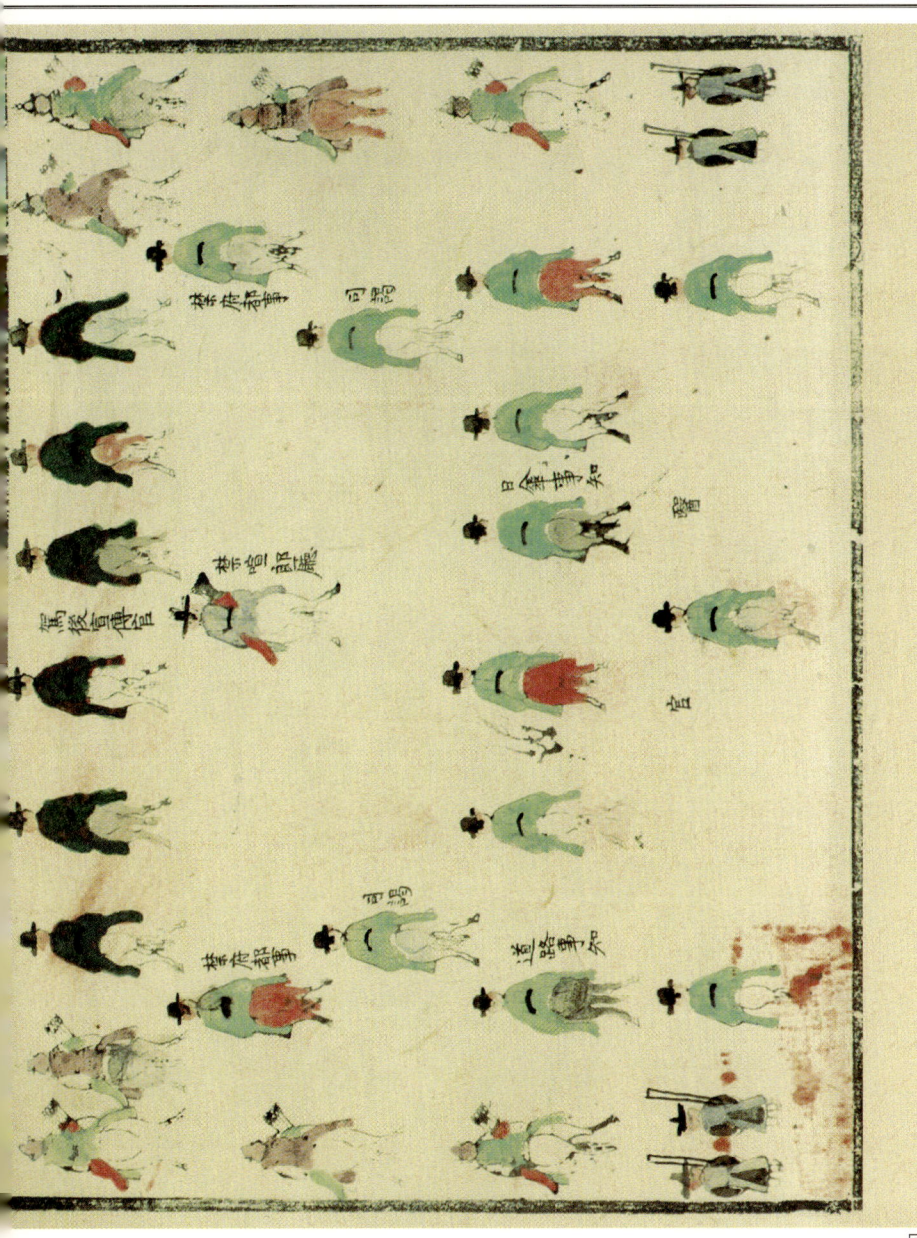

● 도 5-4
순조 가례도감의궤(1802) 반차도 제27~28면, 장서각

● 도 5-5
순조 가례도감의궤(1802) 반차도 제41면 세부 옥교(玉轎). 장서각

● 도 5-6
순조 가례도감의궤(1802) 반차도 제45면 세부 왕비의 연(輦). 장서각

知)', '일산사지(日傘事知)' 등의 새로운 인물 둘이 등장하였다.⁹⁸

제27면에(도 5-4) 도승지, 승지, 사관(史官)의 뒤를 이어 규장각신 2인이 금관조복 기마상으로 등장하는 것도 처음 있는 일이다. 이 가례 행사는 1776년 정조가 규장각(奎章閣)을 새로이 설치한 후 있었던 첫 번째 가례였다는 점을 상기할 필요가 있다. 몇 가지 차이점을 지적하면 첫째 왕비의 연이 등장하기 전에 제41면에 옥교(玉轎)가 먼저 가고 제45면에 왕비의 연이 나오는 것이 다르다.

2. 왕세자〔익종/문조〕가례도감의궤(王世子〔翼宗/文祖〕嘉禮都監儀軌), 1819

이 의궤는 1819년 순조(純祖)의 왕세자(追尊 翼宗, 文祖)와 세자빈 풍양 조씨(豊壤 趙氏, 副司直 趙萬永의 딸 1808~1890)와의 혼례를 기록한 것이다.⁹⁹ 왕세자의 가례지만 의궤 형식은 1802년 순조의 가례도감의궤와 거의 같은 형식으로 작성된 것을 알 수 있다. 왕세자가례도감의궤목록은 1802년 의궤보다 좀 더 자세히 다음과 같이 되어 있다.

거행일기, 전교(傳敎), 이문(移文), 내관(來關), 예관(禮關), 감결(甘結), 미포식(米布式), 상전, 의궤사목, 일방(一房: 座目, 所掌, 稟目, 甘結 附 各差備,

---

98 事知라는 말은 어떤 일을 오래하여 능숙히 처리한다는 뜻으로 쓰인다. 事知禁軍, 事知書史 등의 용례를 『古法典用語集』, p. 389에서 볼 수 있다.
99 翼宗(1809-1830)은 1812년 순조의 세자로 책봉되었으며, 1827년부터 4년간 왕명으로 代理聽政하다가 1830년 승하했다. 아들 헌종이 즉위하여 翼宗으로 왕에 추존되었고 다시 文祖라는 廟號가 정하여졌다.

醫女, 儀註, 班次圖, 尙衣院, 司甕院, 內資寺), 이방(二房: 座目, 所掌, 稟目, 甘結 附 儀仗, 差備, 女伶, 工匠), 삼방(三房: 座目, 所掌, 稟目, 甘結, 工匠), 별공작(別 工作: 座目, 手本, 工匠), 수리소(座目: 手本, 工匠) 등 각 방과 별공작, 수리소 부분의 하위 목록을 이처럼 상세히 기재한 최초의 가례도감의궤라는 점이 특기할 만하다.

상책(上冊)에는 목록부터 일방까지, 하책(下冊)에 이방부터 수리소까지, 그리고 반차도가 수록되어 있다. 도청의궤 좌목에 의하면 도제조는 영중추부사(領中樞府司) 이시수(李時秀)가 맡았으며 기타 제조, 도청, 낭청 등의 이름이 기재되어 있다. 또한 각방 의궤에는 그에 해당하는 좌목이 있다. 거행일기에 의하면 1819년 5월 6일에 초간택(初揀擇), 19일에 재간택, 8월 11일에 삼간택하였다. 이어 9월 20일 납채, 29일 납징, 10월 2일 고기(告期), 11일에 책빈, 13일에 친영과 동뢰연, 14일에 대전과 중궁전 조현례(朝見禮), 15일에 왕대비전 조현례를 거행하였다. 일방의궤에는 교명식, 하책(下冊)에 수록된 삼방의궤에는 죽책(竹冊), 옥인(玉印) 등의 도식과 동뢰연 배설도(排設圖)가 있으며, 끝에는 52면의 가례반차도가 있다.

모두 52면으로 된 반차도 중 제29면까지가 왕세자의 행렬이고 제30면부터 나머지가 세자빈의 행렬이다. 세자·세자빈의 가례반차도로는 이전의 어느 것보다 긴 행렬도이다. 이 반차도에서도 새로이 등장하는 요소를 중심으로 간략하게 구성내용을 소개한다.

제2면의 끝부분에 당보기(塘報旗)와 고초기(高招旗)의 기수가 각각 1인씩 등상하는데 선사는 적군의 상황을 정찰하는 척후군(斥候軍)의 기수이며 [100]후자는 군대를 지휘하고 호령할 때 쓰는 군기(軍旗) 기수이다.[101] 제3면에는 말 잘 타는 군대의 선기병(善騎兵)을 선두로 하여 25인의 기마선기대(騎馬善騎隊)가 5인씩 5열로 모두 25인이 있고, 그 뒤에는 선기대 기(旗)가 보인다. 기수들의 뒤를 이어 있는 보병부대가 일대, 이대, 삼대로 나뉘어 있고, 이 기본 구성이 제9면까지(도 5-7) 세 차례나 반복되는 것도 새롭다.

제15면에는 기마 익위(翊衛) 2인의 뒤에 근장군사(近杖軍士) 2인이 등장하는데 이들은 임금의 연(輦)이 행차할 때 가까이 호위하는 군사들이다. 연은 제18면에 나타난다. 제21면에는 금훤낭청(禁喧郎廳) 뒤에 기마 춘방(春坊)과 계방(桂坊)이라는 인물들이 늘어서 있는데 춘방은 세자시강원(世子侍講院)의 별칭이며, 계방은 세자익위사(世子翊衛司)의 별칭이다. 제24면에서 29면까지는 행렬의 앞부분같이 삼대(三隊)로 편성된 보병과 기수들의 행렬이 세 번 반복되며 왕세자의 행렬이 끝난다.

제30면에서 시작되는 세자빈의 행렬에는 삼대 편성군 한 조(組)만이 앞장섰으며 제33면의 시작부분에는 어로(御路)의 청소를 감시하는 청도군(淸道軍)[102] 4인이 등에 기다란 물건을 지고 양쪽으로 2인씩 서있고 이어서 의장기들과 용향정(龍香亭),(도 5-8) 교명(敎命), 죽책(竹冊), 옥인(玉印) 등의 의

100 塘報旗手는 적병의 형세가 느리면 기를 세우고 급하면 급히 흔들고 적의 수가 많고 형세가 급하면 몸을 뺑돌리며 급히 흔들고, 일이 없으면 원을 세 번 그렸음. 『古法典用語集』, p. 201.
101 高招旗는 기면이 다섯 개로 동서남북, 중앙에 따라 청, 백, 적, 현, 황의 오방색으로 되어 있고, 팔괘(八卦)를 그렸으며 火焰과 旗尾의 빛은 상생지리에 따라 푸른색 기는 붉은 빛, 흰 기는 검은 빛, 붉은 기는 누른 빛, 검은 기는 푸른 빛, 누른 기는 흰 빛으로 한다. 기폭은 비단으로 하되 길이 12자, 깃대의 길이는 15자이고 꼭대기에는 纓頭, 珠絡, 장목이 있고 영두에는 초롱이 달렸다. 高照旗라고도 함. 위의 책, p. 72.
102 『古法典用語集』(法制處, 1979)에는 '淸道'를 임금이 거동할 때 어로의 청소를 감시하는 일이라고 하였으며, '淸道旗'를 행군할 때 앞에 서서 길을 치우는데 쓰이는 기라 하였다.(p. 793) 반차도에는 '淸道軍'이라고 이름된 인물들이 등에 기다란 물건을 지고 있는데 아마도 빗자루일 것이다.

● 도 5-7
왕세자〔익종/문조〕 가례도감의궤(1819) 반차도 제9~10면. 장서각

● **도 5-8** 왕세자(익종/문조) 가례도감의궤(1819) 반차도 제31면 세부 용향정(龍香亭). 장서각

● **도 5-9** 왕세자(익종/문조) 가례도감의궤(1819) 반차도 제37면 세부 명복석말채여(命服舃襪彩輿). 장서각

례적인 행렬이 뒤따른다. 다만 제37면에 나타나는 '명복석말채여(命服舃襪彩輿)'는(도 5-9) 이전의 명복채여와 같은 것이나 석말, 즉 버선과 신발까지를 포함해서 싣고 있음을 구체적으로 나타낸 첫 번째 예라고 할 수 있다. 제41면에 내시의 뒤를 따르는 인물들은 '안보(按譜)', 즉 보(譜)를 살피는 사람이라는 뜻이며 이 경우 보는 악보(樂譜)일 것으로 추측된다. 제41면에는 함을 머리에 인 여인들인 '대함(戴函)'이 역시 처음으로 등장하며 제44면에는 세자빈의 연 앞에는 실제로 향대를 받쳐 들고 있는 '봉향(捧香)'이란 여인 둘이 측면으로, 그리고 향로를 머리에 이고 있는 '대향(戴香)'이 뒷모습으로 그려져 있다. 이들의 모습은 1844년 헌종의 두 번째 가례시 반차도의 제67면으로(도 5-14) 제시한다. 제47면에는 계방의 뒤에 빈객을 인도 접대하는 빈자가 역시 처음으로 등장한다. 나머지 부분은 다른 반차도와 같이 앞부분과 대칭형을 이루는 구조로 끝마무리 되어 있다.

    이상에서 살펴본 바와 같이 반차도의 형식 자체는 1759년 영조 가례반차도와 같으나 구성인원이나 그들의 명칭에서 비교적 많은 새로운 요소들이 발견된 것을 볼 수 있다.

3. 헌종 효현후 가례도감의궤(憲宗 孝顯后 嘉禮都監儀軌), 1837

이 의궤는 1837년(憲宗 3, 道光 17 丁酉) 제24대 왕 헌종(재위 1834-1849)과 효현왕후 김씨(孝顯王后 金氏 1828-1843)의 가례 기록이다. 현존하는 20건의 조선시대 가례도감의궤 가운데 체제가 매우 잘 정비되어 있고 내용도 상세하고 풍부하여 이 의궤의 내용을 요약하여 이 책의 부록으로 첨부하였다.

    헌종비 효현왕후는 안동 김씨 영돈녕부사(領敦寧府事) 김조근(金祖根)

의 딸이며 이 해에 왕비에 책봉되어 가례를 올렸으나 6년 만인 1843년 16세의 어린 나이에 죽었다. 헌종은 이듬해(1844) 또 한 번의 가례를 올리게 된다. 도청의궤 좌목에는 도제조 판중추부사(判中樞府事) 심규상(沈象奎) 이하 도청, 낭청, 감조관 등 도감에 종사하였던 담당자들의 직책, 성명, 종사 기간 등이 기록되어 있다. 거행일기(擧行日記)에서는 가례의 준비와 예행연습, 그리고 진행과정이 날짜와 시간에 따라 기록되어 있다. 1837년 2월 초6일에 초간택(初揀擇), 18일에는 재간택, 26일에는 삼간택을 실시한 뒤에 28, 29일에는 납채, 납징, 고기에 대한 예행연습을 세 번에 걸쳐서 거행하였으며, 이후 계속되는 준비와 연습이 진행된 후, 3월 초6일에는 납채, 12일에는 납징, 13일에 고기, 18일에 책비, 20일에 친영과 동뢰연을 거행하였고, 21, 22일에는 왕대비전과 대왕대비전에 인사를 올리는 조현례(朝見禮)를 끝으로 가례행사가 모두 끝났다.

전교(傳敎)에 의하면 정월 초10일에는 9세부터 13세까지의 처자(處子)들에 대한 금혼(禁婚)을 명하고, 14일에는 대왕대비전에서 행하는 간택 때 처자들이 세저(細苧: 가는 모시)를 입으라는 명이 나왔다. 이어 2월 6일에는 간택이 시작되어 김조근의 딸 등 7명을 뽑고 나머지는 혼인을 허락하였으며, 위와 같은 일정으로 26일 대왕대비전 삼간택에서 김조근의 딸로 결정하였다.

1759년 영조의 가례 이후 반차도의 면수가 점점 많아지는 추세를 보여 이 의궤에는 모두 68면의 길고 화려한 반차도가 있다. 그 가운데 왕의 행렬이 제1~40면까지이고 나머지 제41~68면이 왕비의 행렬이다. 새로운 인물의 등장을 살펴보면 제3면에 사간원당상(司諫院堂上) 바로 뒤에 사간원 하위직 이속(吏屬)인 '소유(所由)' 4인이 뒷모습으로 행렬을 형성하고 있으며 제9면의 중간쯤에 기마 뒷모습을 한 '선상대장(先廂大將)'이라는 인물이 보이는데, 이는 임금이 거둥할 때 전위군(前衛軍)을 통솔, 지휘하는 대장이라 한

● 도 5-10
헌종 효현후 가례도감의궤(1837) 반차도 제27면 세부 왕의 연(輦). 장서각

다.[103]

    제14면으로부터 제18면까지 이어지는 의장대의 행렬은 의장기, 의장물의 수가 1759년 영조 가례시의 의장과 58:62로 오히려 몇 점이 적으나 인물들을 크게 그리고 사이사이에 더 많은 공간을 할애하여 면수로는 5:4의 비례를 보인다. 또한 각 의장기나 의장물의 명칭을 전혀 써놓지 않은 것도 특이하다. 제17면에 부연(副輦)이, 제19면에 옥교(玉轎)가, 그리고 제27면에는 안이 모두 들여다보이는 연(輦)이 등장한다.(도 5-10) 연대(輦隊)는 모두 24

---

103 『古法典用語集』, p. 437.

● 도 5-11
헌종 효현후 가례도감의궤(1837) 반차도 제50면 세부 금보채여(金寶彩輿), 장서각

인으로 『국조오례의서례』 권 2 가례 노부에 명시된 대가(大駕)의 연대 수인 60인보다는 적으나[104] 영조 가례반차도인 16인보다는 훨씬 많이 그렸다. 제31면에는 군대의 행진에서 대열의 끝을 경비하는 군대인 난후군(攔後軍)이 '난후(攔後)'라고만 명명되어 뒷모습으로 울타리를 이루듯이 창검을 메고 서 있다. 나머지 왕의 행렬에는 새로운 인원이 등장하지 않는다.

왕비의 행렬 시작 부분도 왕의 행렬과 대동소이하며 특히 향용정이 등장하는 제45면의 양쪽에도 청도군(淸道軍) 5인씩이 각각 서있다. 나머지 채

---

104 『國朝五禮儀序例』卷之二(法制處本 4), p. 194.

● 도 5-12
헌종 효현후 가례도감의궤(1837) 반차도 제58면 세부 왕비의 연(輦). 장서각

여(彩輿)들의 순서는 전례와 같으며 다만 옥인(玉印) 대신에 금보(金寶)를 안치한 채여가 제50면에 등장한다.(도 5-11) 제58면에 보이는 왕비의 연(輦)도 역시 연대(輦隊)가 24인이다.(도 5-12) 이 연(輦)은 또한 휘장의 육각형 문양을 녹색으로 칠했는데 1851년 반차도에서도 같은 채색을 볼 수 있다. 인물이 크게 묘사되는 경향은 끝까지 이어져 많은 면수가 소요되었으나 그 구성인원은 이전과 같다.

4. 헌종 효정후 가례도감의궤(憲宗 孝定后 嘉禮都監儀軌), 1844

이 의궤는 1844년(憲宗 10, 道光 24 甲辰)에 거행된 헌종과 계비 효정왕후 홍씨(孝定王后 洪氏 1831-1903, 洪在龍의 女)와의 가례 행사의 기록이다.[105] 헌종의 첫째 왕비 효현왕후 김씨(孝顯王后 金氏)가 1843년 세상을 떠난 데 기인한다. 헌종의 두 번째 가례 의궤의 목록은 1837년 첫 번째 가례 의궤 목록과 완전히 일치한다. 전체는 상, 하 2책으로 구성되어 있는데 장서각에는 상책(上冊)만 남아있다. 상책에는 일방의궤(一房儀軌)까지와 80면의 반차도가 수록되어 있다.[106] 대개의 경우 반차도는 의궤의 제일 끝에 수록되어 있는 것인데 이 의궤는 이례적으로 상책의 끝에 수록되어 있다.

규장각 소장의 완질(完帙)을 보면 하책에는 이방(二房)부터 수리소까지 수록되어 있다. 도청의궤(都廳儀軌) 좌목에 의하면 도제조는 우의정(右議政) 김도희(金道喜)가 맡았고 기타 제조 2인, 도청 2인, 낭청 9인의 이름이 기재되어 있다. 또한 각방 의궤에는 그에 해당하는 좌목이 있다. 거행일기(擧行日記)에 의하면 1844년 4월 22일 초간택(初揀擇), 같은 달 26일 재간택, 9월 10일 삼간택, 10월 6일 납채, 9일 납징, 18일 책비, 21일 친영과 동뢰연, 22

---

105 이 가례행사는 屛風으로 그려진 유일한 예이다. 현재 이 8貼 병풍은 釜山 東亞大學校 박물관에 소장되어 있다. 〈도 7-27〉, 그리고 李成美, 姜信沆, 劉頌玉 共著, 앞의 책, 도 124 1 참조. 박정혜는 이 병풍이 정3품에서 정9품에 이르는 宣傳官 契屛이라는 것을 밝힌바 있다. 박정혜, 『조선시대 궁중기록화 연구』(일지사, 2000), pp. 454-456 참조.
106 장서각 마이크로필름을 보면 전체 張 수가 323으로 되어 있다. 그러나 실제 책의 張 수는 281이다. 마이크로필름에는 앞, 뒤 표지가 포함되므로 실제 장 수 + 2= 283으로 나타나는 것이 정상이나 이 의궤 촬영시 반차도 80면을 다른 의궤처럼 한 장에 2면씩 촬영하지 않고 한 장에 한 면씩 했으므로 이러한 결과가 발생하였다.

◉ 도 5-13
헌종 효정후 가례도감의궤(1844) 반차도 제9면 세부. 장서각

일 왕대비전과 23일 대왕대비전 조현례(朝見禮)로 모든 행사를 마무리 지었다. 전교(傳敎)는 1843년(계묘년) 12월 24일 13세부터 17세의 처녀에게 대왕대비의 금혼하교(禁婚下敎)가 내린 것으로 시작된다.

　가례반차도는 7년 전 효현후 김씨(孝顯后 金氏)와의 가례 때 반차도 보다 12면이 증가한 긴 행렬이며 80면 가운데 왕의 행렬이 제1면에서 제52면의 중간쯤까지를 차지하고, 왕비의 행렬이 제52면의 후반부터 제80면까지 이어진다. 같은 임금이 7년 만에 다시 행하는 혼례이지만 역시 행렬 가운데 조금씩 다른 요소들이 보인다. 먼저 제6면부터 시작되는 '선상군(先廂軍)'의 제일 바깥쪽에는 갑옷과 투구를 쓴 마병(馬兵)들이 옆모습으로 판곽(板郭) 선상에 늘어섰는데 각 면에 각각 4인씩 제9면까지 모두 24인이며 다른 인물

● 도 5-14
헌종 효정후 가례도감의궤(1844) 반차도 제67면. 장서각

● 도 5-15
헌종 효정후 가례도감의궤(1844) 반차도 제71면, 장서각

들보다 비교적 크게 잘 묘사되어 있는 것도 특징이다. 여기서는 그 세부를(도 5-13) 제시한다. 둑당기(纛幢旗)는 제21면에, 교룡기(蛟龍旗)는 제22면에 각각 등장하는데 1837년 반차도에는 이들이 각각 제12면, 제13면에 등장하는 것으로 보아 1844년의 반차도가 각 면에 좀 더 여유 있게 인물들을 배치한 것을 알 수 있다. 제33면의 중간에 있는 2인의 기마인물에는 '계라선전관(啓螺宣傳官)'이라는 명칭이 붙었는데, 계라(啓螺)란 임금이 거둥할 때 취타를 올리는 것을 말하므로 이들의 뒤를 이어 나오는 고취부대(鼓吹部隊)의 등장을 알리는 인물들로 생각된다.

제56면에 등장하는 향용정 안에는 향로를 그려 넣지 않아 빈 정자 모양의 가마만이 들려간다. 그러나 인물들의 배역은 1837년 반차도보다 훨씬 충실히 적어 넣었다. 제59면의 옥책요여(玉冊腰輿) 바로 뒤에 따르는 내시 7인과 각종 관원 8인의 기마 대열은 1837년 반차도와는 그 순서가 반대로 된 것을 보면 구성인원이 일정하지만, 그 순서에서는 그다지 엄격한 구애를 받지 않은 듯하다. 제66면에 나오는 옥교(玉轎)와 그 뒤를 따르는 악대의 구성은 모두 이전과 비슷하나, 전악(典樂)의 바로 앞에 있는 인물들을 '악생(樂生)' 또는 '악공(樂工)' 등의 명칭 대신에 '고취(鼓吹)'라고 부른 점이 다르다. 제67면에는(도 5-14) 각종 선물이 들어있는 함(函)을 이고 가는 여인들, 또는 등에 지고 가는 남자들의 모습이 화려한 채색으로 그려졌다. 마지막으로 제71면에는(도 5-15) 4인의 상궁이 8인의 장정이 든 남여(籃輿: 뚜껑이 없고 의자같이 생긴 가마)를 타고 가는 장면이 처음으로 등장한다. 정1품의 당상관이 타는 평교자(平轎子)도 앞뒤 각각 2인씩 4인의 가마꾼이 메는 것으로 되어 있는데, 정5품에 해당하는 상궁들이 8인이나 되는 가마꾼이 멘 가마를 타는 것은 이색적이라 아니할 수 없다.

5. 철종 가례도감의궤(哲宗 嘉禮都監儀軌), 1851

1851년(哲宗 2, 咸豊 元年 辛亥)의 가례도감의궤는 조선 제25대 왕 철종(1831-1863)과 철인왕후(哲仁王后 1837-1878) 김씨의 가례행사의 기록이다.[107] 김씨는 전 승지(承旨) 안동 김씨 문근(汶根)의 딸이다. 이 행사의 총 책임을 맡은 가례도감의 도제조는 좌의정 김흥근(金興根)이며 그는 한때 유배되었다가 안동 김씨(철인후)가 왕비로 들어오게 되자 좌의정이 되고 이듬해 영의정이 된 안동 김씨 세도정치의 전형적인 인물이다. 이 가례도감의궤의 거행일기를 보면 윤8월 초3일 초간택으로부터 동뢰연(同牢宴)을 치르는 9월 27일에 이르기까지 약 8주간이 경과했다. 이 가례도감의궤의 구성은 1837년과 1844년 가례도감의궤와 완전히 일치하므로 자세한 것을 생략한다.

이 가례반차도 역시 1844년 가례도감의궤와 같이 일방의궤 뒤에 수록되어 있다. 현존하는 모두 20건의 가례반차도 가운데 가장 길고 화려한 반차도라는 점이 특기할 만하다. 92면이나 되는 반차도의 제1, 2면(도 5-16)부터 제63면까지가 왕의 행렬이고 제64면부터 92면까지는 왕비의 행렬이다.[108] 1759년 영조 가례 이후 점차 길어진 반차도가 이 가례에서 정점을 이루고 다시 조금씩 짧아진다. 등장인물의 수도 많지만 한 면에 적은 수의 인물을 시원하게 배치하고 각 인물을 크게 그린 것도 특징이다. 참고로 인물들

---

107 조선 제25대 왕 철종(1831-1863)은 전계대원군(全係大院君) 광(壙)의 셋째 아들이다. 1844년(헌종 10) 형 懷平君의 獄事로 가족과 함께 강화로 유배되었다가 1849년 헌종이 後嗣가 없이 죽자 순조비 순원왕후의 명으로 궁중에 들어와 德完君에 책봉되고 이어 仁政殿에서 즉위했다. 『한국인명대사전』, p. 932. 철종 가례도감의궤(1851), pp. 4~5.

108 이 반차도 92면 전체는 몇 장의 세부와 더불어 李成美, 姜信沆, 劉頌玉, 『藏書閣所藏 嘉禮都監儀軌』(城南: 韓國精神文化研究院, 1994)의 도 66부터 171에서 볼 수 있다.

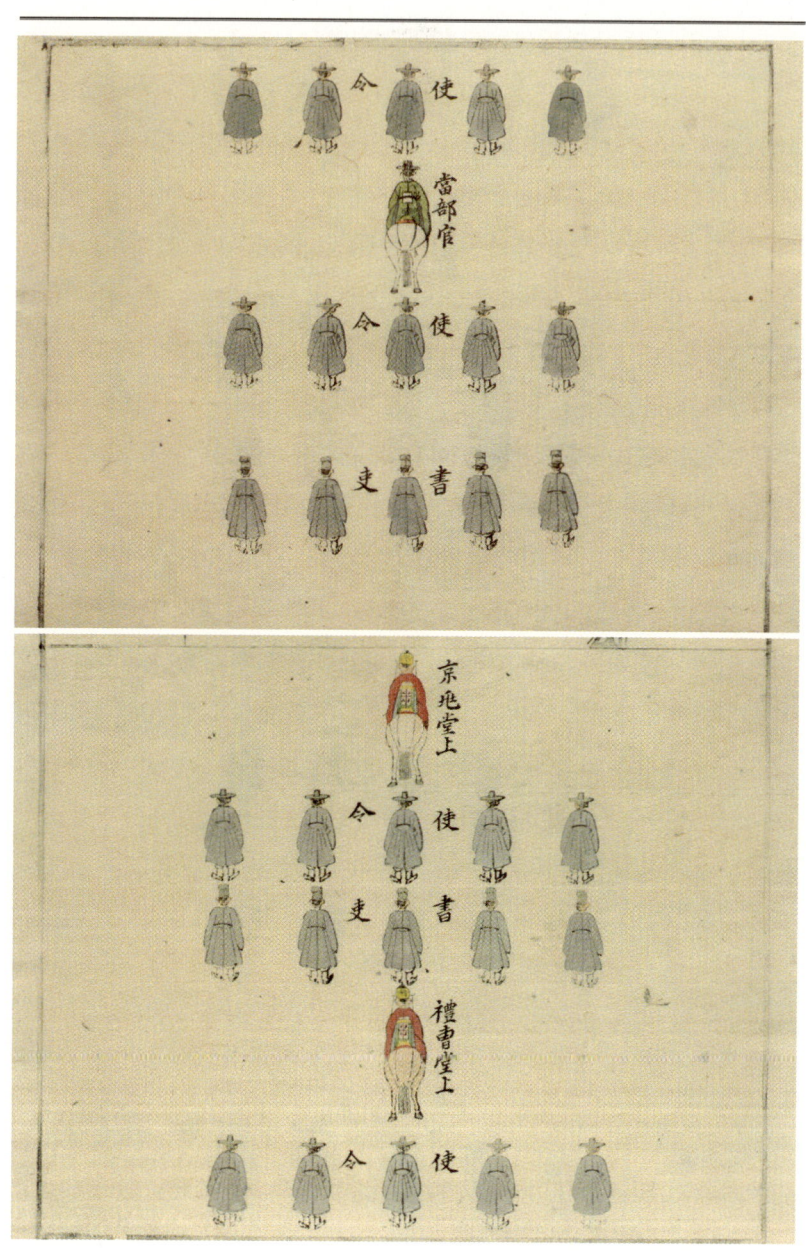

● 도 5-16
철종 가례도감의궤(1851) 반차도 제1~2면, 장서각

의 대략적 크기를 보면 기마인물들은 5cm 내지 5.5cm 정도이며, 보통 입상(立像)은 약 4cm 정도인데, 1600년대의 반차도 인물들은 전자가 약 4cm 정도, 후자가 약 3.5cm 정도이다.

또한 왕의 행렬에 나오는 갖가지 기(旗)들도 이전에 비해 종류가 많아졌다. 이들 가운데는 각종 예서(禮書)의 대가(大駕) 노부(鹵簿)에 전혀 수록되지 않은 기도 등장한다. 또한 인물과 그들이 들고 있는 지물(持物) 명칭이 매우 상세히 기록되어 있다. 제8, 9면에(도 5-17) 전초관(前哨官)의 뒤를 이어 대장(隊長)과 총수(銃手), 그리고 화병(火兵)들이 늘어서 있고 이들의 편성이 세 번 반복된 후 제17, 18면에(도 5-18) 등장하는 기수들도 그 수가 전보다 많고 방향을 표시하는 기들도 사신기(四神旗) 이외에도 황문기(黃門旗) 2, 동남, 동북, 서남, 서북각의 네 방향기가 더 있다. 이들이 양쪽으로 늘어선 가운데는 등사기(螣蛇旗), 고초기(高招旗), 표미기(豹尾旗) 등의 기수들이 있는데 등사기와 표미기는 처음으로 나오는 것들이다.[109] 표미기는 그림으로 보아 표골타자(豹骨朶子)와 비슷하나 끝이 좁아들며, 전체가 좀 긴 점이 다르다. 이들 두 기에 대해서는 『국조오례의』, 『국조오례의보』, 『국조속오례의』 등의 대가조(大駕條)나 노부도설(鹵簿圖說), 병기도설(兵器圖說) 등에도 나오지 않는다. 제26면의 둑기(纛旗) 양쪽으로 늘어선 청도군(淸道軍)은 이전보다 그 수가 갑절이 되며 한쪽에 각각 10인씩이 서 있다.(도 5-19) 왕의 연은 제42면에 등장한다. 1844년의 반차도에서는 제37면에 등장한 것을 보면 인물 수는 그다지 많이 증가하지 않았으나 여유 있는 배치 탓인 듯하다.

제64면부터 시작되는 왕비의 행렬에도 앞부분에 대장(隊長), 총수(銃

---

109 등사기(螣蛇旗)는 大五方旗의 하나로 진영의 중앙에 세워 중군, 중영 혹은 중위를 지칭함. 누른 바탕에 나는 뱀과 雲氣를 그림. 『고법전용어집』, p. 244.

● 도 5-17
철종 가례도감의궤(1851) 반차도 제8~9면. 장서각

● 도 5-18
철종 가례도감의궤(1851) 반차도 제17~18면. 장서각

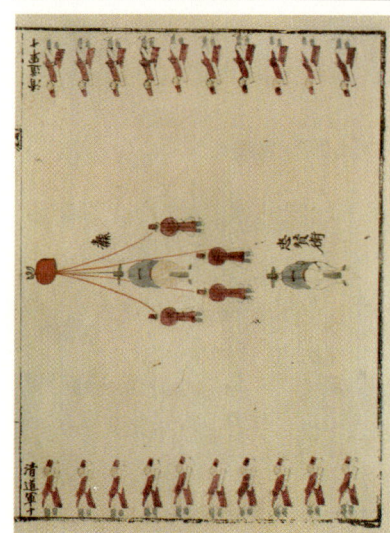
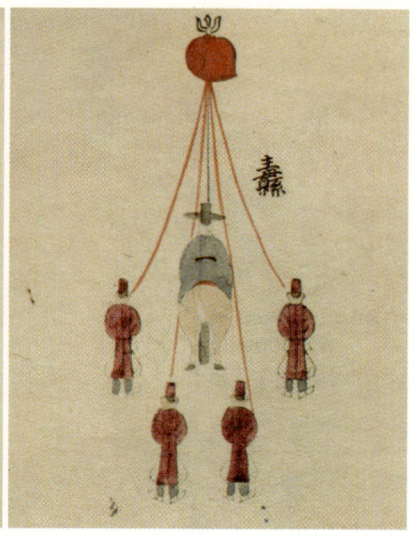

● 도 5-19
철종 가례도감의궤(1851) 반차도 제26면과 그 세부 둑기(纛旗). 장서각

手), 화병(火兵)들의 편성이 세 번 반복된 후 향용정으로 시작하여 교명(教命), 옥책(玉册), 금보(金寶), 명복(命服) 등을 나르는 요여(腰輿)와 채여(彩輿)들이 순차적으로 가고 왕비의 연(輦)은 제84면에 등장하는데 헌종 효정후 가례반차도(1844)의 같은 장면보다 이 장면의 등장인물 수가 훨씬 적어 아주 시원한 느낌을 준다. 나머지 반차도의 구성인물들은 대동소이하나 그 명칭을 기입하는데 약간의 차이를 보이는 곳도 있다. 즉 제일 마지막 인물에 1844년의 경우 기총기(旗摠旗)라는 명칭을 기입한 반면 이 반차도의 제92면에는 단순히 기총(旗摠)이라고만 되어 있는 것 등이다. 이처럼 길고 화려한 반차도에 등장하는 총 인원수는 1922명이며, 모두 559필의 말이 동원되었다.

전술한 바와 같이 1851년 반차도의 전체 구성은 18, 19세기 여러 반차

● 도 5-20
철종 가례도감의궤(1851) 반차도 제42면 왕의 연(輦). 장서각

● 도 5-21
철종 가례도감의궤(1851) 반차도 제84면 왕비의 연(輦). 장서각

● 도 5-22
철종 가례도감의궤(1851) 반차도 제69면 세부 향용정(香龍亭). 장서각

● 도 5-23
철종 가례도감의궤(1851) 반차도 제70면 세부 교명요여(敎命腰輿). 장서각

● 도 5-24
철종 가례도감의궤(1851) 반차도 제92면 세부 기총(旗摠). 장서각

도에서 공통적으로 보이는 요소들을 많이 포함하고 있으며, 인물들의 명칭이 비교적 자세히 기재되어 있을 뿐 아니라 인물의 크기도 상당히 커서 조선시대 후기 반차도의 표본적인 예로 삼을 수 있겠다. 무엇보다도 등장 인물의 수가 가장 많다는 사실도 특기할 만하다.

6. 고종 가례도감의궤(高宗 嘉禮都監儀軌), 1866

이 의궤는 1866년(高宗 3, 同治 5 丙寅) 3월 고종과 여성부원군(驪城府院君) 민치록(閔致祿)의 딸인 명성왕후(明成王后) 민씨(1851-1895)와의 혼례 행사의 기록이다. 이때는 바로 강화도 외규장각에 보관되어 있던 어람용 의궤가 프랑스 군대에 의해 모두 약탈당한 병인양요(丙寅洋擾) 발발(勃發) 불과 몇 개월 전이다. 명성왕후는 격동기의 국제관계 속에서 1895년 일본인들에 의해 시해되는 비운을 맞았으며, 이 사건은 역사에서 '을미지변(乙未之變)'으로 알려졌다. 1897년 조선의 국체(國體)가 제국(帝國)으로 바뀐 후 그녀는 명성황후(明成皇后)로 추존되었다.

의궤의 구성은 앞의 세 의궤와 비슷하다. 다만 앞의 두 의궤에서는 상책의 끝에 있던 반차도가 이 의궤에는 일방의궤 가운데 의주(儀註)와 상의원(尙衣院) 사이에 위치하는 것이 다르다. 왜 이처럼 다른 구성을 보이는지 의문이다. 하책은 이방(二房)부터 수리소의궤까지를 수록하였다. 일방에는 반차도 이외에 교명식 등의 도식이, 삼방의궤에는 옥책, 금보 등의 도식과 동뢰연도가 포함되어 있다.

좌목에 의하면 도제조는 영의정 조두순(趙斗淳)이며, 다른 도감과 달리 제조 11인, 부제조(副提調) 3인, 도청(都廳) 2인, 문랑청(文郎廳) 3인, 낭청 6인 등 훨씬 많은 인원의 도감당랑(都監堂郎)들의 명단이 보인다. 또한 각방 의궤에는 그에 해당하는 좌목이 있다. 〔거행〕일기에 의하면 1866년 2월 25일에 초간택, 29일에 재간택, 3월 6일에 삼간택, 이어 9일 납채, 11일 납징, 17일 고기, 20일 책비, 21일에 친영과 동뢰연, 그리고 22일 진시(辰時)에 대왕대비전, 선시(巽時)에 왕대비전, 정시(丁時)에 대비전 조현례(朝見禮)를 차례로 치른 것으로 행사를 마쳤다. 전교(傳敎)는 대왕대비전에서 내린 병인(丙寅) 정월 1일에 12세부터 17세까지 처녀들의 혼인금령(婚姻禁令)으로 시작된다. 삼간택 이후 민씨 처자(處子)가 머무를 별궁을 흥선대원군(興宣大院君 1820-1898)의 처소인 운현궁(雲峴宮)으로 정한 것은 대원군이 어린 고종을 대신하여 섭정(攝政)으로 실제 정권을 장악하고 있던 당시의 특수 상황을 반영한다.

● 도 5-25
고종 가례도감의궤(1866) 반차도 제38면 세부 대원위 교자(大院位 轎子). 장서각

　　모두 82면으로 된 이 반차도는 이전의 반차도와 다른 점으로 왕의 행렬 끝부분인 제38면에 '종부사령(宗府使令)' 2인과 권두(權頭)[110] 2인을 앞세우고 대원위 교자(大院位 轎子)가(도 5-25) 새롭게 등장하며, 왕비 행렬의 거의 마지막 부분인 제78면에는 '부대부인덕응(府大夫人德應)'이[111] 등장한다.(도 5-26) 즉, 당시 섭정이자 고종의 생부인 흥선대원군을 모신 교자와, 그의 부인이

110　권두는 종친부, 의정부, 의빈부, 충훈부, 중추부의 하위직 관리의 우두머리. 權導라고도 함. 『古法典用語集』, p. 133.
111　'德應'은 '덩'의 取音이며, 公主나 翁主가 타는 가마, 혹은 班家의 혼례 때 사용한다. 위의 책, p. 221.

● 도 5-26
고종 가례도감의궤(1866) 반차도 제78면 세부 부대부인덕응(府大夫人德應). 장서각

며 고종의 어머니인 여흥부대부인(驪興府大夫人) 민씨를 모신 '가마〔德應〕'이다.[112] 대원군의 교자는 커다란 파초 잎처럼 생긴 가리개로 교자의 양쪽을 가려 교자에 탄 인물은 보이지 않는다. 1863년 철종이 후사가 없이 승하하고, 당시 나이 겨우 12세 된 고종이 즉위하자 대왕대비 신정황후 조씨(神貞王后 趙氏, 추존 翼宗의 비)의[113] 수렴청정이 선포되고 대원군이 섭정을 맡았던 일련의 역사적 사실이 반영된 것이다.[114]

112 驪興 府大夫人인 閔氏에 관하여는 『한국민족문화대백과사전』(한국정신문화연구원, 1992) 권15, p. 255 참조.
113 註 99 참조.
114 『한국인명대사전』, p. 1075, 興宣大院君條 참조.

● 도 5-27
고종 가례도감의궤(1866) 반차도 제60면 세부 명의대채여(命衣樹彩輿), 장서각

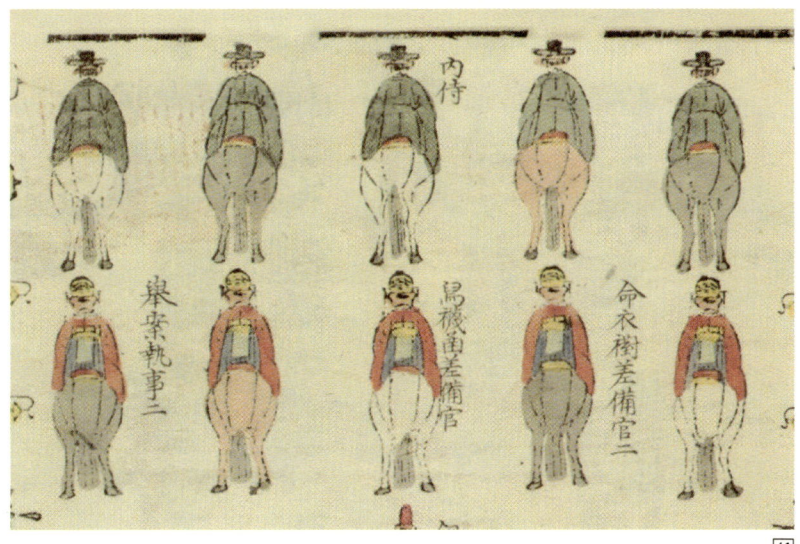

● 도 5-28
고종 가례도감의궤(1866) 반차도 제61면 세부 명의대차비관(命衣樹差備官), 장서각

● 도 5-29
고종 가례도감의궤(1866) 반차도 제65면, 장서각

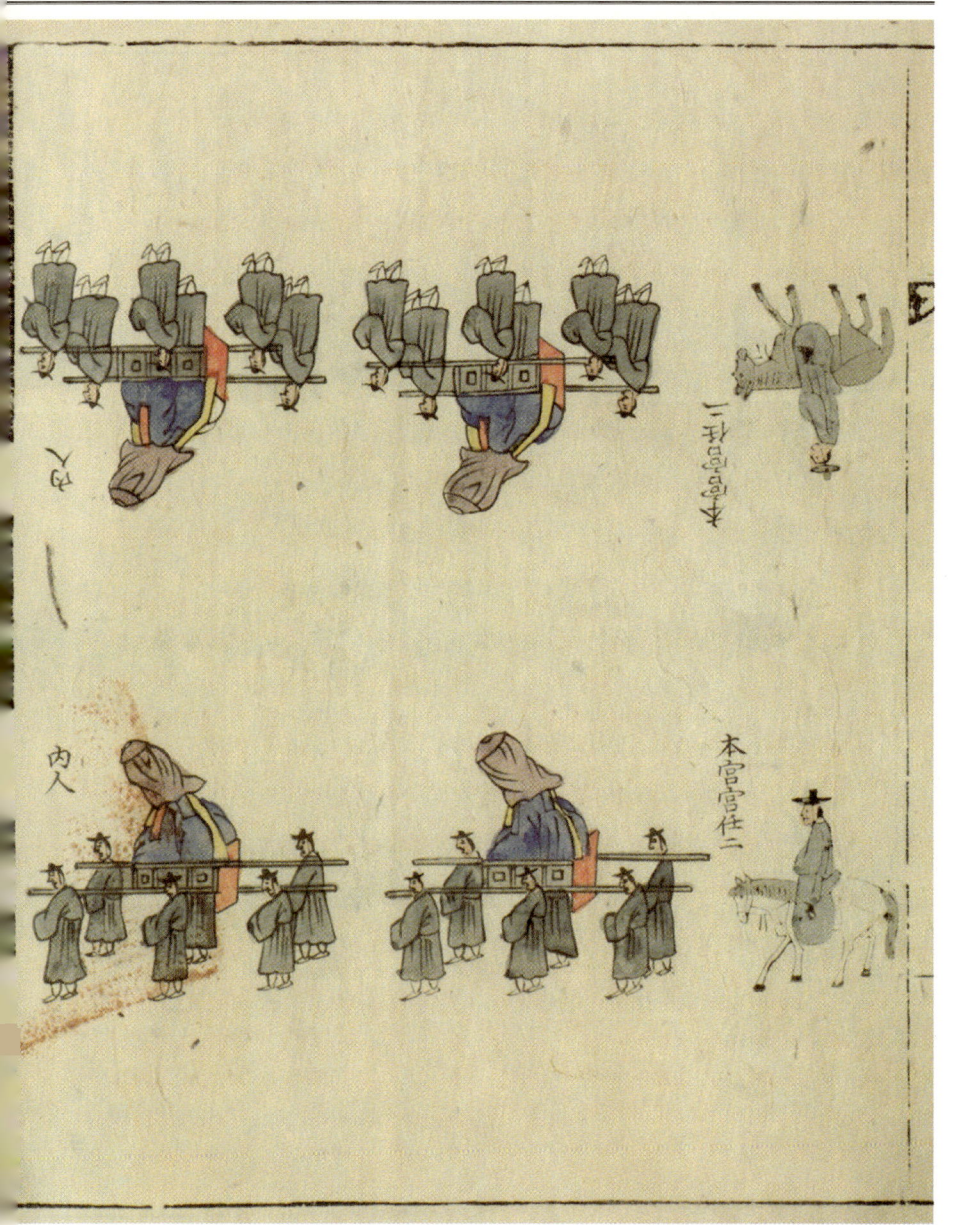

● 도 5-30
고종 가례도감의궤(1866) 반차도 제79면, 장서각

부연(副輦)은 제26면에, 옥교(玉轎)가 제27면에 그리고 왕의 연(輦)은 제35면에 등장하고, 왕비의 행렬은 제51면부터 제82면까지 차지하며, 왕비의 연(輦)은 제68면에 등장한다. 나머지 행렬구성 요소들은 이전과 대동소이하나 역시 같은 물건이나 직책의 명칭이 조금씩 다른 것이 눈에 띤다. 제60면에 등장하는 '명의대채여(命衣襨彩輿)'는 (도 5-27) 이전의 명복채여(命服彩輿)에 해당하며 그 다음 제61면의 (도 5-28) 기마인물 중 '명의대차비관(命衣襨差備官)' 2인은 당연히 '명복차비관(命服差備官)'에 해당한다. 왕비 연(輦)의 조금 앞부분인 제65면에는 (도 5-29) 여러 가지 직책의 여인들이 대거 등장하는데 이전에 단순히 '의녀(醫女)'라고 명명되었던 기마여인들은 '기행시녀차비의녀(騎行侍女差備醫女)'라는 기다란 이름이 붙었으며 그 앞에는 '청상립차비침선기(淸箱笠差備針線妓)' 4인이 2인씩 각각 양쪽으로 간다. 붉은 옷을 입은 남자 '귀유적(歸遊赤)' 10인은 이 반차도에도 등장한다. 철종 철인후의 가례반차도와 같이 이 반차도에도 교자를 탄 상궁 4인이 등장하며, 그 이외에 제79면에는 (도 5-30) 단순히 '내인(內人)'이라고만 이름 붙은 너울 쓴 여인들 4인이 역시 교자를 타고 가는 모습이 보인다. 그 뒤로는 '본궁궁임(本宮宮任)'이라는 명칭의 말 탄 남자 4인이 가는데 '궁임(宮任)'의 구체적인 임무가 무엇인지는 알 수 없다.[115] 행렬의 가장 마지막 부분은 화병(火兵)들과 기수 단 1인으로 마무리지어져 있는데, 다른 반차도의 경우 행렬의 앞뒤가 대칭형을 이루도록 화병들의 뒤에는 더 많은 기수들이 있고, 기마 파총(把摠)이 가장 뒤에 배치된 것으로 보아 이 반차도는 끝부분을 좀 생략한 것으로 보인다.

---

115 '宮任'이라는 말은 기존의 모든 사전에서 찾아볼 수 없었다.

7. 왕세자〔순종〕가례도감의궤(王世子〔純宗〕嘉禮都監儀軌), 1882

이 의궤는 1881년(高宗 18, 光緖 8 壬午) 11월에서 1882년 2월 사이에 거행된 조선조 제27대이자 마지막 황제인 순종(純宗)의 왕세자 때의 가례이다. 세자빈은 순명왕후(純明王后) 민씨(閔氏 1872~1904)이며 좌찬성(左贊成) 민태호(閔台鎬)의 딸이다. 당시 예조에서 내놓은 9세부터 13세의 처자(處子)들에게 금혼령이 내린 것과 이 연령이라도 혼인이 허락되는 범위를 명시한 조항〔國婚禁限外 許婚諸條別單〕이 다음과 같이 있다.

1. 국성(國姓), 즉 전주이씨의 처자
2. 전주이씨가 아닌 이씨(姓貫不同李姓)
3. 대왕대비와 동성인 경우 오촌이내의 처자(大王大妃殿同姓限五寸親)
4. 중궁전과 동성인 경우 칠촌이내, 다른 성씨인 경우 육촌 이내의 처자
 (中宮殿 同姓限 七寸親 異姓限 六寸親)
5. 세자의 이성(異姓) 친척의 형제항렬로서 종팔촌 이내의 처자(世子宮 異姓親從當婚者限 八寸親)
6. 부모가 모두 살아있지 않은 처자(父母未俱全者).

이와 같은 조건은 19세기 다른 가례도감의궤에도 있었는데 명성왕후 민씨는 9세때 아버지를 여의고 16세 때 가례를 치를 때까지 홀어머니 밑에서 자란 여인이었던 점을 감안하면 늘 지켜진 것 같지는 않다. 이 때는 또한 중궁전이 민씨(閔氏)이고 삼간택된 처자 역시 민씨이므로 중궁전 성씨 조항이 특별히 중요했을 것이다.

이 때의 간택단자(揀擇單子)가 현재 장서각에 보관되어 있다.^(도 5-31) 이 간택단자에 두 번째로 열거되어 있는 처자(處子)가 당시 10세의 나이로 삼간

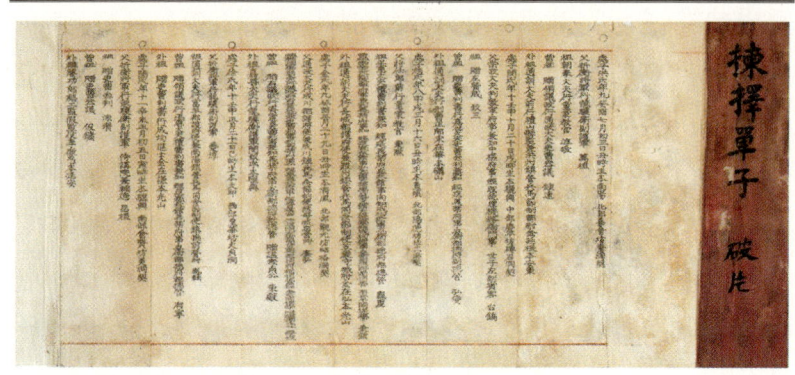

● 도 5-31
임오가례 간택단자(壬午嘉禮 揀擇單子), 1882년, 장서각

택에서 선정되어 세자빈이 되었다.(도 5-32) 단자에는 아버지, 할아버지, 증조할아버지, 그리고 외조부(外祖父)의 인적 사항이 기재되어 있다.

이 행사의 도제조는 의정부 좌의정 송근수(宋近洙 1818-1903)이다.[116] 거행일기에 의하면 1882년 1월 15일 초간택, 도감당랑(都監堂郎) 임명, 같은 달 18일 재간택, 19일 각방시역(各房始役), 26일 삼간택, 2월 3일 납채, 2월 19일 책빈, 2월 21일 임헌초계(臨軒醮戒) 후 친영, 그리고 동뢰연, 22일 대전, 중궁전 조현례, 같은 날 정시(丁時)와 미시(未時)에 대왕대비전과 왕대

---

116 왕세자[순종] 가례도감위궤(1882), p. 2 座目 참조.

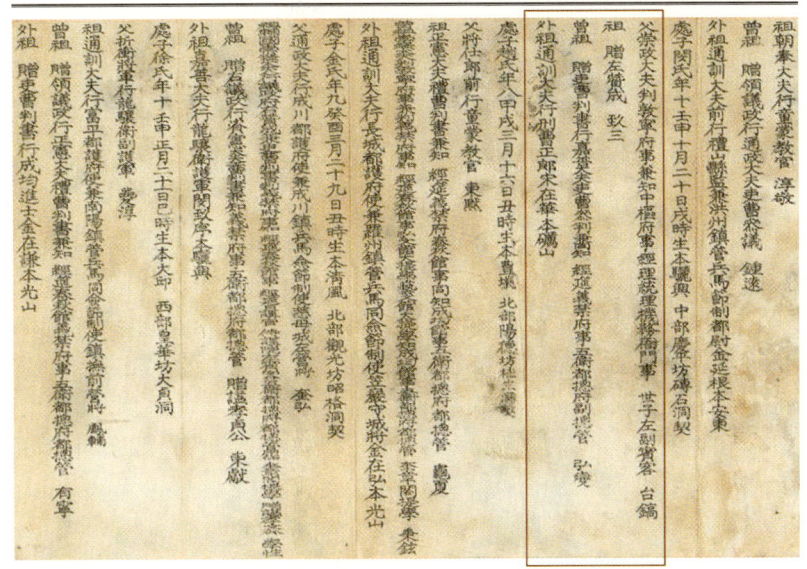

● 도 5-32
임오가례 간택단자 중 민씨 부분. 1882년, 장서각

비전 조현례를 끝으로 행사를 마무리하였다.

가례도감의궤 상, 하 2책의 구성을 보면, 상책에는 목록부터 일방의궤까지인데 채색 가례반차도가 일방의 공장질(工匠秩)과 상의원(尙衣院) 사이에 삽입되어 있는 것이 좀 특이하다. 하책에는 이방의궤부터 수리소의궤까지가 수록되어 있다. 모두 70면으로 되어 있는 이 가례반차도는 제1~42면까지가 왕세자의 행렬이고 나머지 제43~70면까지가 세자빈의 행렬반차도이다. 새로운 요소들을 중심으로 살펴보면 제5면(규장각 마이크로필름 p. 222)은 '호적(號笛)'이라는 인물이 대포수의 양쪽에 나팔 같은 악기를 들고 있다. 제16면(규장각 마이크로필름 p. 227)에는 '의대(衣襨)'라고 적힌 옆에 말과 마부가 보이는데 이전의 반차도에는 의대를 말에 싣지 않고 사람이 짊어진 모

● 도 5-33
왕세자(순종) 가례도감의궤(1882) 반차도 제23면 세부 예마(睿馬). 장서각

● 도 5-34
왕세자(순종) 가례도감의궤(1882) 반차도 제26면 세부 왕세자의 연(輦). 장서각

습이었으므로 여기서 달라진 것을 알 수 있다. 제23면에 '예마(睿馬: 왕세자의 말)' 두 필이 각각 마부를 대동하고 역시 처음으로 등장하는데,^(도 5-33) 의장 행렬 중에 이미 인마(印馬)와 장마(仗馬)가 등장하였고, 또한 행렬 내에서 '내취(內吹: 樂隊)'의 바로 뒤에 배치된 위치로 보아 이들은 어가 행렬의 '어마(御馬: 왕의 말)'에 해당되는 위치를 점한다. 제26면에 왕세자의 가마가 등장하며 제61면에는 '무예청문기(武藝廳門旗)' 뒤에 '장예청문기(壯藝廳門旗)'라는 기수가 또 보인다.[117] 제28면(장서각 마이크로필름 p. 210)에는 '각신(閣臣)', '승지(承旨)', '춘방(春坊: 世子侍講院)', '계방(桂坊: 翊衛司)'의 중간에 처음으로 '경리사(經理事)'가 등장하고 그 뒤에 '달자중관(達字中官)'이란 인물이 보인다. '달자(達字)'는 왕세자가 달사(達辭: 왕세자가 섭정할 때 論罪에 관하여 왕에게 올리는 글)에 찍는 도장으로 '달(達)'이라는 글자를 새긴 것을 말한다.[118] '중관(中官)'은 '내시(內侍)'의 다른 말로 이 반차도에서는 이 밖에도 '협시중관(挾侍中官)', '시령중관(侍令中官)' 등이 이 반차도에 등장한다.

제27면에는 '표미창수(豹尾槍手)' 4인이 표범의 꼬리같이 얼룩얼룩한 꼬리가 달린 창을 들고 서있는 모습이 보이고, 제29면에는 액정서(掖庭署)에서 열쇠를 보관하는 일을 맡은 '사약(司鑰)'이, 제30면에는 '장번중관(長番中官)'과 '담통개중관(擔筒箇中官)'이 역시 새롭게 등장한다. '장번중관' 또는 '장번내시(長番內侍)'는 대궐의 대전이나 세자궁에 장시간 번(番)을 드는

---

117 壯藝廳이란 관청에 관하여 알아볼 수 없었으나, 壯勇衛의 다른 이름이 아닌가 생각된다. 장용위는 조선시대 중앙군을 이루는 병종으로 五衛의 忠武衛에 소속되었다.『經國大典』註譯篇, p. 546 참조.
118 '達', '達辭', '達字'에 관해서는『古法典用語集』, p. 119 참조.

● 도 5-35
왕세자[순종] 가례도감의궤(1882) 반차도 제46면 세부 향정(香亭)과 용정(龍亭). 장서각

내시를 이르며[119] '담통개중관(擔筒箇中官)'은 통개(筒箇), 즉 화살을 넣는 통을 관장하는 내시를 이르는 것으로 보인다.

 세자빈 행렬의 비교적 앞부분인 제46면에 보면(도 5-35) '향정(香亭)'과 '용정(龍亭)'이 화면의 중심부를 가득 채우고 있다. 향정의 안에는 향로가 보이고 용정의 안은 비어 있다. 이전의 '향용정'이 향로와 어제(御製) 시(詩)를 동시에 받들고 가는 요여(腰輿)의 역할을 하였는데, 이 반차도에서는 두 개가 따로 있는 것이 특이하다. 현재 남아있는 조선시대의 향정과 용정을 제시한다.(도 5-36) 또한 제47면(장서각 마이크로필름 p. 200)에 왕세자빈 의장의 한

---

119 『古法典用語集』(法制處, 1979), p. 647.

● 도 5-36
향정(香亭). 조선, 나무, 125.0×82.0×335.0cm, 일부 복원, 경기전(좌)
용정(龍亭). 조선, 나무, 80.5×62.0×122.0cm 가마채 332.0cm(우)

특징인 흑개(黑盖)가 둘이 있는 것을 볼 수 있다.[120] 나머지 행렬은 '화병(火兵)'들의 뒤를 이어 여러 기수들, 그리고 '파총(把摠)'으로 끝난다.

이상에서 살펴본 모두 일곱 차례의 가례는 기본적으로 1759년 영조 정순후 가례의 형식을 따르면서 그때그때의 상황에 따라 특징적인 변화를 보여주었다. 반차도 역시 대체로 길고 화려한 기본 형식에 특정 가례에만 나타나는 요소들이 첨가된 것을 알 수 있었다. 제6장에서는 조선시대 마지막이자 대한제국기의 유일한 가례도감의궤를 살펴본다.

120 『國朝續五禮儀序例』卷之一「嘉禮 鹵簿」,「王世子嬪 儀仗」條(法制處本 5), p. 362 참조. 1819년 왕세자 가례시 반차도에는 敎命腰輿의 양 옆에 단순히 '盖'라고만 되어 있는 傘盖가 둘 있는데, 이 경우도 정확히 하면 '黑盖'라고 해야 할 것이다.

1800년대 가례도감의궤와 반차도의 구성 —— 229

6

대한제국시대 가례도감의궤와
반차도 행렬의 구성

1. 황태자〔순종〕 가례도감의궤(皇太子〔純宗〕 嘉禮都監儀軌), 1906

1906년(高宗 光武 10, 光緒 32 丙午) 황태자와 동궁계비 윤씨(東宮繼妃 尹氏: 후의 純貞孝皇后 1894-1966)의 가례는 1897년 조선왕조의 국체(國體)가 제국(帝國)으로 바뀐 후 거행된 유일한 가례이다. 순정효황후는 해풍부원군(海豊府院君) 윤택영(尹澤榮)의 딸로 황태자비 민씨(순명왕후)가 1904년 사망함에 따라 1906년 12월 13세에 황태자비로 책봉되고 1907년 순종이 즉위하자 황후가 되었다.[121]

한 국가의 국체가 바뀜에 따라 그 제도나 의식(儀式)에도 많은 변화가 일어나는 것은 당연한 일이다. 따라서 이 가례도감의궤의 많은 용어나 가례반차도에 기재되어 있는 인물들의 명칭이 직제의 변화에 따라 이전과 많은 차이를 보인다. 우선 의궤의 목차를 보면 이전의 '전교(傳敎)'는 '조칙(詔勅)'으로, '이문(移文)'은 '조회(照會)'로, '내관(來關)'은 '내조(來照)'로, '예관(禮關)'은 '예식원(禮式院)'으로, '감결(甘結)'은 '훈령(訓令)'으로, '미포식(米布式)'은 '재용(財用)'으로 모두 현대어에 가까운 말로 바뀌었다.[122]

거행일기를 보면 바로 전의 1882년 왕세자 가례시의 납채(納采), 납징(納徵), 고기(告期), 책비(冊妃), 임헌초계(臨軒醮戒), 친영(親迎), 동뢰연(同牢宴)의 일곱 절차와는 달리 납채문명(納采問名)으로 시작된다. '문명'은 혼례 때 사자(使者)를 신부집에 보내 신부 생모의 성씨를 묻는 절차로 납채(納采)와 더불어 행한다.[123] 이어서 납징, 납길(納吉),[124] 고기, 책비, 봉영(奉迎), 동뢰연, 황제조현례(皇帝朝見禮)의 팔례(八禮)로 그 절차가 바뀐 것을 볼 수 있다.[125] 이 변화는 왕국(王國)이 제국(帝國)으로 바뀜에 따라 중국의 가례절차를 반영한 것으로 보인다.[126]

〈표 2〉와 〈표 3〉에 명시되어 있는 것과 같이 장서각에는 두루마리 형

---

121 1910년 친일파들이 순종에게 한일합방조약에 날인을 강요하였을 때 이를 저지하고자 옥새를 치마 속에 감추기도 하였으나 숙부인 尹德榮에게 빼앗겼다. 만년에 불교에 귀의하여 大地月이란 법명을 받았다. 『한국민족문화대백과사전』(한국정신문화연구원, 1992) 권13, p. 361.
122 황태자〔순종〕 가례도감의궤(1906) 규장각본, p. I-1의 의궤 목록 참조. 나머지 용어들은 이전과 같다.
123 『周禮/婚儀』是以婚禮, 納采, 問名, 納吉, 納徵, 請期. 〈疏〉問名者 問其女之所生母之姓氏也 此二禮 一使而兼行之. 諸橋轍次,『大漢和辭典』권2, p. 1060.
124 신랑 쪽에서 혼인날을 받아 신부 집에 보내는 일.
125 황태자 가례도감의궤(1906) 규장각본 「擧行日記」, pp. I-4부터 I-6 참조. 「거행일기」 자체에는 '八禮'라는 말을 사용하고 있지 않으나, 「一房儀軌」 중 '八禮時擧行'이라는 조항이 있으며, 각 단계의식에 필요한 물품들이 나열되어 있다. pp. I-127ff 참조.

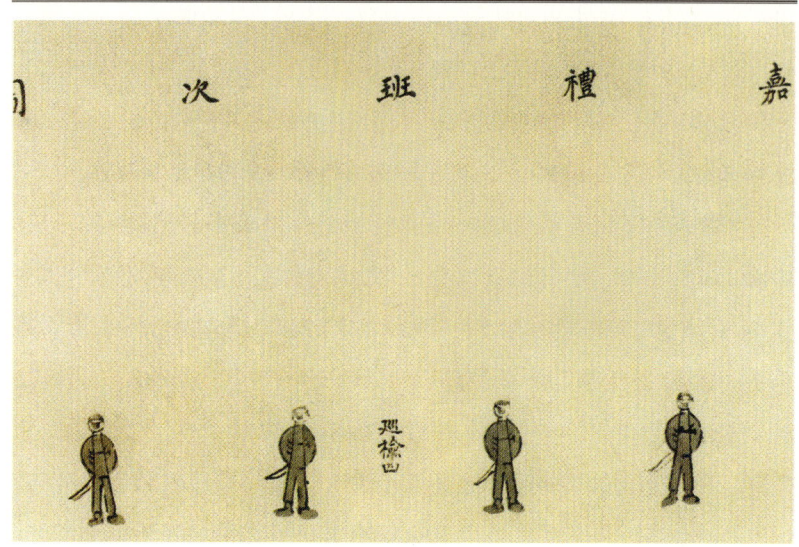

● 도 6-1
황태자〔순종〕가례도감의궤(1906?) 두루마리 반차도 세부 순검(巡檢). 장서각

식의 대한제국기 가례반차도가 있고 규장각에는 상하 2책으로 된 황태자(皇太子) 가례도감의궤가 있다. 규장각 소장본은 적상산성(赤裳山城)에 보관되었던 것인 점이 또한 다른 가례도감의궤와 다르다. 상책(上冊)의 가장 끝부분에 있는 반차도는 46면으로 되어있다. 전자에는 시작부분에 '가례반차도(嘉禮班次圖)'라고 글씨가^(도 6-1) 있는 반면에 후자에는 시작부분에 아무런 글씨가 없다.

126 金用淑, 『朝鮮朝 宮中風俗硏究』(一志社, 1986), p. 237에 보면 중국과 조선조의 國婚節次를 비교해 놓았는데 "중국의 경우 : 納采, 納徵, 問名, 告期, 同牢宴, 見舅姑禮(見祠堂禮도 포함)"이라고 하여 조선조의 1800년대까지 가례에 없었던 '問名'이라는 절차가 있는 것을 알 수 있다.

이들 두 반차도를 비교해본 결과 그림의 크기는 다르나 인물 배치의 순서나 이들의 복장, 그리고 연여(輦輿)의 순서 등 그 내용은 동일하다. 각 인물의 상대적인 위치가 조금 앞에 혹은 뒤에 있다든지 하는 미세한 차이가 있으며, 또한 모두 16인의 악대가 두루마리에는 8인씩 2열로, 책에는 4인씩 4열로 되어 있다든지, 인물들의 명칭을 기재해 넣은 위치가 조금 다른 것을 제외하고는 거의 비슷하다. 두루마리 그림은 폭이 54.2cm에 길이 약 72.3-72.5cm 가량 되는 종이 21장을 미리 연결하여 장권(長卷)을 형성하여 놓은 후에 그 위에 그림을 그린 것으로 보인다. 예를 들면 일렬로 서있는 병정(兵丁)들의 다리 부분이 두 장의 종이가 연결된 부분에 걸쳐있는 것을 볼 수 있다. 그러므로 1906년 가례반차도를 살펴보기 위해서는 장서각 두루마리 그림과 규장각 소장 황태자 가례도감의궤(1906) 책의 내용과 그림을 같이 참작하기로 한다.

반차도의 형식 자체도 이전의 왕 또는 왕세자의 친영(親迎) 및 비빈(妃嬪)의 예궐(詣闕) 행렬과 같이 두 부분으로 나뉘어 있지 않다. 황태자 가례도감의궤(1906)를 보면 '봉영반차도(奉迎班次圖)'라는 말이 보이는데[127] 실제로 무엇을 의미하는지는 분명치 않으나 친영, 즉 왕세자가 직접 신부 집에 가지 않고 사람을 보내 신부를 맞이하는 '봉영(奉迎)' 시의 반차도라는 의미로 볼 수밖에 없다. 그러므로 1800년대의 여러 가례반차도와는 약간의 구성 내용이 다른 것을 기대할 수 있다. 그러나 실제로 황태자의 봉교(鳳轎)(도 6-2)와 태자비의 연이 같이 등장하는 것으로 보아 어느 한 행렬의 반차도라기보다도 황태자비가 안국동(安國洞) 별궁으로부터 동뢰연(同牢宴)을 치르러 가는 예궐 행렬도에 봉교를 첨가시킨 것이 아닌가 생각된다.[128]

---

127 황태자〔순종〕가례도감의궤(1906), p. I-197 참조.

● 도 6-2
황태자[순종] 가례도감의궤(1906?) 두루마리 반차도 세부 봉교(鳳轎). 장서각

　모두 46면으로 된 규장각 소장 의궤반차도는 행렬 첫머리에(제1면) 이전의 사령 대신에 새로운 직제의 '순검(巡檢)'이, '당부관(當部官)' 대신에 '당서경무관(當署警務官)'이 모두 전통 한복 군복이 아닌 양복식(洋服式) 제복에 장도(長刀)를 옆에 차고 있다. 〈도 6-1〉은 장서각 소장 두루마리의 첫 부분으로 4명의 순검을 보여준다. 직제 개편에 의한 등장인물의 명칭 변경을 일일이 열거하는 어려움을 피하고 그림의 설명에 필요한 경우에만 특별히 언급하겠다.[129] 의장물들도 중국식으로 바뀐 것들이 눈에 띈다. 장서각 두루마

128　황태자[순종] 가례도감의궤(1906), p. I-10, 丙午 三月 初三日, "宮內府大臣 臣李載克 謹奏 … 別宮以安國洞別宮爲之事 命下矣…"

● 도 6-3
황태자〔순종〕 가례도감의궤(1906?) 두루마리 반차도 세부 금절(金節). 장서각

리 반차도 가운데(규장각본 제11면에 해당) 병정들의 대열 뒤로 의장대 시작 부분에는 이전의 '모절(旄節)' 대신인 듯 '금절(金節)'이라는 글씨 양쪽으로 두 사람이 노란색의 기다란 부절(符節)을 들고 있다.(도 6-3) 금절은 중국에서 예부터 사용되어 오던 의장물의 하나이다.[130] 그 뒤로 역시 처음으로 등장하는 '타호(唾壺)'를 든 사람과 '불진(拂塵)'을 든 사람 둘이 있다.(도 6-4) 의장의

---

129 李弘稙 편, 『國史大事典』, 新改正版(百萬社, 1974), pp. 2211-2217의 〈韓末官職表〉 참조. 특히 의정부의 軍部, 軍器廠, 警務廳의 각 직급의 명칭이 이 반차도에 많이 보인다.
130 『大漢和辭典』 권11, p. 471. 金節條의 그림(『三才圖會』)과는 좀 다르나 기본적으로 같은 의장물로 보인다.

● 도 6-4
황태자〔순종〕 가례도감의궤(1906?) 두루마리 반차도 세부 타호(唾壺), 불진(拂塵). 장서각

규모는 정상적인 의장의 수를 반으로 줄인 반장(半仗)으로 비교적 그 수가 적다.[131] 다시 규장각본을 보면 향정과 용정에 이어 의례히 등장하던 교명요여가 없고 금책요여가 먼저 등장하며(제16면), 그 다음에 금보채여(제18면)와 명의대석말채여(命衣襨鳥襪彩輿)(제20면), 그리고 옥교(玉轎)가 제22면에 보인다. 장서각 두루마리 반차도의 봉교(鳳轎, 규장각본 제29면에 해당)는^(도 6-2) 이전의 연과 그 형태가 아주 다르다. 모두 16인의 가마꾼이 멘 붉은 칠의 거의 입방형에 가까운 교의 꼭대기에는 황금색의 봉황장식이 보이며 지붕의

---

131 황태자〔순종〕 가례도감의궤(1906), p. I-94의 納采問名, 納吉, 納徵時 "…展軒懸陣鹵簿半仗…" 참조.

네 모서리에는 새 모양의 장식이 달렸다. 봉여(鳳輿), 봉연(鳳輦), 봉가(鳳駕) 등은 중국에서 천자(天子)가 타는 가마를 이르는 말인데, 이 반차도에서 작은 가마인 교를 써서 '봉교(鳳轎)'라고 명시한 것은 황태자의 가마이기 때문인 것 같다. 『국조오례의서례』에 명시되어 있는 연여에는 '봉(鳳)' 자가 포함된 것은 없다. 그러므로 이것도 중국 황제의 봉연 또는 봉여의 영향으로 보인다.[132] 봉교의 바로 뒤에 등장하는 연은 이전의 연과 같으며 나머지 행렬들도 이전의 반차도에 보이는 구성인원들과 대동소이하다. 다만 제일 끝 부분이 기수나 가마 파총으로 마무리되지 않고 6열로 총을 메고 도열해 있는 병정들로 끝나버리는 것이 마치 그리다만 것 같은 느낌이 든다.

　이상에서 살펴본 바와 같이 우리나라 역사상 유일한 황태자의 가례반차도는 조선왕조시대의 반차도와 여러 가지 차이점을 보인다. 대한제국(大韓帝國)으로 국체(國體)가 바뀜에 따른 의장물, 가마 등의 중국식 형태의 반영, 그리고 관제(官制)와 복제(服制)의 현대식 개편에 따른 변화 등 시대의 모습을 여러모로 볼 수 있어 이 반차도가 특히 역사기록으로서 중요성이 부각된다.

---

132 『大漢和辭典』 권12, p. 796에 보면 『大淸會典圖』에서 인용한 鳳輿 그림이 있는데, 대략적인 모습은 이 반차도의 鳳轎와 비슷하며 특히 어깨에 메는 부분이 '井' 자 모양으로 된 것이 앞뒤로 둘씩 달린 구조로 이 봉교와 매우 유사하다. p. 797의 '鳳輦' 설명에는 지붕 위에 달린 황금으로 만든 봉황장식이 있다고 되어 있어 이 반차도의 장식이 봉황으로 보기에 어려우나 봉연이라고 하겠다.

7
가례반차도의 회화양식

1. 육필화(肉筆畵) 가례반차도(1627, 1638, 1651)

모두 20건에 달하는 가례반차도의 회화기법은 대체로 크게 세 가지로 나누어 볼 수 있다. 첫째, 모든 것을 육필(肉筆)로 그린 경우, 둘째, 사령(使令), 포살수(砲殺手), 의장대(儀仗隊) 등 반복적으로 등장하는 똑같은 형태의 인물들의 윤곽선을 목판으로 찍고 육필을 어느 정도 가하여 완성하였으나 육필화의 흔적이 많은 경우, 셋째, 판화의 비중이 육필화보다 훨씬 많은 경우이다. 이들의 차이는 육안으로 보아 금방 보일 만큼 뚜렷하다. 그러나 반차도의 면수가 점점 늘어난 18세기 후기의 반차도에서도 모든 것을 판화로 처리한 예는 볼 수 없고, 육필로 처리해야 할 부분들이 항상 있었으므로 두 번째와 세 번째의 경우는 단지 정도의 차이라고 볼 수 있다.

    1627년 소현세자 가례반차도는(도 3-3~도 3-7) 완전 육필화로 그린 좋은

● 도 7-1
소현세자 가례도감의궤(1627) 반차도 제3면 세부. 장서각

예이다. 인물들의 가례 행렬 내에서의 위치와 복장, 그리고 이들이 들고 있는 물건 등 중요한 기록적 요소를 중요시한 그림이므로 다른 본격적인 인물화와 같이 회화수준이나 기법을 논할 수는 없으나 세부를 보면서 화가의 '선택,' 즉 간단한 그림에서 무엇을 부각시켜 어떻게 그렸는가를 살펴보겠다.

죽책요여(竹冊腰輿)를 호위하고 가는 제3면의 의장대를 보면(도 3-4) 모두 간단한 바지와 상의 차림으로 각각의 의장물(儀仗物)을 받쳐 든 옆모습이 구륵전채법(鉤勒塡彩法: 윤곽선을 먼저 그리고 그 안에 색을 채우는 기법)으로 표현되었다. 세부를 살펴보면(도 7-1) 의장물을 받쳐든 인물들의 두 팔은 옆모습으로 겹쳐지게 하나로 표현되었으며, 그들의 손은 전혀 그리지 않았다고 해도 과언이 아니다. 얼굴은 뒷부분에 약간의 머리카락을 그렸을 뿐 이목

◉ 도 7-2
소현세자 가례도감의궤(1627) 반차도 제5면 세부 오장충찬위(烏仗忠贊衛). 장서각

◉ 도 7-3
소현세자 가례도감의궤(1627) 반차도 제6면 세부 세자빈의 연(輦). 장서각

◉ 도 7-4
소현세자 가례도감의궤(1627) 반차도 제6면 세부 유모, 시녀, 상궁. 장서각

구비의 아무런 암시도 없이 윤곽만 간단히 그렸다. 채색은 윤곽선과 잘 일치되지 않는 곳도 많이 보여 그리 조심스럽게 그리지 않았음을 알 수 있다. 이들 위의 기마 집사도 마찬가지 원칙으로 간단히 윤곽선을 그리고 채색을 가하였다. 얼굴의 형태가 비교적 자세히 묘사된 인물들은 제5면의 오장충찬위(烏仗忠贊衛)들인데(도 7-2) 이들은 사모(紗帽)를 쓴 얼굴의 옆모습을 다섯 명 각각 조금씩 다르게 특징을 표현한 흔적이 보여 흥미롭다. 제6면 세자빈의 연(輦)과 가마꾼들의 모습은(도 7-3) 연(輦)은 연대로, 가마꾼들은 그들대로 그 주위에 적당히 배치되어 있을 뿐 이들이 실제로 어떻게 연을 메고 있는지 확실치 않다. 모두들 약간 구부정한 자세로 팔을 앞으로 약간 쳐들고 있을 뿐이다. 몇몇 사람들의 발은 초생달 같은 간단한 곡선으로 표시되어 있으나,

● 도 7-5
인조 가례도감의궤(1638) 반차도 제6면 세부 상궁. 규장각

둘째 줄의 인물들은 전혀 발이 표시되어 있지 않다. 같은 면의 유모, 시녀, 상궁 등 여인 기마상들은(도 7-4) 모두 윤곽선으로만 묘사된 말을 타고 있으며, 마부들은 반대편에 있어 머리와 약간의 상체만이 보인다. 간단한 말 그림이지만 천천히 걸어가는 말의 네 다리 움직임을 묘사하려는 노력의 흔적이 보인다. 유모의 너울〔羅兀〕을 뒤로 휘날리게 그린 것은 손으로 직접 그릴 때 나타날 수 있는 재미있는 변형의 한 예라고 볼 수 있다.[133]

133 유송옥 교수는 이 반차도를 이징(李澄)이 그렸을 가능성에 착안하여 반차도의 哨官을 그의 작품으로 전하는 국립중앙박물관 소장 〈煙寺暮鐘〉의 佛僧과 비교하여 유사점을 지적하였다. 劉頌玉, 『朝鮮王朝 宮中儀軌服飾』, 앞의 책, p. 52.

● 도 7-6
인조 가례도감의궤(1638) 반차도 제7면 세부 내시(內侍), 가위장(假衛將), 부장(部將). 규장각

    1638년 인조(仁祖) 장렬후(莊烈后) 가례반차도는 장서각에 소장되어 있지는 않으나 규장각본의 그림을 살펴보면 육필화 반차도 중 가장 생기 있는 필치를 보이는 그림이다.[134] 특히 제6면의(도 7-5) 시녀와 상궁들의 기마행렬은 휘날리는 검은 너울이나 말 다리의 움직이는 모습, 그리고 마부들의 앞으로 크게 내딛은 다리 등에서 빠른 속도감을 느낄 수 있으며 인물들의 옷 주름선은 굵고 가는 변화가 현저하여 하나하나를 마치 정식 회화작품 제작만큼 정성을 들인 것으로 보인다. 제7면의 내시, 가위장(假衛將), 부장(部將) 등

---

134   유송옥, 위의 책의 원색도판 Ⅲ-1-a, Ⅲ-1-b에서 도판을 인용함.

● 도 7-7
왕세자〔현종〕 가례도감의궤(1651) 반차도 제5면 세부. 장서각

기마상에서도 (도 7-6) 말 하나하나가 모두 조금씩 다른 순간의 움직임을 보이며, 인물들 역시 같은 의상을 입었으나 각각 다른 자세와 그에 따른 옷 주름의 변화를 보인다.

1651년 반차도 역시 완전 육필화(肉筆畵)로 다양한 필치를 보이는 세부 몇 가지를 살펴보겠다. 제4면에 (도 3-20) 두 줄로 늘어서 가는 기마 집사(執事)와 금군(禁軍)들의 모습은 소현세자 가례반차도(1627) 보다 한층 더 빠른 필치로 대담하게 생략하여 그렸다. 제5면으로 연결되는 기마인물들의 세부를 (도 7-7) 살펴보면 말의 다리는 한 개의 필선으로 내려 긋고 발굽을 간단히 표시했으며 말들의 자세나 크기, 표정 등을 좀 더 즉흥적으로 묘사했다. 말고삐를 쥔 자세로 팔을 내밀고 있는 금군(禁軍)들의 자세도 그저 암시되었을

● 도 7-8
왕세자〔현종〕가례도감의궤(1651) 반차도 제7면 세부. 장서각

● 도 7-9
왕세자〔현종〕가례도감의궤(1651) 반차도 제7면 세부. 장서각

뿐 자세한 묘사는 생략하였다. 제7면의 세부를 보면 역시 같은 기법으로 말을 그리고 봉촉(捧燭), 소환귀유적(小宦歸遊赤) 등의 인물들도 이목구비가 모두 생략된 채 기본 동작만 묘사하였다.(도 7-8) 역시 같은 제7면의 나장(羅將)에서는(도 7-9) 선종 불교화의 감필체(減筆體)를 연상시키듯 극도의 생략적 묘사를 보여준다. 옆모습을 보이는 사람들 모자의 뾰족한 끝으로 시작되는 필치는 목으로부터 등줄기를 타고 내려오는 굵은 선으로 이어지며 강조되고 앞부분은 대체로 가늘고 부드러운 선으로 처리하면서도 몸의 유연성이 암시되어 있다. 쳐들고 있는 채찍들도 모두 조금씩 다른 방향으로 휘날리듯 자연스러운 모습을 보여준다. 이 나장들의 모습은 간단한 그림이지만 동양화 필선의 비수(肥瘦) 변화를 잘 이용한 묘사이다.

2. 육필(肉筆)과 판화기법의 혼용(1671, 1681, 1696)

1671년 왕세자〔숙종〕 가례반차도는 육필과 판화가 혼합되어 나타나는 최초의 예로서 1651년의 반차도와 좋은 비교가 된다. 우리나라에서 판화기법은 일찍이 불경에 많이 이용된 것은 주지의 사실이다. 고려시대의 초조대장경(初雕大藏經)의 〈어제비장전(御製秘藏詮)〉 판화를 비롯하여[135] 계속해서 판화가 이용되었으며 조선초기의 『불설대보부모은중경언해(佛說大報父母恩重經諺解)』(1520) 등 그 이후의 판화 삽화를 이용한 출판물들은 초상화,

---

135 李成美, 「高麗 初雕大藏經의 御製秘藏詮 版畵-高麗初期山水畵의 一研究」 『考古美術』, no. 169-170(1986. 6), pp. 14-70 참조.

유교, 불교, 예악, 무술, 지리류 등 전 분야에 걸쳐 수없이 많다.[136] 따라서 가례반차도는 간인(刊印)된 것은 아니나 최고 8건의 같은 그림을 그려야 하는 제작과정을 간소화하기 위한 수단으로 판화기법을 이용한 것은 당연한 일이라고 생각된다.

1671년 가례반차도 제5면의(도 7-10) 의장대 인물들은 판화로 윤곽선을 찍은 후 채색을 가하고 들고 있는 물건들은 육필로 그려 넣은 것을 볼 수 있다. 세부에서 은횡과(銀橫瓜)와 금횡과(金橫瓜)를 보면 (그림에는 은횡과, 금횡과가 銀粧刀, 金粧刀로 잘못 기입되어 있음) 육필의 불규칙성과 인물 윤곽선의 단조로움을 곧 알 수 있다. 제6면의 금군(禁軍) 행렬은(도 7-11) 특히 1651년의 금군 행렬과(도 3-20) 대조가 되어 흥미롭다. 말과 인물의 크기 비례는 1671년 그림이 좀 더 실제에 가깝게 보이나 말 머리의 부자연스러운 윤곽선이나 금군과 마부들의 반복된 형태는 딱딱해 보일 뿐이다. 말 다리와 꼬리의 형태는 육필로 그렸을 때의 신선한 입체감이 완전히 결여되었다.

제2면 세부에는(도 7-12) 판화와 육필화를 동시에 비교해 볼 수 있는 말 두필이 보인다. 즉 초관(哨官)의 말과 인마(印馬)인데 전자는 목판으로 찍고 후자는 육필로 그린 것이다. 인마 다리를 그린 육필의 생동감을 느낄 수 있을 뿐만 아니라 말의 모양, 말과 마부의 크기 비례 등에서도 심한 차이를 보인다. 양쪽으로 서 있는 두 마부에 부분적으로 가려진 인마는 초관의 말에 비해 몸이 무척 길며 마부들은 말에 비해 머리가 지나치게 작고 몸은 극히 길고 가늘게 그려졌다. 전체적인 회화적 효과보다 두 마부와 말을 모두 잘

---

136 『韓國의 古版畵』(한국정신문화연구원 고전자료실, 1979), 그리고 『조선시대 판화전』(홍익대학교 박물관, 1991)의 도판 다수 참조.

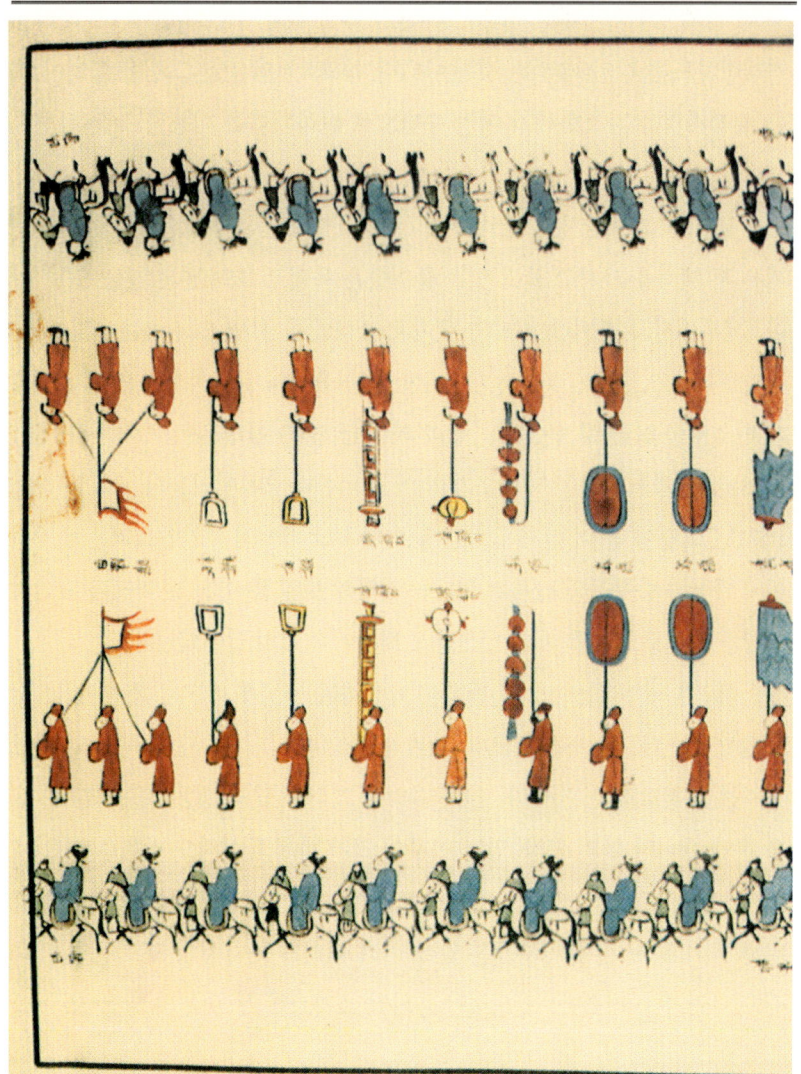

◉ 도 7-10
왕세자〔숙종〕가례도감의궤(1671) 반차도 제5면. 장서각

● 도 7-11
왕세자〔숙종〕 가례도감의궤(1671) 반차도 제6면 세부. 장서각

● 도 7-12
왕세자〔숙종〕 가례도감의궤(1671) 반차도 제2면 세부. 장서각

● 도 7-13
숙종 가례도감의궤(1681) 반차도 제8면 세부. 장서각

보이게 그려야 한다는 기록적 성격에 치중하여 이와 같은 결과를 낳은 것으로 추측된다. 그러나 두 마부 가운데 앞에 서있는 마부의 작은 얼굴에 비쳐진 장난스러운 표정은 일률적으로 찍은 판화 기마인물의 얼굴에 비해 신선한 느낌을 준다.

 18세기 이후의 반차도에는 거의 모든 인물과 말들의 윤곽선을 판으로 찍어낸 후 약간의 필선을 가하는 방식을 택하였다. 1681년의 반차도에서도 몇 장면을 살펴보면 제8면 세부에서(도 7-13) 기마내관들은 모두 목판화인데, 그 바로 위의 장마(仗馬)는 붓으로 그린 것이며, 마부들은 마치 말의 부속물인양 조그맣게 말의 목 부분에 붙여 그렸다. 또한 전악과 악공들이 등장하는 제10면의 세부에는(도 3-13) 모든 인물들이 팔을 아래로 내려뜨린 채 뒷모습

● 도 7-14
왕세자[경종] 가례도감의궤(1696) 반차도 제8면 세부 별감, 봉촉, 보행시녀. 장서각

으로 보이게 윤곽선을 같은 판으로 도장같이 찍었으므로 그들이 각각 들고 있는 악기는 각자가 손으로 붙들고 있지 못하고 그저 몸 앞에 공중에 떠있는 듯 보이게 되어 버렸다. 제13면의 세부에서는 ^(도 3-14) 기행시녀들과 의녀들은 머리를 그저 둥그렇게 찍고 시녀들의 머리에는 붓으로 검은 너울[羅兀]을 칠하고 의녀에는 모자[笠]를 그려 넣은 것을 볼 수 있다. 청선(靑扇)의 손잡이가 마치 이들의 머리 위에서 솟아나는 것같이 우스운 모양을 하고 있다.

　1696년의 왕세자[경종] 가례반차도에는 판화와 육필화를 재미있게 섞어서 시녀의 모습을 그린 흔적이 보인다. 제8면 세부를^(도 7-14) 보면 별감(別監), 봉촉(捧燭) 등 청포(靑袍)를 입은 남자 인물들의 옆모습 윤곽선을 찍는 판과 거의 비슷한 판으로 보행시녀들의 윤곽선을 우선 찍어놓고 그 위에 치

● 도 7-15
왕세자(경종) 가례도감의궤(1696) 반차도 제10면 세부 내의원 관원. 장서각

마의 윤곽선을 붓으로 그리고 노란색 혹은 연두색 칠을 하였다. 그런데 채색이 담채(淡彩)이므로 먼저 찍은 윤곽선이 그대로 노출되어 있으며 나중에 그린 치마의 길이가 발끝보다 훨씬 더 길어 여인들이 공중에 떠있는 것과 같이 보인다. 머리는 두건을 쓴 남자들의 기본 윤곽선에 검은 먹칠을 더 가하여 여자들의 머리모양 비슷하게 만들었다. 제10면의 세부에(도 7-15) 보이는 도사(都事), 분도총부(分都摠府), 내의원관원(內醫院官員)들의 기마상은 특이하게 육필로만 그렸다. 기본적으로 같은 말과 마부, 그리고 청포에 검은 사모를 쓴 관원들의 모습이지만, 각각 조금씩 다른 각도로 얼굴을 쳐들고 있으며, 표정에도 조금씩 변화를 가한 흔적이 보인다. 말들의 형태나 세부묘사도 신선한 느낌을 주는 필치를 보여준다. 그러나 전체적으로 보아 역시 반복적

인 묘사이므로 정성이 결여된 작업이다.

3. 판화기법의 본격적인 적용: 1700년대 이후

판화 사용이 본격화된 1700년대의 가례도감의궤 반차도는 장서각에 소장되어 있는 예가 단 한 건도 없다. 그러므로 규장각 소장 1759년의 영조 정순후 가례반차도를 한 예로 살펴보겠다.[137] 회화 양식의 측면에서 보면 모든 인물이 판화로 처리되어 딱딱한 느낌을 주기는 하지만 완전 측면상이나 완전 뒷모습을 벗어난 3/4면상이 새롭게 등장하여 인물묘사에 좀 더 다양성을 시도한 듯하다. 즉 제42면의(도 7-16) 보행내관들의 모습은 판화지만 신체의 비례도 정상적이며 손을 소매 속에 넣고 걸어가는 동작이 자연스럽게 묘사되었다. 기마 상궁이나 시녀들의 모습도 말과 인물 크기의 비례가 자연스럽고 말 다리를 하나의 굵은 선으로 찍어버린 1600년대의 판화처리에 비하면 제대로 된 그림처럼 가느다란 윤곽선으로 잘 찍고 채색을 가한 것을 볼 수 있다. 그러나 상궁들의 너울마저 가느다란 윤곽선 안에 담묵으로 칠하여 판화와 육필화의 혼합기법에서 본 자유분방하게 휘날리는 너울의 모습에 비하면 상당히 경직된 느낌을 준다. 또한 1800년대의 가례반차도에서 일반화된 특징인 인물들의 크기가 이전에 비해 크고 전체적으로 화려한 색채를 보이는 것 등이 1759년의 가례반차도에 예시되었다.

  반차도의 면수가 대폭 증가되고 그림이 화려해지는 1800년대의 반차도 회화형식을 간략하게 살펴보겠다. 1802년 순조·순원왕후 가례반차도

---

137 이 반차도는 규장각 영인본의 것을 이용하였다.

● 도 7-16
영조 가례도감의궤(1759) 반차도 제42면 세부. 규장각

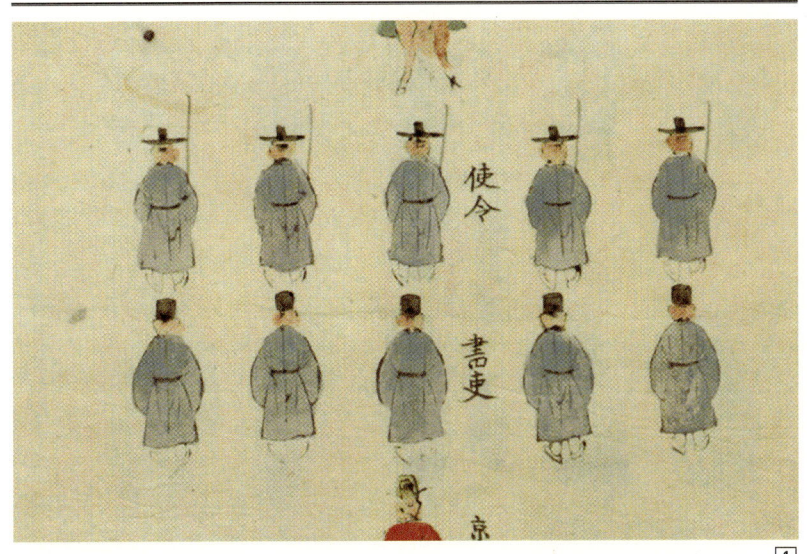

● 도 7-17
순조 가례도감의궤(1802) 반차도 제1면 세부. 장서각

역시 많은 부분이 판화로 처리되었고 부분적으로 붓을 사용한 것이다. 제1면 세부의(도 7-17) 사령과 서리들을 보면 기본 윤곽선은 모두 판으로 찍고 사령들의 지물(持物)과 머리카락 부분에 붓을 사용하였는데, 지물의 길이가 일정하지 않다든지 머리 뒤가 제대로 그려지지 않았다든지 한 점에서 곧 육필의 흔적을 볼 수 있다. 제3면 세부(도 5-1) 호조당상과 갈도(喝導: 높은 사람이 행차할 때 길을 인도하는 관원)를 보여주는 부분에서는 윤곽선을 찍고 붉은 색과 푸른색의 두 가지로 의상을 칠하면서 호조당상의 말을 갈도의 의상과 같은 푸른색으로 칠해버린 재미있는 예도 발견된다.

제22면에 왕의 연(輦)이 등장하는 장면에서(도 7-18) 많은 인물들이 한 면을 가득 채운 1800년대 반차도의 특징적인 모습을 볼 수 있다. 인물들의

● 도 7-18
순조 가례도감의궤(1802) 반차도 제22면. 장서각

크기가 상대적으로 크고 연을 완전히 호위한 군졸들을 위시하여 보행, 또는 기마 인물들 모두 화려한 의상으로 행렬을 이루고 있다. 이 반차도에서는 연대(輦隊)의 모습이 연을 어깨에 멘 자세로 제대로 표현되어 있어 인물 동작 표현에 좀 더 정확성을 기하려고 노력한 흔적이 보인다. 왕의 연대 등 기타 여러 연여(輦輿)들에서 모두 나타나는 현상이며, 제41면의 옥교(玉轎)를 멘 사람들, 그리고 제45면의 왕비의 연(輦)을 멘 사람들에서도 같은 현상을 볼 수 있다.(도 5-6)

1819년의 왕세자 가례반차도는 요여(腰輿)의 채색이 이전과 좀 다른 특색을 보인다. 제35면의(도 7-19) 옥인채여(玉印彩輿)와 제37면의 세부(도 5-9) 명복석말채여(命服舃襪彩輿)는 모두 이전의 붉은 색의 주조에서 좀 탈피하여 지붕은 검은색을 유지하면서 측면은 흰색 바탕에 홍색으로 모란꽃을, 녹색으로 잎을 그리고 아래 위 부분도 같은 녹색을 칠해 청신한 느낌을 주며 가마꾼들의 의상도 담청색으로 통일하여 시원한 감각을 조화시켰다. 이들은 또한 약간 구부정한 자세로 발끝으로 움직이는 동작을 보여 좀 더 자연스러움을 표현하려는 노력을 엿보게 한다. 채여 자체는 들어 메는 기다란 막대기〔杠〕에 제대로 올라 있지 않으나 가로지르는 짧은 막대기는 엉성하게나마 가마꾼들의 어깨에 올라간 모습으로 그려졌다. 제32면의 부분도에서는(도 7-20) 장마(仗馬)의 두 마부들이 말의 양쪽으로 각각 서서 정상적인 상호 비례와 동작을 나타내는 것도 눈에 띄게 이전과 다른 점이다.

1837년의 헌종(憲宗) 효현후(孝顯后) 가례반차도 역시 68면의 길고 화려한 행렬묘사이며, 인물들이 각 면을 채우고 있다. 왕의 연(輦)이 등장하는 제27면의 세부를(도 5-10) 보면 모든 인물들의 윤곽선을 극히 가늘게 찍어서 투명한 홍색 의상을 한 연대(輦隊)들이 모두 뭉쳐 연의 하단부와 하나의 홍색 면을 형성하는 듯 보인다. 그러나 연을 받친 강(杠)과 연(輦)과의 상호관

● 도 7-19
왕세자〔익종/문조〕 가례도감의궤(1819) 반차도 제35면 세부 옥인채여(玉印彩輿). 장서각

● 도 7-20
왕세자〔익종/문조〕 가례도감의궤(1819) 반차도 제32면 세부. 장서각

● 도 7-21
헌종 효현후 가례도감의궤(1837) 반차도 제50면 세부 각종 차비(差備), 장서각

계가 정상적으로 묘사되어 연이 안정성 있게 가마꾼들에 의해 받쳐 들린 모습을 볼 수 있다. 이와 같은 모습은 제50면의 세부(도 5-11) 금보채여(金寶彩輿)에서도 볼 수 있다. 채여의 뒤를 따르는 여러 기마차비들의 말 뒷모습도(도 7-21) 가느다란 윤곽선으로 되도록 정확하게 묘사하려고 애쓴 흔적이 보인다. 이와 같이 거의 모든 부분을 판화 처리한 반차도에서 육필의 흔적이 보이는 곳은 제13면의 세부의 교룡기(蛟龍旗)와(도 7-22) 제35면의 세부의(도 7-23) 표기(標旗) 등 기면이 넓어 바람에 나부끼는 모습이 묘사되는 부분에서이다. 각각 네 사람의 기수들이 줄을 잡고 있는 이들 기의 자연스럽게 늘어지는 붉은 줄이나 주름 잡혀 늘어진 커다란 기의 표현은 부드럽고 자연스러운 육필의 느낌을 그대로 전달해 준다.

● 도 7-22
헌종 효현후 가례도감의궤(1837) 반차도 제13면 세부 교룡기(蛟龍旗), 장서각

　　1844년 헌종의 두 번째 가례(孝定王后) 때의 반차도는 80면이나 되는 역시 화려한 반차도이다. 특히 이 반차도는 화려하면서도 은은한 색채 조화가 뛰어나며 또한 인물들의 이목구비를 간단하게나마 표현하여 인물화의 면모를 갖추려고 한 부분이 많은 것을 볼 수 있다. 제15면 세부에(도 7-24) 취고수들이 늘어선 부분을 보면 엷은 담묵과 노란색의 조화로 이루어진 전복, 그리고 전모에서 늘어진 붉은 술의 액센트가 매우 산뜻해 보인다. 제35면의 세부와(도 7-25) 제39면의 세부에서도(도 7-26) 봉촉(捧燭)들이 들고 있는 청사초롱과 같은 홍색, 청색의 조화로 된 의상, 그리고 일산(日傘)을 들고 있는 인물의 옥색 도포(道袍)의 신선함 등이 특히 눈에 띄며, 담묵색과 엷은 자줏빛, 그리고 약간의 황색과 옥색으로 조화를 이룬 것 또한 아름답다. 제41면의

● 도 7-23
헌종 효현후 가례도감의궤(1837) 반차도 제35면 세부 표기(標旗), 장서각

세부의(도 7-27) 담청색과 자주빛 전복(戰服)에 붉은 술을 늘어뜨린 전모(戰帽)를 쓴 창검군(槍劍軍)들의 복장도 전례 없이 고상한 조화를 보인다. 제9면의 세부에서는(도 5-7) 담갈색 말과 백마를 타고 있는 나장(羅將)들의 전복(戰服)과 안장의 색채를 똑같이 하지 않고 말 색깔에 따라 조금씩 변화를 주는 등 세심하게 배려한 것을 볼 수 있다.

많은 인물들이 등장한 제67면을(도 5-14) 보아도 청색, 홍색, 담갈색 등의 은은한 색과 화려한 색들이 서로 보완관계를 유지하며 통일감 있는 화면을 이루고 있다. 세부에서 거의 모든 인물들의 이목구비가 간단하게나마 표시된 것을 볼 수 있으며 함을 머리에 인 대함(戴函) 여인들의 꼿꼿하면서도 발을 넓게 뗀 자세와 함께 함을 진 남자의 약간 구부정한 자세는 서로 대조

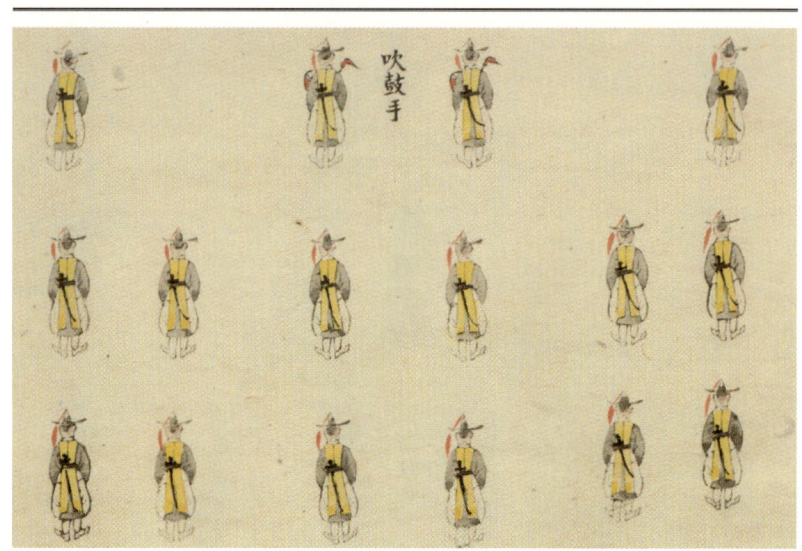

● 도 7-24
헌종 효정후 가례도감의궤(1844) 반차도 제15면 세부 취고수(吹鼓手), 장서각

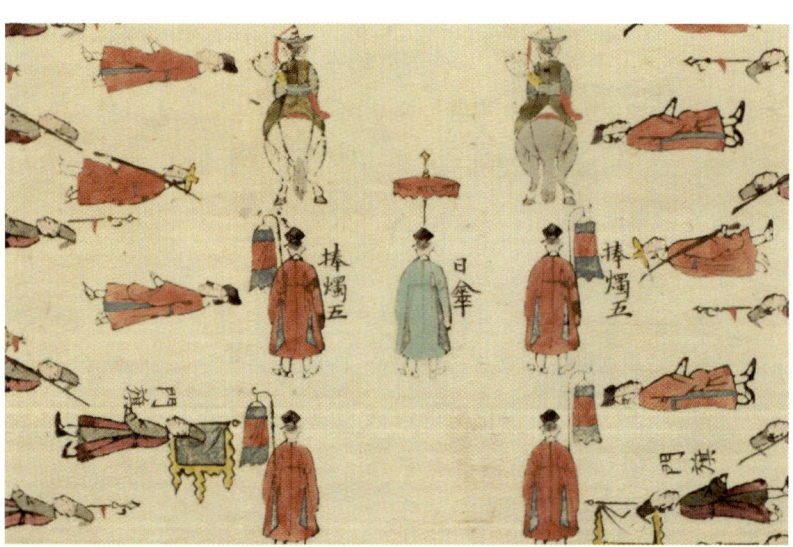

● 도 7-25
헌종 효정후 가례도감의궤(1844) 반차도 제35면 세부 봉촉(捧燭), 장서각

● 도 7-26
헌종 효정후 가례도감의궤(1844) 반차도 제39면 세부, 장서각

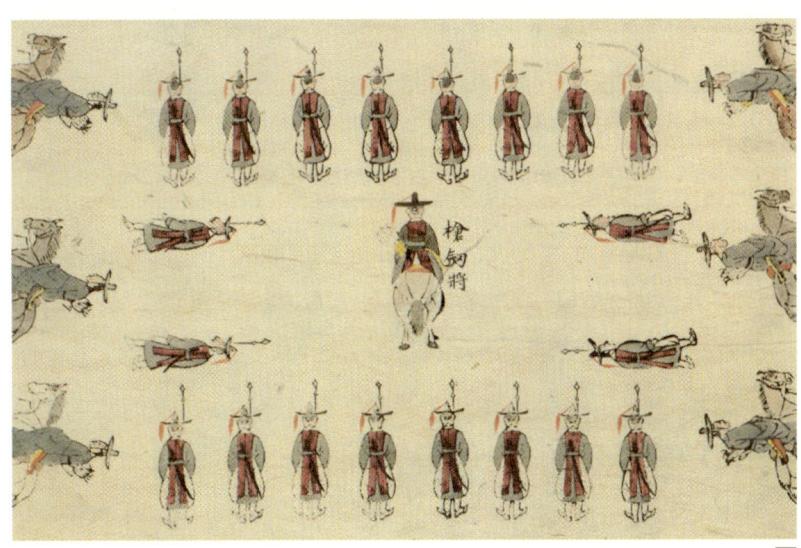

● 도 7-27
헌종 효정후 가례도감의궤(1844) 반차도 제41면 세부 창검군(槍劍軍), 장서각

● 도 7-28
〈헌종가례진하계병(憲宗嘉禮陳賀契屛)〉. (1844), 8첩, 견본채색, 각폭 115.0×51.5cm. 동아대학교 박물관

적이며, 각각 동작에 맞는 정확한 인체묘사를 보여준다.

　전술한 바와 같이 헌종(憲宗) 효정왕후(孝定后) 가례는 가례 진하도(陳賀圖) 병풍이 남아있는 유일한 가례이다.[138] 현재 부산 동아대학교박물관에 소장된 이 〈헌종가례진하계병(憲宗嘉禮陳賀契屛)〉은(도 7-28) 경복궁의 근정전에서 거행되는 진하 행사의 모습을 중점적으로 묘사한 것이며 전체를 약

간 오른쪽에서 보면서 반조감도로 표현하여 건물의 지붕과 내부가 동시에

138 安輝濬 編著, 『國寶』10, 繪畫, 예경출판사, 1993, 도 183, 도판해설, p. 277 참조. 이 책에는 헌종과 明憲王后의 가례라고 되어 있으나 헌종의 繼妃 洪氏는 일반적으로 孝定王后로 알려져 있으며, '明憲'은 그의 많은 존호 중의 하나이다.

● 도 7-29
철종 가례도감의궤(1851) 반차도 제3면 세부 호조당상(戶曹堂上). 장서각

보이도록 하였다. 근정전의 앞뜰은 의장대, 왕과 왕비의 연, 기타 여러 관원들로 가득 메워졌으며 근정전 오봉병(五峯屛)을 가운데 두고 그 앞에 빈 옥좌가 있고 그 양옆과 앞으로는 문무백관들이 앉거나 늘어서 있다. 의궤반차도보다는 훨씬 더 제대로 된 회화 작품이며 건물의 딱딱한 계화적(界畵的) 묘사에 비하여 그 양옆과 윗부분의 자연경관에 보이는 멀어지는 들판의 아련한 분위기는 19세기 한국 산수화의 아름다운 묘사를 여실히 보여준다.[139]

　　1851년의 철종(哲宗) 철인후(哲人后) 가례반차도는 모두 92면으로 역

---

[139] 이 병풍의 사진을 제공해 주신 동아대학교 박물관의 李容玹 자료실장님께 감사드린다.

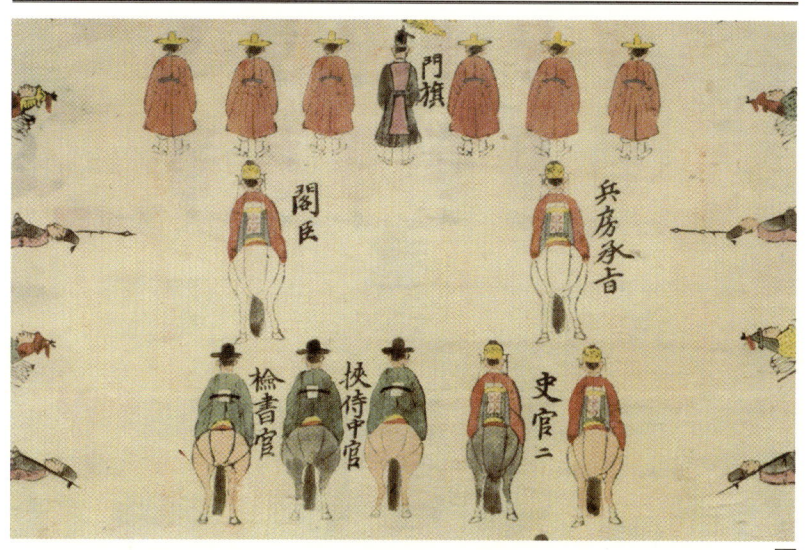

● 도 7-30
철종 가례도감의궤(1851) 반차도 제43면 세부 병방승지(兵房承旨). 장서각

사상 가장 긴 반차도이다. 1844년의 반차도와 같이 부드러운 색조의 조화로 일관하였으며, 세부묘사에 노력한 흔적이 여러 군데에서 나타난다. 제3면의 여러 인물 가운데 호조당상이 보이는 세부나(도 7-29) 제43면의 세부를(도 7-30) 금관조복(金冠朝服)에서 후수(後繡: 조복의 뒤로 늘어뜨리는 학을 수놓은 장식)의 학(鶴) 묘사까지 시도했으며, 이는 다른 당상관들의 복장에서도 모두 나타나는 현상이다.

여러 가지 의장기의 묘사에서도 윤곽선만 그리던 종래의 단순한 묘사를 지양하고 각각 기들의 그림을 조금이나마 보이도록 하였다. 제18면 표미기(豹尾旗)나(도 5-18) 제53면의 사신기(四神旗)를 위시한 기타 여러 기들에서 채색된 기면의 선묘 흔적을 볼 수 있다. 왕비 행렬의 명복채여(命服彩輿)가

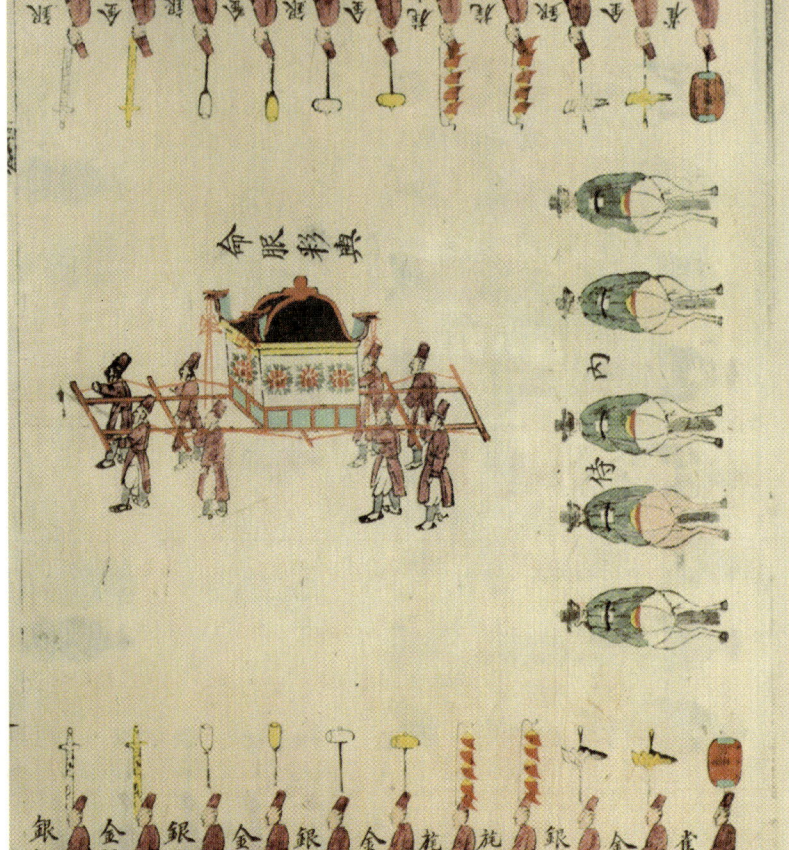

● 도 7-31
철종 가례도감의궤(1851) 반차도 제76면, 장서각

보이는 제76면의(도 7-31) 의장대와 가마꾼들의 복장을 모두 담홍색으로 통일하고 기마내시(騎馬內侍)의 관복만을 녹색계통으로 칠하여 서로 대조적 보완관계를 보여준다. 특히 모든 의장물들의 명칭을 빠짐없이 기입한 것도 세부묘사에 충실하려는 의도와 같은 맥락에서 이해할 수 있다. 같은 면의 세부에 보이는 명복채여의 측면에는 탐스러운 모란꽃 세 송이가 질서정연하게 그려져 있으며 가마 지붕의 네 모서리의 봉수(鳳首)로부터 늘어지는 붉은색 유소(流蘇)까지도 쌍 나비매듭 아래로 잘 늘어뜨리게 그렸다. 제일 마지막 제92면의 총수(銃手)와 화병(火兵)들은(도 5-24) 담묵색(淡墨色)과 흰색의 전복(戰服)에 푸른 전대(戰帶)를 띤 산뜻한 모습으로 마감되었다.

1866년 고종 명성왕후 가례반차도는 제5장 6절에서 살펴본 바와 같이 대원군의 교자가 등장하는 등 새로운 구성요소를 보인 반차도이다. 인물묘사 형식에는 이전과 현저하게 다를 바가 없으나 전체적인 색채 사용에 남청색과 노랑을 많이 쓴 것이 눈에 띈다. 예를 들면 제6면과(도 7-32) 제7면의(도 7-33) 각종 기수들과 관원들의 의장기(儀仗旗)나 복장에서 그와 같은 색채가 두드러지며 제30면에서도(도 7-34) 역시 현저하게 눈에 띄는 색이 남색과 노랑이다.

다른 인물들은 모두 판화처리한 반면에 제38면의 대원군의 교자와(도 5-25) 제78면의 부대부인의 덩(府大夫人德應)을 멘 가마꾼들은 완전히 육필로 그린 것을 알 수 있다. 아마도 전례가 없는 요소인지라 목판을 작성할 근거가 없어서 그런 것이 아닌가 생각된다. '대원위 교자(大院位 轎子)'를 멘 사람들은 청색 도포에 검은 갓을 쓰고 교자를 앞뒤에서 메고 가는 모습이 부드럽게 흐르는 먹선으로 묘사되었다. 특히 그 주위를 둘러싼 전복(戰服)을 입은 군졸들이 판화로 그려져서 판으로 찍은 윤곽선과 육필화의 대조가 뚜렷하게 나타나는 점도 주목된다. 이목구비는 완전히 생략되었으나 약간씩 변

● 도 7-32
고종 가례도감의궤(1866) 반차도 제6면. 장서각

화 있는 자세와 옷 주름의 묘사는 일률적인 판화보다 신선함을 준다. 제78면의(도 5-26) 부대부인 덩을 멘 사람들은 가마의 강(杠)과 관계없이 적당히 그 주위에 서있으며, 인물의 크기, 자세, 얼굴묘사 등이 각각 다르며 특히 이목구비를 하나하나 해학적으로 묘사한 것이 특징이다. 코주부형, 턱이 없는 형, 손이 없는 형(잊어버리고 그리지 않은 듯) 등등 아주 장난스러운 화가가 마음껏 익살을 표현한 듯하다. 채색은 윤곽선 안에 잘 들어가게 하지 않고 급히 붓을 움직인 듯 선 밖으로 조금씩 나온 곳이 여러 군데 보인다. 이 점은 판화처리한 부분에서도 마찬가지이다.

제69면의(도 7-35) 상궁들과 제79면의(도 5-30) 내인들을 비교해 보면 역시 전자는 판화로, 후자는 육필로 그린 데 따른 현저한 차이를 보인다. 내인

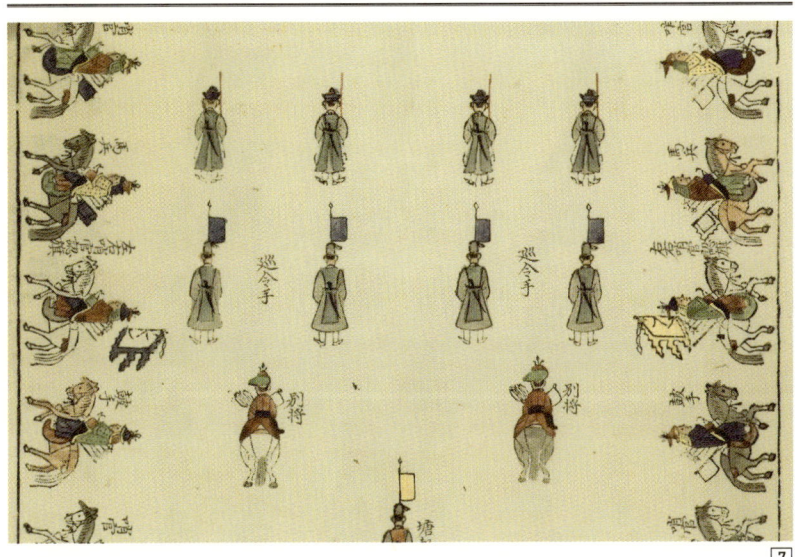

● 도 7-33
고종 가례도감의궤(1866) 반차도 제7면. 장서각

● 도 7-34
고종 가례도감의궤(1866) 반차도 제30면. 장서각

● 도 7-35
고종 가례도감의궤(1866) 반차도 제69면 세부. 장서각

들의 교자를 멘 가마꾼은 부대부인 덩을 멘 가마꾼을 그린 같은 화가가 그렸음이 분명하다. 이들의 일정치 않은 크기는 교자 위에 앉아 있는 상궁들을 거인으로 만들어 버렸다. 헌종이나 철종 때의 가례반차도에 비하여 일관성이 결여된 모습을 여기저기서 발견되어 19세기 후반기 다른 일반 회화의 쇠퇴양상과 궤를 같이한 것으로 생각된다.

　　1882년의 왕세자(순종)가례반차도는 1866년 반차도보다 가일층 정성이 결여된 점이 여러 군데에서 보인다. 제17면의(도 7-36) 가구선인기수(駕龜仙人旗手)와 봉거를 가운데 두고 양쪽으로 늘어선 의장대 행렬은 1800년대 초기의 그것에 비하면 형태나 색채, 그리고 기법 등 모든 면에서 분명한 쇠퇴를 느낄 수 있다. 가구선인기(駕龜仙人旗)의 깃대를 그리지 않아 기가 공중

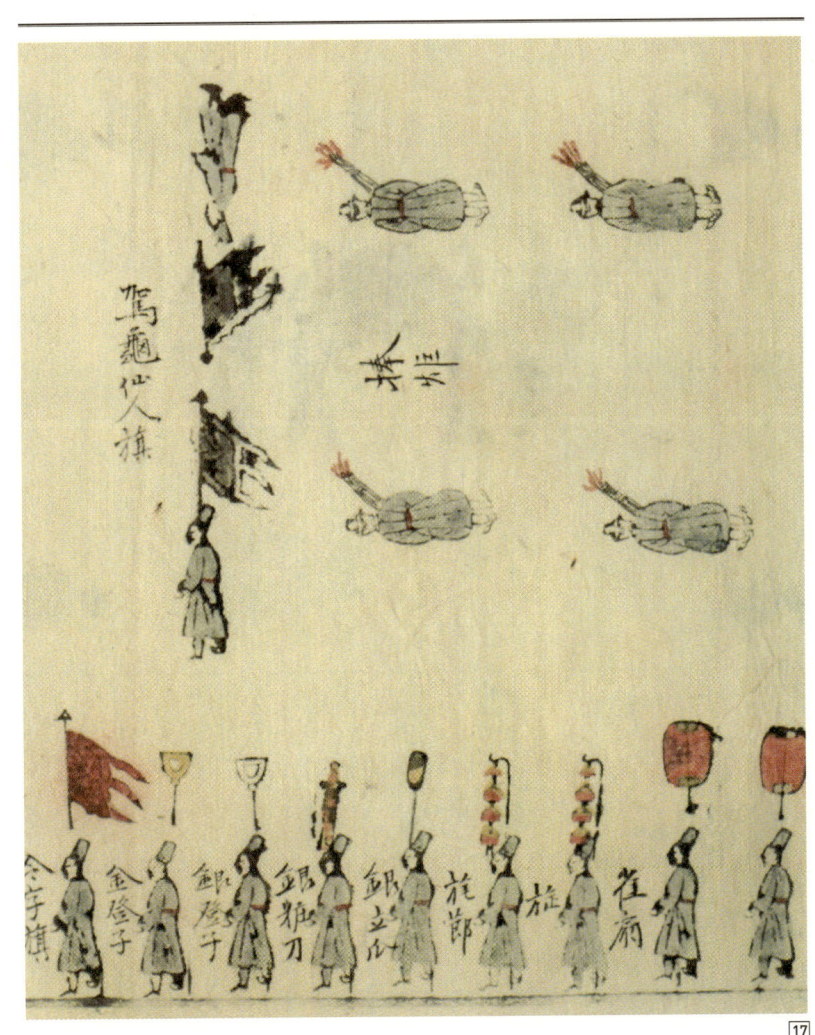

● 도 7-36
왕세자〔순종〕가례도감의궤(1882) 반차도 제17면 세부. 장서각

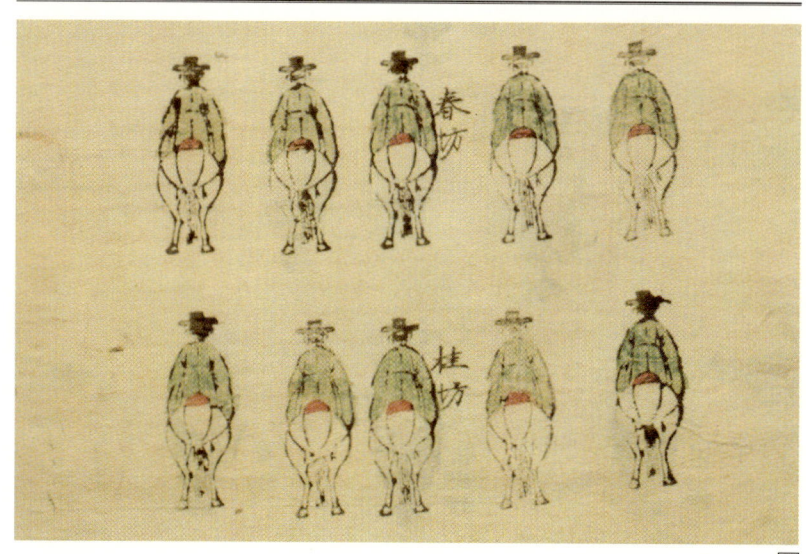

●도 7-37.
왕세자〔순종〕 가례도감의궤(1882) 반차도 제31면 세부. 장서각

에 떠 있고 기수는 팔도 올리지 않은 채 기와 상관없이 그대로 서 있는 듯하며 이런 현상은 다른 의장물을 들고 있는 인물들에서도 많이 눈에 띈다. 화려한 색채는 완전히 자취를 감추고 아무렇게나 번지게 찍은 윤곽선 안에 희미한 색채를 마지못해 칠해놓은 것 같은 예가 여러 군데 보인다.

제31면의(도 7-37) 춘방(春坊)과 계방(桂坊) 관원들의 배면 기마상들도 일정하지 않은 윤곽선으로 정성 없이 찍고 말은 모두 아무런 채색을 가하지 않아 일률적으로 백마를 만들어 버린 후 인물들은 마지못해 모두 담녹색이나 담청색으로 칠하고 안장에 붉은 색을 칠해서 약간 생기를 부여하였을 뿐이다.

제45면의 '청도군'에(도 7-38) 이르러서는 정성 없이 쓴 글씨의 표본을 보는 듯하다. 제26면에(도 5-34) 왕세자 연(輦)도 내부에 아무런 장치가 없으

● 도 7-38
왕세자(순종) 가례도감의궤(1882) 반차도 제45면 세부 청도군(淸道軍). 장서각

며, 외양도 그저 대강 묘사하였다. 이 연의 양쪽을 호위하는 대령장예별감(待令壯藝別監)들은 전복(戰服)의 윤곽선은 그런대로 찍어 놓았으나 색칠은 윤곽선에 상관없이 상체를 둥그렇게, 하체를 길고 좁게 같은 색으로 그려 구군복(具軍服)의 소매 없는 전복과 그 안에 입는 소매달린 중치막의 두 색의 대비효과를 완전히 무시하였다.

조선시대 마지막 가례이자 첫 번째 황태자 가례인 1906년 가례반차도는 규장각의 의궤 반차도와 장서각의 두루마리 형식의 반차도, 그리고 현재 국립고궁박물관에 있는 역시 두루마리 형식의 반차도의 세 종류를 볼 수 있다.[140] 그림들이 모두 비슷하므로 여기서는 장서각 소장의 두루마리로 된 반차도를 살펴보겠다. 전술한 바와 같이 이 반차도에서 가장 먼저 눈에 띄는

● 도 7-39
황태자 가례도감의궤(1906?) 두루마리 반차도 세부 군악대(軍樂隊), 장서각

것은 순검이나 병정들의 의상이 양복으로 바뀌었다는 점이다. 시작부분이나^(도 6-1) 군악대가 보이는 부분^(도 7-39)에서와 같이 간단한 양복식 군복을 입은 순검들이 서 있는 모습은 마치 장난감 병정들이 건드리면 금방 쓰러질 듯 서 있는 것 같다. 상체는 그저 둥그렇게 표시하고 두 다리는 통이 매우 좁은 바지를 입은 모습이 뻣뻣하게 보이며, 모자 쓴 머리는 아무렇게나 둥그런 윤곽선 안에 적당히 붓질을 가하여 앞모습인지 뒷모습인지 분간하기 어려울 정도이다. 왼쪽 옆으로 뻗친 칼을 보아야 이들이 뒷모습으로 서 있다는 것을

---

140 규장각소장 가례반차도와 국립고궁박물관 소장 班次圖卷은 유송옥, 앞의 책, pp. 15-16의 도판 원색 그림 III-7, 8 참조.

실감할 정도로 간단하게 묘사하였다. 『고종실록』에 나타난 병정들의 새로운 복장에 관한 다음의 구절은 이 그림을 이해하는 데 큰 도움을 준다.

    좌의정 김홍집이 아뢰기를, "병정들의 의복을 시의(時宜)에 따르려는 것은 용병에 편하도록 하기 위한 것입니다. 근년에 고친 것이 구제(舊制)의 불편한 것에 비해 이미 간단하고도 편리하여 자주 바꿀 필요가 없는데 이제 또다시 고쳐서 순수한 흑색으로 하고 제양(製樣: 크기)을 매우 좁게 하였으니 이는 보는 사람들이 놀랄 뿐 아니라 실사에도 무익합니다. 우리나라 사람의 겨울옷은 명주를 입는데 겉에다 좁은 것을 잡아 묶는 듯이 입으면 팔다리를 움직이기에 자유롭지 못하게 되니 어떻게 용병할 수 있겠습니까? 그 형세상 반드시 될 수 없는 것입니다" 하였다.[141]

    온통 붉은 색으로 칠한 봉교(鳳轎)와 가마꾼들의 모습이 보이는 부분에서는(도 6-2) 봉교의 대략적 묘사와 가마꾼들의 역시 정성 없는 묘사, 그리고 아무런 악기를 들지 않은 채 동그란 상체와 작대기 같은 하체를 보이는 군악대의(도 7-39) 묘사에서도 전체적인 쇠퇴를 느낄 수 있다. 의녀와 상궁들이 보이는 부분에서는(도 7-40) 윤곽선을 완전히 무시한 채 아무렇게나 채색을 가하여 의녀의 녹색 저고리, 노랑치마가 제대로 칠해지지 못하고 치마의 아랫부분만 노란 색으로 보인다든지 상궁 교자(尙宮 轎子)를 멘 사람들의 얼굴이 교자와 겹치면서 완전히 무시되어 버린 예도 볼 수 있다. 이처럼 반차도와

---

141 『高宗實錄』, 高宗 25년 10월 18일. 孫敬子, 金英淑 共編著, 『韓國服飾史資料選集』, 朝鮮篇 II(中宗-純宗), p. 459의 실록 한문 전재 참조. 한글 번역은 같은 페이지에서 인용함.

● 도 7-40
황태자〔순종〕가례도감의궤(1906?) 두루마리 반차도 세부 의녀, 상궁. 장서각

같은 단순한 기록화의 성격을 띤 그림에서도 정성이 결여된 묘사를 많이 볼 수 있는 것은 19세기 후반기부터 쇠퇴하기 시작한 일반 풍속화의 쇠퇴와도 밀접한 관계가 있을 것으로 추정된다.

  이상에서 간략하게 살펴본 바와 같이 1600년대 반차도에서는 완전 육필화 또는 육필화가 주된 부분을 이루며 판화 윤곽선이 조금씩 가미되기 시작한 경우 등 회화적 성격이 강한 경우를 보았다. 그러나 1700년대의 반차도에서 면수가 증가됨에 따라 반복되는 요소들은 본격적으로 판화로 표현하고 부분적으로 육필이 가해진 필연적인 변화가 일어난 것을 알 수 있다. 이러한 경향은 반차도의 면수가 더 증가한 1800년대의 반차도에서 더욱 두드러져 거의 모든 윤곽선이 판화로 되어 있고 휘날리는 넓은 기, 대원군과 그의 부인의 교자와 덩, 그리고 이들을 멘 가마꾼의 경우와 같이 예외적인 구성요소만 육필로 그리게 되었다.

　17세기 초기의 간단하고 고졸한 행렬묘사는 점점 화려하고 복잡해져서 19세기 중엽의 반차도들에서는 판으로 찍었으나 대체적으로 정상적인 비례를 보이는 인물, 기마상, 그리고 다양한 인물들의 자세 묘사, 아름다운 색채 배합으로 구성된 세련된 화면감각 등을 볼 수 있었다. 그러나 19세기 말기와 20세기 초기의 반차도들에서는 형식적이며 정성이 결여된 묘사가 두드러져 국력의 쇠퇴와 당시 일반 회화의 쇠퇴상황을 실감케 하였다. 반차도는 회화작품이기 이전에 어디까지나 기록화(記錄畵)이므로 그림의 수준에 중점을 두고 논하는 것이 어렵지만 위에서 살펴본 바와 같이 시대성을 반영하는 것을 볼 수 있었다는 데 그 의의가 크다.

8

조선왕조 가례도감에서 봉사(奉事)한 화가들과 그들의 임무

1. 가례 행사 때 화가들의 임무

17세기 이후 가례도감에서 여러 가지 화업(畵業)에 종사한 화가들의 기록은 각 가례도감의궤(嘉禮都監儀軌)의 「공장질(工匠秩)」,(도 8-1) 「제색장인질(諸色匠人秩)」,(도 8-2) 또는 단순히 「공장(工匠)」이라는(도 8-3) 장인들의 분야별 분류 목록에 상세히 나타난다. 가례 때 화가들의 역할은 가례행사에 필요한 여러 가지 물품 가운데 그림을 요하는 부분, 특히 여러 가지 병풍을 제작하는 일이나 교명(敎命) 두루마리의 장식,(도 8-4) 채여(彩輿)의 겉 장식 등이 주된 것이었다. 또한 칠기나 칠함궤(漆函櫃) 위에 금니(金泥)로 그림을 그렸고 「동뢰연배설도(同牢宴排設圖)」와(도 8-5) 반차도를 그렸을 것이다. 따라서 가례도감의궤에 기록되어 있는 화가들의 역할 가운데 반차도를 그리는 것은 극히 작은 부분에 해당한다.

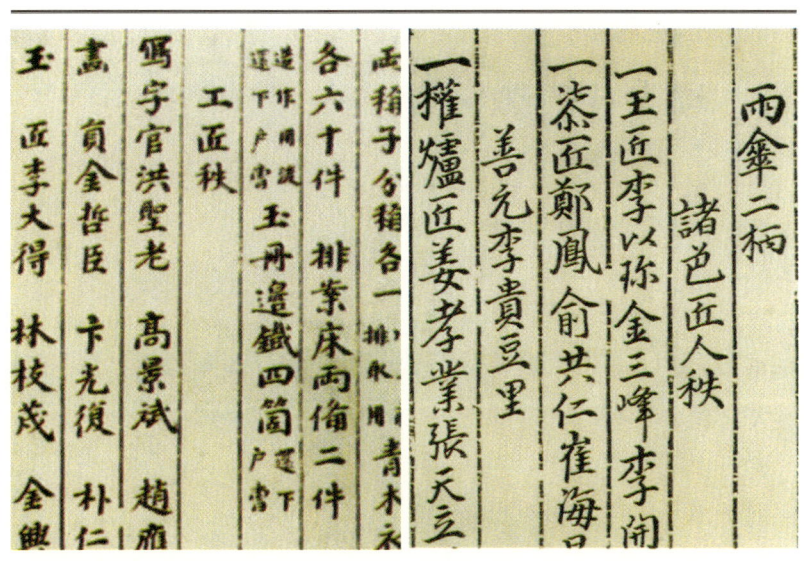

● 도 8-1 순조 가례도감의궤(1802) 본문 「공장질(工匠秩)」 세부. 장서각(좌)
● 도 8-2 왕세자〔경종〕 가례도감의궤(1696) 본문 「제색장인질(諸色匠人秩)」 세부. 장서각(우)

● 도 8-3
왕세자〔익종/문조〕 가례도감의궤(1819) 본문 「공장(工匠)」 세부. 장서각

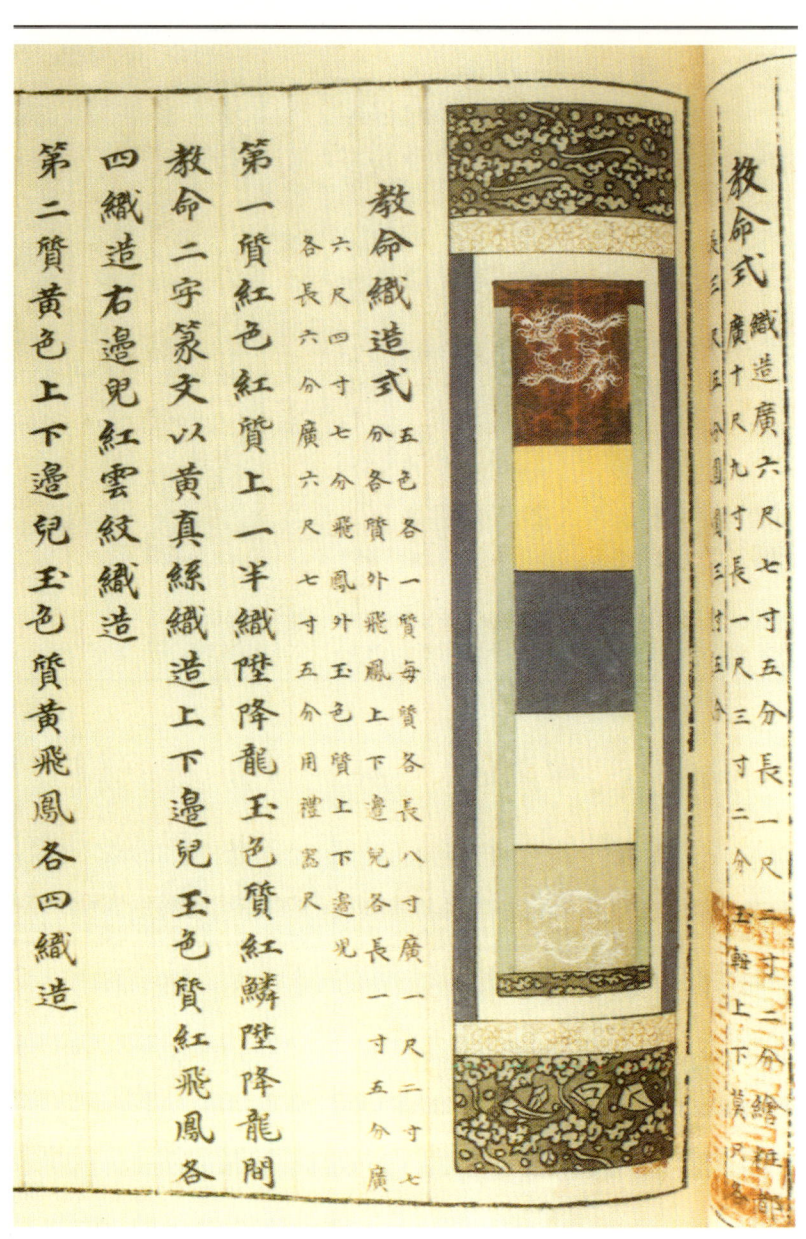

● 도 8-4
왕세자〔익종/문조〕가례도감의궤(1819) 본문 「교명식(敎命式)」 세부, 장서각

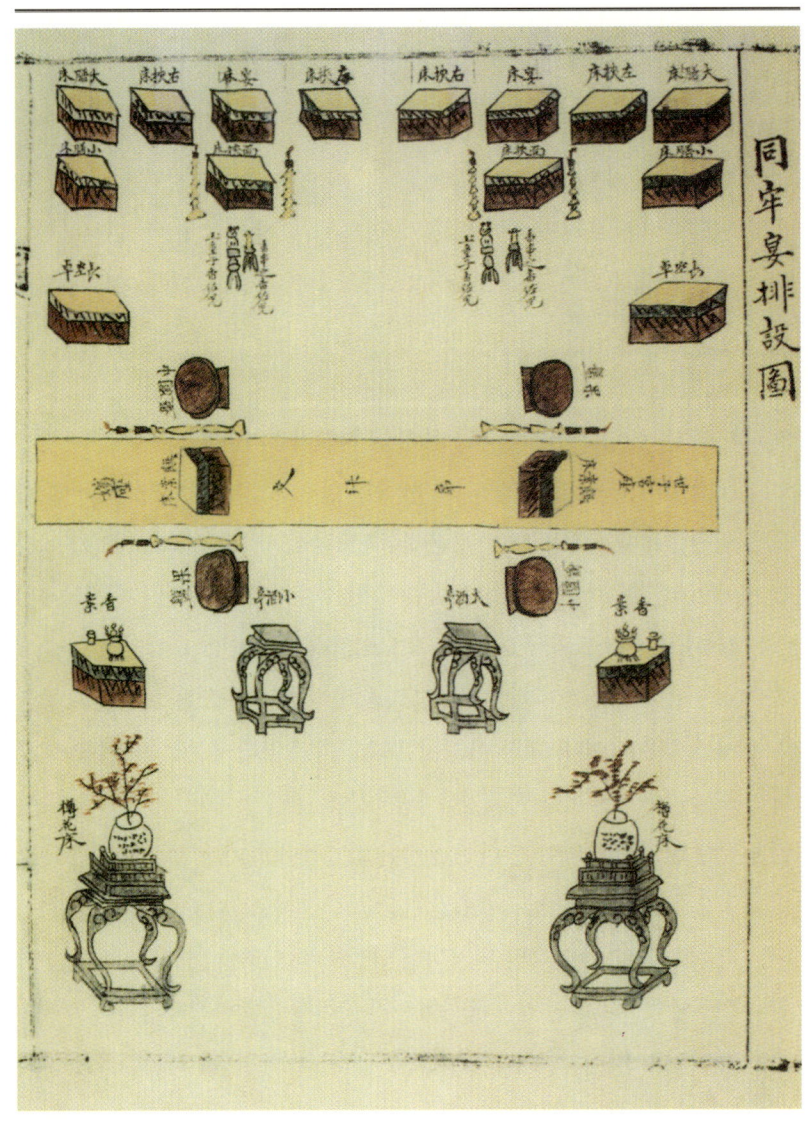

● 도 8-5
왕세자(순종) 가례도감의궤(1882) 「동뢰연배설도(同牢宴排設圖)」, 장서각

가례도감에서는 행사에 연관되는 모든 작업을 일방(一房), 이방(二房), 삼방(三房), 별공작(別工作), 수리소(修理所)로 구분된 각 부서에 분담하는 것이 통례이다. 따라서 가례도감의궤에는 각 방별 기록에 이들이 맡았던 임무들을 일방소장(一房所掌), 이방소장 등의 기록으로 상세히 남겨놓고 있으며, 공장질은 각 방별로 기록되어 있다. 그러므로 각 방이 소장(所掌)한 물건들이 어떤 것이었나 하는 것을 보아 어느 특정 화원(畵員)이 대개 어느 부류의 일에 종사하였나를 대략적으로 파악할 수 있다. 그러나 그 물건들이 한꺼번에 여러 가지가 열거되어 있으므로 한 화가가 그들 가운데 실제로 어느 것을 제작하였는지 알아내는 것은 대부분의 경우 불가능하다.

1681년의 숙종 가례도감의궤부터는 「상전(賞典)」 즉 행사에 참여했던 모든 인원들을 포상하는 기록 부분에서 '도감공장별단(都監工匠別單)'이라는 부분이 설정되어 화가들을 포함한 장인들의 등급을 설정하기 시작하였다. 그러나 이 부분도 등급 표시가 '모모외(某某外) O인(人)'이 일등(一等)에 속한다는 방식으로 기입되어 있으므로 행사에 참여한 모든 화원들의 등급이 표시된 것은 아니다. 또한 이 등급은 그들의 우열을 구분하는 것이라기보다는 도감에서 며칠이나 일하였나 하는 것에 달린 것이다. 즉 일등은 가장 많은 날짜를 채운 사람이다. 다만 우수한 화가들에게 가장 많은 업무를 배정했을 것으로 보여 어느 정도의 우열 판단을 간접적으로나마 할 수 있는 것이다. 이전에는 단순히 이름만 열거되어 있었으며, 이러한 「공장질」에서는 화원들이 구체적으로 어떤 일에 종사했는지는 실제로 밝혀지지 않았다.

1819년의 왕세자[익종] 가례도감의궤부터는 좀 더 자세한 화원들의 역할분담이 표시되기 시작하였으나 여기에도 특정 병풍을 어느 화가가 그렸다는 자세한 기록은 나타나지 않는다. 더욱이 현존하는 궁중유물 가운데 특정 가례 행사와 연관지을 수 있을 만큼 연대가 확실한 것은 옥책, 죽책, 옥인, 금보 등 화가 이외의 다른 장인이나 화원, 또는 명필 고관(高官)의 작품들이며, 의궤책의 일부를 형성하는 반차도 이외에는 좀 더 회화작품다운 병풍이나 그 밖에 다른 의장물은 연대를 확실히 알 수 없어 어느 화원의 작품인지 알 수 있는 유물은 극소수에 달한다.[142]

표 4_ 조선조 가례 때 종사한 화원(畵員)의 행사별 목록

연도	房別儀軌	소장사(所掌事)	화원(등급)	비고
1627	一房	교명(敎命), 의대(衣襨), 연(輦)	이덕원(李德元)	
	二房	의장(儀仗), 포진(鋪陳)	차충익(車忠益), 이징(李澄)	
		장막(帳幕), 각양함(各樣函)	유성업(柳成業), 김명국(金明國)	
		병풍(屛風)	이기룡(李起龍), 이덕익(李德益)	
	三房	죽책(竹册), 옥인(玉印)	화원 없음	
		각양기명(各樣器皿)		
1638	一房	병풍(屛風), 반차도(班次圖)	이징(李澄), 김충호(金忠豪)	
		기타 포진(鋪陳)	이덕익(李德益), 이기룡(李起龍)	
			한선국(韓善國), 홍경민(洪敬民)	
			차정원(車廷元), 김대길(金岱吉)	
	二房	의장(儀仗), 여연(轝輦)	권열(權悅), 엄일(嚴逸)	
	三房	옥책(玉册), 옥인(玉印)	이기룡(李起龍), 이덕익(李德益)	
		각양함(各樣函) 및 기명(器皿)		
1651	一房	교명(敎命), 의대(衣襨),	한선국(韓善國), 이덕익(李德益)	
		포진(鋪陳)	김명국(金明國), 이유탄(李惟坦)	
			한시각(韓時覺), 함경룡(咸慶龍)	
			함종건(咸宗建), 조서승(趙瑞承)	
	二房	여연(轝輦), 의장(儀仗)	장충명(張忠明), 조광승(趙光承)	
			김대길(金岱吉)	

표 4 계속 ▶▶▶

연도	房別儀軌	소장사(所掌事)	화원(등급)	비고
1651 (계속)	三房	죽책(竹册), 옥인(玉印) 각양기명(各樣器皿)	한시각(韓時覺)	
1671	一房	교명(教命), 의대(衣襨) 포진(鋪陳), 의주(儀注) 병풍(屛風), 함궤(函櫃) 반차도(班次圖), 기타	한시각(韓時覺), 이유탄(李惟坦) 장충명(張忠明), 이유석(李惟碩) 허인순(許仁順), 최석준(崔碩俊) 장충헌(張忠獻), 허의순(許義順) 장자방(張子房), 최석헌(崔碩獻)	
	二房	여연(轝輦), 의장물(儀仗物)	한시각(韓時覺), 장충명(張忠明) 엄정준(嚴廷俊)	
	三房	죽책(竹册), 옥인제구(玉印諸具) 각양상탁(各樣床卓), 기명(器皿)	한시각(韓時覺), 장자방(張自房) 허의순(許義順), 장충헌(張忠獻)	
1681	一房	교명(教命), 의대(衣襨) 포진(鋪陳), 상탁궤함(床卓櫃函) 의주(儀註), 반차도(班次圖)	장충명(張忠明), 이유탄(李惟坦) 함종건(咸宗建), 최석헌(崔碩巘)	
	二房	각종의장(各種儀仗) 여연(轝輦)	함제건(咸悌建)(1), 허의순(許義順) 이귀흥(李貴興), 한후방(韓後邦)(3)	*
	三房	옥책(玉册), 금보(金寶) 각양기명(各樣器皿)	허의순(許義順), 이귀흥(李貴興) 한후방(韓後邦)(芳?)	
1696	一房	교명(教命), 의대(衣襨) 포진(鋪陳), 의주(儀注) 반차도(班次圖)	장자욱(張子旭)(1), 이만억(李萬億)(2) 장자방(張子房), 조철명(趙哲明) 유종건(劉宗建), 조석헌(趙碩獻) 이차견(李次堅), 김여흥(金麗興) 장충헌(張忠獻), 변량(卞良)	

* 등급은 한 사람만 표시

표 4 계속 ▶▶▶

연도	房別儀軌	소장사(所掌事)	화원(등급)	비고
1696 (계속)	二房	각종의장(各種儀仗) 여연(轝輦)	장시량(張時亮)(3), 김구성(金九成) 장삼만(張三萬)	
	三房	죽책제구(竹冊諸具) 옥인제구(玉印諸具) 각양기명(各樣器皿), 안상(案床)	화원 없음	
1702	一房	교명(敎命), 각양함궤(各樣函櫃) 병풍(屛風), 반차도(班次圖) 여연(轝輦)	장자현(張子賢), 현유강(玄有綱)(3) 허우(許佑), 조철명(趙哲明) 이만억(李萬億)	
	二房	여연일좌(轝輦一坐) 각종의장(各種儀仗)	장자방(張子房)(2), 장시량(張時亮) 조만흥(趙萬興), 진재해(秦再奚)	
	三房	옥책(玉冊), 금보(金寶) 및 부속물 각종기명(各樣器皿), 상탁(床卓) 금은유주목물제구(金銀鍮鑄木物諸具)	이귀흥(李貴興), 진재해(秦再奚) 이차견(李次堅)	
1718	一房	교명(敎命), 포진(鋪陳) 의대(衣襨), 의주(儀注)	장자욱(張子旭)(1), 이후(李后) 박중번(朴重蕃), 함세휘(咸世輝) 장득만(張得萬)	
	二房	연여(輦輿), 의장(儀仗) 유옥교(有屋轎)	李厚(2)	
	三房	죽책제구(竹冊諸具) 옥인제구(玉印諸具) 욕석복건(褥席覆巾) 각양기명(各樣器皿)	함태흥(咸太興), 이찬(李燦)	*

* 諸色工匠秩에는 畵員이 열거되어 있지 않으나 一房儀軌 앞에 있는 都監工匠醫女等分等別單에 李厚 등 七人을 二等으로 열거하였고 三房 공장질에도 화원이 2인만 있으므로 李厚를 이방에 넣었음

표 4 계속 ▶▶▶

연도	房別儀軌	소장사(所掌事)	화원(등급)	비고
1718 (계속)		각양상탁(各樣床卓), 옥교(屋轎) 안복(按栿)		
1727	一房	교명(敎命), 포진(鋪陳) 의대(衣襨), 반차도(班次圖)	함태흥(咸太興)(2), 장계만(張繼萬) 김두기(金斗機), 최운제(崔雲齊) 이항진(李恒震), 장문찬(張文燦) 노시빈(盧時彬), 최동적(崔東績) 함세휘(咸世輝), 허임(許任)	*
	二房	각종 의장(儀仗)	김구성(金九成)(3), 원명복(元命福) 조홍우(趙弘宇)	
	三房	죽책제구(竹冊諸具), 각종상(床) 옥인제구(玉印諸具), 각양기명(各樣器皿)	김세중(金世重), 임성하(林成夏)	
1744	一房	교명(敎命), 궤(櫃) 배안상(排案床), 의대(衣襨) 포진(鋪陳), 의주(儀註), 병풍 각종예물, 반차도(班次圖)	함세휘(咸世輝), 박중번(朴重蕃) 이항진(李恒鎭), 장상동(張祥同) 이성린(李聖麟), 박수대(朴壽大) 현린서(玄麟瑞), 신덕흡(申德洽) 이의번(李宜蕃), 金德夏(김덕하) (이상 1등)	
	二房	여연(輿輦), 각종 의장(儀仗)	최운제(崔雲齊), 임수흥(林壽興) 이세번(李世蕃)(이상 3등)	
	三房	죽책제구(竹冊諸具) 각종함궤(函櫃), 상(床) 옥인제구(玉印諸具) 각양기명(各樣器皿)	삼방공장질(三房工匠秩)에는 화원(畵員)이 없음	

* 分等別單에는 一等畵員이 열거되지 않았음.

표 4 계속 ▶▶▶

연도	房別儀軌	소장사(所掌事)	화원(등급)	비고
1759	一房	교명(敎命), 의대(衣襨) 포진(鋪陳), 의주(儀注) 상탁함궤(床卓函櫃) 반차도(班次圖)	현재항(玄載恒)(2), 이최인(李最仁) 이복규(李復圭), 신한동(申漢東) 이필한(李必漢), 이광필(李光弼) 신덕흡(申德洽)	*
	二房	중궁전여연(中宮殿轝輦) 각종의장(各種儀仗)	장자징(張子澄), 한종일(韓宗一) 이필성(李必成), 김응환(金應煥) 이도민(李道民), 이종욱(李宗郁) 허잡(許磼)	
	三房	옥책(玉册) 및 부속물 금보(金寶) 및 부속물 각종기명(各種器皿)	정덕홍(鄭德弘), 한사근(韓師瑾), 장벽만(張璧萬)(1), 이필성(李必成)	
1762	一房	교명(敎命), 은인(銀印), 의대(衣襨) 포진(鋪陳), 상탁함궤(床卓函櫃) 각양복속(各樣袱屬), 의주(儀注) 반차도(班次圖)	장벽만(張璧萬)(1), 이복규(李復圭)(2) 안명설(安命卨)(3), 김응환(金應煥) 최성흥(崔聖興)	**
	二房	연여(輦輿), 각종 의장(各種儀仗) 죽책제구(竹册諸具) 각양기명(各樣器皿) 각양상탁(各樣床卓)	이필성(李必成), 한사근(韓師瑾) 임천근(林千根)	

* 도감공장별단(都監工匠別單: 등급별)에는 일등화원 3인, 이등화원 5인, 삼등화원 8인으로 모두 16인의 화원이 등용된 것으로 기록되어 있으며 삼등에 허담(許淡)의 이름이 대표로 나와 있으나 방별(房別) 공장질(工匠秩)에는 그의 이름 대신에 허잡(許磼)이 이방(二房)에 기록되어 있으며 전체 숫자도 17인으로 집계되므로 약간의 부정확성이 보인다.
** 이 도감의궤(都監儀軌)는 1, 2방, 별공작(別工作) 및 수리소(修理所)로 구성되어 있는 것이 특징임.

표 4 계속 ▶▶▶

연도	房別儀軌	소장사(所掌事)	화원(등급)	비고
1802	一房	교명(教命), 의대(衣襨) 함궤 상석(函櫃床席) 병풍, 요채여(腰彩輿) 의주(儀註)	김양신(金良臣), 장대원(張大遠) 김재공(金在恭), 신한평(申漢枰) 이인문(李寅文), 김득신(金得臣) 박인수(朴仁壽)(2), 장한종(張漢宗) 김건종(金建鍾), 김경두(金景斗) 이사집(李思集)(1), 변광복(卞光復) 박유성(朴維城), 이수민(李壽民) 이명유(李命儒), 신호(辛浩)(3) 최창우(崔昌祐), 김한영(金漢英) 이윤민(李潤民), 윤인행(尹仁行) 김명원(金命遠), 장완(張綏) 김철신(金哲臣), 김응수(金應洙) 이유담(李有聃), 정이항(鄭履恒) 김재수(金在秀), 임익수(林益秀) 허굉(許宏), 조경우(趙慶遇) 박치경(朴致儆), 최중길(崔重吉) 김명기(金命基)	
	二房	중궁전연여(中宮殿輦輿) 의장(儀仗) 유옥교(有屋轎) 1좌 옥교(屋轎) 1좌, 안복(按栿) 2쌍	김재수(金在洙), 허포(許宲) 이유담(李有聃), 김응수(金應洙) 최중길(崔重吉)	
	三房	옥책(玉册), 금부(金寶) 동뢰연 기명(同牢宴器皿)	김철신(金哲臣), 변광복(卞光復) 박인수(朴仁秀), 이사집(李思集)	
1819		죽책전금(竹册塡金), 옥인보화(玉印補畵) 죽책전금(竹册塡金)	이수민(李壽民) 박인수(朴仁秀), 김학경(金學敬) 김응수(金應洙), 김명원(金命遠)	*

표 4 계속 ▶▶▶

연도	房別儀軌	소장사(所掌事)	화원(등급)	비고
1819 (계속)	병풍기화(屛風起畵)		박희서(朴禧瑞), 최원(崔垣)	
			허운(許沄), 허순(許淳)	
			서국린(徐國麟), 이효빈(李孝彬)	
	채여기화(彩輿起畵)		유운홍(劉運弘), 유운평(劉運平)	
	의장기화(儀仗起畵)		김화종(金和鍾), 김학선(金學善)	
	一房	교명(敎命), 의대(衣襨)	이수민(李壽民), 김재공(金在恭)	
		함궤상석(函櫃床席), 병풍(屛風)	최명구(崔命九), 김명원(金命遠)	
		요채여(腰彩輿), 의주(儀注)	김화종(金和鍾), 이의양(李義養)	
		반차도(班次圖)	유운홍(劉運弘), 김명규(金命奎)	
			이명유(李命儒), 허순(許淳)	
			정환종(鄭桓宗), 김재정(金載鼎)	
			김학경(金學敬), 박효원(朴孝源)	
			변용규(卞容奎), 박희서(朴禧瑞)	
			허식(許寔), 김학건(金學健)	
			서국린(徐國麟), 유운평(劉運平)	
			허흡(許洽), 최원(崔垣)	
			박인수(朴寅秀), 김재호(金在鎬)	
			이효빈(李孝彬), 김한영(金漢英)	
			허운(許沄), 백준환(白駿煥)	
	二房	연여(輦輿), 의장(儀仗)	유운평(劉運平), 김화종(金和鍾)	
		오장(烏杖), 유옥교(有屋轎)	이윤민(李潤民), 김학선(金學善)	
		교자(轎子), 안복(按袱)		

* 처음으로 화원들의 역할분담이 구체적으로 기록된 가례도감별단(嘉禮都監別單)이 작성되어 있다.

표 4 계속 ▶▶▶

연도	房別儀軌	소장사(所掌事)	화원(등급)	비고
1819 (계속)	三房	죽책, 각종 보자기	이수민(李壽民), 김학경(金學敬)	
		함궤, 배안상	박인수(朴仁秀), 김응수(金應洙)	
		옥인(玉印) 및 부속 제구(諸具)	허운(許沄), 김명원(金命遠)	
			김학선(金學善), 김재정(金在鼎)	
1837		옥책전금화원(玉冊塡金畵員)	김순종(金舜鍾), 서국린(徐國麟)	
			서흥원(徐興源)	
		금보보화화원(金寶補畵畵員)	장준량(張駿良), 박기준(朴基駿)	
	一房	교명, 의대, 함궤, 상석(床席)	박기준(朴基駿, 俊), 최원(崔垣)(1)	
		의주(儀注), 병풍, 반차도	김재종(金在鍾)(2), 허순(許淳)	
			김학선(金學善)(3), 이인담(李仁聃)	
			이정주(李鼎周), 이한철(李漢哲)	
			김재정(金載正)	*
			화사: 이재관(李在寬), 김성록(金聖祿)	
			서치순(徐致淳), 박성근(朴性根)	
			안창복(安昌福), 이동연(李東延)	
			유치홍(兪致弘), 장치녹(張致祿)	
	二房	중궁전연여(中宮殿輦輿)	김상훈(金相勳), 김선호(金善祜)	
		의장(儀仗), 유옥교(有屋轎)	전재성(全在成), 안영상(安英祥)	
		안복(按袱)	김학선(金學善)(3)	**
	三房	옥책(玉册), 갑(匣), 궤(櫃)	장준량(張駿良), 김순종(金舜鍾)	
		보자기, 금보(金寶)	서국린(徐國麟), 서흥원(徐興源)	
		기명(器皿)	박기준(朴基駿)	

* 처음으로 화사(畵師)라는 호칭을 화원과 구별하여 사용.
** 별공작(別工作) 및 수리소(修理所)에는 화원(畵員)이 기용되지 않았음.

표 4 계속 ▶▶▶

연도	房別儀軌	소장사(所掌事)		화원(등급)	비고
1844	옥책전금화원(玉册塡金畵員)			이응모(李膺模), 정창현(鄭昌鉉) 김안국(金安國)	
	금보보화화원(金寶補畵畵員)			이종빈(李宗彬), 김명원(金命遠)	
	一房	교명(敎命), 의대(衣襨)		안덕기(安德基)(1), 최택흠(崔宅欽)	
		함궤상석(函櫃床席), 병풍(屛風)		김학도(金學道)(2), 전재성(全在成)	
		요채여(腰彩輿), 반차도(班次圖)		백은배(白殷培), 고진승(高鎭升)	
		의주(儀註)		이의수(李儀秀)	
	二房	궁중전연여(中宮殿輦輿)		고진승(高鎭升), 이의수(李儀秀)	
		의장(儀仗) 50병(柄)		김제도(金濟道), 김재종(金在鍾)	
		유옥교(有屋轎)1좌		김상훈(金相勳), 서흥원(徐興源)	
		옥교(屋轎)1좌, 안복(按栿) 2쌍		최달효(崔達孝)	
	三房	옥책(玉册), 각종 보자기, 갑(匣)		김명원(金命遠), 이응모(李膺模)	
		함궤, 상, 금보(金寶) 및		정창현(鄭昌鉉), 김안국(金安國)	
		보통(寶筒)		이종빈(李宗彬)	
1851	옥책전금화원(玉册塡金畵員)			김제규(金濟逵), 전택인(全宅仁) 정동렬(鄭東烈)	
	금보보화화원(金寶補畵畵員)			이응모(李膺模)	
	一房	교명(敎命), 의대		전재성(全在晟)(1), 전재영(全在英)	
		함궤상석(函櫃床席), 병풍(屛風)		전재학(全在學)(2), 이언상(李彦祥)	
		요채여(腰彩輿), 반차도(班次圖)		임종우(林鍾祐), 백준환(白俊煥)	
		의주(儀注)		이한철(李漢喆)(3), 김순종(金舜鍾)	
				김하종(金夏鍾), 이방식(李邦埴)	
	二房	1819년 이방(二房) 참조		전재준(全在俊), 이은상(李殷常)	
				김재경(金在敬), 최한준(崔漢俊)	
	三房	1819년 삼방(三房) 참조		전택인(全宅仁), 김제규(金濟逵)	
				정동렬(鄭東烈), 이응모(李膺模)	

표 4 계속 ▶▶▶

연도	房別儀軌	소장사(所掌事)	화원(등급)	비고
1866	옥책전금화원(玉册塡金畵員)		정동렬(鄭東烈)	
	금보보화원(金寶補畵畵員)		유연호(劉淵祜)	
	一房	1851년 일방(一房)과 같음	정응렬(鄭應烈)(1), 김제순(金濟淳)(2) 김학도(金學道)(3), 김무(金懋) 조중묵(趙仲默)	*
	二房	1837년 이방(二房)과 같음	화사: 정수동(鄭秀東)(2) 김석린(金錫麟) 박대영(朴大英)(3), 정응렬(鄭應烈)	
	三房	1837년 삼방(三房)과 같음	화원이 기용되지 않았음	
1882	옥인보획화원(玉印補劃畵員)		박용기(朴鏞夔)	
	죽책전금화원(竹册塡金畵員)		박창수(朴昌洙), 허도(許燾) 전의묵(全毅默), 박정현(朴定鉉)	
	병풍기화화원(屛風起畵畵員)		홍필환(洪弼煥), 전수묵(全修默) 김수훈(金洙薰), 윤석영(尹錫永) 김의식(金義植), 송병화(宋秉華) 신학모(申鶴模)	
	의장기화화사(儀仗起畵畵師)		김영호(金榮浩), 이응연(李應淵)	
	채여기화화사(彩輿起畵畵師)		최석현(崔奭鉉), 이명환(李命煥) 오영훈(吳泳薰)	
	一房	1851년 一房과 같음	박창수(朴昌洙), 박정현(朴定鉉) 허도(許燾), 송병화(宋秉華)	

* 가례도감분등별단(嘉禮都監分等別單)에는 일등화원 3인, 이등화원 3인, 삼등화원 5인, 그리고 이등화사(二等畵師) 2인, 삼등화사(三等畵師) 1인으로 모두 11인의 화원과 3인의 화사가 기용된 것으로 나타났으나 방(房)별 공장질에는 모두 7인의 화원(畵員)과 3인의 화사(畵師)가 기용된 것으로 기록되어 있다.

표 4 계속 ▶▶▶

연도	房別儀軌	소장사(所掌事)	화원(등급)	비고
1882 (계속)			화사: 김태현(金台鉉), 이동기(李東基) 홍봉순(洪鳳淳), 최석현(崔奭鉉)	
	二房	연여(輦輿), 의장(儀仗) 교자(轎子), 안복(按栿)	박창수(朴昌洙), 박정현(朴正(定)鉉) 전수묵(全修默), 김수훈(金洙勳)	
	三房	죽책(竹册), 옥인(玉印) 기타 물품	박용기(朴鏞夔), 박창수(朴昌洙) 허도(許燾), 전의묵(全毅默) 박정현(朴定鉉), 이명희(李明喜) 최의철(崔宜喆), 김재학(金在學)	
1906		금보보획화원 도화주사 (金寶補劃畵員 圖畵主事)	서원희(徐元熙)	*
		금책전홍화원 도화주사 (金册塡紅畵員 圖畵主事)	전수묵(全修默), 조재흥(趙在興) 윤석영(尹錫永)	
		병풍기화화원 육품 (屛風起畵畵員 六品)	송중현(宋重鉉), 원영풍(元永豊) 박춘식(朴春植)	
		의장기화화원 육품 (儀仗起畵畵員 六品)	최윤평(崔允平), 정휘조(鄭彙朝) 정도근(鄭道根)	
		채여기화화원 육품 (彩輿起畵畵員 六品)	김창운(金昌雲), 김용수(金溶秀)	
	一房	제서(制書), 답표(答表), 의대(衣襨) 함궤상석(函櫃床席), 병풍(屛風) 요여(腰輿), 채여(彩輿) 용정(龍亭), 향정(香亭) 반차도(班次圖)	박창수(朴昌洙), 이기영(李祺榮)(2) 전수묵(全修默), 백희배(白禧培) 윤석영(尹錫永), 조재흥(趙在興) 서원희(徐元熙), 이덕영(李悳泳) 김기락(金基洛), 정익선(鄭益善)	

* 처음으로 화원(畵員)의 품계(品階)가 명시됨

표 4 계속 ▶▶▶

연도	房別儀軌	소장사(所掌事)	화원(등급)	비고
1906 (계속)			이희목(李喜穆) 화사: 박용훈(朴鏞薰), 홍재현(洪在炫) 이재영(李載榮), 이계윤(李啓允) 박영준(朴英俊), 조경선(趙敬善)	
	二房		정익선(鄭益善), 조기학(趙祺學) 장기심(張基心)	
	三房		박용훈(朴鏞薰), 이기영(李祺榮) 윤석영(尹錫永), 전수묵(全修默)	

〈표 4〉조선조 가례 때 종사한 화가들의 행사별 목록은 각 의궤를 검토하여 그 행사의 방별(房別) 화가의 명단과 「상전(賞典)」에 이들의 등급이 나오기 시작한 이후는 등급 표시, 그리고 역할 분담을 기록에서 찾을 수 있는 한 자세히 분류해서 작성한 것이다.

위의 표에서 보는 바와 같이 화원(畵員)들의 이름이 대거 열거되지만 실제로 어느 화원이 어느 물건을 만들었다는 구체적인 기록은 없다. 더욱이 1638년 가례의 일방(一房)에서 종사한 이기룡(李起龍)과 이덕익(李德益)은 삼방(三房)에서도 종사한 것 같이 한 화원이 일방(一房)과 삼방(三房)에, 또는 1671년 가례의 일방(一房)과 이방(二房)에 모두 종사한 한시각(韓時覺)과 같이 한 방 이상에서 모두 종사한 예도 많이 있어서 그 역할분담을 실제로 알아내기란 쉬운 일이 아니다. 다만 가례도감의궤의 방대한 기록 가운데 화가에 관한 특별한 언급이 어느 형태로 나오기도 하므로 이들을 수집해 보면 조금이라도 구체적인 단서를 얻게 된다. 그 좋은 예가 1627년 소현세자 가례에서 봉사한 종친 화원 이징(李澄 1581-1674 이후)에 관한 기록이다.[143] 그는 당시 이방(二房)에 종사한 것으로 기록되어 있으며 이방(二房) 소장사(所掌事) 가운데는 병풍과 의장이 화가들과 가장 관계가 깊은 것이다. 동년 가례도감의궤의 품목(稟目: 상관에게 여쭙는 글) 조항 중 7월 18일자를 보면 다음과 같은 글이 보인다.

〔제조(提調)에게〕 올리는 글(稟目): 원래 색채를 사용해서 만드는 병풍, 의장 등 모든 물건들은 화원(畵員)의 손에 달렸는데, 이징(李澄)은 아직 나타나지 않았습니다. 그림 그리는 일은 온 종일 눈을 쓸 수 없는 일이니 병풍(屛風) 하나를 그리는데 15일까지 걸립니다. 이렇게 계산하건대 앞으로 몇 개월 후에야 그리는 일이 끝나겠습니다. 더욱이 어떤 의장물(儀仗物)의 그림은 날짜를 전혀 지연할 수 없으니 화원 한 명을 더 추가로 정하여 그로 하여금 빨리 일을 완성하게 하는 것이 어떻습니까? 제조(提調)는 수결(手決)하고 품목(稟目)에 의하여 일을 하도록 하였다.[144]

142 『宮中遺物圖錄』(문화재관리국, 1986)에는 〈十長生圖屛風〉(도 15), 〈牧丹圖屛風〉(도 18) 등 가례시 사용되었을 것으로 보이는 병풍들이 몇 점 있으나 이들은 모두 필자미상으로 되어 있다.
143 李澄의 卒年에 대해서는 金知惠, 「虛舟 李澄의 繪畫研究」(홍익대학교 대학원 석사논문, 1993. 2), pp. 26-28에서 이징이 1674년까지 생존해 있었음을 시사하는 권상하의 「書從子變虛舟畵軸後」(『寒水齋集』所載)라는 발문을 소개하여 종래 이징의 졸년을 1645년 이후라고 보던 견해를 수정하였다.
144 稟目 本色所造之事 屛風儀仗等物 皆在畵員之手 而李澄尙不來現 圖畵一事 不可終日屬目 故一屛風所畵至於十五日 以此計之 必將數月後畵畢 且有儀仗之畵 不可遲延日子 期爲可慮 同畵員一名加定 使之速爲完畢何如 提調手決 依稟目 使役事, 소현세자 가례도감의궤 (1627), p. 71.

즉 이 가례 행사에서 이징은 병풍만을 그린 듯하며 그것도 서두르지 않고 여유작작하게 병풍 하나를 그리는 데 최소한 15일 정도를 소비한 것을 알 수 있다. 〈표 4〉에서 보는 바와 같이 이방(二房)에는 이징 이외에 다섯 명의 화원이 더 있어 모두 6인의 화원이 여러 가지 일을 분담한 것으로 기록되어 있다. 또한 이징은 1638년의 가례 행사 때도 십장생 병풍을 그린 것으로 기록되어 있다.[145] 필자가 20건의 가례도감의궤의 기록을 검토하여 작성한 〈표 5〉 조선조 가례 때 사용된 병풍에서 보는 바와 같이 1627년의 가례행사를 위해서는 십장생십첩대병풍(十長生十貼大屛風), 화초십첩대병풍(花草十貼大屛風), 모란십첩대병풍(牧丹十貼大屛風), 그리고 연화십첩중병풍(蓮花十貼中屛風) 등 4좌의 병풍이 제작되었음을 알 수 있다. 의장기는 기린기(麒麟旗) 2, 백택기(白澤旗) 2, 현무기(玄武旗) 1, 가구선인기(駕龜仙人旗) 2, 영자기(令字旗) 3 등이 신조(新造) 또는 개채(改彩)되었다.[146]

위의 표에 나타난 화가들의 직책은 대부분 화원으로 되어 있으나 1837년 가례도감의궤부터는 '화사(畵師)'라는 명칭으로 몇 사람의 이름이 열거되기 시작하였다. 도화서의 종 8품 직원 '화사(畵史)'가 아니라 단순히 그림을 잘 그리는 사람이라는 뜻의 '화사(畵師)'가 가례도감에 참여한 예라고 보아야 할 것이다. 즉 도화서에 정식으로 속하지 않는 화가들의 이름이 기록된 것이다. 아래에 인용한 영조 가례도감의궤(1759)에서도 지방의 화사를 급히 차출하는 예를 볼 수 있어 큰 행사 때는 많은 회화 수요도 늘어난 19세기에 더욱 두드러졌을 것으로 보인다. 1837년 헌종 가례도감의궤에는 특별히

---

145 인조 가례도감의궤(1638), 규장각본, p. 67의 「大內進排」 十長生 苧布大屛風에 李澄 起畵用으로 白紙 2卷이 열거된 것 참조.
146 소현세자 가례도감의궤(1627), p. 91의 「세자 의장」조 참조.

화사들의 등용에 관한 기사를 볼 수 없었으나 일반적으로 평소보다 많은 인원이 소요되었다는 것을 다음의 기사에서 볼 수 있다.

공문을 내리건대 이번 가례 때 의장차비(儀仗差備), 내외사 의녀(內外司 醫女), 침선비(針線婢) 등 형조(刑曹)의 종들이 원래의 숫자 이외에 50명이 부족하여 각 궁의 종들을 대용(代用)하라는 하교(下敎)가 있었으므로 각 궁에서 이들을 나누어 선택한 후〔都監出入을 위한〕명단을 책으로 만들어 바칠 것.[147]

1837년의 가례는 반차도(班次圖) 면수(面數)가 최초로 68면이나 되는 기다란 반차도이며, 그 이전의 1819년 가례반차도는 52면이므로 이 한 가지로 보아도 다른 장식 수요도 증가한 것으로 볼 수 있다. 그러나 병풍의 수는 오히려 줄어든 것을 볼 수 있어 의장(儀仗), 연여(輦輿) 등의 장식에 많은 화가들이 기용된 것으로 보인다.

1906년의 의궤에는 '도화주사(圖畵主事)'라는 직함이 새롭게 등장하는 것을 볼 수 있다. 즉 서원희(徐元熙), 전수묵(全修默), 조재흥(趙在興), 윤석영(尹錫永) 등 네 사람은 '화원 도화주사(畵員 圖畵主事)'라는 직책으로 기록되어 있으며 나머지는 화원(畵員), 또는 화사(畵師)라고 기록되어 있음을 볼 수 있다. 이는 앞에서 반차도의 구성내용을 살펴보았을 때 나타난 바와 같이 갑

---

147 右甘結 今此嘉禮敎是時 儀仗差備 內外司醫女 針線婢等 刑曹婢子 元數外不足數五十名 以各宮婢子代用事下敎亦敎是置 各宮使之 擇後 修成册來呈事. 헌종 효현후 가례도감의궤(1837)「甘結」, 丁酉三月初二日, p. 90. 이 문장에서 다음의 세 가지 이두문이 있다. 1. 첫줄의 '敎是'는 이시(께서) 즉 主語의 존칭이며, 2. 둘째줄의 亦은 인용부호의 代用이며, 3. 둘째줄의 置는 연결사 또는 맺음말이다. 장지영, 장세경 지음,『이두사전』(도서출판 산호, 1991) 참조.

오경장(甲午更張 1894) 후 직제 개편에 따라 가례행사에 참여했던 많은 관원들의 명칭이 바뀐 것과 마찬가지로 볼 수 있다. 도화서는 1894년 군국기무처(軍國機務處) 진의(進議)로 관제 개편에 의해서 규장각 소속으로 되었으며, 이에 따라 도화주사라는 직책이 새롭게 생겨난 것이다. 이 사실은 『고종실록』(권 32, 7월 17일조)과 오홍묵(吳宖默)의 경상도 『고성총쇄록(固城叢瑣錄)』(1893-1894)에 의해서 확인된다.[148] 화원과 도화주사의 차이점은 앞으로의 연구에서 더 밝혀져야 할 과제이다.

〈표 5〉에서는 조선왕조 가례 때 제작, 사용된 병풍들을 가례별, 그리고 사용된 장소별로 분류하고 이들이 도감의 어느 방(房)에서 제작되었나를 정리해 놓았다.

표 5_ 조선왕조 가례 때 제작, 사용된 병풍

연도	병풍 종류 (사용된 장소)	座數	소장방(所掌房)	비고(備考)
1627	십장생 10첩 대병풍 (동뢰청 同牢廳)	1	二房儀軌	이징 병풍 (李澄 屛風)
	화초 10첩 대병풍 (동뢰청)	1		
	모란 10첩 중병풍 (개복청 改服廳)	1		
	연화 10첩 중병풍 (별궁 別宮)	1		
1638	저포(苧布) 십장생 대병풍 (대내진배 大內進排)	1	一房儀軌	이징 기화 (李澄 起畵)
	저포 모란 중병풍	1		
	초(綃) 화초영모 중병풍 (대진진배)	1		
	저포 연화영모 중병풍 (별궁진배)	1		
1651	화초 10첩 대병풍 (동뢰청)	2	一房儀軌	
	십장생 10첩 대병풍 (동뢰청)	1		
	모란 10첩 중병풍 (개복청)	1		

표 5 계속 ▶▶▶

연도	병풍 종류 (사용된 장소)	座數	소장방(所掌房)	비고(備考)
1651	연화 10첩 중병풍 (별궁)	1		
1671	동상(同上)			
1681	저포(苧布) 대병풍 (대내진배)	1		
	저포(苧布) 중병풍	1		
	초(綃) 중병풍	1		
	중병풍 (별궁진배)	1		
1696	10첩 화초 대병풍 (동뢰연청)	2		
	십장생(十長生) 10첩 대병풍	1		
	연화 10첩 중병풍 (별궁진배)	1		
	모란 10첩 중병풍 (개복청)	1		
1702	초(綃) 대병풍	1		
	저포(苧布) 대병풍 (대내진배)	1		병풍 그림의
	저포(苧布) 중병풍 (대내진배)	1		주제가 명시
	초(綃) 중병풍 (대내진배)	1		되지 않음
	중병풍 (별궁진배)	1		
	병풍 (동뢰연청)	3		
1718	10첩 화초 대병풍 (동뢰연청)	1	一房	
	십장생(十長生) 10첩 대병풍 (동뢰연청)	1		
	연화 10첩 중병풍 (동뢰연청)	1		
	모란 10첩 중병풍 (개복청)	1		
1727	화초 10첩 대병풍 (동뢰연청)	1	一房	
	십장생 10첩 대병풍 (동뢰연청)	1		
	모란 10첩 중병풍 (개복청)	1		
	연화 10첩 병풍 (개복청)	1		
	절화영모(節花翎毛) 10첩 중병풍 (빈궁)	1		
	10첩 화초 대병풍 (세자궁)	2		

표 5 계속 ▶▶▶

연도	병풍 종류 (사용된 장소)	座數	소장방(所掌房)	비고(備考)
1727 (계속)	10첩 십장생(十長生) 대병풍 (세자궁)	2		
	10첩 절화영모 중병풍 (세자궁)	1		
1744	10첩 화초 대병풍 (동뢰연청)	2	一房	
	십장생 10첩 대병풍 (동뢰연청)	1		
	연화 10첩 중병풍 (동뢰연청)	1		
	모란 10첩 중병풍 (개복청)	1		
	10첩 연화 중병풍 (별궁)	1		
	10첩 십장생 대병풍 (세자궁)	1		
	10첩 절화영모 대병풍 (세자궁)	1		
1802	분양행락도(汾陽行樂圖) 8첩 왜장(倭裝)	1	一房	곽분양행락도 (郭汾陽行樂圖) 처음 등장
	영모(翎毛) 대병풍	1		
1819	분양행락도 대병풍 (별궁)	1	一房	
	백자동 중병풍 (별궁)	1		백자동(百子童) 병풍 처음 등장
	분양행락도 8첩 왜장	1		
	백자동 10첩 왜장	1		
1837	분양행락도 8첩 왜장 대병풍 (별궁)	1	一房	
	영모도 10첩 왜장 대병풍 (별궁)	1		
	무채(無彩) 8첩 저(苧)병풍 (동뢰청)	1	三房	
1844	무채(無彩) 8첩 저포 병풍 (동뢰연청)	1		
	분양행락도 대병풍 8첩 왜장 (별궁)	1		
	영모도 대병풍 10첩 왜장 (별궁)	1	一房	
1851	분양행락도 8첩 왜장 (별궁)	1	一房	
	영모도 10첩 왜장 (별궁)	1		
	모란병 (동뢰연청)	1	三房	

표 5 계속 ▶▶▶

연도	병풍 종류 (사용된 장소)	座數	소장방(所掌房)	비고(備考)
1866	채초(彩綃) 병풍 2좌 (별궁)	2	一房	
	1. 분양행락도 8첩 왜장 대병풍 (별궁)			
	2. 영모도 8첩 왜장 대병풍 (별궁)			
	8첩 모란병 (동뢰연청)	1		
1882	분양행락도 10첩 왜장	1		
	백자동도 10첩 왜장	1		
	10첩 모란병	1		
1906	채초(彩綃) 병풍 2좌 (별궁진배)	2	一房	
	1. 곽분양왕도(郭汾陽王圖)			
	2. 영모도			
	모란화도(牡丹花圖) 10첩대병풍 (동뢰연청)	1		
	무채저포병풍(無彩苧布屛風)	1		

〈표 5〉에서 보면 1759년 영조와 계비 정순왕후 가례 때와 1762년 정조의 왕세손 시절 가례 때의 병풍이 기록에서 빠져 있다. 1759년 가례도감의궤에서는 병풍에 관한 자세한 언급을 확인하지 못했다.[149] 그러나 공장질(工匠秩)에 병풍장(屛風匠)이 세 명(韓戊辰, 金三義, 朴昌義)이 열거되어 있어[150] 이

---

148 『國史大事典』 소재 「韓末官職表」(『增補文獻備考』에 의한 것)에는 도화서가 보이지 않으며, 기존의 도화서 관계 미술사 논문들에서도 이 문제가 밝혀진 바 없다. 필자에게 처음으로 이 사실을 알려준 한국정신문화연구원 자료조사실 盧相福 전문위원께 감사드린다. 盧相福 解題, 『藏書閣圖書韓國本解題輯-地理類』(1) (1993. 6), p. 134의 〈표 2〉 참조. 그 후 필자가 진행 중인 『朝鮮王朝實錄』 미술기사 발췌 작업 중 『高宗實錄』 기사에서 이 사실을 재확인할 수 있다.
149 영조 가례도감의궤(1759) 전체에서 확인되지 않음.

● 도 8-6
〈십장생도(十長生圖) 십첩병풍〉. 견본채색, 각폭 208.5×38.9cm, 국립고궁박물관

● 도 8-7
〈모란도(牧丹圖) 팔첩병풍〉, 견본채색, 각폭 204.0×53.5cm, 국립고궁박물관

들이 기존의 병풍을 개수(改修)하여 사용하도록 한 것으로 짐작된다. 1762
년의 가례도감의궤에는 병풍에 관한 다음의 구절이 있다.

150 『英祖 貞純后 嘉禮都監儀軌』(서울대학교 규장각 영인본), p. 247.

이미 아뢴 바 있는 별궁(別宮)에서 쓸 채색 비단 병풍 일 좌(一坐) 별단(別單)에 관한 일로 그림은 정례 중에서 임시로 취하고 치수와 폭 수는 어떻게 할까 문의하였으나 임금이 말씀하시기를 병풍은 그만두어라…고 하였다.[151]

151 … 所啓別宮所用彩綃屏一坐別單 啓下而圖則定例中臨時取 稟矣 長廣貼數何以爲之乎 上日屛風置之… . 왕세손〔정조〕 가례도감의궤(1762), 규장각본, p. 33.

● 도 8-8
〈화조영모도(花鳥翎毛圖) 팔첩병풍〉. 지본채색, 전체 크기 200.5×426.5cm, 강 콜렉션(Kang Collection)

앞에서 가례반차도의 구성내용을 살펴볼 때 언급한 바와 같이 전반적으로 간소화한 왕세손의 가례행사였기 때문인 것으로 판단된다. 〈표 2〉에서 보는 바와 같이 반차도의 면수도 18면밖에 되지 않는 간단한 것임을 상기시킬 필요가 있다.

위의 표에서는 17세기부터 20세기 초기까지 궁중에서 가례 행사를 위하여 제작된 병풍의 종류, 선호되었던 화목의 종류 등을 살펴보았다. 병풍들

은 그 주제에 따라 가례 때 특정 장소에 특정 주제의 병풍이 사용된 것도 알 수 있었다. 십장생 대병풍은(도 8-6) 18세기 말까지 계속 동뢰연청에 사용되어 왔으니 19세기부터는 모란병으로(도 8-7) 바뀐 것을 알 수 있다. 그밖에도 화조(도 8-8), 또는 화초 등의 주제로 여러 병풍들이 제작되어 사용되었다.

1759년의 병풍이 확인되지는 않지만 1744년까지의 병풍 종류로 보면 〈곽분양행락도(郭汾陽行樂圖)〉나(도 8-10)[152] 〈백자동도(百子童圖)〉와(도 8-11)

● 도 8-9
〈연화도(蓮花圖) 십첩병풍〉. 지본채색, 전체 크기 170.2×325.1cm, 개인소장

같이 좀 더 중국적인 테마를 다룬 병풍은 1802년도 가례 때 처음으로 별궁용 병풍으로 등장하여 십장생병이나 연화병을 제치고 그 이후 계속 정착되었다는 사실이 발견되어 흥미롭다. 또한 현재 가장 보편적으로 쓰이는 8폭

152 郭汾陽行樂圖는 唐代의 名將 곽자의(郭子儀)를 소재로 한 그림이다. 곽자의는 安史의 亂(755)을 평정하는 데 큰 공을 세워 唐 肅宗(756-762 재위)으로부터 汾陽王으로 봉해졌으며 그의 자식과 사위들이 모두 출세하고 자신도 장수를 누려 그의 생애는 중국에서 전통적으로 장수(長壽), 영화(榮華)의 상징으로 즐겨 그림의 소재로 채택되었다.

병풍 대신 조선시대 가례시의 대부분의 병풍들이 10첩(貼)이었다는 사실도 주목할 만하다. 한편 현재 창덕궁에 보관되어 있는 궁중 유물들 중 다수의 병풍이 십장생, 화조(花鳥), 모란병 등이며 이들은 대개 4, 6 또는 8곡(曲)이라고 하여 가례도감의궤의 기록과 차이를 보이며[153] 궁중유물 병풍의 전체적인 테마에 관해 언급한 부분도 〈곽분양행락도〉나 〈백자동도〉에 관한 언급이 없어 궁금하다.[154] 현재 국립중앙박물관에는 김득신(金得臣 1754-1822)의 작품 〈곽분양자의행락도(郭汾陽子儀行樂圖)〉(견본설채, 145.5×

● 도 8-10
〈곽분양행락도(郭汾陽行樂圖) 십첩병풍〉. 견본채색, , The Minneapolis Institute of Arts.

●도 8-11
〈백자동도(百子童圖) 병풍〉. 견본채색, 각폭 109.2×30.5cm, 개인소장

124.2cm) 한 점이 소장되어 있고[155] 미네아폴리스 미술관 소장으로 10폭 〈곽자의도병풍(郭子儀圖屛風)〉이 알려져 있다.[156] 필자가 가례도감의궤 연

153 『宮中遺物圖錄』, p. 279의 「長生圖, 花鳥圖, 牡丹圖」 참조.
154 『宮中遺物圖錄』, p. 278.
155 劉復烈, 『韓國繪畫大觀』(서울: 文敎院, 1969), p. 574, 도판 no. 368.
156 『李朝の屛風』특별전도록(奈良 : 大和文華館, 1987), pp. 26-27의 도 9 참조.

구 논문을 처음 발표한 이후 정영미(鄭瑛美)는 석사논문에서 조선시대 19세기 초부터 우리나라에서 많이 그려진 곽분양행락도의 기원과 도상(圖象)의 형성 과정을 자세히 밝혀놓았다.[157]

157 鄭瑛美,「朝鮮後期 郭汾陽行樂圖 硏究」(韓國精神文化硏究院 韓國學大學院 석사논문, 1999 2).

화원이 금보(金寶)의 전문(箋文)을 조각하기 전에 옮겨 그리는 일을 한 구체적인 기록으로는 충청감영(忠淸監營)으로 보낸 다음의 문서를 들 수 있다.

서로 참고할 사항은 금보(金寶)의 전자체(篆字體) 글씨는 화원(畵員)이 늘 베껴 그리고 손질을 한 후 실제로 깎는 일이 시작되는데, 지금 서울 안에 있는 화원들은 이 일에 익숙하지 않을 뿐더러 화원(畵員) 장벽만(張璧萬)은 이 일을 여러 번 했으므로 비할 바 없이 숙련된 사람입니다. 방금 듣건대 본영의 화사 비장(裨將: 監司, 留守등에 따라다니는 관원)이 막중(幕中)에 있다고 하니 이 공문이 도착하는 즉시 말에 태워 서울로 올려 보낼 것을 명합니다.[158]

화원들은 또한 가례의식, 특히 동뢰연에 필요한 여러 가지 기명(器皿)의 표면을 장식하는 일을 맡았을 것이며, 채화방석(彩花方席) 등 도안을 요하는 여러 가지 일들을 맡았을 것으로 생각된다. 한 번의 동뢰연을 치르기 위하여 만들어진 기명의 목록을 보면 은수저, 금속제 크고 작은 촛대, 향로, 향합, 과일을 담을 놋그릇, 향꽂이, 받침대, 사기 옥동자 한 쌍, 왜주홍(倭朱紅) 칠(漆) 각종 상(床), 흑칠(黑漆) 각종 쟁반과 상, 은 술잔, 잔 받침, 술그릇 받침대 등 등 그 수가 무려 53종(種) 404건(件)에 이른다. 이들을 약간의 설명을 달아 각주에 제시한다.[159] 가례도감의궤의 〈동뢰연도〉(도 8-5)를 보면 이 가운데 몇 가지의 명칭들이 기물 옆에 기재되어 있어 실물을 볼 수 있다.

이상에서 살펴본 바와 같이 가례 행사가 있을 때 화가들의 임무는 상당

---

158 爲相考事 都監金寶篆文畵員例爲移摹補畵 然後方可入刻 而卽今京中所在畵員 擧皆生疎分叱不喩 畵員張璧萬 累當此役鍊熱無比 聞方以本營畵師神將 在於幕中云 到關卽爲騎驛上送宜當向事. 영조 가례도감의궤(1759), 규장각본, pp. 1-51.

히 다양하였던 것을 알 수 있다. 그 가운데 가장 중요한 것은 아마도 병풍을 그리는 일이었을 것으로 보이나 현재 이들 병풍은 기록과 일치하는 예가 남아 있지 않아 도감에서 봉사한 어느 특정 화가가 어느 병풍의 화가였는지를 구체적으로 논하기 어렵다. 따라서 앞에서 살펴본 가례도감의궤에 포함되어 현재 그 모습을 볼 수 있는 20건의 반차도만이 그들이 남긴 가례에 관계된 구체적인 작품이 되는 셈이다. 그러나 의궤기록 공장질의 화가 이름은 그 자체만으로도 조선시대 화가들에 관한 기록이라는 점에서 그 의의가 크다. 그러므로 이들을 지금까지 알려진 화가들에 관한 기록과 대조해 보아 새로운 이름이 어느 정도 나왔나를 살펴보겠다.

2. 가례도감에 참여한 화가들의 명단

이 절에서는 앞서 검토한 행사별 가례도감 참여 화가들의 명단을 두 표로 정

159 은영롱시(銀玲瓏匙: 은숫가락)두 개, 은저(銀箸: 은젓가락) 두 벌, 주대촉대(鑄大燭臺: 쇠 큰 촛대) 세 쌍, 주중촉대(鑄中燭臺) 두 쌍, 주향로(鑄香爐) 이좌(二坐), 유향합(鍮香合: 놋 향합) 이좌(二坐), 유과기(鍮果器: 놋 과일그릇) 열다섯 개, 주울리(鑄亐里) 삼십육좌(三十六坐), 유소개아(鍮小蓋兒: 놋쇠 작은 뚜껑) 이죽(二竹: 20개), 豆錫香串之(향꽂이) 一雙, 玉童子一雙, 倭朱紅漆香佐兒(향꽂이 받침대) 一雙, 倭朱紅漆饌案床(음식을 차려 놓는 상) 二坐, 倭朱紅漆長床二坐, 倭朱紅漆小四方盤六立, 倭朱紅漆中圓盤六立, 倭朱紅漆小圓盤六立, 倭朱紅漆大四方盤二立, 倭朱紅漆手盤十立, 大小膳所用倭朱紅漆中圓盤六立, 鐵燭籠十部, 倭朱紅漆大酒亭(술그릇 받침대) 一坐, 倭朱紅漆小酒亭一坐, 金鳳瓶一坐代銀鳳瓶盖鎖具一坐, 金盂(주전자)代鍮盂一坐, 金爵(술잔)代銅鍍金爵一箇, 銀小瓶代鑄瓶盖鎖具一坐, 鑄爵坫(잔대) 一箇, 술杯一雙, 銀鍍金臺一雙, 雙耳單葉金盞一雙, 銀鍍金臺一雙, 白磁青華酒海(술단지) 一雙, 銀大瓶二坐, 鑄大亐里臺具八坐, 鑄中亐里臺具二十六坐, 鑄小亐里臺具五十坐, 鑄鐘子亐里臺具三十四坐, 鍮大貼匙(큰 접시) 三竹, 鍮貼匙一竹, 鍮大盖兒十五立, 鍮中盖兒二十立, 鍮小盖兒十五立, 黑漆大盤二竹, 黑漆大盤二竹, 黑漆小盤二竹. 헌종 효현후 가례도감의궤(1837) 「同牢宴器皿」, pp. 32-34 참조. 이어서 있는 「別宮器皿」 및 「水剌間 所用」에도 많은 그릇 및 목기들이 열거되어 있다.

리하였다. 〈표 6〉은 이들을 가나다순으로 정리하고 이들이 기존의 서화가(書畵家) 인명사전에 포함되었을 경우 그 출전을 밝혀 놓은 것이다. 〈표 7〉은 같은 자료를 화가들의 참여 가례 연대순으로 정리해 놓은 것이다. 이들 표를 보는 데 다음의 여섯 가지 점을 참고하기 바란다.

1. 생졸년은 지금까지 알려진 것을 조사하여 기재할 수 있는 한도 내에서 기재하였다.
2. 참여 가례도감은 서력(西曆) 연대만으로 간단히 표시하였지만, 제 2장의 〈표 2〉, 〈표 3〉을 보면 기타 상세한 것을 알 수 있다. 서력 연대에 이어서 숫자는 그 화가가 가례도감의 1, 2, 3방(房) 가운데 어느 방에 참여했나를 볼 수 있도록 한 것이다.
3. 가례연도 다음에 ( ) 안에는 특정 화가의 역할이 가례도감의궤에 명시되어 있는 경우 그 역할을 적어 넣었다.
4. 가례연도 다음 1, 2, 3 등 방(房) 명시 숫자 뒤에 ( ) 안에 화사(畵師)라고 기재해 넣은 것도 역시 가례도감의궤에 명시되어 있는 경우이다. 그 이외의 화가들은 모두 화원(畵員)으로 따로 기재하지 않았다.
5. 출전의 약자는 다음과 같다.
   김 : 金榮胤, 『韓國書畵家人名辭典』(서울: 한양문화사, 1959)
   안 : 安輝濬, 『韓國繪畵史』(서울: 一志社, 1980, 1986, 六刷)
   화 : 吳世昌, 『畵寫兩家譜錄』(필사본), 그리고 『李朝繪畵』別卷 (서울: 知識産業社, 1975) 페이지 표시는 후자에 의함.
6. 『화사양가보록(畵寫兩家譜錄)』에 기재된 화가들의 명단은 따로 〈부록〉을 마련하여 그들의 인적사항을 일목요연하게 볼 수 있도록 하였다.

표 6_가례도감 참여 화가 가나다순 명단(총 234명)

성명	생졸년	참여연도	방(房)	출전(역할)
고진승(高鎭升)	1822-?	1844	1	김434, 안350
권열(權悅)		1638	2	
김건종(金建鍾)	1781-1841	1802	1	김397, 안351, 화194
김경두(金景斗)		1802	1	
김구성(金九成)	1658-?	1696	2	김286, 안352, 화168, 186, 199
		1727	2	
김기락(金基洛)		1906	1	
김대길(金垈吉)		1638	1	
		1651	2	
김덕하(金德夏)		1744	1	화200
김두기(金斗機)		1727	1	
김득신(金得臣)	1754-1822	1802	1	김372, 안353, 화194
김명국(金明國) 命國	1600-1662이후	1627	2	김228, 안353
		1651	1	
김명규(金命奎)		1819	1	
김명기(金命基)		1802	1	
김명원(金命遠)		1802	1	
		1819	1	(竹册塡金)
		1844	3	(金寶補畵)
김무(金懋)		1866	1	
김상훈(金相勳)		1837	2	
		1844	2	
김석린(金錫麟)		1866	1	(畵師)
김선호(金善祜)		1837	2	
김성록(金聖祿)		1837	1	(畵師)
김세중(金世重)		1727	2	안354, 화188, 189

표 6 계속 ▶▶▶

성명	생졸년	참여연도	방(房)	출전(역할)
김수훈(金洙薰)		1882	2	(屛風)
김순종(金舜鍾)		1837	3	(玉冊塡金)
		1851	1	안355, 화195(玉冊)
김안국(金安國)		1844	3	안355, 화200(玉冊塡金)
김양신(金良臣)		1802	1	김379, 안355, 화195
김여흥(金麗興)		1696	1	
김영호(金榮浩)		1882	2	(儀仗起畵)(畵師)
김용수(金溶秀)		1906	2	(彩輿起畵)
김응수(金應洙)		1802	1, 2	(竹冊塡金)
		1819	3	
김응환(金應煥)	1742-1789	1759	2	김362, 안356, 화194
		1762	1	
김의식(金義植)		1882	1	(屛風)
김재경(金在敬)		1851	2	
김재공(金在恭)		1802	1	
		1819	1	
김재수(金在洙 在秀)		1802	1, 2	
김재정(金載鼎 載正)		1819	1	
		1837	1	
김재종(金在鍾)		1837	1	
		1844	2	
김재학(金在學)		1882	3	
김재호(金在鎬)		1819	1	
김제규(金濟逵)		1851	3	(玉冊塡金)
김제도(金濟道)		1844	2	화195

표 6 계속 ▶▶▶

성명	생졸년	참여연도	방(房)	출전(역할)
김제순(金濟淳)		1866	1	
김창운(金昌雲)		1906	1	(彩輿起畵)
김철신(金哲臣)		1802	1, 3	
김충호(金忠豪)		1638	1	
김태현(金台鉉)		1882	1	(畵師)
김택인(金宅仁)		1851	3	
김하종(金夏鍾)	1793-?	1851	1	안359, 화195
김학건(金學健)		1819	1	
김학경(金學敬)		1819	1	(竹册塡金)
김학도(金學道)		1844	1	
		1866	1	
김학선(金學善)		1819	2	(儀仗起畵)
		1837	1, 2	
김한영(金漢英)		1802	1	
		1819	1	
김화종(金和鍾)		1819	1	(屛風起畵),
			2	안359
노시빈(盧時彬)		1727	1	화191
박기준(朴基駿) 基俊		1837	1, 3	김433, 안361(金寶補畵) 화199
박대영(朴大英)		1866	1	(畵師)
박성근(朴性根)		1837	1	(畵師)
박수대(朴壽大)		1744	1	
박영준(朴英俊)		1906	1	(畵師)
박용기(朴鏞夔)		1882	3	안362, 화199(玉印補劃)
박용훈(朴鏞勳)		1906	1, 3	안362, 화200

표 6 계속 ▶▶▶

성명	생졸년	참여연도	방(房)	출전(역할)
박유성(朴維城)		1802	1	김318, 안362, 화196
박인수(朴仁壽)		1819	1	(竹册填金)
寅壽)		1802	1	(竹册填金)
박정현(朴定鉉) 正鉉)		1882	1, 2, 3	
박중번(朴重蕃)		1718	1	
박중번(朴重蕃)		1744	1	
박창수(朴昌洙)		1882	1, 2, 3	
		1906	1	
박춘식(朴春植)		1906	1	(屛風起畵)
박치경(朴致儆)		1802	1	
박효원(朴孝源)		1819	1	
박희서(朴禧瑞)		1819	1	(屛風起畵)
백은배(白殷培)	1820-?	1844	1	김432-3, 안364, 화194
백준환(白俊煥) 駿煥)		1819	1	1851
			1	안364, 화194, 195
백희배(白禧培)	1837-?	1906	1	안364, 화195
변광복(卞光復)		1802	1, 3	안364, 화192
변량(卞良)		1696	1	
변용규(卞容奎)		1819	1	
서국린(徐國麟)		1819	1	(屛風起畵)
		1837	3	안365, 화197(玉册填金)
서원희(徐元熙)		1906	1	(金寶補劃畵員 圖畵主事)
서치순(徐致淳)		1837	1	(畵師)
서홍원(徐興源)		1837	3	(玉册填金)
		1844	2	안365, 화197

표 6 계속 ▶▶▶

성명	생졸년	참여연도	방(房)	출전(역할)
송병화(宋秉華)		1882	1	(屛風)
송중현(宋重鉉)		1906	1	(屛風起畵)
신덕흡(申德洽)		1744	1	
		1759	1	
신학모(申鶴模)		1882	1	(屛風)
신한동(申漢東)		1759	1	
신한평(申漢枰)	1726-1804 이후	1802	1	김358, 안371, 화183
신호(辛浩)		1802	1	
안덕기(安德基)		1844	1	
안명설(安命卨)	1697-?	1762	1	김324
안영상(安英祥)		1837	2	
안창복(安昌福)		1837	1	(畵師)
엄일(嚴逸)		1638	2	
엄정준(嚴廷俊)		1671	2	
오영훈(吳泳薰)		1882	1	(彩輿起畵)(畵師)
원명복(元命福)		1727	2	안375(?) 화191
원영풍(元永豊)		1906	1	(屛風起畵)
유성업(柳成業)		1627	2	김215, 안376, 화181
유운평(劉運平)		1819	1, 2	(彩輿起畵)
유운홍(劉運弘)	1797-1859	1819	1	김414, 안376(彩輿起畵)
유연호(劉淵祜)		1866	3	
유종건(劉宗健)		1696	1	
유치홍(兪致弘)		1837	1	(畵師)
윤석영(尹錫永)		1882		(屛風)
		1906	1	3(金册塡紅畵員圖畵主事)
윤인행(尹仁行)		1802	1	

표 6 계속 ▶▶▶

성명	생졸년	참여연도	방(房)	출전(역할)
이계윤(李啓允)		1906	1	(畵師)
이광필(李光弼)		1759	1	
이귀흥(李貴興)		1681	3	
		1702	3	
이기룡(李起龍)	1600-?	1627	2	김229, 안380, 화181
		1638	1,3	
이덕원(李德元)		1627	1	
이덕익(李德益)		1627	3	김216, 안381, 화191
		1638	1,3	
		1651	1	
이도민(李道民)		1759	2	
이동기(李東基)		1882	1	(畵師)
이동연(李東延)		1837	1	(畵師)
이만억(李萬億)		1696	1	
		1702	1	
이명유(李命儒)		1802	1	안382, 화196
		1819	1	
이명환(李命煥)		1882	1	(彩輿起畵)(畵師)
이복규(李復圭)		1759	1	
		1762	1	
이사집(李思集)		1802	1,3	안382
이성린(李聖麟)	1718-1777	1744	1	안372, 화193
이세번(李世蕃)		1744	2	
이수민(李壽民)	1783-1839	1802	1	김401, 안384, 화194
		1819	1	(玉册塡金)
이유담(李有聃)		1802	1,2	화206

표 6 계속 ▶▶▶

성명	생졸년	참여연도	방(房)	출전(역할)
이유석(李惟碩)		1771	1	안385, 화185, 186
이유탄(李惟坦)		1651	1	안385, 화186
		1671	1	
		1681	1	
이윤민(李潤民)	1744-?	1802	1	안385, 화186
		1819	1, 2	
이응모(李膺模)		1844	3	(玉册塡金)
		1851	3	(金寶補劃)
이응연(李應淵)		1882		(儀仗起畵)(畵師)
이의번(李宜蕃)		1744	1	화202
이의수(李儀秀)		1844	1	김412, 안386
이의양(李義養)	1768-?	1819	1	김386, 안386, 화199
이인담(李仁聃)		1837	1	김417, 안386
이인문(李寅文)	1745-1821	1802	1	김364, 안386, 화198
이재관(李在觀) 在寬	1783-1837	1837	1	김400, 안387(在寬)/(畵師)
이정주(李鼎周)		1837	1	안388, 화206
이종빈(李宗彬)		1844	3	안388, 화205(金寶補畵)
이종욱(李宗郁)		1759	2	
이징(李澄)	1581-1674 이후	1627	2	김202, 안389
		1638	1	
이차견(李次堅)		1696	1	
		1702	3	
이찬(李燦)		1718	3	안389, 화193, 194
이최인(李最仁)		1759	1	
이필성(李必成)		1759	2, 3	

표 6 계속 ▶▶▶

성명	생졸년	참여연도	방(房)	출전(역할)
이필한(李必漢)		1759	1	
이한철(李漢喆)	1808-1880 이후	1837	1	김422, 안390, 화199
		1851	1	
이항진(李恒震)		1727	1	
		1744	1	
이효빈(李孝彬)		1819	1	(屛風起畵)
이후(李后, 厚)		1718	1	
임성하(林成夏)		1727	2	안392
임수흥(林壽興)		1744	2	
임익수(林益秀)		1802	1	
임종우(林鍾祐)		1851	1	
장계만(張繼萬)	1694-?	1727	1	안392, 화187
장대원(張大遠)		1802	1	안392, 화196
장득만(張得萬)	1684-1764	1718	1	김312, 안392, 화185, 187
장문찬(張文燦)		1727	1	
장벽만(張璧萬)		1759	3	안392
		1762	1	
장삼만(張三萬)		1696	3	
장상동(張祥同)		1744	1	
장시량(張時亮)		1696	2	안393, 화187
		1702	2	
장완(張綬)		1802	1	안393, 화187
장자방(張子房) 自房	1664-?	1671	1, 3	안394, 화187
		1696	1	
		1702	2	

표 6 계속 ▶▶▶

성명	생졸년	참여연도	방(房)	출전(역할)
장자욱(張子旭)	1639-?	1696	1	안394, 화187
		1718	1	
장자징(張子澄)	1706-?	1759	2	안394, 화188
장자현(張子賢)		1702	1	안394, 화188
장준량(張駿良)	1802-1870	1837	3	김417, 안394, 화187(金寶補畵)
장충명(張忠明 忠命)		1651	2	
		1671	1, 2	
		1681	1	화187
장충헌(張忠獻)	1638-?	1696	1	안394, 화188
		1671	1, 3	
장치록(張致祿)		1837	1	(畵師)
장한종(張漢宗)	1768-1815	1802	1	김386, 안395, 화187, 194
전수묵(全修默)		1882		(屛風)
		1906		(金册墳紅畵員 圖畵主事)
전재성(全在成 在晟)		1837	2	
		1851	1	
전재영(全在英)		1851	1	
전택인(全宅仁)		1851		(玉册墳金)
정덕홍(鄭德弘)		1759	3	
정도근(鄭道根)		1906		(儀仗起畵)
정동열(鄭東烈)		1851		(玉册墳金)
정수동(鄭秀東)		1866	1	(畵師)
정연호(鄭淵祜)		1866		(金寶)
정응열(鄭應烈)		1866	1, 2	
정이항(鄭履恒)		1802	1	
정창현(鄭昌鉉)		1844	3	(玉册墳金)

표 6 계속 ▶▶▶

성명	생졸년	참여연도	방(房)	출전(역할)
정환종(鄭桓宗)		1819	1	
정휘조(鄭彙朝)		1906		(儀仗起畵)
조경선(趙敬善)		1906	1	(畵師)
조경우(趙慶遇)		1802	1	
조광승(趙光承)		1651	2	안398, 화189
조만흥(趙萬興)		1702	2	
조서승(趙瑞承)		1651	1	안399, 화189
조석헌(趙碩獻)		1696	1	
조재흥(趙在興)		1906		(金冊墳紅畵員 圖畵主事)
조중묵(趙仲默)		1866	1	안400(趙重默)
조철명(趙哲明)		1696	1	
		1702	1	
조홍우(趙弘宇)		1727	2	
진재해(秦再奚)	1691-1769	1702	2	김319, 안401, 화183
차정원(車廷元)		1638	1	
차충익(車忠益)		1627	2	
최달효(崔達孝)		1844	2	
최동적(崔東績)		1727	1	
최명구(崔命九)		1819	1	
최석준(崔碩俊)	1630-?	1671	1	안402, 화186
최석헌(崔碩巘)		1671	1	안402, 화186
		1681	1	
최석현(崔奭鉉)		1882		(彩輿起畵) (畵師)
최성흥(崔聖興)		1762	2	
최운제(崔雲齊)		1727	1	안403, 화197
		1744	2	

표 6 계속 ▶▶▶

성명	생졸년	참여연도	방(房)	출전(역할)
최원(崔垣)		1819		(屛風起畵)
		1837	1	
최윤평(崔允平)		1906		(屛風起畵)
최중길(崔重吉)		1802	1, 2	
최창우(崔昌祐)		1802	1	
최택흠(崔宅欽)		1844	1	
한사근(韓師瑾)		1759	3	
한선국(韓善國)	1602-?	1638	1	김231, 안404, 화190
		1651	1	
한시각(韓時覺)	1621-?	1651	1, 3	김248, 안404, 화190
		1671	1, 2, 3	
한종일(韓宗一)	1738 이후-?	1759	2	김356, 안405
한후방(韓後芳 後邦)		1681	2, 3	안405, 화190
함경룡(咸慶龍)		1651	1	김247, 안405, 화186, 193
함세휘(咸世輝)		1718	1	김314, 안405, 화186, 193, 196
		1727	1	
		1744	1	
함제건(咸悌建)		1681	2	김286, 안405, 화193
함종건(咸宗建)		1651	1	
		1681	1	
함태흥(咸泰興)		1718	3	
		1727	1	
허굉(許宏)		1802	1	안406, 화184
허순(許淳)		1819	1	(屛風起畵)
		1837	1	안407, 화184

표 6 계속 ▶▶▶

성명	생졸년	참여연도	방(房)	출전(역할)
허식(許寔)		1819	1	화185
허우(許佑)		1702	1	안407, 화183
허운(許沄)		1819	1	(屛風起畵)
허의순(許義順)	17세기	1671	1	안407, 화185
		1681	2, 3	
허인순(許仁順)	1638-?	1671	1	김268, 안407, 화184
허임(許任)		1727	1	안407, 화185
허잡(許磼)		1759	2	안408, 화185
허포(許窉)		1802	2	
허흡(許洽)		1819	1	
현유강(玄有綱)		1702	1	안408, 화185
현인서(玄麟瑞)		1744	1	
현재항(玄載恒)		1759	1	화185
홍경민(洪敬民)		1638	1	
홍봉순(洪鳳淳)		1882	1	(畵師)
홍필환(洪弼煥)		1882		(屛風)

표 7_가례도감 참여 연대순 화가 명단

성명	생졸년	참여연도	방(房)	출전(역할)
허임(許任)		1727	1	안407, 화185
김명국(金明國 命國)	1600-1662	1627	2	김228, 안353
		1651	1	
유성업(柳成業)		1627	2	김215, 안376, 화181
이기룡(李起龍)	1600-?	1627	2	김229, 안380, 화181
		1638	1, 3	

표 7 계속 ▶▶▶

성명	생졸년	참여연도	방(房)	출전(역할)
이덕원(李德元)		1627	1	
이덕익(李德益)		1627	3	김216, 안381, 화191
		1638	1,3	
		1651	1	
이징(李澄)	1581-1674 이후	1627	2	김202, 안389
		1638	1	
차충익(車忠益)		1627	2	
권열(權悅)		1638	2	
김대길(金垈吉)		1638	1	
		1651	2	
김충호(金忠豪)		1638	1	
엄일(嚴逸)		1638	2	
차정원(車廷元)		1638	1	
한선국(韓善國)	1602-?	1638	1	김231, 안404, 화190
		1651	1	
홍경민(洪敬民)		1638	1	
이유탄(李惟坦)		1651	1	안385, 화186
		1671	1	
		1681	1	
장충명(張忠明) 忠命		1651	1	화187
		1671	1,2	
		1681	1	
조광승(趙光承)		1651	2	안398, 화189
조서승(趙瑞承)		1651	1	안399, 화189
한시각(韓時覺)	1621-?	1651	1,3	김248, 안404, 화190
		1671	1,2,3	

조선왕조 가례도감에서 봉사(奉事)한 화가들과 그들의 임무 —— 331

표 7 계속 ▶▶▶

성명	생졸년	참여연도	방(房)	출전(역할)
함경룡(咸慶龍)		1651	1	김247, 안405, 화186, 193
함종건(咸宗建)		1651	1	1681 1
최석헌(崔碩巘)		1671	1	안402, 화186
		1681	1	
장자방(張子房) 自房)	1664-?	1671	1, 3	안394, 화187
		1696	1	
		1702	2	
엄정준(嚴廷俊)		1671	2	
최석준(崔碩俊)	1630-?	1671	1	안402, 화186
허의순(許義順)		1671	1	안407, 화185
		1681	2, 3	
허인순(許仁順)	1638-?	1671	1	김268, 안407, 화184
한후방(韓後芳) 後邦)		1681	2, 3	안405, 화190
함제건(咸悌建)		1681	2	김286, 안405, 화193
이귀흥(李貴興)		1681	3	1702 3
장충헌(張忠獻)	1638-?	1696	1	안394, 화188
		1671	1, 3	
조석헌(趙碩巘)		1696	1	
장자욱(張子旭)	1639-?	1696	1	안394, 화187
		1718	1	
이차션(李次堅)		1696	1	
		1702	3	
장시량(張時亮)		1696	2	안393, 화187
		1702	2	

표 7 계속 ▶▶▶

성명	생졸년	참여연도	방(房)	출전(역할)
김구성(金九成)	1658-?	1696	2	김286, 안352, 화168, 186, 199
		1727	2	
이만억(李萬億)		1696	1	
		1702	1	
김여흥(金麗興)		1696	1	
유종건(劉宗建)		1696	1	
조철명(趙哲明)		1696	1	
		1702	1	
장삼만(張三萬)		1696	3	
변량(卞良)		1696	1	
장자현(張子賢)		1702	1	안394, 화186
조만흥(趙萬興)		1702	2	
진재해(秦再奚)	1691-1769	1702	2	김319, 안401, 화183
허우(許佑)		1702	1	안407, 화183
현유강(玄有綱)		1702	1	안408, 화185
함세휘(咸世輝)		1718	1	김314, 안405, 화186, 193, 196
		1727	1	
		1744	1	
박중번(朴重蕃)		1718	1	
이후(李后, 厚)		1718	1	
이찬(李燦)		1718	3	안389, 화193, 194
함태흥(咸泰興)		1718	3	
		1727	1	
장득만(張得萬)	1684-1764	1718	1	김312, 안392, 화185, 187
김덕하(金德夏)		1744	1	화200
김두기(金斗機)		1727	1	

표 7 계속 ▶▶▶

성명	생졸년	참여연도	방(房)	출전(역할)
김세중(金世重)		1727	2	안354, 화188, 189
노시빈(盧時彬)		1727	1	화191
원명복(元命福)		1727	2	안375, 화191
이항진(李恒震)		1727	1	
임성하(林成夏)		1727	2	안392
장계만(張繼萬)	1694-?	1727	1	안392, 화187
장문찬(張文燦)		1727	1	
조홍우(趙弘宇)		1727	2	
최동적(崔東績)		1727	1	
최운제(崔雲齊)		1727	1	안403, 화197
		1744	2	
허임(許任)		1727	1	안407, 화185
박수대(朴壽大)		1744	1	
박중번(朴重蕃)		1744	1	
신덕흡(申德洽)		1744	1	
		1759	1	
이성린(李聖麟)	1718-1777	1744	1	화193, 안372
이세번(李世蕃)		1744	2	
이의번(李宜蕃)		1744	1	화202
임수흥(林壽興)		1744	2	
장상동(張祥同)		1744	1	
현인서(玄麟瑞)		1744	1	
김응환(金應煥)	1742-1789	1759	2	김362, 안356, 화194
		1762	1	
신한동(申漢東)		1759	1	
안명설(安命卨)	1697-?	1762	1	김324

표 7 계속 ▶▶▶

성명	생졸년	참여연도	방(房)	출전(역할)
이광필(李光弼)		1759	1	
이도민(李道民)		1759	2	
이복규(李復圭)		1759	1	1762 1
이종욱(李宗郁)		1759	2	
이최인(李最仁)		1759	1	
이필성(李必成)		1759	2, 3	
이필한(李必漢)		1759	1	
장벽만(張璧萬)		1759	3	
		1762	1	안392
장자징(張子澄)	1706-?	1759	2	안394, 화188
정덕홍(鄭德弘)		1759	3	
한사근(韓師瑾)		1759	3	
한종일(韓宗一)	1738 이후-?	1759	2	김356, 안405
허잡(許磼)		1759	2	안408, 화185
현재항(玄載恒)		1759	1	화185
최성흥(崔聖興)		1762	2	
이유석(李惟碩)		1771	1	안385, 화185, 186
김건종(金建鍾)	1781-1841	1802	1	김397, 안351, 화194
김경두(金景斗)		1802	1	
김득신(金得臣)	1754-1822	1802	1	김372, 안353, 화194
김명규(金命奎)		1819	1	
김명기(金命基)		1802	1	
김명원(金命遠)		1802	1	
		1819	1	(竹冊塡金)
		1844	3	(金寶補畵)

표 7 계속 ▶▶▶

성명	생졸년	참여연도	방(房)	출전(역할)
김양신(金良臣)		1802	1	김379, 안355, 화195
김응수(金應洙)		1802	1, 2	(竹冊塡金)
		1819		
김재공(金在恭)		1802	1	
		1819	1	
김재수(金在洙 在秀)		1802	1, 2	
김철신(金哲臣)		1802	1, 3	
김한영(金漢英)		1802	1	
		1819	1	
박유성(朴維城)		1802	1	김318, 안362, 화196
박치경(朴致儆)		1802	1	
변광복(卞光復)		1802	1, 3	안364, 화192
신한평(申漢枰)	1726-?	1802	1	김358, 안371, 화183
신호(辛浩)		1802	1	
윤인행(尹仁行)		1802	1	
이명유(李命儒)		1802	1	안382, 화196
		1819	1	
이사집(李思集)		1802	1, 3	안382
이수민(李壽民)	1783-1839	1802	1	(玉冊塡金)
		1819	1	김401, 안384, 화194
이유담(李有聃)		1802	1, 2	화206
이윤민(李潤民)	1744-?	1802	1	안385, 화186
		1819	1, 2	
이인문(李寅文)	1745-1821	1802	1	김364, 안386, 화198
임익수(林益秀)		1802	1	

표 7 계속 ▶▶▶

성명	생졸년	참여연도	방(房)	출전(역할)
장대원(張大遠)		1802	1	안392, 화196
장완(張綏)		1802	1	안393, 화187
장한종(張漢宗)	1768-1815	1802	1	김386, 화187, 194
정이항(鄭履恒)		1802	1	
조경우(趙慶遇)		1802	1	
최중길(崔重吉)		1802	1, 2	
최창우(崔昌祐)		1802	1	
허굉(許宏)		1802	1	안406, 화184
허포(許枲)		1802	2	
김명규(金命奎)		1819	1	
김재정(金載鼎)		1819	1	
載正)		1837	1	
김재호(金在鎬)		1819	1	
김학건(金學健)		1819	1	
김학경(金學敬)		1819	1	(竹册塡金)
김학선(金學善)		1819	2	(儀仗起畵)
		1837	1, 2	
김화종(金和鍾)		1819	1	(屛風起畵)
			2	안359
박인수(朴仁壽)		1819	1	(竹册塡金)
寅壽)		1802	1	(竹册塡金)
박효원(朴孝源)		1819	1	
박희서(朴禧瑞)		1819	1	(屛風起畵)
백준환(白俊煥)		1819	1	안364, 화194, 195
駿煥)		1851	1	
변용규(卞容奎)		1819	1	

조선왕조 가례도감에서 봉사(奉事)한 화가들과 그들의 임무 —— 337

표 7 계속 ▶▶▶

성명	생졸년	참여연도	방(房)	출전(역할)
서국린(徐國麟)		1819	1	(屛風起畵)
		1837	3	(玉册塡金) / 안365, 화197
유운평(劉運平)		1819	1,2	(彩輿起畵)
유운홍(劉運弘)	1797-1859	1819	1	(彩輿起畵) / 김414, 안376
이의양(李義養)	1768-?	1819	1	김386, 안386, 화199
이효빈(李孝彬)		1819	1	(屛風起畵)
정환종(鄭桓宗)		1819	1	
최명구(崔命九)		1819	1	
최원(崔垣)		1819	1	(屛風起畵)
		1837		
허순(許淳)		1819	1	(屛風起畵)
		1837	1	안407, 화184
허식(許寔)		1819	1	화185
허운(許沄)		1819	1	(屛風起畵)
허흡(許洽)		1819	1	
김상훈(金相勳)		1837	2	
김선호(金善祜)		1837	2	
김성록(金聖祿)		1837	1	(畵師)
김순종(金舜鍾)		1837	3	(玉册塡金)
		1851	1	안355, 화195(玉册)
김재종(金在鍾)		1837	1	
박기준(朴基駿 基俊)		1837	1,3	김433, 안361, 화19 (金寶補畵)
박성근(朴性根)		1837	1	(畵師)
서치순(徐致淳)		1837	1	(畵師)
서흥원(徐興源)		1837	3	안365, 화197(玉册塡金)

338 ── 가례도감의궤와 미술사

표 7 계속 ▶▶▶

성명	생졸년	참여연도	방(房)	출전(역할)
안영상(安英祥)		1837	2	
안창복(安昌福)		1837	1	(畵師)
유치홍(兪致弘)		1837	1	(畵師)
이동연(李東延)		1837	1	(畵師)
이인담(李仁聃)		1837	1	김417, 안386
이재관(李在觀) 在寬	1783-1837	1837	1	(畵師) / 김400, 안387(在寬)
이정주(李鼎周)		1837	1	안388, 화206
이한철(李漢喆)	1808-1880후	1837 1851	1	김422, 안390, 화199
장준량(張駿良)	1802-1870	1837	3	김417, 안394, 화187(金寶補畵)
장치록(張致綠)		1837	1	(畵師)
전재성(全在成) 在晟		1837 1851	2 1	
고진승(高鎭升)	1822-?	1844	1	김434, 안350
김안국(金安國)		1844	3	안355, 화200(玉冊塡金)
김제도(金濟道)		1844	2	화195
김하종(金夏鍾)	1793-?	1851	1	안359, 화195
김학도(金學道)		1844 1866	1 1	
백은배(白殷培)	1820-?	1844	1	김432-3, 안364, 화194
안덕기(安德基)		1844	1	
이응모(李膺模)		1844 1851		(玉冊塡金) (金寶補畵)
이의수(李儀秀)		1844	1	김412, 안386
이종빈(李宗彬)		1844		(金寶補畵) / 안388, 화205

표 7 계속 ▶▶▶

성명	생졸년	참여연도	방(房)	출전(역할)
임수흥(林壽興)		1844	2	
정창현(鄭昌鉉)		1844		(玉冊填金)
최택흠(崔宅欽)		1844	1	
김재경(金在敬)		1851	2	
김제규(金濟逵)		1851	3	(玉冊填金)
김택인(金宅仁)		1851	3	
임종우(林鍾祐)		1851	1	
전재영(全在英)		1851	1	
전택인(全宅仁)		1851		(玉冊填金)
정동열(鄭東烈)		1851		(玉冊填金)
김무(金楙)		1866	1	
김석린(金錫麟)		1866	1	(畵師)
김제순(金濟淳)		1866	1	
박대영(朴大英)		1866	1	(畵師)
유연호(劉淵祜)		1866	3	
정수동(鄭秀東)		1866	1	(畵師)
정연호(鄭淵祜)		1866		(金寶)
정응열(鄭應烈)		1866	1, 2	
조중묵(趙仲默)		1866	1	안400(趙重默)
김수훈(金洙薰)		1882	2	(屛風)
김영호(金榮浩)		1882		(儀仗起畵)(畵師)
김의식(金義植)		1882		(屛風)
김재학(金在學)		1882	3	
김태현(金台鉉)		1882	1	(畵師)
박용기(朴鏞夔)		1882	3	안362, 화200(玉印補劃)

표 7 계속 ▶▶▶

성명	생졸년	참여연도	방(房)	출전(역할)
박정현(朴定鉉/正鉉)		1882	1, 2, 3	
박창수(朴昌洙)		1882	1, 2, 3	
		1906	1	
송병화(宋秉華)		1882	1	(屛風)
신학모(申鶴模)		1882		(屛風)
오영훈(吳泳薰)		1882		(彩輿起畫)(畫師)
윤석영(尹錫永)		1882	1, 3	(屛風)
		1906		(金册墳紅畫員 圖畫主事)
이동기(李東基)		1882	1	(畫師)
이명환(李命煥)		1882		(彩輿起畫)(畫師)
이응연(李應淵)		1882		(儀仗起畫)(畫師)
전수묵(全修默)		1882		(屛風)
		1906		(金册墳紅畫員 圖畫主事)
최석현(崔奭鉉)		1882		(彩輿起畫)(畫師)
홍봉순(洪鳳淳)		1882		(畫師)
홍필환(洪弼煥)		1882		(屛風)
김기락(金基洛)		1906	1	
김용수(金溶秀)		1906		(彩輿起畫)
김창운(金昌雲)		1906		(彩輿起畫)
박영준(朴英俊)		1906	1	(畫師)
박용훈(朴鏞勳)		1906	1, 3	안362, 화200
박춘식(朴春植)		1906		(屛風起畫)
백희배(白禧培)	1837-?	1906	1	안364, 화195
서원희(徐元熙)		1906	1	(金册墳紅畫員 圖畫主事)
송중현(宋重鉉)		1906		(屛風起畫)

표 7 계속 ▶▶▶

성명	생졸년	참여연도	방(房)	출전(역할)
원영풍(元永豊)		1906		(屛風起畵)
이계윤(李啓允)		1906	1	(畵師)
정도근(鄭道根)		1906		(儀仗起畵)
정휘조(鄭彙朝)		1906		(儀仗起畵)
조경선(趙敬善)		1906	1	(畵師)
조재흥(趙在興)		1906		(金册塡紅畵員 圖畵主事)
최윤평(崔允平)		1906		(屛風起畵)

위의 두 표에 의하면 1627년부터 1906년까지 모두 20차례의 가례에 종사한 화가들의 총수는 234명이며, 그 가운데 기존의 화가인명사서류(畵家人名辭書類)에 기재되지 않았던 화가들이 무려 142명에 달하며 이 숫자는 가례도감에 참여했던 화가들의 약 60.6%에 해당한다. 그러므로 가례도감의궤에 화원(畵員), 또는 화사(畵師)로 기록되어 있는 명단은 1627년 이후 1906년까지 어떤 역할로라도 활약했으나 그 이름이 아직 알려지지 않았던 많은 화가들의 이름을 새롭게 제공해 주고 있다는 점에서 그 의의가 크다.

1837년 헌종(憲宗)과 효현후(孝顯后)의 가례 때부터 처음으로 '화사(畵師)'라는 명칭으로 불리는 화가들이 등장하여 1906년 가례까지 모두 22명의 화사가 기록되었는데 이들 모두 기존의 화가인명사서류에 전혀 기록지 않은 사람들이라는 점도 주목할 만하다. 또한 1844년 가례에 참여한 화가들까지는 비교적 기존의 기록들에 나와 있는 비율이 높으나 1851년 가례 때부터 52명의 화가들 중 48명이 아무런 기록에 남아있지 않다는 사실도 기이하다.

안휘준 교수는 1804년부터 1832년까지 4차례에 걸쳐 있었던 각종 영건도감의궤(營建都監儀軌)에 수록된 화원(畵員)과 방외화사(方外畵師)들의 명단을 채취하여 각 행사별로 정리해 놓았다.¹⁶⁰ 여기서 수록된 모두 198명의 연인원(連人員) 가운데 두 차례 이상의 행사에 중복되어 봉사한 사람을 한 번만 세고 그 명단에서 기존의 화가인명 기록들이나 가례도감의궤에 봉사한 인원의 명단과 대조해 본 결과 새로운 이름들이 160명에 달하는 사실이 나타났다. 이들은 대부분 방외화사(方外畵師)들인 것도 또한 발견되었다. 19세기 후반기 이후의 직업화가들에 관한 기록이 그 이전에 비해 현저하게 영세해지는 것도 우리나라 화단의 전반적인 침체와 추사(秋史) 김정희(金正喜 1786-1856) 이후 남종화(南宗畵) 우월주의가 더욱 두드러지게 작용한 때문이 아닌가 하는 추측을 낳게 한다.

1837년 가례에 참여했던 화사 이재관(李在觀)의 이름은 소당 이재관(小塘 李在寬 1783-1837)과 끝의 한자가 틀리지만 시기적으로 비슷한 시기이며, 또한 그가 1836년(憲宗 2 丙申) 도둑으로 인하여 훼손된 태조의 어진(御眞)을 이듬해인 1837년에 중모(重模)한 바도 있어 혹시 동일 인물이 아닐까 추측케 한다.¹⁶¹ 그는 또 1834년 창덕궁 영건도감에서도 참여한 방외화사로 기록되어 동일 인물일 가능성을 더욱 높여준다.¹⁶² 신한평(申漢枰 1726-?)은 1802년 가례도감과 1804년 인정전 영건도감에도 참여한 것으로 기록되어 있어 그가 78세의 고령에도 활약했으며 적어도 1804년까지 생존해 있었다는 사실도 알게 되었다.

160　安輝濬,「韓國의 宮闕圖」『東闕圖』(문화재관리국, 1991), pp. 21-62에서는『仁政殿營建都監儀軌』(1804),『昌德宮營建都監儀軌』(1834), 그리고『西闕營建都監儀軌』(1832)의「工匠」이나「賞典」에 기록된 명단을 채취하였다.
161　金榮胤, 앞의 책, p. 400 참조.
162　안휘준, 앞의 논문(문화재관리국, 1991), p. 49 참조.

이 논문이 1994년 처음 발표된 후 그 이듬해(1995) 박정혜(朴廷蕙)는 「儀軌를 통해본 朝鮮時代의 畵員」이라는 논문을 발표하였으며 이 글에는 현재 알려진 모든 의궤에 기록된 화가들의 이름을 상세하게 정리하였다.[163] 가례도감에 봉사한 화가들이 비슷한 시기의 다른 도감에도 봉사한 예를 이 논문에서 찾을 수 있으며 이로써 지금까지 알려지지 않았던 많은 화가들의 활동상황을 좀 더 상세히 알 수 있게 되었다.

---

163 박정혜, 「儀軌를 통해본 朝鮮時代의 화원」 『미술사연구』 제9호(1995), pp. 203-290.

9
맺음말

본 연구에서는 임진왜란 이후 조선시대 왕실의 왕, 왕세자, 그리고 왕세손의 혼례 행사의 기록인 가례도감의궤(嘉禮都監儀軌) 20건을 미술사와 관계되는 여러 가지 측면에서 고찰하여 보았다. 이들 의궤는 비(妃), 빈(嬪)의 간택(揀擇)으로부터 실제 가례 의식 절차까지의 상세한 과정, 관계 기관 간에 오간 모든 문서의 기록, 소요된 모든 물품의 목록, 각 부문의 책임을 맡은 모든 사람들의 명단 등 상세한 기록이다. 여기에 가례 행렬을 보여주는 반차도가 첨가된 것이 대개 다섯 건에서 여덟 건씩 수사본(手寫本)으로 작성되어 책으로 꾸며져 안전 조치로 조선시대의 각 사고(史庫), 예조(禮曹) 및 규장각(奎章閣) 등 여러 곳에 분산되어 보관되어 왔다. 이들의 보관 장소는 제2장에 상세히 언급되어 있다. 그러나 이들의 현존 상황은 의궤마다 조금씩 다르다. 서울대의 규장각 도서관에는 20건이 모두 보관되어 있으나 〈표 2〉, 〈표 3〉에서 보는 바와 같이 20건 중 장서각에는 14건만이, 프랑스 국립도서관에는 13건만 남아있다. 또한 규장각, 장서각, 프랑스 국립도서관 세 군데에 모두 한 건 이상씩 남아있는 예는 모두 8건(1651, 1671, 1681, 1696, 1718, 1802, 1802, 1819, 1837년 가례)에 불과하다.

일반적으로 유교 정신에 입각하여 검약(儉約)을 표방한 조선왕실의 기본 입장은 가례에서도 예외는 아니었고, 그 정신은 1762년 왕세손(후의 정조)의 가례 행사에서 두드러지게 나타났다. 당시 영조는 혼인에서 재물을 논하는 것을 금기(禁忌)로 여긴 옛 학자들을 인용하며 모든 것을 검소하게 치를 것을 명하기도 하였다. 또한 동뢰연(同牢宴) 배설도에서 보는 바와 같이 가례 후 소규모의 음식상을 차린 것은 볼 수 있으나 현대의 피로연(披露宴)과 같은 많은 사람들을 위한 잔치가 없었다는 것도 흥미롭다. 그러나 다른 한편으로는 가례의 각종 준비물들, 그리고 조선 후기로 갈수록 길고 화려해지는 반차도 행렬을 보면 국혼(國婚) 의식의 중요성을 실감하게 한다.

가례도감의궤에 포함된 행렬도인 반차도는 크게 두 가지로 분류된다. 첫째는 왕비나 세자빈이 별궁으로부터 대궐로 동뢰연(同牢宴)을 치르러 가는 행렬이며 둘째는 왕이나 왕세자가 신부를 맞이하는 친영의(親迎儀)를 마치고 신부와 함께 동뢰연을 치르러 대궐로 들어가는 행렬이다. 전자의 경우 교명, 옥책, 옥인 또는 금보, 그리고 명복을 실은 채여(彩輿)가 먼저 가고 그 뒤로 왕비나 세자빈의 연(輦)에 화려한 의장대와 관련 관원, 각종 수행원들을 동반한 행렬이 따른다. 후자의 경우 왕이나 왕세자의 연이 의장대와 더불어 먼저 가고 그 뒤로 왕비나 세자빈의 행렬이 뒤따르게 되어 행렬 자체가 전자에 비하여 훨씬 길어진다. 1759년의 영조 가례반차도가 후자의 첫 번째 예이며, 그 이후의 반차도는 1762년 역사상 유일한 왕세손〔정조〕 가례반차도를 제외하고는 약간의 내용상의 차이는 있으나 모두 이 범주에 속한다. 반차도 행렬의 화려함과 장대함은 1851년 철종 가례도감의궤에서 그 극치를 보게 되는데, 이 때 행렬에 참여한 인원의 총 수는 대략 1922명에 달하며, 등장하는 말은 559필에 이른다.

제3장부터 제6장까지는 반차도 행렬의 구성 요소들이 각 시대의 제도적 변화를 반영하면서 조금씩 달라지는 양상을 중심으로 하여 차이점을 살펴보았다. 모든 반차도가 『국조오례의(國朝五禮儀)』, 『국조오례의서례(國朝五禮儀序例)』, 『국조속오례의(國朝續五禮儀)』 또는 『국조속오례의서례(國朝續五禮儀序例)』 등에 예시되어 있는 절차나 의장 구성들을 그대로 그림에 반영한 예는 없으며 모두 여러 가지 면에서 조금씩 차이를 보인다. 특히 관원이나 가마꾼들, 그리고 의장대의 인원수는 작은 그림에 모두 그려 넣을 수 없다는 실제적인 문제도 있어 그대로 반영할 수 없었을 것이라고 생각된다.

그러나 1776년 규장각이 설치된 이후 첫 번째 가례인 1802년 순조 가례 반차도에 규장각신(奎章閣臣)이 포함된 것, 1866년 고종 가례반차도 행렬에 흥선대원군(興宣大院君)과 그의 부인 여흥부대부인(驪興府大夫人)의 가마가 각각 등장하는 것 등 경우에 따라서 새로운 요소가 등장하는 것을 보았다. 우리나라의 국체(國體)가 제국으로 바뀐 후의 첫 번째 가례인 1906년 가례 때는 중국 황실의 가례 절차 중의 하나인 '문명(問名)', 즉 신부 생모(生母)의 성씨(姓氏)는 묻는 절차가 포함되고 반차도에 연(輦)이 봉교(鳳轎)로 바뀐 것, 또는 군인들의 복장이 모두 현대식으로 바뀐 것 등등 역사적 사실(事實)과 사실(史實)을 비교적 상세히 반영하고 있어 역사기록으로서 가치가 높다.

반차도 자체는 초기에는 전적으로 육필화(肉筆畵)로 시작되었으나 1671년 반차도부터는 판화(版畵)기법이 조금씩 혼용되기 시작하고 1700년대 이후, 특히 반차도의 길이가 획기적으로 길어진 1759년 이후의 반차도에서는 더욱 판화의 비율이 육필화보다 높아졌다. 판화는 반차도의 앞뒤 부분에 반복적으로 나타나는 각종 군관들, 악사들, 기마병사들의 윤곽선을 찍는 데 사용된 것을 볼 수 있다. 그러나 어느 반차도를 막론하고 연(輦)이나 각종 여(輿)는 반드시 육필로 그렸으며, 또한 가례에 따라 행렬 구성이 달라지는 경우 이들 새로운 요소들도 육필로 한 것을 알 수 있다. 즉 1866년의 대원군과 그의 부인이 탄 가마는 전혀 새로운 요소이므로 가마는 물론, 가마꾼들도 모두 육필화임을 알 수 있다. 1906년의 봉교(鳳轎) 역시 이전에 없었던 새로운 요소이므로 육필화로 그려졌다.

대개는 가례도감의 일방에서 반차도를 맡아서 그렸으나 어느 화가(畵家)가 그렸다는 것은 명시되지 않았다. 그림 자체는 옆모습, 또는 뒷모습이 모두 한 화면에 섞여 있다든지 행렬 중심부를 호위하는 의장대나 군관들이 의궤 책의 판곽선 아래나 위에 서 있게 그려져 인물들이 도치(倒置)된 것을 종종 보게 되는 것도 의궤반차도의 특징이다. 의장물(儀仗物)을 들고 있거나 악기를 연주하는 인물들이 형식적으로 팔을 들고 있는 모습, 가마를 메고 있는 인물들과 가마의 강(杠)이 잘 연결되지 않은 모습 등으로 보아 대부분 형식적인 묘사를 반복한 것으로 보이나 종종 개성 있는 필치, 해학적인 얼굴묘사 등을 볼 수 있어 화가들의 개성이 은연 중 드러난 것을 느낄 수 있었다. 그러나 19세기 말기 반차도는 화가들의 정성이 결여된 형식적인 묘사를 보여 전반적으로 쇠퇴를 보였던 조선시대 말기 화단의 경향이 그대로 반영된 것을 보았다.

제8장에서는 가례도감에서 봉사한 화가들의 임무가 무엇인지 구체적으로 살펴보면서 각 행사별로 참여한 화가들의 명단을 작성하였다. 이들의 업무 가운데 반차도를 그리는 일은 극히 일부에 속하며 그 밖의 장식 수요(需要), 즉 가례 때 사용된 각종 병풍, 각종 의장기, 채여(彩輿)의 그림, 기명(器皿), 기타 물건들, 그리고 교명(敎命), 옥인(玉印), 금보(金寶) 등의 제작 등 화가들의 손을 요하는 일이 무수히 많음을 보았다.

1681년 숙종 가례도감의궤부터는 「상전(賞典)」이 기록되기 시작하여 화가들과 장인들의 등급이 표시되었다. 그러나 이 등급은 도감에서 봉사한 일수(日數)의 많고 적음에 따른 것이며 화가들의 우열에 의한 등급이 아니라는 사실도 흥미롭다. 다만 우수한 화가들에게 더 많은 작업을 맡겼을 것으로 생각되어 이 등급에 조금이나마 우열 개념을 적용시킬 수는 있을 것이다.

1627년 소현세자 가례에서 봉사한 종친 화원 이징(李澄 1581-1674 이후)이 병풍 제작을 맡았던 것을 제외하면 모든 화가들의 이름을 구체적으로 어느 특정 업무와 관련지을 수 있는 예를 찾기 힘들어 역시 아쉬움이 남는다. 후대에 갈수록 이들의 업무 분담이 좀 더 상세하게 나타나지만 여기서도 여러 명의 이름이 한 가지 업무에 열거되어 있어 누가 무엇을 하였나를 알기는 어렵다.

화가들의 임무를 살펴보는 과정에서 각 가례행사 마다 제작되어 사용된 병풍들의 목록을 작성하여 17세기부터 20세기 초기까지 궁중에서 제작된 병풍의 종류, 선호되었던 화목의 종류 등을 살펴보았다. 병풍들은 그 주제에 따라 가례 때 특정 장소에 특정 주제의 병풍이 사용된 것을 알 수 있었다. 십장생 대병풍은 18세기 말까지 계속 동뢰연청에 사용되어 왔으니 19세기부터는 모란병으로 바뀐 것을 알 수 있다. 십장생, 모란, 화조 등은 그 근원이 중국회화에 있는 것이 사실이지만 이들은 처음부터 가례용 병풍으로 사용되었다.

18세기 말까지 별궁에서는 대개 연화병이나 모란병이 사용되었으나, 19세기 초기부터는 중국의 역사 인물을 주제로 조선에서 새롭게 발달한 영화(榮華), 다자(多子), 다복(多輻)의 상징인 〈곽분양행락도(郭汾陽行樂圖)〉가 별궁 병풍으로 자리 잡게 된 변화를 보았다. 병풍을 세는 단위는 현재 일반적으로 쓰이는 '점(點)' 또는 '척(隻)'이 아니라 '좌(坐, 座)'이며[164] 폭 수 역시 현재의 '곡(曲)'이나 '폭(幅)'이 아니라 '첩(貼)'으로 센 사실을 보았다. 또한 가

---

164   원래는 '座'자가 물건을 세는 단위로 이는 글자이지만 '座'와 '坐' 두 글자가 의궤 내에 뒤섞여 사용되었다.

례 때 사용된 거의 모든 병풍이 10첩으로 되어 있었다는 것도 알 수 있었다.

1627년부터 1906년까지 20차례의 가례 행사에 참여했던 총 234명 화가들의 명단을 가나다순, 그리고 참여 가례 연대순으로 정리한 표를 작성하고 이들이 기존의 서화인명사서에 기재되었나를 살펴본 결과 약 60%에 달하는 142명이 전혀 기재되지 않았다는 사실을 알 수 있었다. 이들 가운데 도화서(圖畫署)의 화원(畫員)이 아닌 화사(畫師), 즉 민간의 화가들이 22명이 포함되어 있어 1837년 헌종 효현후 가례 때부터는 궁중의 큰 행사 때 민간의 화사들도 기용된 것을 알 수 있었다. 그러나 이들의 거의 전부가 기존의 다른 기록에 전혀 나타나지 않았던 사람들이므로 이들의 이름을 채취할 수 있었던 것 자체가 큰 의의가 있다고 본다. 또한 1906년 도감의궤에는 처음으로 '화원도화주사(畫員圖畫主事)'라는 직책이 등장하여 갑오경장(1894) 이후 직제개편에 도화서가 규장각에 소속되면서 화원들의 직함이 달라진 사실도 알게 되었다.

또한 이 연구를 수행하는 과정에서 가례도감의궤의 「공장질(工匠秩)」 또는 「제색공장질(諸色工匠秩)」에 기록된 조선시대 장인들의 종류를 통한 수공업(手工業)의 분업(分業) 실태를 검토하는 작업도 시도하였으나 좀 더 연구를 요하는 부분이 많아 이 글에서는 제외시켰다. 그밖에 도감의궤에 기록되어 있는 모든 채색 작업에 소용되었던 안료의 명칭이나 이들의 시대적 변화 검토 역시 앞으로 회화사(繪畫史) 연구에 도움을 줄 수 있는 작업이라고 생각되어 다음 번 과제에서 다루어야 할 것으로 생각된다.

이상에서 살펴본 바와 같이 가례도감의궤의 사료적 가치는 무궁무진하다. 가례도감의궤뿐만 아니라 다른 도감의궤들도 역시 마찬가지일 것이므로 앞으로 이들을 좀 더 여러 방면에서 검토하여 조선시대 문화사(文化史) 연구에 새로운 지평을 열 수 있기를 기대한다.

에필로그

나와 조선시대 의궤 연구

의궤와의 첫 만남

현재 한국 학계의 의궤(儀軌) 관계 연구 논저에 잠깐씩이라도 언급되는 참고 논저 가운데 나의 글이나 공저(共著) 몇 편은 늘 기본적으로 등장한다. 그만큼 나와 조선시대 의궤 연구는 불가분의 관계를 갖게 되었다. 돌이켜보면 중국회화사(中國繪畫史) 전공으로 박사학위를 받은 사람이 어찌하다가 이 길로 들어서게 되었을까 내가 생각해도 조금 이상한 일이다. 의궤연구에 역시 다년간 심혈을 기울이신 서울대 한영우(韓永愚) 명예교수는 언젠가 나에게 "의궤연구는 중독성(中毒性)이 있습니다"라고 한 기억이 난다. 그 때 나는 아마도 그럴 것이라고 어느 정도 긍정적으로 대답했던 것 같다.

학자들이 어떤 계기로 특정 테마의 연구를 하게 되는데 그 결과물을 읽는 독자들은 그 계기가 어떤 것이었는지, 또는 그 연구를 수행해 나가는 과정에서 어떤 애로(隘路)나 보람이 있었는지, 그리고 어떤 에피소드들이 있었는지를 전혀 알 길이 없다. 그러므로 이 글에서는 나의 의궤연구에 얽힌 이야기들을 담담하게, 그리고 되도록 재미있게 수필형식으로 풀어나가겠다. 독자들에게도 한 학자가 특수 테마를 연구하며 걸어온 다년간의 발자취를 연구 논문이 아닌 다른 형식의 글을 통하여 그 이면(裏面)의 일들을 알 수 있게 해 주는 것도 좋을 것이라고 생각하며 아래의 글을 써 내려간다.

내가 덕성여대(德成女大)에서 한국정신문화연구원(이하 정문연, 現 韓國學中央硏究院)으로 직장을 옮긴 것은 1989년 4월이었다. 그 이듬해인 1990년부터 연구원 재직 교수들이 의무적으로 이행해야 하는 공동연구 과제를 구상해야 했었다. 지금도 그렇지만 연구원에서는 서너 명의 연구자들이 한 연구 테마를 각기 다른 분야에서 접근하여 이들의 공동연구 결과물을 묶어 단행본으로 출간하는 것을 바람직하게 생각하였다. 나는 당시 연구원 예술연구실 소속의 유일한 미술사 전공자였다. 황수영(黃壽永) 박사님을 객원교수로 상당기간 모시고 지냈으나 객원교수는 연구 과제를 할 의무가 없었고 또 그분의 전공이 삼국시대 불교조각사인 만큼 나의 연구과제 구상에 도움을 청하기는 힘든 상황이었다.

1989년 여름부터 나는 안휘준(安輝濬) 서울대 교수(현 명지대 석좌 교수)와 변영섭(邊英燮) 박사(현 고려대 교수)가 공동연구 과제로 이행한 결과물을 꼼꼼히 점검하고 출판에 넘기는 일을 맡게 되었다. 이것이 후에 『藏書閣所藏 繪畵資料(장서각소장 회화자료)』[1]라는 이름으로 출간된 조그만 책이었다. 이 책 자체는 안휘준 교수가 집필한 짧은 서문과 변영섭 교수의 도판 설명, 그리고 원색과 흑백 도판으로 이루어진 비교적 간단한 것이었다.[2] 그러나 나는 이 작업을 하면서 우리 연구원이 문화재관리국(현 문화재청)으로부터 위탁관리를 일임(一任) 받아 보관하고 있는 조선왕실의 장서각(藏書閣) 도서들, 문서들, 기타 자료들이 조선시대 문화를 이해하는데 많은 도움을

---

1 安輝濬, 邊英燮 共著, 『藏書閣所藏 繪畵資料』(城南: 韓國精神文化硏究院, 1991).
2 이 책에 실린 많은 작품들이 정문연 장서각 역사 이래 처음으로 개최한 특별 전시회 도록인 『조선왕실의 책』(한국정신문화연구원 장서각 편, 2002)에 보다 자세한 도판 설명과 더불어 다시 한 번 조명되었다.

줄 수 있는 정보의 무진장 보고(寶庫)라는 사실을 깨닫게 되었다.

그때까지는 미술사 연구자들뿐만 아니라 한국 학계에서 아직 본격적으로 의궤 연구에 뛰어들기 이전이었다. 정문연(精文硏)의 재정적 지원으로 제일 처음 출간된 의궤 관계 출판물은 파리 국립도서관 사서(司書)로 재직 중이던 박병선(朴炳善) 박사의 『朝鮮朝의 儀軌(조선조의 의궤)』라는 책이었다.[3] 박병선 박사는 프랑스 국립도서관에 조선조의 의궤가 소장되어있다는 사실을 알린 큰 공헌을 한 학자이다. 이 책은 외규장각(外奎章閣)에 보관되어 오다가 병인양요(丙寅洋擾, 1866) 때 프랑스 해군이 약탈해 가서 현재 파리 국립도서관에 소장되어 있는 어람용(御覽用) 의궤와, 국내의 규장각(奎章閣)과 장서각(藏書閣)에 나뉘어 소장되어 있는 조선시대 각 사고(史庫) 분상용(分上用) 의궤를 서지학(書誌學)적으로 검토한 것이다. 파리 소장 어람용 의궤는 모두 1866년 이전의 것이므로 박병선 박사의 책에서 어람용과 분상용의 비교는 1866년 이전 것들로 제한되었다.[4]

복식사(服飾史) 분야에서 유송옥 교수가 박사논문을 1991년에 출간한 『朝鮮王朝 宮中 儀軌 服飾(조선왕조 궁중 의궤 복식)』이[5] 의궤를 심도 있게 연구한 저서로는 최초의 것이라고 생각된다. 이어서 서울대 한국문화연구소의 연구과제로 박정혜(朴廷蕙), 박은순(朴銀順) 두 사람이 공동연구 형식으로 책례도감의궤(册禮都監儀軌)에 관한 연구 논문 두 편이 1993년 발표되었

---

3 朴炳善 編著, 『朝鮮朝의 儀軌』, 城南: 韓國精神文化硏究院, 1985.
4 그 후 박병선은 의궤 목차들을 불어로 번역한 Règles Protocolaires de la Cour Royale de la Corée des Li (1392-1910), Kyujanggak Archives, Université Nationale de Séoul, 1996을 발간하였다.
5 劉頌玉, 『朝鮮王朝 宮中 儀軌 服飾』, 서울: 修學社, 1991.

다.[6] 그리고 한국 식품(食品)분야에서 김상보(金尙寶) 교수의 책이 의궤에서 많은 자료를 추출한 것이다.[7] 그 밖에 의궤뿐만 아니라 외규장각(外奎章閣)의 역사 등을 다룬 책들도 90년대 중·후반부터 상당수 출간되었다. 이들을 역(逆) 연대순으로 각주에 열거하였다.[8]

장서각 도서실은 외부인의 자유로운 출입이 어려운 곳이었으나 내 연구실은 바로 같은 건물의 이층에 위치하고 있었고 또 본원(本院)의 교수라는 특전으로 그 많은 자료들을 자유롭게 열람하고 촬영할 수도 있는 입장이었다. 이렇게 좋은 여건을 가지고 장서각 자료들을 이용하는 연구 프로젝트를 구상하지 않는다는 것은 참으로 조선시대 문화 연구를 매우 소홀히 하는 것일뿐더러 한국정신문화연구원의 교수라는 위치를 십분(十分) 이용하지 못하는 어리석은 짓이라는 결론을 스스로 내리게 되었다.

우선 예술연구실 조교실에 비치되어있던 『藏書閣圖書韓國版總目錄(장서각도서한국판총목)』에서[9] 내가 연구대상으로 삼을 수 있는 일차자료(一次

---

6 朴廷蕙,「册禮都監 儀軌의 繪畫史的 硏究」,『韓國文化』14(서울대학교 한국문화연구소, 1993), pp. 521-551; 朴銀順,「朝鮮時代 王世子 册禮儀軌 班次圖 硏究」,『韓國文化』14(서울대학교 한국문화연구소, 1993), pp. 553-612. 이후 박정혜는「儀軌를 통해서 본 朝鮮時代의 畵員」『미술사 연구』제 9호(1995), pp. 203-290」이라는 방대한 논문을 발표하였다.
7 金尙寶,『한국의 음식생활문화사』, 광문각, 1997.
8 한영우,『조선왕조 의궤』, 일지사, 2005; 김문식, 신병주.『조선왕실 기록문화의 꽃: 의궤』. 돌베개, 2005;『강화 조선궁전지「외규장각지」』. 한림대학교박물관 연구총서 제 25집, 2003; 신병주,『66세의 영조 15세의 신부를 맞이하다』, 효형출판사, 2001; 한영우,『正祖大王 華城幸行 班次圖』, 효형출판사, 2001; 박정혜,『조선시대 궁중기록화 연구』, 일지사, 2000; 한영우,『정조의 화성행차 그 8일: 왕조의 르네상스』, 효형출판사, 1998; 이태진,『왕조의 유산: 외규장각도서를 찾아서』, 지식산업사, 1994; 이태진,『奎章閣 小史』, 서울대학교도서관, 1990.

資料)들이 과연 어떤 것일까를 살펴보기로 하였다. 당시 나의 개인 연구조교로 있던 서울대 대학원생 이수미(李秀美, 현 국립중앙박물관 미술부 학예관)는 그 두꺼운 책에서 의궤 부분을 복사하여 의궤 하나하나의 항목을 오려내어 중간크기의 카드에 붙인 다음 의궤별로 묶어 제법 두꺼운 다발을 나에게 만들어 주었다. 이 다발을 가지고 장서각 서고(書庫)에 내려가 카드 번호를 찾아가며 먼지 쌓인 두꺼운 의궤 책들을 직접 꺼내 책장을 넘겨보기도 하고, 또는 마이크로필름으로 되어있는 것들을 좀 더 차근차근 살펴보기도 하였다. 이제는 소용이 없으나 나는 이 카드 다발들을 연구실을 정리할 때마다 수미의 정성, 그 당시 나의 노력 등을 되새기며 지금도 보관하고 있다.

가례도감의궤를 택하다.

당시 나는 1987년 뉴욕의 아시아 소사이어티(Asia Society)가 주최한, 한국 미술을 미국의 일반 대중에게 폭넓게 소개하는 국제학술대회에서 발표했던 한국 여성의 생활과 문화를 개괄적으로 다룬 영문 논문을 수정, 보완하고 있었다.[10] 따라서 조선시대 궁중 여성의 생활과 직접적인 관계가 있는 왕실의

---

9 文化財管理局, 『藏書閣圖書韓國版總目錄』, 城南: 韓國精神文化研究院, 1984.
10 이때부터 내가 관심을 갖고 추구하기 시작한 우리나라 여성생활의 이모저모는 그동안 전시 도록, 논문 등을 통하여 간간히 국문과 영문으로 발표되었고 2002년에는 주식회사 태평양의 재정적 지원으로 *Fragrance, Elegance, and Virtue: Korean Women in Traditional Arts and Humanities*, 그리고 같은 내용을 국문으로 한 『우리 옛 여인들의 멋과 지혜』라는 제목으로 대원사에 의해 출간되었다. 이 책은 한국문학번역원의 2005년도 번역도서로 선정되어 현재 불어 번역이 끝나 파리에서 출판에 들어갔다.

혼례(婚禮) 행사의 기록인 가례도감의궤(嘉禮都監儀軌)에 가장 큰 매력을 느끼게 되었다.

이때 나는 정문연에 다년간 파견근무로 와 계셨던 서울대 안휘준(安輝濬) 교수에게 조언을 구하였다. 그는 나의 연구가 의궤 자체를 학계에 처음으로 소개하는 것이 될 것이므로 우선 "의궤"라는 것을 개괄적으로 소개하는 글이 필요하고, 또 가례(嘉禮)의 복식(服飾) 부분만을 좀 더 심도 있게 다룰 필요도 있다고 조언(助言)을 주셨다. 그리하여 이미 언급한 성균관대 유송옥 교수에게 복식 부분을, 그리고 성균관대의 강신항(姜信沆) 교수에게 의궤 전반에 관한 해설을 써 주실 것을 부탁드렸다. 나 자신은 가례도감의궤에서 조선시대 미술사를 이해하는 데 필요한 어떤 자료들을 얻을 수 있나 하는 관점에서 의궤를 검토하는 작업을 하였다.

장서각에는 1627년 소현세자의 가례를 시작으로 모두 13건(件)의 가례도감의궤와 기년(紀年)이 없는 두루마리 반차도 한 건이 소장되어 있다. 그러나 나는 장서각 소장의 의궤만 연구대상으로 하는 것은 아무래도 온전한 연구가 되지 못한다는 생각으로 규장각(奎章閣)에 소장되어 있는 일곱 건의 의궤를 모두 포함시키기로 하였다. 결국 1627년으로부터 1906년의 황태자〔순종〕 가례까지 모두 20건의 의궤를 다루기로 하였다. 의궤에 관하여 그때까지 별로 관심도 없었고 따라서 별로 아는 것도 없었으므로 상당히 큰 모험과 도전이 아닐 수 없었다.

정문연의 장서각에는 조선시대 각 사고(史庫) 분상용(分上用) 의궤 가운데 무주(茂朱) 적상산(赤裳山) 사고(史庫)에 보관되어있던 것들이 있는데 이들은 대부분 타이쇼(大正) 년간(1912-1926)에 새로 제본(製本)하여 적갈색 종이 겉장에 선장(線裝) 형식으로 제본되어 있다. 상태도 의궤에 따라 일정하지 않으며 종이는 저주지(楮注紙), 즉 흔히 닥종이라고 부르는 좀 거친 한

● 도 E-1
『藏書閣所藏 嘉禮都監儀軌』(城南: 韓國精神文化硏究院, 1994) 표지

지(韓紙)로 되어있다. 반면에 어람용(御覽用) 의궤는 질이 훨씬 좋은 초주지(初注紙)로 되어있다. 가례도감의궤는 20건 모두가 필사본(筆寫本)이라는 것도 특징이라고 할 수 있다. 이는 1795년『원행을묘정리의궤(園幸乙卯整理儀軌)』가 정리자(整理字) 활자본(活字本)으로 인쇄되고 도설(圖說)이 목판화로 인쇄되기 시작한 이후 특히 진찬(進饌)이나 진연(進宴) 관계 의궤들이 상당수 활자본으로 제작된 것과는 대조적이다. 분상용 의궤는 또한 여러 사람의 서리(書吏) 손을 거친 듯 글씨 솜씨나 필체도 고르지 못한 것들이 많다.

    나는 모두 한자(漢字)로 된 가례도감의궤를 "읽기" 시작하였다. 읽었다기보다는 구경하듯 보았다고 하는 것이 나을 것이다. 그런데 나의 한문 독해 실력이 부족함은 늘 알고 있었으나 어떤 대목은 전혀 말이 통하지 않는 것을

에필로그 —— 357

발견하였다. 이 때 처음으로 나는 의궤 문장에 이두(吏讀)가 섞여있다는 사실을 알게 된 것이다. 그 때부터 나의 서가(書架) 참고서 칸에는 두 권의 『이두사전』이 자리 잡게 되었고 이들을 수시로 보아가며 의궤 문장들을 해독하는 작업을 열심히 진행하였다.

가례도감의궤 가운데 1627년 소현세자 가례도감의궤가 가장 연대가 이른 것인데[11] 이 의궤는 18세기 의궤들에 비하면 그 체제나 형식이 제대로 잡히지 않은 것이라 목차가 없어서 그 내용을 일목요연하게 파악하기가 쉽지 않았다. 여러 건의 의궤를 살펴본 후 나는 그 중 1837년의 헌종 효현후 가례도감의궤가 목차도 잘 짜여있고 가례 반차도 역시 상당히 내용이 충실하다는 것을 깨닫고 강신항 교수님께 각종 의궤를 간단하게 소개하신 후 1837년 가례도감의궤를 좀 더 집중적으로 그 내용을 파악할 수 있도록 해설해 주실 것을 부탁드렸다. 이 해설이 나에게는 다른 의궤의 내용을 파악하는 데 도움이 될 것이라고 생각하였기 때문이었다. 이 첫 번째 결과물이 『藏書閣所藏 嘉禮都監儀軌(장서각소장 가례도감의궤)』(성남: 韓國精神文化硏究院, 1994)이다.(도 E-1) 표지 색은 어람용(御覽用) 의궤가 보통 녹색(綠色) 운문대단(雲紋大緞)으로 장정(裝幀)되었다는 의궤 기록에 의거하여 필자가 녹색으로 결정하였다.

내가 다룬 20건의 의궤는 모두 상당히 많은 채색도설((彩色圖說), 즉 색채가 가해진 그림들이 포함되어 있다. 가장 많은 면(面)수를 차지하는 것은 가례반차도(嘉禮班次圖), 즉 신랑이 삼간택(三揀擇) 후 별궁(別宮)에 머물고 있는 신부를 맞이하여 궁으로 데려오는 행렬을 묘사한 그림이다. 행렬도(行

---

11 임진왜란 이전의 의궤는 모두 소실되었다. 현존하는 의궤 가운데 가장 연대가 이른 것은 규장각에 소장되어있는 1600년의 懿仁王后 『山陵都監儀軌』이다.

列圖)는 17세기 초에 불과 8면이었던 것이 1752년 영조의 가례행렬을 기점으로 하여 획기적으로 길어지며 1851년 철종 가례 때에는 모두 92면으로 증가하였다. 이들 행렬반차도 이외에도 교명식(敎命式), 금보(金寶), 기타 가례를 위하여 만들어지고 사용된 의물(儀物)이나 기물(器物)들의 그림, 신랑 신부가 술잔을 나누는 의식(儀式)을 치를 때의 참석자들의 자리배치를 보여주는 동뢰연도(同牢宴圖) 등 여러 가지 그림들이 포함되어 있다.

이들 가례반차도는 그 그림 자체도 연구대상이지만 그 행렬의 규모나 참가자들의 인적 구성요소가 시대에 따라 변천하는 과정 역시 중요한 연구대상이다. 제일 면수가 많은 철종 가례도감의궤(1851)에는 무려 1922인이 등장한다. 서울대 국사학과에서 최근에 박사학위를 받은 김지영(金芝英) 씨는 여러 종류의 의궤반차도에 나타난 변화양상과 그와 관계되는 국왕의 거둥(擧動)에 관한 문헌기록 연구를 통하여 조선시대 후기의 왕권의 위상변화를 살펴본 재미있는 논문을 발표하였다.[12] 나의 가례도감의궤 연구는 그러한 정치, 사회적 변화까지는 다루지 않았으나 반차도 이외에 미술사 연구에 도움을 줄 수 있는 여러 가지 작업을 하였다.

당시 나는 이 가례도감의궤 연구를 그 연구 규모나 소요되는 시간을 미처 제대로 파악하지 못한 채 일 년 프로젝트로 계획을 한 큰 실수를 하였다. 의궤 연구가 진행되면서 점점 더 해야 할 부분들이 눈에 띠게 되었다. 그 과정에서 내가 좀 더 추구해보고 싶은 문제들을 시간이 모자라 하지 못해 나의 제자에게 석사논문으로 해보도록 건의하기도 하였다. 즉 나는 가례 시 궁중에서 제작되어 각기 다른 방에서, 또는 다른 목적으로 사용된 병풍들의 연대

12　金芝英, 「朝鮮後期 국왕 行次에 대한 연구-儀軌班次圖와 擧動記錄을 중심으로」, 서울대학교대학원 박사학위논문, 2005.

별 목록을 만들었는데, 1802년 가례부터는 이전에 필수불가결처럼 늘 사용되던 〈십장생(十長生) 대병풍〉 대신에 우리나라 사람도 아닌 곽분양(郭汾陽), 즉 분양왕(汾陽王)에 책봉(冊封)된 당대(唐代)의 장군 곽자의(郭子儀 697-781)의 다복한 삶을 묘사한 〈곽분양행락도(郭汾陽行樂圖)〉가 새롭게 등장하는 것이었다. 신기하게도 이러한 현상이 조선시대 끝까지 지속되는 것을 발견하여 참으로 한 번 파고 들어가야 할 문제라고 생각하고 있었다.

때마침 석사논문 테마를 찾고 있던 정영미(鄭瑛美)에게 이 문제를 한번 다루어 볼 것을 건의하였고 영미는 매우 독창적인 연구로「朝鮮後期 郭汾陽行樂圖 硏究(조선후기 곽분양행락도 연구)」라는 제목의 석사논문으로 학위를 받게 되었다.[13]

물론 나의 가례도감의궤 연구는 일 년에 마치지 못하고 늦어지기는 하였지만, 출판 결과는 의궤의 문화사적 의의를 학계에 알리는 역할을 하였다는 이유로 1995년 시마다 상(Shimada Prize)의 "honorable mention(佳作賞)"을 받게 되었다. 시마다 상은 격년(隔年)으로 한 번씩 미국 워싱턴(Washington, D. C.)에서 동양미술사 관계 출판물에 수여되는 상이다. 이때 마침 안휘준 교수가 심사위원 가운데 한 사람으로 한국미술사를 위하여 이 책을 강력하게 추천한 결과였다. 이 위원회에는 미국, 유럽, 중국, 일본 등 여러 나라 학자들이 포함되어 있고 전공도 중국, 일본 미술사의 여러 분야를 대표하는 미술사학자들로 구성되어 있다. 이 상은 고(故) 시마다 슈지

---

13 정영미는 이 논문에서 〈곽분양행락도(郭汾陽行樂圖)〉라는 그림은 오히려 중국에는 존재하지 않는 것이며, 몇 가지 다른 테마의 그림들에서 도상적(圖像的) 요소를 따다가 배합해서 조선후기에 현재 우리가 알고 있는 도상의 〈곽분양행락도(郭汾陽行樂圖)〉가 만들어졌다는 결론을 얻었다.

로(島田 修二郞) 교수의 뜻을 기리기 위해 설립된 것이다. 그는 일본인으로 중국미술사 연구에 지대한 공헌을 하였고 내가 프린스턴(Princeton) 대학에서 박사학위를 시작하던 1975년 바로 전까지 다년간 그 대학에서 교편을 잡고 있었으며, 그 후 일본으로 귀국하셨는데 나의 어제비장전(御製秘藏詮) 판화 연구 논문에도[14] 여러 가지 도움을 주신 고마운 분이다. 나도 2002년까지 이 위원회의 심사위원으로 봉사하였는데 이때는 가작상이 없어진 상태여서 나의 강력한 추천에도 불구하고 우리나라 책들이 영어권에서 접근이 힘들어 수상작에 오르지 못하였다.

정문연의 출판물은 그때까지 연구원 자체의 출판부에서 최소의 비용으로 출판하는 것으로 되어있었다. 따라서 천연색 도판을 많이 포함한다는 것은 상상도 못할 일이었다. 나의 첫 번째 의궤 연구 결과물이 짙은 녹색 양장본으로 모든 도판을 천연색으로 출간할 수 있었던 데는 특별한 이유가 있었다. 즉 1993년 9월 프랑스의 미테랑 대통령이 방한(訪韓) 당시 프랑스 국립도서관에 소장되어있는 『휘경원원소도감의궤(徽慶園園所都監儀軌)』한 권을 가지고 왔다. 장서각에는 같은 의궤의 분상용 본이 보관되어 있다. 이때 우리 정부는 고속전철 건설을 추진하고 있었고 프랑스 정부는 자국산 고속전철 "떼제베(TGV)"를 우리 정부에 팔기를 희망하고 있었다. 우리가 지금 사용하고 있는 KTX가 바로 프랑스제 떼제베 기차가 되려고 하는 전주곡들이 진행되고 있었던 것이다. 이런 일들이 작용하여 미테랑 대통령은 의궤 한 권을 보여주겠다고 가지고 온 것이다.

이 때 우리 정부와 프랑스 정부 간에는 많은 오해와 의사전달 방식에 혼

---

14 李成美, 「高麗 初雕大藏經의 御製秘藏詮 版畵 硏究」, 『考古美術』 169·170 合輯本(韓國美術史學會, 1986), pp. 14-70.

선이 있어서 프랑스 측이 외규장각(外奎章閣) 의궤를 모두 반환해 주겠다고 한 것으로 언론에 잘못 전달되었다. 『휘경원원소도감의궤(徽慶園園所都監儀軌)』를 우리 측에서는 프랑스 정부가 그 때 아주 돌려주는 것으로 오해하였고, 의궤를 수행해 온 프랑스 국립도서관 사서(司書)는 이 책을 두고 갈 수 없다고 울고불고 난리를 부린 일이 언론에 크게 보도되는 등 이때 처음으로 우리 국민들에게 "의궤(儀軌)"라는 생소한 단어가 알려지게 된 것이다. 나는 KBS TV를 위하여 내 연구실에서 이 분상용 의궤를 가지고 의궤가 과연 어떤 것인가, 그리고 미테랑 대통령이 가지고 온 한 건(件)의 의궤가 과연 어떤 기록인가를 설명해 준 프로그램에 출연하였다. 그 후 양국 정부 간의 의궤 반환협상에 관해서는 뒤에 언급하겠다. 당시 인문과학부장을 맡고 있던 송기중(宋基中) 교수(현 서울대 교수)는 이 기회에 우리 연구원이 의궤를 심도 있게 연구한 결과물을 낸다고 사회에 알리는 것이 좋겠다고 생각하고 모든 도판을 천연색으로 하자고 "획기적" 결단을 내렸다.

이때 이와 같은 대외홍보(對外弘報) 필요성과 의궤라는 조선의 기록문화에 대한 새로운 관심 때문에 『藏書閣所藏 嘉禮都監儀軌硏究(장서각소장 가례도감의궤연구)』는 정부에서도 구입하고 학자들도 관심 있게 구입하여 얼마 후 곧 품절되었다. 나는 품절 직전에 시내 대형 서점에 연락하여 교보문고와 영풍문고에 당시 재고로 남아있던 몇 권을 모두 사들여 그 후 꼭 필요한 학자 분들께 선물하였다. 지금 잘 기억은 나지 않으나 모두 열 권이 채 되지 않았던 것 같다. 이제 나에게도 내 개인적으로 "수정본"이라고 책 등에 써 붙여놓고 재판(再版) 때 수정하려고 여기 저기 표시해 둔 것 이외에 단 한 권만이 남아있다.

● 도 E-2
한국학중앙연구원 장서각(藏書閣) 현판

● 도 E-3
원래의 장서각 현판. 한국학중앙연구원 장서각 소장

한국정신문화연구원 장서각(藏書閣) 현판과 연구 환경

1995년 이전에는 정문연의 도서관 건물에 아무런 현판(懸板)이 붙어있지 않았다. 지금의 〈藏書閣〉이라는 현판은(도 E-2) 정문연의 장서각에 의궤가 비장(秘藏)되어 있고 또 의궤 및 기타 연구를 하는 학자들이 많이 있다는 것을 과시하기 위하여 당시 한국학정보센터 소장이었던 송기중(宋基中) 교수의 제안에 따라 제작된 것이다. 따라서 연구원의 도서관 건물 로비에서 보면 왼쪽 벽에 걸어두었던 조그마한 원래의 장서각 현판을(도 E-3) 그 글씨체나 기본 틀은 그대로 하면서 우리 도서관 건물 앞에 높직하게 내걸었을 때 적당한 크기로 확대 제작한 것이다. 의궤 연구자이자 예술연구실 교수인 나의 자문도 한 역할을 담당하였다. 이제 연구원의 도서관은 아예 장서각으로 불린다.

실제로는 이 도서관 건물의 로비에서 왼편으로 자리한 특별 수장고의 육중한 철제문을 지나야 귀중한 의궤들이 보관되어있는 "장서각(藏書閣)"에 들어갈 수 있는 것이다. 이 안에는 목제(木製) 가구(架構)들이 줄지어 있고 그 선반 위에 의궤를 비롯한 여러 가지 조선왕실 도서실에 있던 한국 및 중국의 고서(古書)나 화첩(畵帖), 지도(地圖), 두루마리 등이 즐비하게 놓여 있다. 그 비율은 정확하게 알 수 없으나 많은 필사본(筆寫本), 또는 유일본(唯一本)들이 포함되어 있다. 입구에 몇 개의 유리 진열장에는 의궤나 기타 전적(典籍)들을 얼마 만에 한 번씩 바꾸어 전시하여 들어오는 사람들이 기분 좋게 볼 수 있도록 해 놓았다. 습도와 온도 조절은 어느 정도 되어있으나 오랫동안 쌓여온 먼지는 그대로 있는 셈이다.

내 연구실이 있던 이층에는 어문, 역사, 예술 부문의 교수연구실과 한문에 능통한 전문위원님들의 연구실이 모두 지근(至近)한 거리에 자리하고 있었다. 나와 같은 연구자에게는 더 없이 좋은 환경이 아닐 수 없다. 나는 나

● 도 E-4
고종 가례도감의궤(1866) 반차도 제 78면의 세부 부대부인덕응(府大夫人德應). 장서각

의 무식함을 폭로하는 한이 있더라도 내가 쉽게 해결할 수 없는 문제에 봉착하면 곧바로 나의 선배 교수들, 아니 나이에 상관없이 나보다 그 분야를 오랫동안 연구해온 동료 교수들이나 전문위원님들의 연구실 문을 수시로 두드렸다. 당시 연구원의 원로 여(女) 교수이자 의궤 프로젝트의 공동연구자 강신항 교수님의 부인이신 국문학자 정양완(鄭良婉) 교수님의 방은 수도 없이 드나들었다.

 1866년 고종 가례반차도에 고종(高宗)의 어머니가 타는 가마가 있는데 그 옆에 "부대부인덕응(府大夫人德應)"이라는 한자가 적혀있다.(도 E-4) 정교수님은 금방 알아보시고 가마를 이르는 "덩"이라는 순수 우리말을 이두(吏讀)로 표기한 것이라고 알려주셨다. "덕응"을 여러 번 빨리 발음해 보면

"덩"이 되기도 한다. 어릴 때 무슨 노래인가 "덩을 탄다"는 말이 있었던 것이 생각났다. 아마 지금 어린아이들에게는 이 말조차 생소할 것이다. 뒤에 '덕응(德應)' 이란 말은 『古法典用語集(고법전용어집)』에서 찾아보았지만 이런 단어가 그런 용어집에 있을 것이라고 생각하기 쉽지 않았다. 또 지금은 모두 은퇴하신 조기대(趙基大), 노상복(盧相福), 노홍두(盧弘斗), 김동주(金東柱) 전문위원님들께는 나의 크고 작은 질문들에 대하여 진지하게 같이 생각해 주시고 문제를 풀어주신 데 대해 평생 깊이 감사하는 마음을 간직하고 있다.

장서각의 신간서적(新刊書籍) 구입예산은 정문연의 규모에 비해 상당히 작은 셈이다. 그러나 어느 분야의 책을 얼마만큼 사들이느냐 하는 문제는 전적으로 전공 교수들의 의지에 달려있다. 나는 연구원에 들어오자마자 얼마 후 도서출판위원을 몇 년간 역임하였는데 이때 정문연의 미술사관계 정기간행물 정기 구독 범위를 대폭 늘려놓았다. 주지(周知)하다시피 국제적 정기간행물이란 그 분야의 최신정보로 열려있는 창(窓)의 역할을 한다. 나는 조금씩 미국, 유럽 등지의 영문 미술사 학술지, 일어와 중국어 학술지 등을 다수 정기 구독(購讀)하도록 만들어 놓고 필요에 따라서, 그리고 구입이 가능한 이전 호(back issue)들까지 구입을 추진하였다. 역사가 짧은 정문연의 도서실에 미술사 정기간행물이 제법 갖추어지게 된 것은 이러한 나의 노력의 결과임을 자부하며 늘 이들 간행물을 애용하였다. 물론 지금은 인터넷을 통하여 간행물에 따라 텍스트 전체를 내려 받아(download) 프린트 할 수도 있지만 이런 일들은 불과 몇 년 사이에 일어난 일들이다. 연구원의 정기간행물실은 얼마 전까지 상당히 넓은 공간에 천정이 드높은 좋은 방이었다. 지금은 도서관 수장고가 모자라 정간물(定刊物) 이외의 것들을 수용하느라 좀 복잡해 졌다. 나는 그 정기간행물실의 넓고 조용한 공간을 정말로 좋아하며 애용하였다.

많은 연구원 교수들이 아직 우리 연구원 도서구입비 사용 방식 가운데 아주 편리한 것이 한 가지 있다는 사실을 모르고 계신다. 즉 교수들이 외국에서 사 들고 들어와 도서관에 넣고 싶은 책은 금방 영수증대로 실비(實費) 정산(精算)해 주는 것이다. 나는 미국, 일본, 중국 등 여러 가지 이유로 여행을 하게 되면 그 곳의 신간 서적 가운데 내가 필요하다고 생각하는 것들을 꼭 두 권씩 사들고 와서 한 권은 학생들을 위해 도서관에 비치하는 것을 일삼아 해 왔다. 특히 미국 동부와 서부의 주요 미술관 책방들은 미술사 신간 서적을 가장 손쉽게 살 수 있는 곳이기도 하였고 더욱 좋은 것은 이들 기관에 나의 대학원 시절(U. C. Berkeley, Princeton 대학교) 동료들이 다수 큐레이터로 자리 잡고 있어 이들을 통하여 직원 할인혜택(25%)으로 책을 구입할 수 있다는 것이다.

한국학대학원 미술사 전공 학생들은 최신 서적이 이미 들어와 있는 것에 매우 익숙해 있다. 서울대 학생들도 장서각에 나의 중국회화사 강의를 들으러 가끔 오면 정문연의 신간서적 보유에 놀라움을 표시한다. 국립도서관이나 서울대 도서관에 비교할 수는 없으나 나는 연구원 재직 기간 동안 정문연 도서관을 애용하며 큰 불편 없이 지낼 수 있었음을 감사하게 생각한다. 지금도 나의 연구조교 신선영(申善暎)과 이윤희(李侖禧)를 통하여 도서관의 책을 수시로 빌려다 보고 있다. 연구원 명예교수의 도서관 사용에 관한 규정이 있을 것이나 이보다 더 쉽게 조교를 통하여 빌려보며 감사히 생각한다.

어진(御眞) 관계 의궤 연구

가례(嘉禮) 관계 의궤를 그렇게 힘들게 연구한 다음 이제 의궤의 가치를 조금 더 알게 되었고 또 그 많은 분야의 의궤 연구를 내가 지쳤다는 이유로 계속하지 않는 것은 아무래도 두고두고 후회할 일이라고 생각되어 용감하게 (?) 또 한 종류의 의궤에 도전하기로 하였다. 현재 모든 의궤를 39종류로 분류하고 있는데 그 가운데 미술사와 밀접한 관계가 있어 내가 다시 한 번 힘들여 연구할 만한 것이 아무래도 국왕의 초상화를 그리거나 모사(模寫)하는 행사의 전말(顚末)을 기록한 어진(御眞) 관계 도감의궤(都監儀軌)들이라고 생각되었다. 현재 이 관계 의궤로는 모두 아홉 건이 남아 있다.

또 한 번 강신항(姜信沆), 유송옥(劉頌玉) 두 교수님들을 모시고 공동연구를 구상했다. 유송옥 교수는 분야가 확실하시니 내가 따로 주문드릴 일은 아니지만 강신항 교수의 무궁무진한 의궤 접근 방향은 아무래도 내가 우리 공동연구에 도움이 되는 방향으로 주문드려야 한다는 생각을 했다. 돌이켜 보면 대단히 실례가 되는 일이었지만 마음이 너그러우신 강 교수님은 나의 주문에 기꺼이 응해 주셨다. 어휘 해석도 해 주셨고 의궤에 자주 등장하는 많은 어휘들을 접두어(接頭語), 또는 접미어(接尾語)가 같은 말들로 분류하고 의미를 해석하는 작업을 해 주셨다. 그 밖에도 나의 연구를 도와주시느라 의궤 한 건을 대강 요약해 주시기도 하였다. 그 결과로 출판된 것이 『朝鮮時代御眞關係都監儀軌研究(조선시대어진관계도감의궤연구)』(한국정신문화연구원, 1997)이다. (도 E-5)

남편이 문민정부(文民政府)의 초대 외무부장관이 된 것은 1993년 2월 26일이었다. 이 때 나는 정문연 일을 그대로 하면서 외무장관 부인으로서 참석해야 하는 여러 가지 행사에 참석하느라 상당히 바쁜 나날을 보내야 했다. 그런데 이런 일로 나의 의궤 연구에 도움이 되는 두 가지 일이 있었기에 참으로 다행으로 생각하였다. 그 하나는 의궤연구에 필수불가결의 참고도서 두 가지를 쉽게 구하게 된 것이었다. 어느 장소에선가 황길수(黃吉秀) 법

● 도 E-5
『朝鮮時代御眞關係都監儀軌』(城南: 韓國精神文化硏究院, 1997) 표지

제처장님과 말씀을 나눌 기회가 생겼다. 처장님은 매우 학구적인 분이라는 인상을 주셨으며 나는 지금도 그분을 매우 존경한다. 그 분께 법제처에서 출간했으나 지금은 절판된 『古法典用語集(고법전용어집)』과 『國朝五禮儀(국조오례의)』가 나의 의궤 연구에 수시로 필요한데 정문연 도서관에 단 한 부 있는 것을 내가 늘 가지고 있을 수 없으니 좀 구해주실 수 있느냐고 문의하였다. 며칠 후 『國朝五禮儀』 번역본 전 4권과 『古法典用語集』이 고스란히 나에게 배달되었다. 너무나 감사한 일이었다. 그 때부터 나는 이 책들을 다른 사용자들의 눈치를 의식하지 않으며 마음 놓고 나의 의궤 연구에 활용할 수 있었다. 이 책들은 지금도 나의 참고도서 서가에 손이 잘 닿을 수 있는 위치에 놓여 있으며 자주 사용하는 책들 중의 하나이기도 하다.

● **도 E-6** 프랑스 국립도서관의 분관인 리슐리외 라이브러리(Richelieu Library) 고문헌실. 현재 조선시대 의궤가 다수 보관되어 있다.

또 하나는 당시 프랑스 국립도서관에 소장되어 있는 어람용 의궤의 복사본을 얻을 수 있었던 것이다. 주지(周知)하다시피 1866년 이전의 어람용 의궤는 현재 프랑스 국립도서관의 분관인 리슐리외 라이브러리(Richelieu Library) 고문헌실에 보관되어 있다.(도 E-6) 나는 파리의 주불(駐佛) 한국대사관을 통하여 1735년 「影幀模寫都監儀軌(영정모사도감의궤)」 어람용 본의 전체를 흑백으로나마 복사해 받게 된 것이다.(도 E-7) 원색이었다면 판곽선(版廓線)은 붉은 색이다. 분상용과 비교해 볼 때 그 글씨의 방정(方正)함과 일관성 있게 아름다운 판면 구성에 놀라지 않을 수 없다.

나는 어진관계 의궤를 공부하는 과정에서 국왕과 신하들 사이에 도감 설치를 하느냐 마느냐 하는 문제, 도감에서 봉사할 화가들의 선정(選定)과

●도 E-7 「영정모사도감의궤(影幀模寫都監儀軌)」(1735) 어람용 본의 복사면.
프랑스 국립도서관 리슐리외 라이브러리(Richelieu Library) 소장

정, 어진을 무엇이라 부를까 하는 어휘사용 문제 등 여러 가지를 국왕이 신하들과 허심탄회하게 논의한 기록들을 접하였을 때 상당히 놀라웠다. 첫째 조선시대 신하들이 국왕의 어전(御前)에서 자유롭게 자신들의 의견을 개진(開陳)할 수 있었던 것, 그리고 국왕들이 상당히 "민주적"으로 일을 진행하였다는 것을 실감할 수 있었다. 둘째 이들이 당시의 화가 개개인에 관해 상당한 정보를 가지고 있었다는 것이다. 잘 알려졌을 것으로 생각되는 궁중 화원(畵員)이나 종친(宗親) 가운데 선화자(善畵者)는 물론이고 유인(孺人), 즉 선비화가들과 지방의 화사(畵師)들에 관한 것들도 잘 알고 있어 누가 과연 적임자일까 하는 논의가 활발하게 이루어진 것을 볼 수 있었다.

국왕의 초상화를 지칭하는 단어로 현재 우리가 널리 사용하는 "어진(御

에필로그 ——— 371

眞)"이라는 말은 한자(漢字)로 되어있으나 한자사전으로는 세계적 권위를 자랑하는 『大漢和辭典(대한화사전)』이나 『中文大辭典(중문대사전)』에는 없는 순수 한국 한자 어휘라는 것을 아는 사람들은 그리 많지 않을 것이다.

오봉병(五峯屛), 일월병(日月屛), 일월오봉병(日月五峯屛)이 국왕의 옥좌(玉座) 뒤 뿐만 아니라 초상화의 뒤에도 반드시 놓이는 것이라는 사실을 알게 되었고, 내 책에 "어진과 오봉병"이라는 장(章)을 하나 따로 마련하여 오봉병에 관한 다소 심도 있는 연구를 시도하기도 하였다. 이 부분을 "The Screen of the Five Peaks of the Chosun Dynasty"라는 제목으로 영문 학술지 *Oriental Art*(1996/97)에 게재하였는데 그 후 계속 더 자료를 수집하여 개고(改稿)한 것을 『조선왕실의 미술 문화』(대원사, 2005)에 실었다. 이글이 영문이라 독자들이 한국어로 번역판을 낼 것을 원하여 현재 번역을 마쳐놓은 상태이다. 한국어판을 나의 의궤논문집 시리즈 세 번째가 될 『어진관계도감의궤와 미술사』에 실을 예정이다.

이 연구 프로젝트 역시 일 년에 하는 것이 무리였으나 계속 다른 일도 해 가며 좀 늦게나마 마치게 되었다. 보통 우리 연구원 연구 결과물의 기준은 원고지 200매 내외라고 한다. 그러나 나의 의궤연구들은 모두 800~900매 가까이 되는 것들이었다. 그런데 이런 연구 결과 심사는 대개 시간에 쫓겨 형식적이 되기 쉽기 때문에 나는 미리 이 많은 분량의 원고를 안휘준 교수에게 보아주실 것을 부탁드렸다. 꼼꼼히 보아주시고 좋은 제안도 해주셔서 출판을 하기 전에 많이 수정할 수 있었던 것을 지금도 감사히 생각한다. 『朝鮮時代御眞關係都監儀軌硏究(조선시대어진관계도감의궤연구)』에 실린 나의 논문은 이 방면의 깊은 연구에 공헌한 공로를 인정받아 그해 여름 미술사학계에서 영예로운 상으로 간주되는 우현상(又玄賞)을 수상하였다.

2005년에는 국립전주박물관에서 〈왕의 초상〉이라는 특별전을 개최하였는데 당시 이 전시를 기획한 이수미(李秀美) 학예관은 이 전시를 준비하며 나의 논문을 많이 참조하였으며 이 논문이 없었더라면 전시 준비하기가 매우 힘들었을 것이라고 하였다. 이런 논문을 쓰면 정말로 한정된 범위와 숫자만의 독자들이 읽는 것인데 수많은 사람들이 와서 볼 수 있는 전시를 준비하는데 나의 연구가 밑거름이 되었다는 말을 듣고 당시의 어려웠던 일들이 모두 좋은 추억으로 되살아났다. 이때 나의 연구조교였던 김현임(金炫任, 현재는 법조인으로 변신한 당시 서울대 대학원생)은 1688년 전주에서 한양까지의 영정(影幀) 배봉(陪奉) 여정(旅程)을 당시의 지명(地名)으로 1:50,000 지도를 찾아가며 일목요연하게 그려주었다. 2005년 6월 〈왕의 초상〉전 때 특강 차 전주에 자동차로 다녀왔는데 그 얼마 전 새로 생긴 고속도로의 중간 기점들이 조선시대의 주정소(晝停所)와 숙소(宿所)들과 대략 일치하며 거의 직선거리임을 발견하고 신기로웠다. 당시에는 여드레 길이었으나 그때는 2시간 40분 걸렸다.

도판(圖版) 촬영에 얽힌 이야기들

미술사 논문들에는 많은 도판이 첨부되어야 함은 말할 것도 없다. 가례도감 의궤연구 과정에서는 나는 정문연의 시청각실 소속의 조그만 사진 촬영대를 도서관 열람실로 옮겨 놓고 나와 당시 대학원생이었던 이예성(李禮成) 박사와 윤경란(尹景蘭) 씨(현재 캐나다 거주)가 그야말로 열악한 환경에서 촬영을 해 나갔다. 무지무지하게 두꺼운 의궤전적 가운데 포함되어 있는 채색 도설(圖說)들을 촬영하는 작업은 물리적으로 쉬운 일이 아니었다. 조그만 사진 촬영대는 의궤를 놓기에는 너무도 작았고 팔을 벌린 듯 퍼져있는 두개의 백열등 조명은 과히 높지가 못하여 커다란 의궤 책 촬영에 도무지 적절치 못하였다. 예성과 경란의 노력 끝에 많은 반차도와 다른 그림들을 촬영할 수 있었지만 사진관에 보내 인화해 온 사진들 가운데 많은 것들이 도판으로 쓸 수 없을 만큼 어둡거나 색채가 제대로 나오지 못하였다.

당시 정문연에서는 원로 음악학자 이혜구(李惠求) 박사님을 오랫동안 객원교수로 모시고 있었다. 바로 내 옆방인 남향 방을 차지하고 계셨는데 매일 나오시는 것도 아니고 책상 위에 많은 책을 펴 놓으시거나 컴퓨터 등 기자재를 벌려 놓으시지 않으셔서 그 책상을 나는 항상 의궤 촬영 장소로 눈독을 들이고 있었다. 지금 생각하면 내가 이런 생각을 했다는 자체가 이혜구 교수님께 대단히 결례가 되는 일이다. 그러나 그때 나는 좀 더 좋은 도판을 의궤 출판물에 실어야 한다는 의무감 내지 일종의 강박관념에 사로 잡혀 이런 결례를 무릅쓰고 교수님께서 나오시지 않는 날 그 방에서 창가에 의궤 책을 펼쳐 놓고 촬영해도 되느냐고 여쭈어 보았다.

이혜구 교수님은 나의 선친을 잘 아시고 또 나와 같은 한산(韓山) 이씨로(나의 조카뻘) 나를 어린 시절부터 잘 아시는 분이시다. 거절하실 분이 아니시다. 이 때 나의 촬영 작업을 도와 준 또 한사람은 당시 홍익대학교 대학원생이었던 김지혜(金知惠) 씨였다. 그는 가끔 연구원에 들러 나에게 도움되는 일을 자청하였다. 그는 이혜구 교수님의 책상 위에 기어 올라가 많은 의궤도설(儀軌圖說)을 촬영하여 좀 더 나은 도판을 만들어내는데 공헌한 사람이다.

나는 프린스턴 대학원 시절에 사진 현상(現像), 인화(印畵) 과정을 모두 익혔다. 비단 나뿐만 아니라 당시의 모든 미술사 전공 학생들은 자신들이 연구하는 미술품들을 직접 촬영하고 학교의 암실(暗室)에서 현상과 인화까지 직접 했다. 암실은 맥코믹 홀(McCormick Hall)이라는 건물에 있는 대학 미술관 이층에 있는데 이 건물에 미술사 도서관, 대학원 세미나실, 그리고 대학원생 공부방들이 모두 자리하고 있어 우리는 늘 이곳에 살다시피 했다. 암실작업은 얼마 만에 한 번씩 몰아서 하므로 아침에 들어가면 저녁때까지 점심시간도 없이 계속했다. 오후 늦게 암실에서 나오면서 찬란한 햇살이 기울고 있는 아름다운 프린스턴의 캠퍼스를 다시 보며 정말로 잔인한 하루를 보냈구나 하는 느낌을 갖기도 하지만, 한편으로는 내 수중에 들어있는 도판들을 실감하며 성취감으로 가득 차기도 하였다. 이때 나는 다소 광선이 나쁜 상황에서 촬영한 필름이라도 인화과정에서 얼마든지 수정이 가능하다는 사실을 배우기도 했고 또 실제로 내가 그렇게 인화할 수 있었던 도판들도 다수 내 논문에 포함시켰다.

그러므로 나는 가례도감의궤의 도판들을 사진관에 맡기면서 여러 가지 주문을 하기도 하였는데 많은 작업을 기계로 하는 현상소에서는 나의 주문을 들어줄리 만무하였다. 이 때문에 나는 촬영을 다시 한다든지 인화를 다시 하도록 한다든지 하며 연구비에서 사진촬영 비용으로 책정된 금액보다 훨씬 많은 돈을 쓰게 되었다. 그런데 이 과정에서 나는 의궤 촬영 필름을 인화할 때 한 가지 색이라도 기준을 제시하면 훨씬 더 좋은 결과를 얻을 수 있음을 깨닫게 되었다. 그리하여 어느 날 필름을 맡기면서 바탕색이 퇴색된 한지(韓紙)에 가깝게 해 달라고 주문하였더니 상당히 만족스러운 결과가 나왔다. 이러한 노력에도 불구하고 나의 의궤 출판물에 게재된 모든 도판이 만족스럽지는 못하다. 그러나 나의 책들이 출간된 이후 많은 사람들이 내 도판을 그대로 전재(轉載)하거나 슬라이드로 만들어 강의에 사용하는 것을 보았다.

촬영에 얽힌 에피소드 가운데 또 한 가지 재미있는 것은 태조(太祖)의 어진(御眞)이 보관되어있는 전주(全州) 경기전(慶基殿)에 처음으로 갔을 때의 일이었다. 당시까지 어진을 제대로 진열해 놓은 곳은 전주의 경기전 한

곳 뿐이므로 이곳을 방문하기로 하고 전주시 문화과(文化課)에 미리 연락하고 그 곳을 방문하였다. 경기전의 안에는 화재(火災)의 위험을 원천 봉쇄하기 위하여 아무런 전기시설을 해 놓지 않았다는 설명을 해 주며 그 곳의 직원은 나 혼자만을 남겨두고 자리를 비웠다.

어두운 방안에 어진은 드높은 닷집[唐家] 안에 안치되어 있었고 그 앞은 두 짝의 장지문으로 가려져 있었다. 〈도 E-8〉은 그 장지문을 열어젖힌 상태에서 국립전주박물관측이 촬영한 태조의 1872년 이모본(移模本) 어진이다. 나는 장지문을 열고 어진을 보았으나 너무 높고 그 안이 어두워 어진 뒤에 있는 오봉병(五峯屛)의 실체를 파악하기 힘들었다. 사방을 둘러보니 마침 사다리가 하나 눈에 띠었다. 용기를 내어 그 사다리를 가까이 가져다 올라타고 어진에 한 발 더 접근하여 보며 어진을 살짝 들쳐보았다. 과연 매우 낡고 군데군데 찢어진 네 폭(四幅)짜리 오봉병이 있다는 것을 확인할 수 있었다. 당시 나는 과히 좋지 않은 조그만 카메라를 가지고 갔는데 사다리 위에서도 어진과 오봉병이 같이 있는 모습을 촬영하기는 쉽지 않았다. 억지로 어진의 양쪽 옆으로 보이는 해와 달의 모습을 따로 따로 어진의 양 끝과 함께 촬영하는 것으로 만족할 수밖에 없었다.〈도 E-9〉

그 후 나는 학생들과 같이 1998년 가을 답사에서 다시 경기전을 찾았다. 그러나 이때는 학생들이 여럿이 있어서 그랬는지 경기전 측의 직원이 우리를 내내 감시하는 것이 아닌가. 그래도 나는 닷집의 장지문을 열고 어둡고 높기는 하지만 팔을 뻗어 어진과 오봉병을 학생들에게 설명하려고 하였다. 이 때 그 직원은 금방 나를 제지하며 "무엄하게 어디다 대고 손가락질을 하느냐"며 정색을 하고 나섰다. 결국 나와 학생들은 한 발 물러서서 매우 어두운 상태의 어진을 멀리서 보는 것으로 만족해야 했다. 짐작컨대 그 직원은 전주 이씨(全州 李氏)로 태조를 하늘 같은 조상으로 섬기며 경기전을 수호하

● 도 E-8
경기전에 보관된 상태의 태조 어진. 1872년 이모본(移模本). 견본채색, 220×151cm.
양쪽으로 해와 달이 보여 어진 뒤에 오봉병(五峯屛)이 있음을 보여준다.

● 도 E-9
경기전 태조 어진의 오른쪽 끝과 오봉병(五峯屛)의 해. 필자 촬영

는 일을 천직(天職)으로 삼고 있는 사람임에 틀림없다. 언젠가 내가 궁중유물전시관의 토요(土曜) 강좌에서 어진에 관한 강의를 했을 때도 전주이씨 종친회 사람들이 다수 참석하여 매우 도전적으로 질문도 하고 열의를 내던 모습을 기억한다. 참으로 충실한 자손들이다.

도서관에 있던 교수연구실이 현재와 같이 남재(南齋)로 이전되기 전까지 내 연구실 맞은편에는 교수연구실 두 배가 되는 공간을 차지한 예술연구실 조교실이 있었다. 이 방은 음악사 쪽의 수많은 녹음테이프, 녹음기 등 기자재, 그리고 미술사 쪽의 각종 카드, 슬라이드 등을 보관하는 철제 캐비닛들이 벽면을 꽉 채우게 놓여 있었다. 방을 이등분하는 책장들에는 주로 내 책들이 가득했고 그 왼편 공간은 우리의 촬영 공간이었다. 이 촬영 공간에는 커다

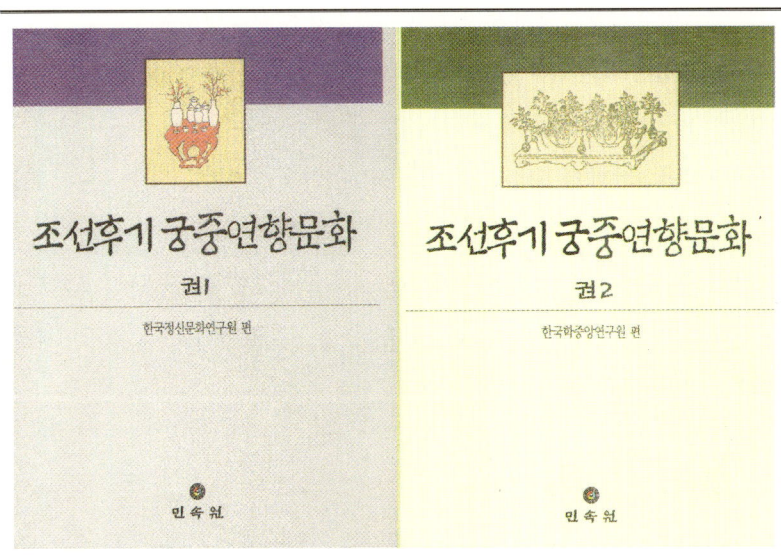

● 도 E-10
『조선후기 궁중연향문화』(민속원, 권 I, 2003; 권 II, 2005) 표지

란 테이블 위에 연구원 소속의 조그만 복사대와는 비교도 되지 않는 독일제 대형 복사대(카메라가 前·後, 上·下로 이동 가능), 그리고 양쪽에 우산처럼 광선을 잡아주는 스트로브 라이트 장치가 있는 전문사진사의 기구들이 완비되어 있었다. 카메라는 나의 개인 캐논(Cannon) 카메라를 비치해 두었지만 학생들 개인이 선호하는 자신들의 카메라를 사용할 수도 있다. 기타 기구로는 앵글 뷰 파인더(angle view finder), 라이트 미터(light meter), 매크로 렌즈(macro lens) 등이 비치되어 있었다. 또한 책을 복사할 때 누르는 용도로는 중국 현역 서예가 계공(啓功)의 글씨가 새겨진 문진(文鎭) 한 쌍, 마지막으로 카메라의 수평을 정확하게 측정하기 위한 목수(木手)용 수평까지 무엇 하나 부족함이 없는 촬영시설을 갖추었다. 이러한 기구들의 구입 비용은 몇

년간 예술연구실장 판공비 통장에 모인 돈으로 모두 충당하였다.

원내에서 무슨 기구 개편이나 시설 이동이 있을 때면 총무과에서는 언제나 이 방을 호시탐탐(虎視耽耽)하였으나 그럴 때마다 나는 마룻바닥에 두 팔과 다리를 쭉 뻗는 시늉을 해가며 절대불가를 외치며 "사수(死守)"하였다. 그런데 내가 미국에서 주미대사부인으로 전혀 다른 일들에 몰두하고 있는 동안 장서각 건물이 고문서(古文書) 팀에 의해 점령당하며 우리 조교실과 촬영 공간이 없어져 오늘날 이 좋은 기구들을 사용할 수 없게 되었다니 가슴 아프지 않을 수 없다.

진작(進爵)·진찬(進饌)·진연(進宴) 의궤 연구 프로젝트

정문연의 국악 전공 김영운(金英云) 교수의 책임 아래 참여한 두 차례의 진찬·진연관계 의궤연구는 의궤의 성격상 좀 더 다양한 분야의 전공자들이 참여하여 그 결과로 『조선후기 궁중연향문화(朝鮮後期 宮中宴享文化)』 권 I(2003), 권 II(2005) 두 책이 발간되었다. (도 E-10) 권 I에서는 「朝鮮 仁祖~英祖(조선 인조~영조) 년간의 궁중연향과 미술」이라는 제목으로 현존하는 궁중 연향관계 최고(最古) 의궤인 1630년 『豊呈都監儀軌(풍정도감의궤)』부터 1765년(英祖 41년, 乙酉)의 『受爵儀軌(수작의궤)』까지 모두 네 건(件)의 의궤를, 권 II에서는 1795년의 『園幸乙卯整理儀軌(원행을묘정리의궤)』로부터 1892의 『壬辰進饌儀軌(임진진찬의궤)』까지 모두 12건(件)의 조선시대 후기 진작·진찬의궤(進爵·進饌儀軌)를 검토대상으로 한 것이다.

일차 연구대상 의궤들은 그 수도 적고 또 내가 이미 다루었던 두 분야의 의궤만큼 미술관계 기사가 많이 나오지 않았다. 그러나 이들과 관련된 단폭

(單幅), 또는 여러 첩(貼)으로 된 병풍 그림들, 그리고 화첩(畵帖)도 남아 있어 내 글에서는 이들을 연관시켜 분석하는 작업도 병행하였다. 나는 이 책이 출간되는 단계에 이미 워싱턴으로 가 있었기 때문에 프로젝트 간사를 맡았던 제자 윤진영(尹軫暎) 박사(현 한국학중앙연구원 전문원)에게 모든 것을 일임하였다. 나의 까다로운 글들을 교정도 보고 많은 애를 써 주어 고마움을 표시한다. 그런데 워싱턴에서 책을 받아보니 나와 윤진영이 그렇게 여기저기 돌아다니며 촬영한 그림들의 도판이 모두 흑백으로 출판된 것을 보고 너무나 실망이 컸다.

필자의 몫으로 이 책을 미국으로 세 권을 보내주었으나 내가 "좋아하지 않는 책"이라서 아무에게도 보내주지 않고 다시 귀국할 때 가지고 들어왔다. 그런데 최근에 제자 이송란(李松蘭) 박사가 찾아와 이 책이 2004년 10월에 '문화관광부 선정 우수도서'로 선정되었다는 사실을 뒤늦게나마 알려주었다. 정문연에서는 대단치 않은 일이라고 생각했는지 공동 집필자인 나에게 이 시점까지 아무도 알려주지 않았다. 그러나 나는 나의 깊이 있는 의궤 분석 논문들이 모두 어떤 형태로든지 좋은 논문으로 간주되었다는 사실에 의의를 두고 싶다.

권 II로 출간된 2차 연구대상 의궤는 그 수도 많았고 또한 각각의 행사와 연관되는 대형 병풍들이 여러 좌(座) 남아있어 정말로 할 일이 많았다. 2002년 말에 마쳐야 하는 것이지만 내가 워싱턴으로 이사를 하기 위하여 책과 짐을 정리해서 싸고 하는 2003년 6월 말경까지 겨우 끝낼 수 있었다. 이때도 역시 윤진영 박사의 도움으로 모든 의궤의 복사본을 가지고 연구하게 되었고 그 후 그는 내가 워싱턴에 있는 동안 수정해서 보낸 논문, 도판 등을 모두 챙겨 출판에 넣어주었다. 이번에는 의례(儀禮), 미술문화, 음악, 문학, 복식, 궁중음식 등 여섯 분야의 논문들로 이루어진 총 783면에 이르는 상당히 듬직한 책이 2005년 여름에 출간되었다.

 2004년 가을 마침 엘에이 카운티 미술관(L.A. County Museum of Art)에 소장되어 있는 〈무진진찬도병(戊辰進饌圖屛, 1868)〉이 보수를 위하여 박지선(朴智善) 교수의 작업실에 와 있었다. 나는 제자 이소연(李昭娟)과 함께 박 교수 작업실을 방문하여 이 병풍의 수많은 세부를 촬영할 수 있었다. 이들 중 많은 세부는 현재 내 논문의 도판으로(이번에는 천연색) 실려 있다. 이들 슬라이드는 또한 내가 미국에 있는 동안 그 미술관에 초청되어 이 병풍을 주제로 의궤 전반을 다룬 강연을 했을 때도 잘 사용하게 되었다.

 이렇게 연관된 그림들도 많았으나 나는 이 의궤 기록들을 통하여 당시의 물질문명(物質文明)에 많은 관심을 갖게 되었다. 우선 각 연회장을 장식했던 다양한 물건들을 모두 열거해 보았다. 이때 이 힘든 일을 도와준 연구조교는 현재 시카고 대학(University of Chicago)에서 박사과정을 밟고 있는 최선아(崔善娥)였다. 가례(嘉禮) 연구 때와 같이 다양한 병풍들이 있었고 이들도 장소에 따라 다른 주제의 병풍들이 사용된 것이 흥미로웠다. 병풍 이외에도 다양한 깔개, 심지어는 우리나라에서 나지도 않는 성성이(원숭이의 일종) 털로 된 방석들도 있었고, 역시 당시 우리나라에서 제작되지 못하였을 판유리를 사용한 등(燈), 기타 다양한 장식품들이 당시 사람들의 외제(外製) 선호 경향을 말해준다.[15]

 나는 또한 조선시대 연회에서 상화(床花)의 사용에도 많은 관심을 갖게 되었다. 여름이나 겨울이나 조선시대의 연회 상에는 생화(生花)를 전혀 사용

---

15 장경희는 그의 박사논문 「朝鮮王朝 王室嘉禮用 工藝品 硏究」 (홍익대학교 대학원 박사논문, 1999)에서 각종 의궤에 언급된 장인들의 종류와 명단, 그리고 도설에 명시된 각종 공예품을 정리하였다.

하지 않았으며, 각 상마다 그 상을 받는 사람의 지위 고하(高下)에 따라 크기나 모양이 다른 상화가 장식된 사실도 흥미로웠다. 자세한 내용은 나의 논문에 있으니 생략한다. 내가 이 논문을 수정하는 과정에서 워싱턴 주미 대사관저에서 수많은 만찬과 오찬을 차려야 하는 위치에 있었는데 그 때마다 어느 분이 중심이 되는 테이블에는 어느 정도의 꽃을 놓을 것인가(그것도 예산 절감을 항상 염두에 두면서), 계절감각을 어떻게 살려야 하나, 냅킨이나 테이블보는 상화(床花)와 어떻게 조화를 이루어야 하나 하는 문제들을 늘 고민하며 지냈는데 의궤의 상화를 계속 생각하며 기운을 내어 좀 더 잘 해보려고 노력했던 것 같다.

『조선시대 궁중연향문화』권 II 역시 우수도서 선정이나 모종의 상을 기대해도 좋을지 모르겠다. 여기 실린 여섯 편의 논문들이 하나같이 재미있고 조선시대 궁중 문화를 이해하는데 큰 공헌을 한 논문들이라고 생각하기 때문이다.

외규장각(外奎章閣) 의궤 반환 협의

앞서 잠시 언급한 대로 1993년 우리 정부와 프랑스 정부 사이에 일어난 의견 전달 과정의 혼선으로 많은 국민들은 프랑스 정부가 우리 정부를 속이고 의궤를 반환하지 않은 것으로 믿게 되었다. 처음 서울대 규장각의 발의(發議)로 이루어진 의궤 및 1866년 약탈된 문화재 반환 노력에 관해서는 이태진(李泰鎭) 교수의 『왕조의 유산: 외규장각도서를 찾아서』(지식산업사, 1994)에 자세히 나와 있다. 그 후 우리나라의 의궤 실사(實査) 팀이 구성되어 2002년 1월과 7월 두 차례에 걸쳐 프랑스의 국립도서관에 가서 의궤와 등록(謄錄) 등 모든 문서를 실사하고 온 후의 보고서는 『파리 국립도서관 소장 외규장각 의궤 조사 연구』(외교통상부, 2003)로 출간된 바 있다.

나는 1998년 한상진(韓相震) 당시 한국정신문화연구원장을 한국측 대표로, 그리고 자크 살루아(Jaques Sallois) 프랑스 전 감사원장을 불(佛)측 대표로 하여 시작된 회담 과정을 가까이서 지켜보았다. 실제로 한상진 원장은 나에게 첫 번째 회담 직전에 의궤에 관해 영문(英文)으로 얼마간의 요약문 비슷한 것을 작성해 줄 것을 요청하였다. 마침 나는 『朝鮮時代御眞關係都監儀軌研究(조선시대어진관계도감의궤연구)』에 상당량(pp. 125-136)의 영문 초록(抄錄)을 실었고 또 전술한 *Oriental Art*에 실린 논문도 있었으므로 이 두 가지를 한 대표에게 참고하시도록 하였다. 살루아(Sallois) 씨가 연구원에 처음 방문하던 날 나는 한상진 원장과 더불어 직접 장서각 수장고에 들어가 몇 가지 중요한 의궤의 실제 예를 들며 영어로 설명해 주었다. 그런데 그에게는 내가 누구라는 것도 소개되지 않은 상황이었음을 곧 알게 되었다. 나의 자세하고 상당히 구체적인 설명을 들은 그는 의아한 표정으로 "Who are you, and what are you?"라고 묻는 것이었다.

그 후의 두 사람의 회담 과정이나 결과는 『파리국립도서관소장 외규장각의궤조사연구』에 나와 있으니 참조하기 바란다. 이 보고서에서 자세히 다루지 않은 부분은 2000년 11월 20일 공청회 이후 자문위원회가 구성되었고 그 활동은 무엇이었나 하는 부분이다. 이 이후 한상진 vs 살루아(Sallois)라는 협상구도에서 탈피하여 외교통상부의 전문 외교관들이 협상 자체의 전면에 나서는 반면 전문가들로 구성된 자문위원단이 여러 가지 면에서 지원을 하는 것이 바람직스럽다는 의견이 제시되었다.

드디어 외교통상부는 2001년 7월 16일 최초로 총 18명의 자문위원으로 구성된 자문회의를 개최하였다. 정부의 자문위원단이라는 것이 모두 그렇듯 이번에도 사학계, 도서관, 박물관, 언론계, 나와 같은 의궤 연구자, 그리고 국제법 교수 등 구색은 갖추었으나 그 규모가 너무 커서 실제로, 그리고 효율적으로 무슨 일을 할 수 있는 단체가 되지는 못하였다. 한승수(韓昇洙) 당시 외교통상부 장관 주최로 열린 회의는 약 30분 정도의 회의와 점심 식사로 끝난 형식적인 것이었다. 제2차 자문회의는 2001년 8월 7일 최성홍(崔成泓) 당시 외무차관 주재로 열렸다.

    이후 자문위원단의 핵심 관련자들은 이런 규모와 내용으로는 아무런 일을 할 수 없음을 당시 외교통상부 구주국(歐洲局)에 제의하기에 이르렀다. 즉 소규모의, 실제로 의견을 제시하고 추진할 수 있는 태스크 포스(task force) 같은 것을 만들기로 한 것이다. 서울대의 이태진, 한영우, 정옥자(鄭玉子) 교수, 지금은 이미 고인(故人)이 된 서울 법대의 백충현(白忠鉉) 교수, 그리고 내가 들어간 5인 소위원회를 구주국장 주최로 처음 연 것은 2001년 9월 13일이었다. 그 후 우리는 몇 차례 더 만나 실사단(實査團)의 인적 구성 문제, 앞으로의 장단기 전략을 논의하였다.

    2002년 1월 28일부터 2월 1일까지 닷새 동안 실사하고 돌아온 규장각의 연구원들의 보고에 접한 나는 이들이 파리에서 보낸 일정을 보고 놀라움을 금치 못하였다. 문화의 도시 파리에 의궤 실사라는 특별한 임무를 띠고 가기는 하였으나 우리 측도, 프랑스측도 이들에 대한 "문화적 배려"가 전혀 없었다는 점이다. 1차 실사를 마치고 제출된 보고서를 가지고 소위원회는 다시 만났고 나는 이 자리에서 다음 번 실사 때는 실사자들에게 꼭 시간을 따로 배정하여 파리의 문화유적을 볼 수 있는 기회를 마련해 줄 것을 외교부 구주국(歐洲局)에 강력히 요청하였다. 다행히 그 해 7월 8일부터 12일까지 있었던 2차 실사 때는 파리 체류 마지막 이틀(7월 13, 14일)을 관광으로 보냈다는 보고서를 읽었다.

외교통상부는 장관이 자주 바뀌는 바람에 이런 자문회의 활동도 지속성을 갖고 추구하기 힘든 상황이었다. 한승수 장관 퇴임 후(2002. 2. 24) 최성홍(崔成泓) 장관(2002. 2. 25 - 2003. 2. 26)과 윤영관(尹永寬) 장관(2003. 2. 27 - 2004. 1. 15) 시대를 거쳐 반기문(潘基文) 장관이 처음으로 일 년 이상 재직하고 계시면서 취임 약 3개월 만인 2004년 4월 7일 제 3차 자문회의를 개최하였으며 나는 미국에서 그 회의의 간단한 회의록만 받아보게 되었다. 그 이후 2004년 9월 8일자 언론매체를 통하여 정부가 조만간 고위직 출신의 외교관을 외규장각 협상 전담대사로 임명할 예정이며 의궤 반환문제를 원점에서 재고할 것이라는 소식을 접하였다. 드디어 외교부는 2005년 8월 주불대사를 역임했던 장재룡(張在龍) 대사를 협상대표로 임명하고 2006년 2월, 6월, 10월 세 차례 회의를 개최하는 등 활발한 활동에 들어갔다. 그러나 2007년 현재는 장대사가 사임하고 협상은 다시 "동면기(冬眠期)"로 들어갔다. 실용정부의 출범과 더불어 2008년 3월 21일 권종락 외교부 차관 주재로 자문포럼 소위원회가 개최되었으나 그 내용은 아직 공개할 수 없는 것으로 되어 있다.

아래에 참고로 1970년 이후 체결된 약탈문화재 반환에 대한 주요 국제 협약들을 연대순으로 열거한다.

* 1970년『문화재의 불법 반출입 및 소유권 양도의 금지와 예방수단에 관한 유네스코 협약』
* 1978년「원산국으로의 반환 결정 원칙」ICOM (International Council of Museums) 전문가 협회
* 1995년『도난 또는 불법적으로 반출된 문화재 반환에 관한

UNIDROIT (International Institute for the Unification of Private Law/Institut International pour L' Unification du Droit Prive) 협약』

문제는 이러한 국제 협약들이 있으나 1866년 약탈하여 당시에 곧 프랑스의 국유재산이 되어버린 의궤들에 관하여 과연 이들 협약 내용을 얼마나 적용할 수 있느냐 하는 것이다. 제II차 세계대전 당시 유럽에서 일어난 문화재 약탈 문제들은 조금씩 해결이 되고 있다는 소식을 간간히 접하기도 한다.

조선왕조의 의궤, 세계기록문화유산에 등재되다.

파리의 프랑스 국립도서관에 이들 의궤가 있으면 그 곳에서 과연 누가 무슨 흥미를 가지고 어떤 연구를 할 것인가? 매우 가능성이 희박한 일이다. 또한 우리나라 실사단의 보고대로라면 의궤 전적들의 보존상태도 우리가 기대했던 것보다 훨씬 좋지 않은 것으로 보인다. 현재 중요한 문제는 이들을 더 이상 훼손되지 않게끔 잘 보존하도록 유도하고 앞으로 "영구대여(永久貸與)" 형식으로라도 어람용(御覽用) 의궤를 우리나라로 가져와 더 많은 연구를 할 수 있도록 해야 할 것이다.

다행히 1990년대 이후, 그러니까 나를 비롯하여 많은 학자들이 의궤를 가지고 본격적으로 연구하기 시작한 이후, 우리 국민들의 관심도 높아졌고 불타버린 외규장각 건물도 2002년도에 복원되기에 이르렀다.(도 1-4) 정면(正面) 삼간(三間), 측면 이간(二間)의 아담한 규모의 건물은 조선왕실의 귀중도서 수장고로서는 생각보다 그 규모가 작았다. 또한 19세기말에 그려진

〈강화부궁전도(江華府宮殿圖)〉 화첩에(도 1-5) 보이는 것과 같이 조선시대 행궁(行宮)의 일부로 아늑한 벽으로 둘러싸인 원래의 모습대로 복원되지 못하였다. 언제인가 재건된 고려궁지(高麗宮址) 안에 언덕을 배경으로 높은 대(臺) 위에 올라앉아 있다. 그러나 건물의 위치는 한림대학교 발굴단에 의해 확인된 것이라고 하니 빈 터만 있는 것보다는 낫다는 생각이 들었다.

한편 2007년 6월 14일 유네스코는 고려대장경판(高麗大藏經板) 및 제경판(諸經板)과 더불어 조선왕조 의궤(서울대 규장각 546종 2940책, 한국학중앙연구원 장서각 287종 490책)를 세계기록유산(Memory of the World)에 등재하기로 결정하였다. 앞으로도 우리는 지속적인 관심을 가지고 여러 분야의 의궤를 심도 있게 연구하고 프랑스 사람들도 알아볼 수 있는 언어로 출판하여 그들을 포함한 세계인들에게 의궤가 우리 문화에서 차지하는 위치를 제대로 인식시킴으로써 이 귀중한 문화재가 당연히 한국으로 돌아와야 한다고 생각하게 만들어야 할 것이다. 의궤기록은 더 없이 소중한 조선시대 문화의 DNA와도 같은 것이다.

부록

헌종 효현후 가례도감의궤(1837) 내용 개요

1. 좌목(座目)

가례에 종사하였던 담당자들의 명단. 도제조(都提調), 제조(提調), 도청(都廳), 낭청(郎廳), 감조관(監造官), 별공작(別工作) 선공감(善工監), 별궁수리소(別宮修理所) 선공감(善工監), 도청녹사(都廳錄事), 계사(計士), 서리(書吏), 서사(書寫), 고직(庫直), 사령(使令), 수직(守直), 미포직(米布直), 대령포교(待令捕校), 포졸(捕卒) 등 담당자들의 직책과 관(官) 등 성명 기록. 개인별로 일을 맡았던 기간이 2월 초6일부터 3월 20일까지 기록되어 있다.

2. 거행일기(擧行日記)

2월 6일 초간택(初揀擇)부터 3월 22일 대왕대비전(大王大妃殿) 조현례(朝見禮)까지 모든 가례의식과 예행연습의 순서를 날짜 순으로 기록하였다.

3. 전교(傳敎)

가례 행사에 관련된 신하들의 상주문(上奏文)과 이에 대한 왕 및 대왕대비의 결재(決裁)와 하명(下命)을 기록. 여기에는 대왕대비전의 9세부터 13세 처자(處子)들의 금혼령부터 가례도감 거행 물목 별단(嘉禮都監 擧行 物目 別單), 모든 의복(衣服)과 음식물, 기명(器皿), 예물(禮物) 그리고 연여(輦轝) 의장(儀仗) 등 모든 장비(裝備)들을 상세히 기록하였다. 또한 친영 때 가지고 갈 살아있는 기러기 한마리[生鴈一首]도 포함되어 있다.

4. 이문(移文)

동등한 급의 관아(官衙)끼리 행사진행을 위하여 서로 주고받은 공문 내용을 수록. 공문은 도감(都監)에서 호조(戶曹), 병조(兵曹), 이조(吏曹), 훈련도감(訓練都監), 경기감영(京畿監司), 평안감사(平安監司), 황해감사(黃海監司), 금위령(禁衛營), 어영청(御營廳), 총융청(摠戎廳) 등에 물품조달과 병력차출 등에 관한 협조를 요청한 것이다.

5. 내관(來關)

날짜순으로 정리된 상급 또는 같은 급의 기관끼리 주고 받은 공문. "이조위상고사(吏曹爲相考事)"로 시작되는 문서에서 도제조 심상규(沈象奎) 이하 제조 3인, 낭청 6인 등 행사에 참여한 관원들의 인사발령사항이 먼저 나온다. 이어서 상의원, 내자시(內資寺) 등이 담당해야 할 일들, 물품들이 열거됨. 다시 이조(吏曹)의 공문이 이어지며 가례 각 단계에서 담당 관원들의 명단이 열거됨. 미진한 점은 추후 다시 논한다는 말로 끝맺는다.

6. 예관(禮關)

"예조위상고사(禮曹爲相考事)"로 시작되는 가례행사의 진행과정에 관련하여 대왕대비전의 간택 날짜 택일, 처자들의 궁궐 출입문, 별궁수리에 관한 일, 기타 의물(儀物) 제작에 관한 일, 육례(六禮) 일자 등 예조(禮曹)에서 왕의 재가(裁可)를 받은 내용이 2월 11일 부터 날짜순으로 기록되어 있다.

7. 감결(甘結)

가례도감에서 여러 관련 하급 기관에 보낸 공문. 서리(書吏), 고직(庫直), 사령(使令)

등 인원, 그들이 사용할 물품과 기구(器具), 미(米), 포목(布木), 철(鐵), 땔감 등의 조달과 사용된 세부사항이 기록되어 있다. 끝에는 의장차비, 의녀, 침선비 등 부족한 숫자 50명을 각 관비(官婢)에서 차출할 것을 하교함.

8. 상전(賞典)

3월 22일 가례행사가 끝난 뒤 여러 행사에 종사하였던 도제조 이하 여러 관원들과 장인(匠人) 등의 상세한 도감 별단(別單)이 있고 이들이 실제로 도감에서 일한 날짜가 기록되어 있다. 이어서 도제도에게는 안장을 갖춘 말 한 필, 그리고 직위가 낮아질수록 직급을 올려주던지 기타 쌀, 포목 등의 실물로 상을 준 기록이 상세히 적혀있다.

9. 의궤(儀軌)

가례도감의궤사목(嘉禮都監儀軌事目)이라는 제목으로, 가례(嘉禮)를 실제로 행하는 동안에 생긴 수정사항 등을 기록하고 의궤를 모두 여섯 건(件) 만들어 규장각, 예조(禮曹) 네 군데 사고(史庫) 등에 보관한 사실을 기록하였다. 또한 의궤책 제작에 소용되는 종이, 먹, 안료 등에 관해 상세히 기록하였다.

10. 일방의궤(一房儀軌)

1) 좌목(座目) : 낭청(郎廳), 감조관(監造官), 서리(書吏), 고직(庫直), 사령(使令) 등의 명단.

2) 일방소장(一房所掌) : 교명(敎命), 의대(衣襨), 함궤상석(函櫃床席), 병풍(屛風), 요채여(腰彩輿), 반차도(班次圖), 의주(儀註) 등을 담당하고 있음을 밝힘. 교명문의 내용을 기술하고 교명식(敎命式), 교명직조식(敎命織造式), 교명회장식(敎命繪粧式), 교명궤(敎命櫃), 교명봉리식(敎命封裏式) 등 교명을 기록하는

직물의 종류, 규격, 궤의 크기 등을 기록하였다. 교명문 제술관(製述官)은 행(行) 예조판서 조인영(趙寅永)으로, 실제로 글씨를 쓸 사람들로 모두 정하였다. 이어 각양택일질(各樣擇日秩)에서는 택일부터 동뢰연 날까지 모든 육례(六禮) 과정에서 관원들의 관복부터 각 장소에 비치해야 할 각종 기물과 병풍 등을 상세히 기록하였다. 중궁전의 의대(옷을 넣는 함)안에 넣는 물건은 적의(翟衣)부터 시작하여 각종 빗, 비녀[簪], 그리고 체발(髢髮), 즉 큰 머리까지 상세히 적혀있다.

3) 품목(稟目) : 일방(一房)에서 도감에 여쭙는 형식으로 사용할 서안(書案), 벼루, 지필묵 등 물건이나 땔감 등 소모품을 신청하였다. 또한 관졸, 의녀, 침선비(針線婢) 등 인원 배정 등의 재가를 받은 내용이 날짜순과 행사별로 기록되어 있다. 여러 물건들의 끝없이 긴 목록, 병풍, 반차도 등 제작에 소요되는 각종 종이, 비단, 안료 등의 목록은 매우 상세하다.

4) 감결질(甘結秩) : 일방(一房)에서 행사 진행 사항에 관하여 행한 세부지침에 대하여 도감에 보고하는 형식으로 날짜순으로 기록한 것.

5) 실입(實入) : 행사에 사용한 품목(品目)을 상세히 기록한 것이다. 여기서는 모든 비단의 치수, 종이의 장 수, 각종 안료의 분량, 무게 등 매우 정확하게 기록되어 있다.

6) 공장질(工匠秩) : 사자관(寫字官), 화원(畵員), 화사(畵師), 소목장(小木匠), 목수(木手), 조각장, 칠장(漆匠), 병풍장, 옥장 등 25종의 장인들의 이름을 기록하였다.

7) 의주(儀註) : 납채의(納采儀)부터 왕비와 대왕대비 조현의(王妃, 大王大妃朝見儀)까지 모든 행사의 자세한 절차와 내용을 상세히 기록하였다. 이어서 상의원(尙衣院) 항에는 가례 때 소용된 모든 의복의 재료 이름을 기록하였다. 사옹원(司饔院) 내자시(內資寺) 항에는 행사 기간 중에 제공된 상(床)의 수, 그릇

의 종류와 수 그리고 각종 음식 이름을 수량과 함께 상세히 기록하였다.

11. 이방의궤(二房儀軌)

1) 좌목(座目) : 이방(二房)을 담당한 낭청(郎廳), 감조관(監造官), 서리(書吏), 고직(庫直), 사령(使令), 수직(守直), 사령포교(待令捕校) 등의 명단.

2) 이방소장(二房所掌) : 중궁연여(中宮輦輿) 1좌(座), 의장(儀仗) 55병(柄), 유옥교(有屋轎) 1좌, 옥교(屋轎) 1좌, 안복(按袱) 2쌍 등 이방(二房)에서 맡아서 한 일을 기록한 것.

3) 품목(稟目) : 행사진행을 위하여 소용되는 물품을 조달하고 결재를 맡은 내용을 날짜순으로 기록하였다. 여기에는 벼루, 지필묵(紙筆墨), 땔감, 등유(燈油), 방석 등과 각 의장기를 만드는데 소요되는 비단, 안료 등도 포함되어 있다.

4) 감결(甘結) : 가례를 진행하면서 동원된 의녀(醫女), 침선비(針線婢), 위군(衛軍), 군인(軍人) 등의 인원과 복장 등에 관한 내용, 그리고 삼간택 후 필요한 옥교, 연, 여 등 장비의 내용을 보고서 형식으로 기록한 것이다.

5) 의장차비여령질(儀仗差備女伶秩) : 중궁전, 대전, 대비전 그리고 대왕대비전에 필요한 의장차비와 의녀 등 인원 수를 기록하였다.

12. 삼방의궤(三房儀軌)

1) 좌목(座目) : 삼방(三房)을 맡은 낭청(郎廳), 감조관(監造官), 서리(書吏), 고직(庫直), 사령(使令), 포교(捕校) 등의 명단.

2) 삼방소장(三房所掌) : 옥책(玉册), 금보(金寶), 별궁기명(別宮器皿), 동뢰연기명(同牢宴器皿) 등 삼방에서 맡았던 물품들의 상세한 목록이 있다. 이어서 도식질(圖式秩)에서는 옥책(玉册), 옥책갑(玉册匣), 옥책배안상(玉册排案床), 독

책상(讀册床), 금보(金寶) 그리고 금보를 담을 통 등 여러 그림과 규격이 적혀 있다. 그리고 동뢰연에 소용되는 여러가지 술병, 잔, 술병을 올려놓는 탁자인 크고 작은 주정(酒亭)의 그림에 이어 동뢰연도(同牢宴圖)가 그려져 있다.

3) 품목질(稟目秩) : 삼방(三房)에서 필요로 하였던 모든 물품을 만드는데 드는 재료와 수량, 분량 등의 목록을 날짜순으로 자세히 기록하였다.

4) 감결(甘結) : 3월 11일와 15일에 소용된 융단, 방석을 대령할 일과 동뢰연에 필요한 그릇을 나를 인원에 관한 내용이다.

5) 공장질(工匠秩) : 사자관, 화원, 옥장, 매듭장, 호갑장(護匣匠), 조각장, 지환장(指環匠), 마경장(磨鏡匠) 등 38종의 공장(工匠)들의 이름이 기록되어 있다.

6) 기타 : 공조(工曹), 동뢰연(同牢宴), 내자시(內資寺), 사옹원(司饔院) 진배(進排) 때 소용된 물품의 이름이 기록되어 있다. 여기에는 여러 종류의 저울, 놋대야, 놋합, 놋쟁반, 술잔, 촛대, 향로, 향합, 향꽂이 등이 수량와 더불어 열거되어 있다.

13. 별공작의궤(別工作儀軌)

1) 좌목(座目) : 감조관(監造官) 선공감봉사(繕工監奉事), 계사(計士), 서원(書員), 고직(庫直), 사령 등 담당자들의 명단이 있다. 이밖에 동뢰연기명질(同牢宴器皿秩), 별궁기명질(別宮器皿秩), 수라간기명질(水剌間器皿秩), 일방조작진배질(一房造作進排秩), 이방조작진배질(二房造作進排秩), 삼방조작진배질(三房造作進排秩), 내배설진배질(內排設進排秩)에 각 장소에서 소용된 물품의 목록, 각 방에서 준비한 물건들의 목록이 기록되었다.

2) 수본(手本) : 2월 10일부터 4월 20일까지 가례 진행사항과 소용된 물품의 내용을 상급자에게 보고한 내용이다. 행사에 쓰인 물품 이름과 수량, 실제로 소모된 물건, 쓰고 돌려준 물건들이 열거되어 있다. 공장(工匠) 부분에는 야

장(冶匠), 목수(木手), 소목장(小木匠), 칠장, 조각장 등 18종의 장인들의 이름이 기록되어 있다.

14. 수리소의궤(修理所儀軌)

1) 좌목(座目) : 감조관(監造官)으로는 선공감(繕工監)의 가감역(假監役) 정노석(鄭老錫)등의 이름과 기타 담당자들의 명단이 있다.

2) 수본(手本) : 본궁의 대문밖에 공장(工匠)들이 머무를 임시 처소를 짓는 일, 기타 여러군데를 수리하는 데 관한 일, 그에 소용되는 물품 조달에 관한 기록이다.

3) 본궁진배(本宮進排) : 본궁으로 가져다 사용할 모든 물품, 기구, 공구 등의 이름과 수량의 상세한 기록.

4) 공장(工匠) : 목수(木手), 야장(冶匠), 니장(泥匠), 박배장, 니장(尼匠) 등 11종의 장인의 이름을 기록한 것이다.

5) 끝으로 채색 반차도 68면이 있고 의궤를 편집한 사람들의 명단이 있다.

『畵寫兩家譜錄』에 기재된 화가들의 명단
(가나다순, 총 189명)

『화사양가보록(畵寫兩家譜錄)』은 오세창(吳世昌) 선생의 저술로 조선시대 중기 이후의 도화서에 종사한 각급 직책 인물과 화원(畵員), 그리고 사자관(寫字官)들의 가계를 추적하여 계보(系譜)를 작성한 것이다. 현재 필사본으로 국립중앙도서관에 보관되어 있는 이 책에는 서문이 없어서 포함된 화원과 사자관의 범위나 기준을 정확히는 알 수 없으나 대개 16세기 이후의 인물들인 듯하며 이들의 본관(本貫), 자호(字號), 관직(官職), 인척(姻戚) 관계 등이 기록되어 있고 생졸년은 극히 일부만이 명시되어 있다. 지식산업사(知識產業社)에서 1975년에 출간된 『李朝繪畵』의 별권부록(pp. 181-213)에는 『화사양가보록』 전체를 필사본에 있는 가계 형식 그대로 옮겨서 게재하였다. 이 부록에서는 그 가운데 화원들만을 뽑아서 가나다순으로 표를 작성하였다. 가계(家系) 형식으로 된 원본이 어떻게 연결되어 나가는 것인지 확실치 않은 곳이 군데군데 있으나 되도록 판독에 정확을 기하려고 하였다. 제일 끝 난의 면 수는 『이조회화』 부록의 페이지 수이다.

표 8_『畵寫兩家譜錄』에 기재된 화가들의 가나다순 명단 (총 189명)

성명	자, 호	생졸년	관	본관	페이지
김건종(金建鍾)			羅州監牧官	開城	194
김광백(金光白)	눌재(訥齋)			金海	195
김구성(金九成)			教授	慶州	186, 199
김덕구(金德九)	정서(鼎瑞)	1722-1776		慶州	200

표 8 계속 ▶▶▶

성명	자, 호	생졸년	관	본관	페이지
김덕성(金德成)	여삼(汝三)	1729-1797		慶州	200
김덕중(金德重)	정삼(鼎三)			慶州	200
김덕하(金德夏)		1720-1756	(利?)仁 察訪	慶州	200
김두량(金斗樑)	도경(道卿)	1696-1763	別提	慶州	200
김득신(金得臣)	긍재(兢齋)		僉中	開城	194
김선(金瑄)				永川	209
김성오(金省吾)			敎(授?)	安東	197
김세중(金世重)			司果	慶州	188
김수권(金壽權)			司果		190
김순종(金舜鍾)			同中	開城	195
김안국(金安國)	운유(雲有)		畵賓館	慶州	200
김양신(金良臣)			敎授	開城	195
김양기(金良驥)				金海	196
김응리(金應履)			僉中	開城	194
김응환(金應煥)		1742-1789	尙衣別提	開城	194
김정수(金廷秀)	가이관(可以觀)		司果	金海	198
김제달(金濟達)			司果	開城	193, 195
김제도(金濟道)			司果	開城	195
김제무(金濟懋)	운정(雲鼎)		敎授		195
김종회(金宗繪)	양중(陽中)	1751-1792	折衝	慶州	200
김종흠(金宗欽)			平丘 察訪	慶州	199
김필흠(金弼欽)			司正	慶州	199
김하종(金夏鍾)	대여(大汝) 유당(蕤堂)	1793-?	同中	開城	195
김홍도(金弘道)	단원(檀園)		延豊 縣監	金海	196
노시빈(盧時彬)			司果		191

표 8 계속 ▶▶▶

성명	자, 호	생졸년	관	본관	페이지
노태현(盧泰鉉)			敎授	谷山	191
박기준(朴基駿)				密陽	199
박동보(朴東普)			知中	開城	197
박용기(朴鏞夔)	대일(大一)			密陽	199
박용훈(朴鏞勳)	중일(仲一)	1841-?		密陽	200
박유성(朴維城)	서흑재(瑞黑齋)		折衝	密陽	196
박종환(朴鍾煥)			司果	務安	197
백은배(白殷培)		1820-1900		林川	194
백준환(白俊煥)			同知	林川	194, 195
백희배(白禧培)		1837-?		林川	194, 195
변광복(卞光復)			僉中	密陽	192
변광욱(卞光郁)			司果	密陽	192
변상벽(卞相壁)	화재(和齋)		谷城 縣監	密陽	192
서국린(徐國麟)			僉知	瑞原	197
서복린(徐復麟)			實官	瑞原	197
서유원(徐宥源)			司正	瑞原	197
서중규(徐重奎)			實官	瑞原	197
서홍원(徐興源)			司果	瑞原	197
신세담(申世潭)			司果	高靈	183
신윤복(申潤福)	혜원(蕙園)		僉使	高靈	183
신일흥(申日興)			同中	高靈	183
신한평(申漢枰)		1726-?	僉使	高靈	183
원경문(元景文)				原州	191
원명복(元命福)		1731-1798		原州	191
유성업(柳成業)			司果	慶州	181
윤명주(尹命周)			同知	坡平	196

표 8 계속 ▶▶▶

성명	자, 호	생졸년	관	본관	페이지
윤명택(尹命澤)			司果	坡平	196
윤재함(尹在咸)			同知	坡平	196
이광식(李光埴)			敎授	海州	198
이기룡(李起龍)	군서(君瑞) 기은(几隱)	1600-?	敎授	慶州	181
이덕익(李德益)					192
이명규(李命奎)			文川 監牧官	全州	206
이명기(李命基)	화산관(華山館)		察訪	開城	194, 196
이명수(李明修)			司果	慶州	181
이명유(李命儒)			僉中	開城	196
이방식(李邦埴)			禮賓主簿	海州	198
이봉린(李鳳麟)			司果	保寧	203
이성린(李聖麟)	덕후(德厚) 소재(蘇齋)	1718-1777	忠翊將	全州	193
이성복(李成福)				慶州	181
이수민(李壽民)	초원(蕉園)	1783-?	僉中	全州	194
이수형(李壽亨)			司果	慶州	181
이신흠(李信欽)			僉中	泰安	181
이유담(李有聃)				全州	206
이유석(李惟碩)			折衝	永川	185, 186
이유탄(李惟坦)			敎授	永川	186
이윤민(李潤民) 설송암(雪松岩)	재민(載民)	1774-?	僉使	全州	193
이의록(李宜祿)				全州	194
이의번(李宜蕃)				陰竹	202
이의양(李義養)				安山	199

표 8 계속 ▶▶▶

성명	자, 호	생졸년	관	본관	페이지
이인걸(李仁傑)			同中	旌善	197
이인문(李寅文)	고송유수관(古松流水館)	1745-1821	僉使	海州	198
이인식(李寅植)			嘉善	開城	196
이재기(李在基)				全州	193
이정주(李鼎周)			司果	全州	206
이정근(李正根)			司果	慶州	181
이정식(李正植)				慶州	181
이종근(李宗根)			平丘丞	全州	194
이종빈(李宗彬)			教授	全州	205
이종수(李宗秀)			司果	開城	196
이종현(李宗賢)			折衝	全州	193
이찬(李燦)			同中		193, 194
이최식(李㝡埴)				海州	198
이택록(李宅祿)				全州	194
이필선(李弼善)				陰竹	202
이한철(李漢喆)			長水丞	安山	199
이형록(李亨祿)	여통(汝通)	1808-?	僉中	全州	193
이형정(李衡精)				慶州	181
이홍규(李泓虯)			同中	慶州	181
이홍효(李興孝)	중순(仲順)	1537-1593	守門將	全州	182
장경주(張敬周)	예보(禮甫)	1710-?	泗川 縣監	仁同	187
장계만(張繼萬)	선중(善仲)		教授	仁同	187
장관주(張觀周)	경빈(景賓)	1740-?	司正	仁同	188
장기주(張起周)	성보(聖甫)	1727-?	司正	仁同	187, 191
장대원(張大遠)	예덕(豊德)				196

표 8 계속 ▶▶▶

성명	자, 호	생졸년	관	본관	페이지
장덕만(張德萬)	인유(仁臾)	1700-?	司果	仁同	188
장동혁(張東赫)	치원(致遠)	1824-?	敎授	仁同	187
장득만(張得萬) 수은숙(睡隱肅)	군수(君秀)	1684-1764	同中, 敎授	仁同	185, 187
장륜(張綸)	문백(文伯)	1725-?	司果	仁同	187
장사주(張師周)	성재(聖裁)	1707-?	司果	仁同	187
장상량(張尙良)	한경(漢卿)		司正	仁同	188
장상주(張祥周)	문재(文載)	1717-?	敎授	仁同	187
장준(張綧)	여박영(汝朴英)	1739-?	折衝	仁同	187
장순경(張舜慶)				豊德	196
장시량(張時亮)		1646-?	司果	仁同	188
장완(張綬)	강중(岡仲)	1746-?	司正	仁同	187
장완주(張完周)			司正	仁同	189
장우량(張佑良)	철부(喆夫)	1660-?	司正	仁同	188
장의만(張義萬)		1739-?	司正	仁同	188
장자방(張子房)		1636-?	同知	仁同	187
장자성(張子晟)		1664-?	司正	仁同	188
장자욱(張子旭)	휘지(輝之)	1683-?	禮賓別提	仁同	187
장자준(張子俊)			司果	仁同	188
장자징(張子澄)	영숙(暎叔)	1706-?	司果	仁同	188
장자한(張子漢)	철부(喆夫)		司正	仁同	188
장자현(張子賢)	국빈(國濱)		敎授	仁同	186
장준량(張駿良)	원여(遠汝)	1802-1870	同中	仁同	187
장준순(張俊巡)		1596	僉中	仁同	188
장충명(張忠明)	면직(面直)	1633-?	敎授	仁同	187
장충헌(張忠獻)		1638-?	敎授	仁同	188

표 8 계속 ▶▶▶

성명	자, 호	생졸년	관	본관	페이지
장한종(張漢宗)	광유(廣臾)	1768-?	水源 監牧官	仁同	187, 194
장후감(張後堪)		1596-?	敎授	仁同	186
전상직(全祥直)			同中	沃川	193
전성우(全聖祐)				沃川	193
전응수(全應洙)			折衝	沃川	193
조계명(趙繼明)			司果	白川	189
조광승(趙廣承)			僉中	白川	189
조서승(趙瑞承)			敎授	白川	189
조성명(趙成明)			司正	白川	189
조의명(趙義明)			司正	白川	189
조정벽(趙廷璧)			畵引儀	白川	189
진재기(秦再起)			司果	太原	183
진재해(秦再奚)	정백(井伯)	1691-1769	僉使	太原	183
벽은(僻隱)					
최석준(崔碩俊)		1630-?	敎授	通津	186
최석헌(崔碩巘)			敎授	通津	186
최수억(崔壽億)			司果	通津	186
최수철(崔壽哲)			敎授	通津	
최수한(崔壽漢)			司果	通津	186
최운제(崔雲齊)			敎授	慶州	197
한선국(韓善國)	군필(君弼)	1602-?	通政	淸州	190
한세기(韓世琦)			司果	新平	190
한시각(韓時覺)		1621-?	敎授	淸州	190
한시웅(韓時雄)		1603-?		新平	190
한시진(韓時振)			司果	淸州	190
한신국(韓信國)			司果	淸州	190

표 8 계속 ▶▶▶

성명	자, 호	생졸년	관	본관	페이지
한제국(韓悌國)			保社原從	清州	190
한종유(韓宗裕)			監牧官	新平	190
한중흥(韓重興)			僉中	新平	190
한후방(韓後邦)			敎授	新平	190
함두량(咸斗樑)			別提	江陵	193
함성하(咸成夏)			司果	江陵	193
함세휘(咸世輝)			苑別	江陵	186, 193
함제건(咸悌建)	동암(東巖)		敎授	江陵	193
함찬(咸燦)			同中	江陵	193
허포(許宲)	치선(致善)	1759-?		陽川	184
허겸(許謙)	익경(益卿)	1652	司果	陽川	183
허굉(許宏)	대수(大守)	1764	折衝	陽川	184
허담(許淡)	윤중(允仲)	1710-?	忠翊將	陽川	184
허감(許礛)	군명(君明)	1736-?	僉使	陽川	184
허민(許珉)	자옥(子玉)	1737-?	敎授	陽川	184
허석(許晳)			敎授, 折衝	陽川	185
허숙(許俶)	후경(厚卿)	1688-?	司果	陽川	185
허순(許淳)		1791-?		陽川	184
허승현(許承賢)		1590-?	司果	陽川	183
허식(許寔)	군당(君堂)		司果	陽川	185
허용(許容)	치구(致九)	1753-?	蔚山 監牧官	陽川	184
허우(許佑)	필혜(弼惠)	1638-?	司果	陽川	183
허론(許碖)	사휘(士輝)	1641-?	司果	陽川	184
허의순(許義順)	군서(君瑞)			陽川	185
허인순(許仁順)	관지(觀之)	1638-?	善畫	陽川	185
허임(許任)	경윤(景尹)		雲科僉使	陽川	185

표 8 계속 ▶▶▶

성명	자, 호	생졸년	관	본관	페이지
허잡(許磼)	사고(士高)	1726-?		陽川	185
허준(許俊)	달포(達甫)		司果	陽川	184
허즙(許楫)	즙지(葺之)		司果	陽川	185
허철(許哲)			司果	陽川	185
허홍(許泓)				陽川	184
현유강(玄有綱)			僉中	川寧	185
현재항(玄載恒)			敎授	川寧	185
홍응복(洪膺福)			司果	南陽	199
홍주복(洪疇福)			敎授	南陽	199
황윤손(黃倫孫)			司果	昌原	195

참고문헌

■ 의궤(儀軌)류

〈뎡미가례시 일긔〉. 1727(英祖 3), 장서각 〈2-2709〉.

〈王世子 嘉禮日記〉. 1727(英祖 3), 장서각 〈2-2709〉.

『嘉禮都監儀軌』. 1627(丁卯, 인조 5), 장서각 〈K2-2592〉.

『嘉禮都監儀軌』. 1638(戊寅, 인조 16), 규장각 〈奎 13061〉.

『嘉禮都監儀軌』. 1651(辛卯, 효종 2), 장서각 〈K2-2684〉.

『嘉禮都監』. 1671(辛亥, 현종 12), 장서각 〈K2-2589〉.

『嘉禮都監都廳儀軌』. 1681(辛酉, 숙종 7), 장서각 〈K2-2590〉.

『嘉禮都監儀軌』. 1696(丙子, 숙종 22), 장서각 〈K2-2685〉.

『嘉禮都監儀軌』. 1702(壬午, 숙종 28), 규장각 〈奎 13089〉.

『嘉禮都監儀軌』. 1706(丙戌, 숙종 32), 규장각 〈奎 13092〉.

『嘉禮都監儀軌』. 1718(戊戌, 숙종 44), 장서각 〈K2-2593〉.

『嘉禮都監儀軌』. 1727(丁未, 영조 3), 규장각 〈奎 13105〉.

『嘉禮都監儀軌』. 1744(甲子, 영조 20), 규장각 〈奎 13109〉.

『嘉禮都監儀軌』. 1759(己卯, 영조 35), 규장각 〈奎 13102〉.

『嘉禮都監儀軌』. 1762(壬午, 영조 38), 규장각 〈奎 13115〉.

『嘉禮都監儀軌』. 1802(壬戌, 순조 2), 장서각 〈K2-2595〉.

『嘉禮都監儀軌』. 1819(己卯, 순조 19), 장서각 〈K2-2677〉.

『嘉禮都監儀軌』. 1837(丁酉, 헌종 3), 장서각 〈K2-2596〉.

『嘉禮都監儀軌』. 1844(甲辰, 헌종 10), 장서각 〈K2-2597〉.

『嘉禮都監儀軌』. 1851(辛亥, 철종 2), 장서각 〈K2-2598〉.

『嘉禮都監儀軌』. 1866(丙寅, 고종 3), 장서각 〈K2-2599〉.

『嘉禮都監儀軌』. 1882(壬午, 고종 19), 장서각 〈K2-2678〉.

『皇太子嘉禮都監儀軌』. 1906(丙午, 高宗 光武 10), 규장각 〈奎 13179〉.

■ 사전(辭典)·사전(事典)·사서(史書)류

「契屛謄錄」. 國史編纂委員會 編. 『各司謄錄』第五十八冊.

金榮胤. 『韓國書畵人名辭書』. 서울: 藝術春秋社, 1978.

金在得 編著. 『古文獻用語解例』(朝鮮王朝篇). 서울: 培英社, 1982.

배대온. 『역대 이두사전』. 서울: 형설출판사, 2003.

吳世昌. 『書寫兩家譜錄』. 筆寫本, 1916. 국립중앙도서관 소장.

李弘稙 편. 『國史大事典』(新改正版). 서울: 百萬社, 1974.

이희승 편. 『국어대사전』(제 3판). 서울: 민중서관, 1994.

장지영, 장세경 편. 『이두사전』. 서울: 도서출판 산호, 1991.

諸橋鐵次(모로하시 테츠지). 『大漢和辭典』. 東京: 大修館書店, 1968.

許愼. 『說文解字』. 後漢代(c. 100년).

『經國大典』. 1484(成宗 15)/ 서울: 韓國法制研究院, 1993.

『古法典用語集』. 法制處, 1979.

『國朝續五禮儀』. 1744 (英祖 20).

『國朝續五禮儀補』. 1751(英祖 27).

『國朝五禮儀』. 1474(成宗 5).

『國朝五禮儀』. 全 5권. 法制處, 1982.

『國朝五禮儀序例』. 1474(成宗 5).

『國婚定例』. 1749(英祖 25). 한국학중앙연구원 장서각 소장.

『大典會通』. 1865(高宗 2).

『萬家譜』. 서울: 民昌文化社, 1992.

『尙方定例』. 1752(英祖 28). 한국학중앙연구원 장서각 소장.

『續大典』 1746(英祖 22).

『承政院日記』

『譯註經國大典』, 飜譯篇. 城南: 韓國精神文化硏究院, 1985.

『譯註經國大典』, 註釋篇. 城南: 韓國精神文化硏究院, 1986.

『朝鮮王朝實錄』

『한국민족문화대백과사전』. 城南: 한국정신문화연구원, 1992.

『韓國人名大辭典』. 서울: 新丘文化社, 1976.

『韓國漢字語辭典』. 檀國大學校 東洋學硏究所, 1996.

■ 논저(論著) 및 도록(圖錄)

강관식. 『조선후기 궁중화원 연구 - 상: 규장각의 자비대령화원을 중심으로』.
　　『조선후기 궁중화원 연구 - 하: 규장각자비대령화원 녹취재 자료의 분류색
　　인』. 서울: 돌베개, 2001.

姜寬植. 「朝鮮後期 奎章閣의 差備待令畵員制」. 『澗松文華』 47, 1994.

『강화 조선궁전지(외규장각 지)』. 한림대학교 박물관 연구총서 제 25집. 한림대학

교 박물관/강화군, 2003.

『景福宮』. 文化公報部 文化財管理局, 1981.

『宮中遺物圖錄』. 文化公報部 文化財管理局, 1986.

『규장각소장 의궤 해제집』 1, 2, 3. 서울: 서울대학교 규장각, 2003, 2004, 2005.

김문식, 신병주. 『조선 왕실 기록문화의 꽃: 의궤』. 서울: 돌베개, 2005(테마한국 문화사 5).

김문식, 신병주 외. 『파리국립도서관 소장 외규장각 의궤 조사연구』. 외교통상부, 2003.

金英淑. 孫敬子 共編著, 『韓國服飾史資料選集』 朝鮮篇 II. 敎文社, 1982.

金用淑. 『朝鮮朝 宮中風俗硏究』. 서울: 一志社, 1987.

_____. 『閑中錄 硏究』. 서울: 한국연구원, 1983.

金知惠. 「虛舟 李澄의 繪畵硏究」. 홍익대학교 대학원 석사논문, 1993.

김순일. 『덕수궁』. 서울: 대원사, 1989(빛깔 있는 책들 108).

盧相福 解題. 『藏書閣圖書韓國本解題輯-地理類(1)』. 城南: 한국정신문화연구원, 1993.

『東闕圖』. 文化公報部 문화재관리국, 1991.

문영빈. 『창경궁』. 서울: 대원사, 1991(빛깔 있는 책들 102).

『民畵傑作選』. 서울: 三星美術文化財團, 1983.

朴炳善 編著. 『朝鮮朝의 儀軌-파리所藏本과 國內所藏本의 書誌學的 比較檢討』. 城南: 韓國精神文化硏究院, 1995.

朴銀順. 「朝鮮時代 王世子冊禮儀軌 班次圖硏究」. 『韓國文化』 14, 1993.

박정혜. 『조선시대 궁중기록화 연구』. 서울: 일지사, 2000.

朴廷蕙. 「儀軌를 통해서 본 朝鮮時代의 畵員」. 『미술사연구』 제9호, 1995.

신명호. 『조선왕실의 의례와 생활: 궁중문화』. 서울: 돌베개, 2002(테마한국문화사2).

신병주. 『66세의 영조, 15세 신부를 맞이하다』. 서울: 효형출판사, 2001.

安輝濬. 『韓國繪畫史』. 서울: 一志社, 1980/ 1986(六刷).

_____. 「韓國의 宮闕圖」. 『東闕圖』. 文化公報部 문화재관리국, 1991.

安輝濬 編著. 『國寶10: 繪畫』. 서울: 예경출판사, 1993.

『외규장각 도서, 무엇이 문제인가?』. 서울대학교 규장각, 1999.

劉復烈. 『韓國繪畫大觀』. 서울: 文教院, 1969.

劉頌玉. 『朝鮮王朝 宮中儀軌服飾』. 서울: 修學社, 1991.

윤정란. 『조선의 왕비』. 서울: 차림, 1999.

李成美. 「高麗初雕 大藏經의 御製秘藏詮 版畫-高麗初期山水畫의 一研究」. 『考古美術』, no. 169-170(1986. 6), pp. 14-70.

李成美, 劉頌玉, 姜信沆 共著. 『藏書閣所藏 嘉禮都監儀軌』. 城南: 韓國精神文化研究院, 1994.

李成美, 劉頌玉, 姜信沆 共著. 『朝鮮時代 御眞關係 都監儀軌研究』. 城南: 韓國精神文化研究院, 1997.

이성미 외. 『조선왕실의 미술문화』. 서울: 대원사, 2005.

이태진. 『왕조의 유산: 외규장각 도서를 찾아서』. 서울: 지식산업사, 1994.

『李朝繪畫』. 서울: 知識產業社, 1975.

張慶嬉. 「朝鮮王朝 王室 嘉禮用 工藝品 研究」. 홍익대학교박사학위논문, 1999.

장순용. 『창덕궁』. 서울: 대원사, 1990(빛깔 있는 책들 70).

『藏書閣圖書韓國版總目錄』. 文化公報部 文化財管理局, 1972/ 韓國精神文化研究院 영인본, 1984.

『藏書閣圖書解題 I』. 城南: 韓國精神文化研究院, 1995.

『藏書閣所藏 儀軌解題』. 城南: 韓國精神文化硏究院, 2001.

鄭瑛美. 「朝鮮後期 郭汾陽行樂圖 硏究」. 韓國精神文化硏究院 韓國學大學院 석사논문, 1999.

『조선시대 기록화의 세계』. 서울: 고려대학교 박물관, 2001.

『조선시대 판화전』. 서울: 홍익대학교 박물관, 1991.

『조선왕실의 여성』. 한국학중앙연구원 藏書閣, 2005.

『韓國의 古版畵』. 한국정신문화연구원 고전자료실, 1979.

한국학중앙연구원 편. 『조선후기 궁중연향문화』 권1. 서울: 민속원 2003.

한국학중앙연구원 편. 『조선후기 궁중연향문화』 권2. 서울: 민속원 2005.

한영우. 『조선왕조 의궤』. 서울: 일지사, 2005.

■ 외국어 논저(論著)

劉萬朗. 『中國書畵辭典』. 北京: 華文出版社, 1990.

蔣玄台. 『中國繪畵材料史』. 上海: 上海書畵出版社, 1988.

『李朝の屛風』. 奈良: 大和文華館, 1987.

Haboush, JaHyun Kim. *The Memoirs of Lady Hyegyŏng: The Autobiographical Writings of a Crown Princess of Eighteeth-Century Korea*. Berkely, Los Angeles and London: University of California Press, 1996.

Park, Byeng-sen. *Règeles Protocolaires de la Cour Royale de la Corée des Li(1392-1910)*. Kyujanggak Archives, Université Nationale de Séoul, 1992.

Shin, Myung-ho. *Joseon Royal Court Culture: Ceremonial and Daily Life*. tran. by Timothy V. Atkinson. Seoul: Dolbege Publishers, 2004.

Yi, Song-mi. *Fragrance, Elegance, and Virtue: Korean Women in Traditional Arts and Humanities*. Seoul: Daewonsa, 2002/2004.

■ 웹사이트(Website)

http://koreandb.empas.com

http://www.kyujanggak.snu.ac.kr

http://www.history.go.kr

http://yoksa.aks.ac.kr

도판·표 목록

도 1-1 영조 가례도감의궤(1759) 표지. 규장각

도 1-2 전 김홍도(1745~1806), 〈규장각도(奎章閣圖)〉. 견본채색, 144.4× 115.6cm, 국립중앙박물관

도 1-3 창경궁 장서각. 1911년 건립

도 1-4 2002년도에 복원된 외규장각(外奎章閣) 건물. 윤진영 촬영

도 1-5 《강화부궁전도(江華府宮殿圖)》 화첩 중 〈외규장각도(外奎章閣圖)〉. 1881년, 36.8×26.7cm, 국립중앙도서관

도 2-1 왕세자〔경종〕 가례도감의궤(1696) 표지. 장서각

도 2-2 왕세자〔경종〕 가례도감의궤(1696) 내부 첫 장. 장서각

도 3-1 소현세자 가례도감의궤(1627) 반차도(全) 제1~8면. 장서각

도 3-2 소현세자 가례도감의궤(1627) 반차도 제8면과 본문 마지막 면. 장서각

도 3-3 소현세자 가례도감의궤(1627) 반차도 제1~2면. 장서각

도 3-4 소현세자 가례도감의궤(1627) 반차도 제3~4면. 장서각

도 3-5 백택기(白澤旗). 대한제국, 명주, 중심부 147×131cm, 화염각 34cm. 국립고궁박물관

도 3-6 소현세자 가례도감의궤(1627) 반차도 제5~6면. 장서각

도 3-7 소현세자 가례도감의궤(1627) 반차도 제7~8면. 장서각

도 3-8 숙종 가례도감의궤(1681) 반차도 제1면. 장서각

도 3-9 숙종 가례도감의궤(1681) 반차도 제2~3면. 장서각

도 3-10 숙종 가례도감의궤(1681) 반차도 제4~5면. 장서각

도 3-11 숙종 가례도감의궤(1681) 반차도 제6~7면. 장서각

도 3-12 숙종 가례도감의궤(1681) 반차도 제8~9면. 장서각

도 3-13 숙종 가례도감의궤(1681) 반차도 제10~11면. 장서각

도 3-14 숙종 가례도감의궤(1681) 반차도 제12~13면. 장서각

도 3-15 숙종 가례도감의궤(1681) 반차도 제14~15면. 장서각

도 3-16 숙종 가례도감의궤(1681) 반차도 제16~17면. 장서각

도 3-17 숙종 가례도감의궤(1681) 반차도 제18~19면. 장서각

도 3-18 왕세자〔숙종〕 가례도감의궤(1671) 반차도 제12면. 장서각

도 3-19 왕세자〔현종〕 가례도감의궤(1651) 반차도 제1~2면. 장서각

도 3-20 왕세자〔현종〕 가례도감의궤(1651) 반차도 제3~4면. 장서각

도 3-21 왕세자〔현종〕 가례도감의궤(1651) 반차도 제7~8면. 장서각

도 3-22 왕세자〔현종〕 가례도감의궤(1651) 반차도 제9~10면. 장서각

도 4-1 영조 가례도감의궤(1759) 반차도 제1~2면. 규장각

도 4-2 영조 가례도감의궤(1759) 반차도 제3~4면. 규장각

도 4-3 영조 가례도감의궤(1759) 반차도 제5~6면. 규장각

도 4-4 영조 가례도감의궤(1759) 반차도 제7~8면. 규장각

도 4-5 영조 가례도감의궤(1759) 반차도 제9~10면. 규장각

도 4-6 교룡기(蛟龍旗). 조선시대, 명주, 294.0×235.0cm, 화염각 55.0cm. 국립고궁박물관

도 4-7 영조 가례도감의궤(1759) 반차도 제11~12면. 규장각

도 4-8 영조 가례도감의궤(1759) 반차도 제13~14면. 규장각

도 4-9 영조 가례도감의궤(1759) 반차도 제15~16면. 규장각

도 4-10 영조 가례도감의궤(1759) 반차도 제17~18면. 규장각

도 4-11 영조 가례도감의궤(1759) 반차도 제19~20면. 규장각

도 4-12 영조 가례도감의궤(1759) 반차도 제21~22면. 규장각

도 4-13 영조 가례도감의궤(1759) 반차도 제23~24면. 규장각

도 4-14 영조 가례도감의궤(1759) 반차도 제25~26면. 규장각

도 4-15 영조 가례도감의궤(1759) 반차도 제27~28면. 규장각

도 4-16 영조 가례도감의궤(1759) 반차도 제21면 세부 왕의 연(輦). 규장각

도 4-17 영조 가례도감의궤(1759) 반차도 제42면 세부 왕비의 연(輦). 규장각

도 4-18 영조 가례도감의궤(1759) 반차도 제29~30면. 규장각

도 4-19 영조 가례도감의궤(1759) 반차도 제31~32면. 규장각

도 4-20 영조 가례도감의궤(1759) 반차도 제33~34면. 규장각

도 4-21 영조 가례도감의궤(1759) 반차도 제35~36면. 규장각

도 4-22 영조 가례도감의궤(1759) 반차도 제37~38면. 규장각

도 4-23 영조 가례도감의궤(1759) 반차도 제39~40면. 규장각

도 4-24 영조 가례도감의궤(1759) 반차도 제41~42면. 규장각

도 4-25 영조 가례도감의궤(1759) 반차도 제43~44면. 규장각

도 4-26 영조 가례도감의궤(1759) 반차도 제45~46면. 규장각

도 4-27 영조 가례도감의궤(1759) 반차도 제47~48면. 규장각

도 4-28 영조 가례도감의궤(1759) 반차도 제49~50면. 규장각

도 4-29 왕세손〔정조〕 가례도감의궤(1762) 반차도 제1~2면. 규장각

도 4-30 왕세손〔정조〕 가례도감의궤(1762) 반차도 제3~4면. 규장각

도 4-31 왕세손〔정조〕가례도감의궤(1762) 반차도 제5~6면. 규장각

도 4-32 왕세손〔정조〕가례도감의궤(1762) 반차도 제7~8면. 규장각

도 4-33 왕세손〔정조〕가례도감의궤(1762) 반차도 제9~10면. 규장각

도 4-34 왕세손〔정조〕가례도감의궤(1762) 반차도 제11~12면. 규장각

도 4-35 왕세손〔정조〕가례도감의궤(1762) 반차도 제13~14면. 규장각

도 4-36 왕세손〔정조〕가례도감의궤(1762) 반차도 제15~16면. 규장각

도 4-37 왕세손〔정조〕가례도감의궤(1762) 반차도 제17~18면. 규장각

도 5-1 순조 가례도감의궤(1802) 반차도 제3면 세부 갈도(喝導). 장서각

도 5-2 순조 가례도감의궤(1802) 반차도 제11면 세부 둑당기와 교룡기. 장서각

도 5-3 순조 가례도감의궤(1802) 반차도 제25~26면. 장서각

도 5-4 순조 가례도감의궤(1802) 반차도 제27~28면. 장서각

도 5-5 순조 가례도감의궤(1802) 반차도 제41면 세부 옥교(玉轎). 장서각

도 5-6 순조 가례도감의궤(1802) 반차도 제45면 세부 왕비의 연(輦). 장서각

도 5-7 왕세자〔익종/문조〕가례도감의궤(1819) 반차도 제9~10면. 장서각

도 5-8 왕세자〔익종/문조〕가례도감의궤(1819) 반차도 제31면 세부 용향정(龍香亭). 장서각

도 5-9 왕세자〔익종/문조〕가례도감의궤(1819) 반차도 제37면 명복석말채여(命服舃襪彩輿). 장서각

도 5-10 헌종 효현후 가례도감의궤(1837) 반차도 제27면 세부 왕의 연(輦). 장서각

도 5-11 헌종 효현후 가례도감의궤(1837) 반차도 제50면 세부 금보채여(金寶彩輿). 장서각

도 5-12 헌종 효현후 가례도감의궤(1837) 반차도 제58면 세부 왕비의 연(輦). 장서각

도 5-13 헌종 효정후 가례도감의궤(1844) 반차도 제9면 세부. 장서각

도 5-14 헌종 효정후 가례도감의궤(1844) 반차도 제67면. 장서각

도 5-15 헌종 효정후 가례도감의궤(1844) 반차도 제71면. 장서각

도 5-16 철종 가례도감의궤(1851) 반차도 제1~2면. 장서각

도 5-17 철종 가례도감의궤(1851) 반차도 제8~9면. 장서각

도 5-18 철종 가례도감의궤(1851) 반차도 제17~18면. 장서각

도 5-19 철종 가례도감의궤(1851) 반차도 제26면과 그 세부 둑기(纛旗). 장서각

도 5-20 철종 가례도감의궤(1851) 반차도 제42면 왕의 연(輦). 장서각

도 5-21 철종 가례도감의궤(1851) 반차도 제84면 왕비의 연(輦). 장서각

도 5-22 철종 가례도감의궤(1851) 반차도 제69면 세부 향용정(香龍亭). 장서각

도 5-23 철종 가례도감의궤(1851) 반차도 제70면 세부 교명요여(敎命腰輿). 장서각

도 5-24 철종 가례도감의궤(1851) 반차도 제92면 세부 기총(旗摠). 장서각

도 5-25 고종 가례도감의궤(1866) 반차도 제38면 세부 대원위 교자(大院位 轎子). 장서각

도 5-26 고종 가례도감의궤(1866) 반차도 제78면 부대부인덕응(府大夫人德應). 장서각

도 5-27 고종 가례도감의궤(1866) 반차도 제60면 세부 명의대채여(命衣襨彩輿). 장서각

도 5-28 고종 가례도감의궤(1866) 반차도 제61면 세부 명의대차비관(命衣襨差備官). 장서각

도 5-29 고종 가례도감의궤(1866) 반차도 제65면. 장서각

도 5-30 고종 가례도감의궤(1866) 반차도 제79면. 장서각

도 5-31 임오가례 간택단자(壬午嘉禮 揀擇單子). 1882년, 장서각

도 5-32 임오가례 간택단자 중 민씨 부분. 1882년, 장서각

도 5-33 왕세자〔순종〕 가례도감의궤(1882) 반차도 제23면 세부 예마(睿馬). 장서각

도 5-34 왕세자〔순종〕 가례도감의궤(1882) 반차도 제26면 세부 왕세자의 연(輦). 장서각

도 5-35 왕세자〔순종〕 가례도감의궤(1882) 반차도 제46면 세부 향정(香亭)과 용정(龍亭). 장서각

도 5-36 향정(香亭). 조선, 나무, 125.0×82.0×335.0cm, 일부 복원, 경기전(좌) 용정(龍亭). 조선, 나무, 80.5×62.0×122.0cm 가마채 332.0cm(우)

도 6-1 황태자〔순종〕 가례도감의궤(1906?) 두루마리 반차도 세부 순검(巡檢). 장서각

도 6-2 황태자〔순종〕 가례도감의궤(1906?) 두루마리 반차도 세부 봉교(鳳轎). 장서각

도 6-3 황태자〔순종〕 가례도감의궤(1906?) 두루마리 반차도 세부 금절(金節). 장서각

도 6-4 황태자〔순종〕 가례도감의궤(1906?) 두루마리 반차도 세부 타호(唾壺), 불진(拂塵). 장서각

도 7-1 소현세자 가례도감의궤(1627) 반차도 제3면 세부. 장서각

도 7-2 소현세자 가례도감의궤(1627) 반차도 제5면 세부 오장충찬위(烏仗忠贊衛). 장서각

도 7-3 소현세자 가례도감의궤(1627) 반차도 제6면 세부 세자빈의 연(輦). 장서각

도 7-4 소현세자 가례도감의궤(1627) 반차도 제6면 세부 유모, 시녀, 상궁. 장서각

도 7-5 인조 가례도감의궤(1638) 반차도 제6면 세부 상궁. 규장각

도 7-6 인조 가례도감의궤(1638) 반차도 제7면 세부 내시(內侍), 가위장(假衛將), 부장(部將). 규장각

도 7-7 왕세자〔현종〕 가례도감의궤(1651) 반차도 제5면 세부. 장서각

도 7-8 왕세자〔현종〕 가례도감의궤(1651) 반차도 제7면 세부. 장서각

도 7-9 왕세자〔현종〕 가례도감의궤(1651) 반차도 제7면 세부. 장서각

도 7-10 왕세자〔숙종〕 가례도감의궤(1671) 반차도 제5면. 장서각

도 7-11 왕세자〔숙종〕 가례도감의궤(1671) 반차도 제6면 세부. 장서각

도 7-12 왕세자〔숙종〕 가례도감의궤(1671) 반차도 제2면 세부. 장서각

도 7-13 숙종 가례도감의궤(1681) 반차도 제8면 세부. 장서각

도 7-14 왕세자〔경종〕 가례도감의궤(1696) 반차도 제8면 세부 별감, 봉촉, 보행시녀. 장서각

도 7-15 왕세자〔경종〕 가례도감의궤(1696) 반차도 제10면 세부 내의원 관원. 장서각

도 7-16 영조 가례도감의궤(1759) 반차도 제42면. 규장각

도 7-17 순조 가례도감의궤(1802) 반차도 제1면 세부. 장서각

도 7-18 순조 가례도감의궤(1802) 반차도 제22면. 장서각

도 7-19 왕세자〔익종/문조〕 가례도감의궤(1819) 반차도 제35면 세부 옥인채여(玉印彩輿). 장서각

도 7-20 왕세자〔익종/문조〕 가례도감의궤(1819) 반차도 제32면 세부. 장서각

도 7-21 헌종 효현후 가례도감의궤(1837) 반차도 제50면 세부 각종 차비(差備). 장서각

도 7-22 헌종 효현후 가례도감의궤(1837) 반차도 제13면 세부 교룡기(蛟龍旗). 장서각

도 7-23 헌종 효현후 가례도감의궤(1837) 반차도 제35면 세부 표기(標旗). 장서각

도 7-24 헌종 효정후 가례도감의궤(1844) 반차도 제15면 세부 취고수(吹鼓手). 장서각

도 7-25 헌종 효정후 가례도감의궤(1844) 반차도 제35면 세부 봉촉(捧燭). 장서각

도 7-26 헌종 효정후 가례도감의궤(1844) 반차도 제39면 세부. 장서각

도 7-27 헌종 효정후 가례도감의궤(1844) 반차도 제41면 세부 창검군(槍劍軍). 장서각

도 7-28 〈헌종가례진하계병(憲宗嘉禮陳賀契屛)〉. 1844년, 8첩, 견본채색, 각폭 115.0×51.5cm. 동아대학교 박물관

도 7-29 철종 가례도감의궤(1851) 반차도 제3면 세부 호조당상(戶曹堂上). 장서각

도 7-30 철종 가례도감의궤(1851) 반차도 제43면 세부 병방승지(兵房承旨). 장서각

도 7-31 철종 가례도감의궤(1851) 반차도 제76면. 장서각

도 7-32 고종 가례도감의궤(1866) 반차도 제6면. 장서각

도 7-33 고종 가례도감의궤(1866) 반차도 제7면. 장서각

도 7-34 고종 가례도감의궤(1866) 반차도 제30면. 장서각

도 7-35 고종 가례도감의궤(1866) 반차도 제69면 세부. 장서각

도 7-36 왕세자〔순종〕 가례도감의궤(1882) 반차도 제17면 세부. 장서각

도 7-37 왕세자〔순종〕 가례도감의궤(1882) 반차도 제31면 세부. 장서각

도 7-38 왕세자〔순종〕 가례도감의궤(1882) 반차도 제45면 세부 청도군(淸道軍). 장서각

도 7-39 황태자〔순종〕 가례도감의궤(1906?) 두루마리 반차도 세부 군악대(軍樂隊). 장서각

도 7-40 황태자〔순종〕 가례도감의궤(1906?) 두루마리 반차도 세부 의녀, 상궁. 장

서각

도 8-1 순조 가례도감의궤(1802) 본문 「공장질(工匠秩)」 세부. 장서각(좌)
도 8-2 왕세자〔경종〕 가례도감의궤(1696) 본문 「제색장인질(諸色匠人秩)」 세부. 장서각(우)
도 8-3 왕세자〔익종/문조〕 가례도감의궤(1819) 본문 「공장(工匠)」 세부. 장서각
도 8-4 왕세자〔익종/문조〕 가례도감의궤(1819) 본문 「교명식(敎命式)」 세부. 장서각
도 8-5 왕세자〔순종〕 가례도감의궤(1882) 「동뢰연배설도(同牢宴排設圖)」. 장서각
도 8-6 〈십장생도(十長生圖) 십첩병풍〉. 견본채색, 각폭 208.5×38.9cm, 국립고궁박물관
도 8-7 〈모란도(牧丹圖) 팔첩병풍〉. 견본채색, 각폭 204.0×53.5cm, 국립고궁박물관
도 8-8 〈화조영모도(花鳥翎毛圖) 팔첩병풍〉. 지본채색, 전체 크기 200.5×426.5cm, 강 콜렉션(Kang Collection)
도 8-9 〈연화도(蓮花圖) 십첩병풍〉. 지본채색, 전체 크기 170.2×325.1cm, 개인소장
도 8-10 〈곽분양행락도(郭汾陽行樂圖) 십첩병풍〉. 견본채색, The Minneapolis Institute of Arts.
도 8-11 〈백자동도(百子童圖) 병풍〉. 견본채색, 각폭 109.2×30.5cm, 개인소장

도 E-1 『藏書閣所藏 嘉禮都監儀軌』(城南: 韓國精神文化硏究院, 1994) 표지
도 E-2 한국학중앙연구원 장서각(藏書閣) 현판
도 E-3 원래의 장서각 현판. 한국학중앙연구원 장서각 소장

도 E-4 고종 가례도감의궤(1866) 반차도 제 78면의 세부 부대부인덕응(府大夫人德應). 장서각

도 E-5 『朝鮮時代御眞關係都監儀軌』(城南: 韓國精神文化硏究院, 1997) 표지

도 E-6 프랑스 국립도서관의 분관인 리슐리외 라이브러리(Richelieu Library) 고문헌실.

도 E-7 「영정모사도감의궤(影幀模寫都監儀軌)」(1735) 어람용 본의 복사면. 프랑스 국립도서관 리슐리외 라이브러리(Richelieu Library) 소장

도 E-8 경기전에 보관된 상태의 태조 어진. 1872년 이모본(移模本). 견본채색, 220×151cm.

도 E-9 경기전 태조 어진의 오른쪽 끝과 오봉병(五峯屛)의 해. 필자 촬영

도 E-10 『조선후기 궁중연향문화』(민속원, 권 I, 2003; 권 II, 2005) 표지

표 1. 조선시대 도감의궤의 종류와 그 내용

표 2. 장서각 소장 가례도감의궤와 반차도

표 3. 장서각에 없는 가례도감의궤와 반차도

표 4. 조선조 가례 때 종사한 화원(畵員)의 행사별 목록

표 5. 조선왕조 가례 때 제작, 사용된 병풍

표 6. 가례도감 참여 화가 가나다순 명단(총 234명)

표 7. 가례도감 참여 연대순 화가 명단

표 8. 『畵寫兩家譜錄』에 기재된 화가들의 가다나 순 명단(총 189명)

표 9. 오행과 그 관련 사항들

표 10. 동양의 24시

용어해설

일러두기

1. 문장가운데 어휘 뒤에 * 이 있는 것은 그 어휘가 독립항목임을 뜻한다.
2. 용어해설에 이어서 〈동양의 24시〉와 〈오행과 그 관련 사항들〉을 첨부하였다.

가교도(駕轎圖): 가마 그림.

가구선인기(駕龜仙人旗): 선인이 거북을 탄 모양이 그려져 있는 의장기의 일종.

가위장(假衛將): 임시로 고용된, 또는 다른 부서에서 차용된 위장(衛將).

갈도(喝導): 높은 사람이 행차할 때 길을 인도하는 관원.

감결(甘結): 상급관청에서 하급관청으로 내리는 공문.

감필체(減筆體): 최소한의 필선으로 대상의 정수(精髓)를 묘사하는 기법. 주로 선승(禪僧) 화가들이 사용했다.

강도외각(江都外閣): 1781년에 강화사고(江華史庫)의 별고(別庫)로 건립된 또 하나의 규장각(奎章閣). 외규장각(外奎章閣)이라고도 함. 궐내의 것을 내규장각(內奎章閣)이라고 구별하여 불렀다. 규장각은 세조 때 일시 설치되었다가 폐지되고 정조(正祖) 원년 1776년 다시 왕실도서관으로 창덕궁에 설치되었다. 규장각의 도서가 넘쳐나자 의궤(儀軌) 등 일부를 강도외각으로 옮겨 놓았다.

계라선전관(啓螺宣傳官): 계라(啓螺)란 임금이 거둥할 때 취타를 올리는 것을 말하므로 고취부대(鼓吹部隊)의 등장을 알리는 인물.

계방(桂坊): 익위사(翊衛司). *

계화(界畵): 자〔界尺〕를 이용하여 정밀하게 사물의 윤곽선을 그리는 회화 기법. 건물, 선박, 수레 등을 그릴 때 주로 사용함.

고기(告期): 혼인날짜를 고(告)하는 일. 택일을 알림.

고초기(高招旗): 군대를 지휘하고 호령할 때 쓰는 군기.

공장질(工匠秩): 도감에서 일한 모든 장인들의 종류별 명단.

곽분양행락도(郭汾陽行樂圖): 당 현종과 숙종 때의 인물 곽자의(郭子儀, 697-781)의 성공적인 삶을 주제로 한 그림. 그가 숙종으로부터 분양왕(汾陽王)에 제수되어 많은 자손들과 신하들을 거느리고 잔치를 베푸는 장면을 묘사한 것이다.

교명(教命): 일반적으로 국왕이 내리는 임명장. 가례에서는 왕비, 왕세자, 세자빈 등을 책봉할 때 훈유하는 말을 적은 화려한 두루마리.

교명문(教名文): 왕비, 왕세자, 세자빈 등을 책봉할 때 훈유하는 말을 쓴 글.

구륵전채법(鉤勒塡彩法): 윤곽선을 먼저 그리고 그 안에 색을 채우는 기법.

금보(金寶): 일반적으로는 추상존호(追上尊號)를 새긴 도장. 가례에서는 도금된 왕비, 세자빈의 인장.

난후군(攔後軍): 군대의 행진에서 대열의 뒤끝을 경비하는 군대.

남여(籃輿): 뚜껑이 없고 의자같이 생긴 가마.

납길(納吉): 신랑집에서 혼인 날짜를 받아 신부집에 보냄.

납비의(納妃儀): 왕비를 맞아들이는 의식.

납장(鑞匠): 납땜하는 장인.

납징(納徵): 청혼 수락 이후 신랑이 신부집에 보내는 예물.

납채(納采): 청혼.

납채문명(納采問名): 문명(問名)은 혼례 때 사자(使者)를 신부 집에 보내 신부 생모의 성씨를 묻는 절차로 납채(納采)*와 더불어 행함.

내관(來關): 상급 또는 같은 급의 관청에서 내도(來到)한 공문.

내금위(內禁衛): 궁중을 지키고 임금을 호위하는 군사.

노부(鹵簿): 임금이 거둥할 때 갖추는 여러 가지 의장(儀仗).

뇌자(牢子): 죄인을 다루는 병졸.

다회장(多繪匠): 여러 올의 색실로 끈목 띠를 치는 장인.

달사(達辭): 왕세자가 섭정할 때 논죄(論罪)에 관하여 왕에게 올리는 글.

답장(踏掌): 의자 아래에 놓아 발을 올려놓는 물건.

당마(塘馬): 적의 동태를 살피는 기마군.

당보기(塘報旗): 적군의 상황을 정찰하는 척후군(斥候軍)의 기.

당비파(唐琵琶): 중국 현악기의 하나. 공명통과 자루 부분이 각을 이루게 생겼다.

대가(大駕): 임금이 타는 가마. 어가(御駕), 보가(寶駕), 봉가(鳳駕)라고도 함.

대박(大箔): 대나무로 만든 큰 제기(祭器).

대선(大膳): 당안(唐雁)과 돼지고기, 소 뒷다리를 놓은 상. 동뢰연(同牢宴)* 장소에 놓는다.

대인거군(大引鉅軍): 큰 톱을 마주잡고 나무를 켜는 사람.

대함비(戴函婢): 머리에 함을 이고 가는 여비(女婢).

덕응(德應): 덩, 즉 가마.

도감(都監): 나라에서 특별한 행사가 있을 때 임시로 설치하는 관사(官司). 그 행사가 끝나면 해체된다.

도동해(陶東海): 동이.

도제조(都提調): 도감의 제일 우두머리. 삼정승(三政丞) 가운데 한사람, 또는 예조판서가 맡음.

둑(纛): 대가(大駕)* 나 군대의 행렬 앞에 세우는 대장기(大將旗).

독보상(讀寶床): 옥책(玉冊)*, 또는 죽책(竹冊)*을 읽을 때 올려놓는 상.

동뢰연(同牢宴): 신랑 신부가 서로 절한 뒤 술과 음식을 나누는 의식.

동조(東朝): 대왕대비를 일컬음.

두석장(豆錫匠): 놋쇠로 목가구에 장식하는 장인.

등사기(螣蛇旗): 대오방기(大五方旗)의 하나. 진영의 중앙에 세워 중위를 지휘함. 노란 바탕에 나는 뱀과 구름을 그리고, 기각(旗脚)은 붉은색으로 한다.

정리자(整理字): 『원행을묘정리의궤』(1795)를 찍기 위하여 생생자(生生字)를 기초로 하여 만든 동(銅) 활자.

마조장(磨造匠): 연자매를 만드는 장인.

망팔(望八): 71세, 즉 팔십을 바라보게 된 나이.

맹석(孟席): 한자의 뜻과는 달리 소박한 자리를 이름.

명복(命服): 지위에 따른 의복.

무겸(武兼): 무신 겸 선전관.

미포식(米布式): 쌀과 포(布)로 도감 종사자들에게 준 급여의 명세.

박배장(朴排匠): 문짝에 돌쩌귀, 고리, 배목(문고리를 걸어 자물쇠를 꽂는 못) 등을 박아서 문 얼굴에 맞추는 일을 하는 장인.

반사건(頒賜件): 행사에 참여한 고위관원에게 나누어 줄 의궤 책, 또는 병풍.

반전(盤纏): 노자(路資)의 중국식 표현.

반차도(班次圖): 의식에서 모든 참가자들이 각기 지위에 따라 정해진 위치에 늘어선 모습을 그린 그림, 또는 행렬도.

방외화사(方外畵師): 화원(畵員)이 아닌 지방에서 활약하는 화가.

배안상(排案床): 반차도*에서 옥책*이나 금보*를 실은 가마의 전후에 배치된 인물들이 들고 있는 주칠(朱漆) 상.

배위(拜位): 술잔을 올리는 사람들의 정해진 위치.

백자동도(百子童圖): 백동자도라고도 함. 놀이에 열중하고 있는 많은 아이들을 그린 그림. 다복(多福), 다자(多子)의 상징인 곽분양행락도(郭汾陽行樂圖)* 에서 유래한 것.

백청(白淸): 빛깔이 희고 품질이 좋은 꿀.

백택(白澤): 유덕(有德)한 임금이 다스리는 시기에 나타나며 사람의 말을 한다는 신수(神獸).

백택기(白澤旗): 흰 바탕에 백택*과 구름을 그린 기. 원래는 청(靑), 적(赤), 황(黃), 백(白) 네 가지의 채색을 사용하며 기각(旗脚)은 불꽃 모양으로 만든다.

별궁(別宮): 삼간택에서 뽑힌 처자(處子)가 가례 전까지 왕비 수업을 받거나 육례(六禮)* 가운데 동뢰연을 제외한 모든 행사를 치르기 위해 머무는 장소. 가례 때마다 별궁은 바뀔 수 있다.

별파진(別破陣): 무관 잡직.

보마(寶馬): 임금이 타는 말.

봉거군(捧炬軍): 횃불을 든 사람.

봉교(鳳轎): 대한제국기의 황제가 타던 가마. 붉은색 표면에 지붕 위에는 황금 봉황으로 장식하였다.

봉영(奉迎): 사자(使者)를 시켜서 왕비를 맞이함.

부인(符印): 부계(符契)와 각인(刻印), 부계는 부절(符節)과 같음. 부절은 사신(使臣)이 가지고 다니는 것으로, 둘로 갈라 하나는 조정(朝廷)에 보관하고 하나는 본인이 신표(信標)로 사용하였음.

분(分): 분병조당상과 같이 그 직책을 나누어 행하도록 임시로 임명하는 관직 앞에 붙는 접두어.

분상용(分上用): 전국의 사고(史庫) 네 군데, 또는 정부의 각 기관에 나누어 보관하는 용도의 책.

분칭(分秤): 한 푼부터 20냥까지를 다는 저울.

빈청(賓廳): 조선시대 궁중에 있던 비변사(備邊司)의 대신이나 당상관들의 회의실.

사간원(司諫院): 조선시대 삼사(三司)의 하나로, 국왕에게 간(諫)하는 일을 맡아보던 기관.

사권화(絲圈花): 비단과 철사로 만든 꽃.

사대첩(沙大貼): 사기 대접.

사막자(沙莫子): 약이나 기타 고체를 가는 작은 사기 공이.

사복정(司僕正): 궁중의 가마나 말에 관한 일을 맡아보는 정3품 벼슬.

사알(司謁): 임금의 명령을 전달하는 역할을 맡은 인물.

사업내승(司業內乘): 말과 수레에 관한 일을 맡아 보는 말단 벼슬.

사완(沙碗): 사기 접시.

사장(篩匠): 체를 만드는 장인.

사헌부(司憲府): 조선시대 삼사(三司)의 하나로, 당시의 정치에 관하여 논평하고 모든 관리의 비행을 조사하여 그 책임을 규탄하며 풍기·풍속을 바로잡고 백성이 억울하게 누명을 쓰는 일이 없나를 살펴 그것을 풀어주는 등의 일을 맡아보던 관청.

삼사(三司): 사헌부 * 사간원 * 홍문관 * 의 합칭.

상(床): 탁(卓)보다 좀 큰 것.

상서원관(尙瑞院官): 옥새나 부인(符印) * 에 관한 일을 맡은 관원.

선전관(宣傳官): 백성에게 명령을 전하는 임무를 맡은 관리.

세저(細苧): 가는 모시.

소선(小膳): 당안(唐雁)과 양고기를 놓은 상. 동뢰연 * 장소에 배치함.

소인거군(小引鉅軍): 작은 톱을 마주잡고 나무를 켜는 사람.

소인장(小引匠): 톱을 마주잡고 나무를 켜는 장인.

쇄약(鎖鑰): 자물쇠와 열쇠.

쇄약장(鎖鑰匠): 자물쇠와 열쇠를 만드는 장인.

습의(習儀): 예행연습.

시강원(侍講院): 왕세자 교육을 담당한 기관.

시호(諡號): 제왕, 경상(卿相), 유현(儒賢)들이 죽은 후 그들 생전의 공덕을 칭송하여 추증(追贈)하는 칭호.

신목(申目): 섭정하는 왕세자에게 판서(判書), 병사(兵使) 등이 올리는 서류의 목록.

실관대과조용(實官待窠調用): 자리가 나기를 기다려 실관(實官)에 임명함.

악원(樂院): 장악원(掌樂院).

액정서(掖庭署): 전갈(傳喝), 대궐의 열쇠와 자물쇠, 그리고 왕에게 붓과 벼루를 제공하는 일을 맡아보는 관아.

야장(冶匠): 대장장이.

양관장(梁冠匠): 조복(朝服)을 입을 때 쓰는 금관(金冠)을 만드는 장인.

양산장(陽繖匠): 의장용(儀仗用) 양산을 만드는 장인.

양태장(凉太匠): 갓의 둥근 전을 만드는 장인.

어람용(御覽用): 국왕을 위해 만든 책이나 그림.

어진(御眞): 국왕의 초상화. 이 어휘는 한자로 이루어졌으나 중국에서는 사용하지 않는 것으로 조선 숙종(肅宗)때의 신조어(新造語)이다.

어찬안(御饌案): 국왕을 위한 음식상.

예관(禮官): 예조(禮曹)의 관원, 또는 예(禮)에 관한 일을 담당한 관원.

예마(睿馬): 왕세자의 말.

예소(睿疏): 왕세자의 소문(疏文).

오방(五方): 다섯 방위(方位), 즉 동서남북에 중앙(中央)을 더한 동양의 독특한 우주관. 오방에는 각각 그와 일치하는 색, 계절, 오행(五行), 수호신수(神獸) 등이 있다. 이 용어해설 끝에 있는 〈오행과 그 관련사항들〉 참조.

오장충찬위(烏杖忠贊衛): 끝이 뭉툭한 검은 장대를 든 충찬위, 충찬위는 조선시대의 중앙군에 포함되었던 양반 특수병종으로 오위(五衛)의 하나인 충장위에 속했던 군대.

오례(五禮): 길례(吉禮: 국가 차원의 제사, 관례, 혼사), 가례(嘉禮: 왕실의 혼사), 군례(軍禮), 빈례(賓禮: 사신을 맞이하는 예), 흉례(凶禮: 장례).

옥교(玉轎): 임금이 타는 위를 꾸미지 않은 작은 가마.

옥당(玉堂): 홍문관 * 의 다른 이름.

옥책(玉冊): 제왕(帝王), 후비(后妃)의 존호(尊號)를 올릴 때 송덕문(頌德文)을 옥(玉)에 새겨놓은 간책(簡冊).

온궁(溫宮): 온양에 있는 행궁.

온혜장(溫鞋匠): 앞코에 구름무늬가 있는 여자의 마른 신을 만드는 장인. 운혜장(雲鞋匠)이라고도 함.

요여(腰輿): 왕실행사 때 교명(敎命), 옥책(玉冊), 금보(金寶) 등의 의물(儀物)들을 실어 나르는 작은 가마.

요포(料布): 각 관아의 원역(員役)들에게 급료(給料)로 줄 베나 무명.

용정(龍亭): 궁중의 행사 때 어제시(御製詩)를 실어 나르는 작은 정자 모양의 가마.

욕석(褥席): 지금의 보료와 방석.

외규장각(外奎章閣): → 강도외각(江都外閣) *

운두첨자(雲頭籤子): 윗부분이 구름처럼 고불고불한 꽂이.

월도(月刀): 끝에 초생달 모양의 칼날이 달린 무기.

위상고사(爲相考事): 이두(吏讀)로 "살펴서 해야 할 일"이라는 말.

유수부(留守府): 수도 다음으로 중요한 행정구역.

육례(六禮): 납채(納采), * 납징(納徵), * 고기(告期), * 책비(冊妃), * 친영(親迎), * 동뢰연(同牢宴) * 등 왕실혼례의 여섯 가지 절차와 의식(儀式).

육필화(肉筆畵): 판화나 인쇄한 그림이 아닌 사람이 직접 붓으로 그린 그림.

응행절목(應行節目): 반드시 해야 하는 일들의 목록.

의궤(儀軌): 의식(儀式)의 궤범(軌範). 국가적 행사가 있을 때 그 의식의 전말(顚末)을 상세히 기록하여 차후에 그와 유사한 행사가 있을 때 참고할 수 있도록 하기 위한 기록. 도설(圖說)이나 반차도를 포함하여 책으로 묶었다.

의대(衣襨): 예물 옷을 넣은 상자.

이문(移文): 동등한 관아 사이에 왕래하는 공문서.

익위사(翊衛司): 왕세자의 시위(侍衛)를 맡던 관청.

인기(認旗): 주장(主將)이 휘하(麾下)를 지휘하는 데 쓰는 기. 대장 이외에 각 장수가 모두 따로따로 쓰므로 각 영(營)에 따라 다른 색을 사용함.

인로근장(引路近仗): 길을 인도하는 역할을 하는 인물.

인마(印馬): 왕이 거둥할 때 옥새(玉璽)를 싣고 가는 말.

임헌초계(臨軒醮戒): 왕세자(또는 왕세손)의 가례의식 중 책빈(冊嬪) 의식 후에 거행하는 것으로 국초에는 근정전 어좌의 앞에 향안을 설치하고 전하가 어좌에 오르면 향을 피어오르게 하고, 사옹원(司饔院)의 부제조가 왕자 또는 왕세손에게 술잔을 권한 후 전하는 왕자에게 "가서 네 안사람을 맞이하여 우리 종묘의 일을 잇게 하고 힘써 엄하게 거느리도록 하라."고 교명을 내리면 왕세자는 "신 모는 삼가 교지를 받들겠습니다."라고 말하고 부복하였다가 일어나 몸을 바로 하는 의식절차.

장마(仗馬): 국가의 행사에서 의장의 일부로 사용하기위해 만든 말 모양의 물건. 또는 의장에 참여하는 실제의 말.

장표(掌標): 원행에 수행하는 각 사(司) 인원들이 차는 표.

저주지(楮注紙): 저지는 닥나무로 만든 질이 낮은 종이. 주지(注紙)는 승지 또는 사초를 쓰는 관리가 왕의 명령을 기록하기 위해 사용하는 종이.

전미(田米): 밭벼의 쌀.

전악(典樂): 장악원(掌樂院) 소속 정6품 잡직(雜織).

정(亭): 술항아리, 꽃 항아리를 놓는 높은 탁자. 다리가 곡선으로 되어있고, 윗부분에 난간이 있는 것도 있음.

제색공장질(諸色工匠秩): 여러 종류의 장인들을 분류하여 그 이름을 기록한 것. 공장질과 같음.

제조(提調): 도제조(都提調)의 바로 아래 지위에 있는 관원. 종1품 또는 2품.

조현례(朝見禮): 동뢰연*을 마친 왕비나 세자빈이 대비, 대왕대비 등 왕실의 어른들에게 첫 인사를 드리는 의식.

좌목(座目): 일반적으로는 인적사항이 포함된 명단. 도감의궤에서는 그 행사를 책임맡은 도제조 이하 각 관원들의 임명 날짜가 적힌 명단.

주원(廚院): 사옹원(司饔院).

죽책(竹冊): 왕세자 및 세자빈 책봉문을 적은 죽편(竹片) 간책(簡册).

준화(樽花): 진연시(進宴時) 커다란 탁자 위 항아리에 꽂는 꽃. 가례에서는 동뢰연(同牢宴) 장소에 배치함.

진언(眞諺): 한자와 언문, 즉 한글.

진연(進宴): 궁중에서 연중(年中) 대소(大小) 행사 또는 특별한 일이 있을 때 베푸는 연향.

진하(陳賀): 나라에 경사가 있을 때 관원이 글을 올려 하례(賀禮)함.

집박(執拍): 국악연주나 춤 공연의 지휘자.

차비(差備, 자비): 특별한 일을 맡기기 위하여 임명하는 임시직. 그 신분에 따라 차비관(官), 차비군(差備軍), 차비노(奴) 등이 있다. 조선시대 언어 연구가들에 의하면 당시에 "차비"보다 발음이 부드러운 "자비"를 썼다고 함.

차지(次知): 각 궁방의 일을 맡아 보는 사람.

채여(彩輿): 모란꽃을 그린 채색된 작은 가마. 옥책(玉册),* 금보(金寶) * 등의 의물(儀物)을 운반하는 데 사용.

책비(册妃): 비(妃)에 책봉함.

척후(斥候): 적의 동태를 살피는 군인.

천혈장(穿穴匠): 구멍 뚫는 장인.

초주지(草注紙): 초지는 풀을 원료로 하여 불순물을 제거한 후 만든 질 좋은 종이. 주지(注紙)는 승지 또는 사초를 쓰는 관리가 왕의 명령을 기록하기 위해 사용하는 종이.

초혜장(草鞋匠): 짚신을 만드는 장인.

춘방(春坊): 세자시강원(世子侍講院). *

충찬위(忠贊衛): 조선시대의 중앙군에 포함되었던 양반 특수병종으로 오위(五衛)의 하나인 충장위에 속했던 군대.

취고수(吹鼓手): 부는 악기와 치는 악기를 연주하는 군대.

친영(親迎): 왕이나 왕세자, 왕세손이 직접 신부를 맞이함.

칭자(稱子): 저울.

파총(把摠): 무관의 말단직.

편차(便次): 임금이 행사시 머물러 쉴 수 있도록 마련한 자리.

품목(稟目): 국가에서 내려 받는 물건의 목록. 상관에게 여쭙는 글.

향차비(香差備, 향자비): 궁중의 행사 때 향을 준비하는 일을 맡은 사람.

향정(香亭): 궁중의 행사 때 향로를 실어 나르는 정자 모양의 조그만 가마.

향용정(香龍亭): 궁중의 행사 때 향로와 어제시(御製詩)를 실어 나르는 정자 모양의 작은 가마. 용향정이라고도 한다.

행궁(行宮): 임금이 도성 밖으로 거둥할 때 임시로 머무는 별궁. 이궁(離宮).

현주(玄酒): 술 대신 사용하는 냉수.

협율랑(協律郞): 나라의 제향(祭享)이나 진연(進宴)때 풍류를 연주하는 일을 맡은 벼슬. 장악원(掌樂院) 관원 중에서 임시로 뽑았음.

홍문관(弘文館): 조선시대 삼사(三司)* 의 하나로, 궁중의 경서, 사적, 문서를 관리하고 왕을 자문하는 관청.

후수(後繡): 조복(朝服)의 뒤로 늘어뜨리는 학을 수놓은 장식.

휘(麾): 기(旗).

표 9_오행과 그 관련 사항들

오행(五行)	오색(五色)	오방(五方)	계절(季節)	신수(神獸)	기(氣)
목(木)	청(靑)	동(東)	춘(春)	청룡(靑龍)	풍(風)
화(火)	적(赤)	남(南)	하(夏)	주작(朱雀)	열(熱)
토(土)	황(黃)	중앙(中央)	토용(土用)*	황룡(黃龍)	습(濕)
금(金)	백(白)	서(西)	추(秋)	백호(白虎)	조(燥)
수(水)	흑(黑)	북(北)	동(冬)	현무(玄武)	한(寒)

* 토용(土用)은 사계절 안에 모두 포함되어 있다. 즉, 사계절이 시작될 때 처음 18일을 이른다. 일수로는 18×4=72일이므로 일년의 약 5분의 1에 해당한다. 토용 대신 토왕지절(土王之節) 또는 사계(四季)라고도 한다.

표 10_동양의 24시

12시(時)		
	자시(子時)	밤 11시 - 새벽 1시
	축시(丑時)	새벽 1시 - 새벽 3시
	인시(寅時)	새벽 3시 - 새벽 5시
	묘시(卯時)	새벽 5시 - 아침 7시
	진시(辰時)	아침 7시 - 아침 9시
	사시(巳時)	아침 9시 - 오전 11시
	오시(午時)	오전 11시 - 오후 1시
	미시(未時)	오후 1시 - 오후 3시
	신시(申時)	오후 3시 - 오후 5시
	유시(酉時)	오후 5시 - 오후 7시
	술시(戌時)	오후 7시 - 오후 9시
	해시(亥時)	오후 9시 - 오후 11시
간시(間時)		
	계시(癸時)	밤 12시 30분 - 새벽 1시 30분
	간시(艮時)	새벽 2시 30분 - 새벽 3시 30분
	갑시(甲時)	새벽 4시 30분 - 새벽 5시 30분
	을시(乙時)	아침 6시 30분 - 아침 7시 30분
	손시(巽時)	아침 8시 30분 - 아침 9시 30분
	병시(丙時)	아침 10시 30분 - 오전 11시 30분
	정시(丁時)	오후 12시 30분 - 오후 1시 30분
	곤시(坤時)	오후 2시 30분 - 오후 3시 30분
	경시(庚時)	오후 4시 30분 - 오후 5시 30분
	신시(辛時)	오후 6시 30분 - 오후 7시 30분
	건시(乾時)	저녁 8시 30분 - 저녁 9시 30분
	임시(壬時)	밤 10시 30분 - 밤 11시 30분

찾아보기

* 작품명은 굵은 글씨로 표기한다.

가구선인기(駕龜仙人旗) 111, 272, 298, 423
가구선인기수(駕龜仙人旗手) 272
가례 노부도설(嘉禮鹵簿圖說) 39, 40, 46, 50, 51, 56, 76, 98, 111, 112, 200
가서봉(哥舒棒) 111
가위장(假衛將) 54, 79, 243
가전별초(駕前別抄) 113
각단기(角端旗) 111
갈도(喝導) 184, 255, 423
감조관(監造官) 54, 391, 393, 395, 396, 397
감필체(減筆體) 246, 423
강도외각(江都外閣) 423
강신항(姜信沆) 4, 13, 357, 359, 366, 369
강화부궁전도(江華府宮殿圖) 389
개복청(改服廳) 300
거안차비(擧案差備) 133

경기전(慶基殿) 376
경조당상(京兆堂上) 98
경행방(慶幸坊) 39
경희궁(慶熙宮) 광명전(光明殿) 159
계공(啓功) 380
계라선전관(啓螺宣傳官) 206, 423
계방 193, 197
계방(桂坊) 193, 227, 274, 424
계화(界畵) 266
고기(告期) 19, 97, 158, 183, 192, 198, 216, 231, 424, 430
고려궁지(高麗宮址) 389
고려대장경판(高麗大藏經板) 389
고수 99
고자기(鼓字旗) 111
고진승(高鎭升) 293, 319, 339
고초기(高招旗) 192, 209, 424
고취(鼓吹) 206
고취부대(鼓吹部隊) 206, 423
곽분양(郭汾陽) 361

곽분양왕도(郭汾陽王圖) 303
곽분양자의행락도(郭汾陽子儀行樂圖) 311
곽자의도병풍(郭子儀圖屛風) 314
곽분양행락도(郭汾陽行樂圖) 302, 309, 311, 312, 315, 349, 361, 427
관상감(觀象監) 183
교련관 99
교룡기(蛟龍旗) 99, 110, 185, 206, 259, 260
교명(敎命) 19, 35, 36, 56, 94, 161, 193, 212, 280, 285, 286, 287, 288, 289, 290, 291, 293, 346, 348, 393, 424, 430, 431
교명궤(敎命櫃) 97, 184, 393
교명문(敎名文) 42, 56, 393, 424
교명문 제술관(製述官) 394
교명봉리식(敎命封裏式) 393
교명식(敎命式) 184, 192, 216, 282, 360, 393
교명여(敎命輿) 42, 43, 56, 81, 94
교명요여(敎命腰輿) 132, 161, 214, 236
교명직조식(敎命織造式) 393
교명차비 133
교명회장식(敎命繪粧式) 393
구륵전채법(鉤勒塡彩法) 239, 424
『국조속오례의(國朝續五禮儀)』 24, 92, 96, 209, 347
『국조속오례의보(國朝續五禮儀補)』 24, 92, 96, 162, 408
『국조속오례의보서례(國朝續五禮儀補序例)』 92, 96
『국조속오례의서례(國朝續五禮儀序例)』 24, 76, 92, 96, 347
『국조오례의(國朝五禮儀)』 24, 37, 39, 77, 79, 209, 347, 370, 409
『국조오례의보(國朝五禮儀補)』 209
『국조오례의서례(國朝五禮儀序例)』 24, 39, 42, 43, 46, 50, 51, 56, 76, 77, 93, 94, 98, 99, 112, 200, 237, 347, 409
국화동구(菊花童具) 33
『국혼정례(國婚定例)』 134, 159
군왕천세기(君王千歲旗) 111
궁내청(宮內廳) 13
권열(權悅) 285, 319, 331
귀유적(歸遊赤) 81, 222
규장각(奎章閣) 4, 13, 15, 16, 18, 26, 27, 33, 35, 79, 81, 93~96, 161, 191, 202, 225, 231~236, 243, 253, 254, 275, 276, 298, 300, 306, 307, 345~347, 350, 354, 357, 359, 384, 385, 386, 389, 393, 407, 409~411, 423

규장각도(奎章閣圖) 14
규장각(奎章閣) 도서관 13, 26, 27, 33, 95, 345
규장각신(奎章閣臣) 191, 347
금(琴) 77
금등(金鐙) 43, 46, 76, 111
금립과(金立瓜) 43, 46, 76, 111, 162
금월부(金鉞斧) 111
금작자(金斫子) 111
금장도(金粧刀) 111
금횡과(金橫瓜) 111
금관조복 191
금관조복(金冠朝服) 184, 267
금보(金寶) 36, 56, 97, 184, 201, 212, 216, 285~293, 305, 346, 348, 360, 395, 396, 424, 430, 433
금보보화화원(金寶補畵畵員) 292, 293, 294, 295
금보채여(金寶彩輿) 133, 200, 236, 259, 406
금부도사(禁府都事) 98, 132
금수(金手) 99
금월부(金鉞斧) 76
금자기(金字旗) 111
금장도(金粧刀) 43, 46, 76, 162
금절(金節) 235
금책요여 236

금훤도사(禁喧都事) 78
기록화(記錄畵) 35, 278, 279
기린기(麒麟旗) 298
기마시녀(騎馬侍女) 78
기마의녀(騎馬醫女) 79
기마집사(騎馬執事) 43, 50, 56
기행내인(騎行內人) 78
기행시녀차비의녀(騎行侍女差備醫女) 222
김건종(金建鍾) 290, 319, 335, 398
김경두(金景斗) 290, 319, 335
김광백(金光白) 398
김구성(金九成) 287, 288, 319, 333, 398
김기락(金基洛) 295, 319, 341
김노(金魯) 97
김대길(金岱吉) 319, 331
김대길(金岱吉) 285
김덕구(金德九) 398
김덕성(金德成) 399
김덕중(金德重) 399
김덕하(金德夏) 319, 333, 399
김도희(金道喜) 202
김동주(金東柱) 367
김두기(金斗機) 288, 319, 333
김득신(金得臣) 290, 319, 335, 399
김명국(金明國 혹은 命國) 285, 319, 330
김명규(金命奎) 291, 319, 335, 337

김명기(金命基) 290, 319, 335
김명원(金命遠) 290, 291, 292, 293, 319, 335
김무(金懋) 294, 319, 340
김문근(金汶根) 207
김삼의(金三義) 303
김상보(金尙寶) 355
김상훈(金相勳) 292, 293, 319, 338
김석린(金錫麟) 294, 319, 340
김석주(金錫胄) 56
김선(金瑄) 399
김선호(金善祜) 292, 319, 338
김성록(金聖祿) 292, 319, 338
김성오(金省吾) 399
김세중(金世重) 288, 319, 334, 399
김수권(金壽權) 399
김수증(金壽增) 56
김수항(金壽恒) 55, 80
김수훈(金洙勳) 295
김수훈(金洙薰) 294, 320, 340
김순종(金舜鍾) 292, 293, 320, 338, 399
김시묵(金時默) 158
김안국(金安國) 293, 320, 339, 399
김양기(金良驥) 399
김양신(金良臣) 290, 320, 336, 399
김여흥(金麗興) 286, 320, 333
김영운(金英云) 381

김영호(金榮浩) 294, 320, 340
김용수(金溶秀) 295, 320, 341
김응리(金應履) 399
김응수(金應洙) 290, 292, 320, 336
김응환(金應煥) 289, 320, 334, 399
김의식(金義植) 294, 320, 340
김재경(金在敬) 293, 320, 340
김재공(金在恭) 290, 291, 320, 336
김재수(金在洙 혹은 在秀) 290, 320, 336
김재정(金在鼎 혹은 載正, 載鼎) 291, 292, 320, 337
김재종(金在鍾) 292, 293, 320, 338
김재학(金在學) 295, 320, 340
김재호(金在鎬) 291, 320, 337
김정수(金廷秀) 399
김제규(金濟逵) 293, 320, 340
김제도(金濟道) 293, 320, 339, 399
김제무(金濟懋) 399
김제순(金濟淳) 294, 321, 340
김조근(金祖根) 197, 198
김조순(金祖淳) 183
김종회(金宗繪) 399
김종흠(金宗欽) 399
김주신(金柱臣) 93
김지영(金芝英) 360
김지혜(金知惠) 375
김창운(金昌雲) 295, 321, 341

김철신(金哲臣) 290, 321, 336
김충호(金忠豪) 285, 321, 331
김태현(金台鉉) 295, 321, 340
김택인(金宅仁) 321, 340
김필흠(金弼欽) 399
김하종(金夏鍾) 293, 321, 339, 399
김학건(金學健) 291, 321, 337
김학경(金學敬) 290, 291, 292, 321, 337
김학도(金學道) 293, 294, 321, 339
김학선(金學善) 291, 292, 321, 337
김한구 97
김한구(金漢耈) 97
김한영(金漢英) 290, 291, 321, 335, 336
김현임(金炫任) 374
김홍도(金弘道) 399
김화종(金和鍾) 291, 321, 337
김흥근(金興根) 207
난후군(攔後軍) 200
남여(籃輿) 206, 424
남태제(南泰齊) 158
남한산성 34
납징(納徵) 19, 97, 158, 183, 192, 198, 202, 216, 231, 424, 430
납채(納采) 19, 97, 158, 183, 192, 198, 202, 216, 224, 231, 424, 430
납채문명(納采問名) 231
납채의(納采儀) 394

낭청(郎廳) 158, 160, 183, 391, 393, 395
내규장각(內奎章閣) 423
내금위(內禁衛) 42, 425
내명부(內命婦) 93, 133
내·외명부 94
내조(來照) 231
노부(鹵簿) 425
노상복(盧相福) 367
노시빈(盧時彬) 288, 321, 334, 399
노태현(盧泰鉉) 400
노홍두(盧弘斗) 367
뇌자(牢子) 98, 99, 425
달자중관(達字中官) 227
답장(踏掌) 93, 425
답진(踏陣) 76, 93
닷집[唐家] 377
당기(幢旗) 99
당보기(塘報旗) 192, 425
당비파(唐琵琶) 77, 425
대령장예별감(待令壯藝別監) 275
대영도서관(British Library) 13
대원위 교자(大院位 轎子) 217, 269
대한제국(大韓帝國) 237
대함(戴函) 197, 261
대함비(戴函婢) 163, 425
도감(都監) 11, 392
도로사지(道路事知) 185

도제조(都提調) 35, 54, 55, 80, 96, 97, 158, 183, 192, 198, 202, 207, 216, 224, 391, ~393, 432
도청(都廳), 54, 183, 391
도화주사(圖畵主事) 295, 299, 300
독보상(讀寶床) 133
독책상(讀冊床) 133
동궁계비 윤씨(東宮繼妃 尹氏) 25, 29, 230
『東闕圖』 343
동뢰연(同牢宴) 36, 56, 97, 132, 133, 158, 160, 184, 192, 198, 202, 207, 216, 224, 231, 233, 290, 316, 346, 394, 396, 425~428, 430, 432
동뢰연 배설도(排設圖) 192
동뢰연기명(同牢宴器皿) 395
동뢰연기명질(同牢宴器皿秩), 396
동뢰연도(同牢宴圖) 184, 216, 316, 360, 396
동뢰연청(同牢宴廳) 301, 302, 303, 349
둑(纛) 99
둑당기(纛幢旗) 185, 206
등사기(騰蛇旗) 209
류형식(柳炯植) 6
맥코믹 홀(McCormick Hall) 375
명복(命服) 36, 50, 56, 94, 212, 346, 426

명복석말채여(命服舃襪彩轝) 196, 197, 257, 406
명복여(命服轝) 50, 56, 81
명복차비관(命服差備官) 222
명복채여(命服彩轝) 133, 197, 222, 267, 269
명성왕후(明成王后) 민씨 215, 216, 223, 269
명성황후(明成皇后) 216
명의대석말채여(命衣襨舃襪彩轝) 236
명의대차비관(命衣襨差備官) 222
명의대채여(命衣襨彩轝) 222
모란도 팔첩병풍 306
모란십첩 중병풍 300
모란십첩대병풍(牧丹十貼大屛風) 298
모절(旄節) 43, 46, 76, 162, 235
무예청문기(武藝廳門旗) 227
무진진찬도병(戊辰進饌圖屛) 383
무채저포병풍(無彩苧布屛風) 303
미테랑 대통령 362
민정중(閔鼎重) 55
민치록(閔致祿) 215
민태호(閔台鎬) 223
민회빈(愍懷嬪) 35
박기준(朴基駿 혹은 基俊) 292, 321, 338, 400
박대영(朴大英) 294, 321, 340

박동보(朴東普) 400
박병선(朴炳善) 15, 16, 18, 33, 354
박성근(朴性根) 292, 321, 338
박수대(朴壽大) 288, 321, 334
박영준(朴英俊) 296, 321, 341
박용기(朴鏞夔) 294, 295, 321, 340, 400
박용훈(朴鏞勳 혹은 鏞薰) 296, 321, 341, 400
박유성(朴維城) 290, 322, 336, 400
박은순(朴銀順) 354
박인수(朴仁壽 혹은 寅壽) 290, 322, 337
박정현(朴正鉉 혹은 定鉉) 294, 295, 322, 341
박정혜(朴廷蕙) 202, 344, 354, 355, 410
박중번(朴重蕃) 287, 288, 321, 322, 333, 334
박지선(朴智善) 383
박창수(朴昌洙) 294, 295, 322, 341
박창의(朴昌義) 303
박춘식(朴春植) 295, 322, 341
박치경(朴致儆) 290, 322, 336
박효원(朴孝源) 291, 322, 337
박희서(朴禧瑞) 291, 322, 337
반기문(潘基文) 387
방외화사(方外畫師) 342, 343, 426
백은배(白殷培) 293, 322, 339, 400

백자동(百子童) 병풍 302, 314
백자동도(百子童圖) 303, 309, 311
백준환(白俊煥 혹은 駿煥) 291, 293, 322, 337, 400
백충현(白忠鉉) 386
백택기(白澤旗) 43, 46, 47, 76, 111, 298
백학기(白鶴旗) 111
백호기(白虎旗) 111
백희배(白禧培) 295, 322, 341, 400
벽봉기(碧鳳旗) 111
벽은(僻隱) 404
변광복(卞光復) 290, 322, 336, 400
변광욱(卞光郁) 400
변량(卞良) 286, 322, 333
변상벽(卞相壁) 400
변영섭(邊英燮) 353
변용규(卞容奎) 291, 322, 337
별공작의궤(別工作儀軌) 396
별궁(別宮) 19, 35, 36, 38, 55, 56, 83, 95, 97, 216, 233, 300, 307, 346, 349, 359, 427, 433
별궁기명(別宮器皿) 395
별궁기명질(別宮器皿秩) 396
별궁수리소(別宮修理所) 55, 391
별궁진배 300, 301, 303
별파진(別破陣) 113, 427
병인양요(丙寅洋擾) 4, 15, 27, 216, 354

병풍장(屛風匠) 303
보행내인(步行內人) 78
본궁궁임(本宮宮任) 222
본궁진배(本宮進排) 397
봉가(鳳駕) 237, 425
봉교(鳳轎) 233~237, 277, 347, 348, 427
봉림대군(鳳林大君) 34, 55
봉여(鳳輿) 237
봉연(鳳輦) 237
봉영반차도(奉迎班次圖) 233
봉향(捧香) 197
부대부인 덩 269, 270, 272
부대부인덕응(府大夫人德應) 217, 218, 366
부연(副輦) 112, 199, 222
부연군 113
부연장(扶輦將) 113
부절(符節) 235, 427
부함충찬위(負函忠贊衛) 163
분강서원관(分講書院官) 163
분도청부(分都廳府) 83
분병조낭청(分兵曹郞廳) 54, 79
분병조당상(分兵曹堂上) 54, 79, 427
분양행락도(汾陽行樂圖) 302 → 곽분양행락도 참조
분위종사관(分衛從司官) 163
『불설대보부모은중경언해(佛說大報父母恩重經諺解)』246
불진(拂塵) 235, 236
사간원당상(司諫院堂上) 198
사고 분상용(史庫 分上用) 25, 26, 30, 32, 95, 354, 357, 358, 362, 363, 371
사기동자(砂器童子) 160
사도세자(思悼世子) 95
사복정(司僕正) 112, 428
사신기(四神旗) 209, 267
사신당(四神幢) 111
사약(司鑰) 227
사업내승(司業內乘) 113, 428
삼각기(三角旗) 111
삼간택(三揀擇) 18, 19, 55, 97, 183, 192, 198, 202, 216, 223, 224, 359, 395, 427
삼전도(三田渡) 34
상전(賞典) 183, 191, 284, 296, 348, 393
상화(床花) 383
상휘당(祥輝堂) 159
서국린(徐國麟) 291, 292, 322, 338, 400
서리(書吏) 54, 79, 80, 98, 132, 255, 358, 391, 392, 393, 395
서복린(徐復麟) 400
서원희(徐元熙) 295, 299, 322, 341
서유원(徐有源) 400

서중규(徐重奎) 400
서치순(徐致淳) 292, 322, 338
서홍원(徐興源) 292, 293, 322, 338, 400
선공감봉사(繕工監奉事) 396
선기병(善騎兵) 192
선상대장(先廂大將) 198
선전관(宣傳官) 42, 113, 426, 428
선전관청(宣傳官廳) 113
세계기록유산(Memory of the World) 388, 389
세자빈 강씨(世子嬪 姜氏) 25
세자시강원(世子侍講院) 193, 433
세자익위사(世子翊衛司) 193
소와당(笑臥堂) 6
소환귀유적(小宦歸遊赤) 81, 246
송근수(宋近洙) 224
송기중(宋基中) 363, 365
송병화(宋秉華) 294, 323, 341
송시열(宋時烈) 55
송중현(宋重鉉) 295, 323, 341
수라간기명질(水刺間器皿秩) 396
수리소의궤(修理所儀軌) 397
수빈 박씨(綏嬪 朴氏) 158
『受爵儀軌(수작의궤)』 381
순검(巡檢) 232, 234, 276
순령수(巡令手) 98, 99
순명왕후(純明王后) 민씨 223, 230

순원왕후(純元王后) 182, 183, 207, 253
순정효황후(純貞孝皇后) 230
시강원(侍講院) 26, 83, 429
시령중관(侍令中官) 227
시마다 상(Shimada Prize) 361
시마다 슈지로(島田 修二郞) 361
신기(神旗) 39, 98, 111, 132
신덕흡(申德洽) 288, 289, 323, 334
신만(申晩) 96
신선영(申善暎) 7, 368
신세담(申世潭) 400
신윤복(申潤福) 400
신일흥(申日興) 400
신학모(申鶴模) 294, 323, 341
신한동(申漢東) 289, 323, 334
신한평(申漢枰) 290, 323, 336, 400
신호(辛浩) 290, 323, 336
신흠(申欽) 35, 54
심규상(沈象奎) 198
심양(瀋陽) 34
십장생 311
십장생 10첩 대병풍 298, 300, 304
쌍이단엽잔(雙耳單葉盞) 160
아시아 소사이어티(Asia Society) 356
안덕기(安德基) 293, 323, 339
안명설(安命卨) 289, 323, 334
안영상(安英祥) 292, 323, 339

안창복(安昌福) 292, 323, 339
안휘준(安輝濬) 342, 343, 353, 357, 361, 373
약방도제조(藥房都提調) 132
어람용(御覽用) 5, 25, 26, 30, 33, 95, 216, 354, 358, 359, 388, 371, 372, 429
어의궁(於義宮) 95
어제비장전(御製秘藏詮) 246
어제비장전 판화 연구 논문 362
어진(御眞) 368
엄일(嚴逸) 285, 323, 331
엄정준(嚴廷俊) 286, 323, 332
여흥부대부인(驪興府大夫人) 218, 347
연배여군(輦陪餘軍) 79, 83
연화십첩중병풍(蓮花十貼中屛風) 298, 300, 310
영안부원군(永安府院君) 183
영자기(令字旗) 111, 298
예마(睿馬) 226, 429
예마(睿馬) 227
예식원(禮式院) 231
예조(禮曹) 15, 25, 26, 223, 345, 392, 393, 429
오봉병(五峯屛) 373
오영훈(吳泳薰) 294, 323, 341
오위(五衛) 50, 430, 433

오위장(五衛將) 113
오장충찬위(烏杖忠贊衛) 50, 241, 430
옥교(玉轎) 112
옥교배 112
옥인채여(玉印彩輿) 257, 258
옥책(玉冊) 36, 56, 184, 212, 216, 284~293, 346, 395, 425, , 426, 430, 433
옥책갑(玉冊匣) 184, 395
옥책배안상(玉冊排案床) 395
옥책요여(玉冊腰輿) 133, 206
옥책전금화원(玉冊塡金畵員) 292, 293, 294
왜장(倭裝) 302
외규장각 4, 13, 15, 16, 27, 216, 354, 355, 363, 384, 385, 387, 388, 409, 410, 411, 423, 430
외규장각도(外奎章閣圖) 17
외명부(外命婦) 93, 94
요여(腰輿) 36, 212, 228, 257, 295, 430
요채여(腰彩輿) 290, 291, 293, 393
욕석차비(褥席差備) 133
용마기(龍馬旗) 111
용정(龍亭) 228, 229, 236, 295, 430
용향정(龍香亭) 193, 196, 406, 433
우통례(右通禮) 112
우현상(又玄賞) 373

운두첨자(雲頭籤子) 97, 430
운문대단(雲紋大緞) 32, 359
운현궁(雲峴宮) 216
웅골타자(熊骨朶子) 111
원경문(元景文) 400
원명복(元命福) 288, 323, 334, 400
원영풍(元永豊) 295, 323, 342
『원행을묘정리의궤(園幸乙卯整理儀軌)』
　　23, 358, 381, 426
유네스코 세계기록유산(UNESCO
　　Memory of the World) 4
유성업(柳成業) 285, 323, 330, 400
유송옥(劉頌玉) 4, 18, 27, 98, 202, 207,
　　242, 243, 276, 354, 357, 369, 411
유연호(劉淵祜) 294, 323, 340
유운평(劉運平) 291, 323, 338
유운홍(劉運弘) 291, 323, 338
유종건(劉宗健) 323, 333
유치홍(俞致弘) 292, 323, 339
육정기(六丁旗) 111
육필화 20, 238, 244, 247, 251, 253,
　　269, 278, 347, 348, 431
육필화 반차도 243
윤경란(尹景蘭) 374
윤득행(尹得行) 97
윤명주(尹命周) 400
윤명택(尹命澤) 401

윤석영(尹錫永) 294, 295, 296, 299,
　　323, 341
윤영관(尹永寬) 387
윤인행(尹仁行) 290, 323, 336
윤재함(尹在咸) 401
윤진영(尹軫暎) 382
윤택영(尹澤榮) 230
은관자(銀灌子) 76, 93, 111
은교의(銀交倚) 76
은등(銀鐙) 43, 46, 76, 111
은립과(銀立瓜) 43, 46, 76, 111, 162
은우(銀盂) 76, 111
은월부(銀鉞斧) 76, 111
은작자(銀斫子) 111
은장도(銀粧刀) 43, 76, 111, 162
은횡과(銀橫瓜) 111
은인채여(銀印彩輿) 162
은장도(銀粧刀) 43, 76
을미지변(乙未之變) 216
의대(衣襨) 112, 225, 285~293, 295,
　　393, 394, 431
의대(衣襨) 35
의정부(議政府) 25, 217, 235
이계윤(李啓允) 296, 324, 342
이광식(李光埴) 401
이광필(李光弼) 289, 324, 335
이귀흥(李貴興) 286, 287, 324, 332

이기룡(李起龍) 285, 296, 324, 330, 401
이기영(李祺榮) 295, 296
이단하(李端夏) 55
이덕영(李悳泳) 295
이덕원(李德元) 285, 324, 331
이덕익(李德益) 285, 296, 324, 331, 401
이도민(李道民) 289, 324, 335
이동기(李東基) 295, 324, 341
이동연(李東延) 292, 324, 339
이만억(李萬億) 286, 287, 324, 333
이명규(李命奎) 401
이명기(李命基) 401
이명수(李明修) 401
이명유(李命儒) 290, 291, 324, 336, 401
이명환(李命煥) 294, 324, 341
이명희(李明喜) 295
이민서(李敏敍) 56
이방식(李邦埴) 401
이복규(李復圭) 289, 324, 335
이봉린(李鳳麟) 401
이사집(李思集) 290, 324, 336
이상진(李尙眞) 55
이성린(李聖麟) 288, 324, 334, 401
이성복(李成福) 401
이세번(李世蕃) 288, 324, 334
이소연(李昭娟) 383
이송란(李松蘭) 382

이수미(李秀美) 356
이수미(李秀美) 374
이수민(李壽民) 290, 291, 292, 324, 336, 401
이수형(李壽亨) 401
이시수(李時秀) 192
이신흠(李信欽) 401
이예성(李禮成) 374
이유담(李有聃) 290, 324, 336, 401
이유석(李惟碩) 286, 325, 335, 401
이유탄(李惟坦) 285, 286, 325, 331, 401
이윤민(李潤民) 290, 291, 325, 336, 401
이윤희(李侖禧) 7, 368
이은상(李殷常) 293
이응모(李膺模) 293
이응모(李膺謨) 325, 339
이응연(李應淵) 294, 325, 341
이의록(李宜祿) 401
이의번(李宜蕃) 288, 325, 334, 401
이의수(李儀秀) 293, 325, 339
이의양(李義養) 291, 325, 338, 401
이인걸(李仁傑) 402
이인담(李仁聃) 292, 325, 339
이인문(李寅文) 290, 325, 336, 402
이인식(李寅植) 402
이재관(李在寬 혹은 在觀) 292, 325, 343, 339

이재기(李在基) 402
이재영(李載榮) 296
이정근(李正根) 402
이정식(李正植) 402
이정주(李鼎周) 292, 325, 339, 402
『李朝繪畵』398
이종근(李宗根) 402
이종빈(李宗彬) 293, 325, 339, 402
이종수(李宗秀) 402
이종욱(李宗郁) 289, 325, 335
이종현(李宗賢) 402
이징(李澄 242, 285, 297, 300, 325, 331, 349
이차견(李次堅) 286, 287, 325, 332
이찬(李燦) 287, 325, 333, 402
이최식(李蕞埴) 402
이최인(李最仁) 289, 325, 335
이태진(李泰鎭) 384, 386
이택록(李宅祿) 402
이필선(李弼善) 402
이필성(李必成) 289, 325, 335
이필한(李必漢) 289, 326, 335
이한철(李漢喆) 292, 293, 326, 339, 402
이항진(李恒震) 288, 326, 334
이형록(李亨祿) 402
이형정(李衡精) 402
이혜구(李惠求) 375

이홍규(李泓虯) 402
이효빈(李孝彬) 291, 326, 338
이후(李后) 287, 326, 333
이후(李厚) 287
이홍효(李興孝) 402
이희목(李喜穆) 296
익위사(翊衛司) 54, 424, 431
인경왕후(仁敬王后) 55
인로근장(引路近仗) 42, 431
인마(印馬) 81, 227, 247, 431
인여(印輿) 46
인원왕후(仁元王后) 92, 93
인현왕후(仁顯王后) 29, 38, 55, 93
일산사지(日傘事知) 185
일월병(日月屛) 373
일월오봉병(日月五峯屛) 373
임성하(林成夏) 288, 326, 334
임수홍(林壽興) 288, 326, 334, 340
임익수(林益秀) 290, 326, 336
임종우(林鍾祐) 293, 326, 340
『壬辰進饌儀軌(임진진찬의궤)』381
임천근(林千根) 289
임헌초계 161, 162, 163
임헌초계(臨軒醮戒) 161, 162, 224, 231
자크 살루아(Jaques Sallois) 385
작선(雀扇) 43, 46, 76, 111, 162
장경주(張敬周) 402

장계만(張繼萬) 288, 326, 334, 402
장고(杖鼓) 77
장관주(張觀周) 402
장기심(張基心) 296
장기주(張起周) 402
장대원(張大遠) 290, 326, 337, 402
장덕만(張德萬) 403
장동혁(張東赫) 403
장득만(張得萬) 287, 326, 333, 403
장렬후(莊烈后) 55, 81, 243
장륜(張綸) 403
장마(仗馬) 76, 112, 162, 227, 250, 257
장문찬(張文燦) 288, 326, 334
장번중관(長番中官) 227
장벽만(張璧萬) 289, 316, 326, 334, 335
장사주(張師周) 403
장삼만(張三萬) 287, 326, 333
장상동(張祥同) 288, 326, 334
장상량(張尙良) 403
장상주(張祥周) 403
장서각(藏書閣) 4, 5, 6, 13~18, 25~33, 95, 96, 160, 202, 223, 227, 228, 231, 233, 234, 236, 243, 253, 275, 346, 353~359, 362~368, 381, 385, 389, 407, 409, 412
장서각 도서관 13, 15, 26
장서각(藏書閣) 현판 365

장순경(張舜慶) 403
장시량(張時亮) 287, 326, 332, 403
장예청문기(壯藝廳門旗) 227
장완(張綬) 290, 326, 337, 403
장완주(張完周) 403
장우량(張佑良) 403
장의만(張義萬) 403
장자방(張子房 혹은 自房) 286, 287, 326, 332, 403
장자성(張子晟) 403
장자욱(張子旭) 286, 287, 327, 332, 403
장자준(張子俊) 403
장자징(張子澄) 289, 327, 335, 403
장자한(張子漢) 403
장자현(張子賢) 287, 327, 333, 403
장재룡(張在龍) 387
장조(莊祖) 95
장준(張綽) 403
장준량(張駿良) 292, 327, 339, 403
장준순(張俊巡) 403
장충명(張忠明 혹은 忠命) 285, 286, 327, 331, 403
장충헌(張忠獻) 286, 327, 332, 403
장치록(張致祿) 327, 339
장한종(張漢宗) 290, 327, 337, 404
장헌세자(莊獻世子) 95
장후감(張後堪) 404

재용(財用) 231
저주지(楮注紙) 32, 33, 357
저포(苧布) **십장생 대병풍** 300
저포(苧布) **중병풍** 301
적상산 사고 27, 33, 357
적상산성(赤裳山城) 26, 232
전계대원군(全係大院君) 광(壙) 207
전부고취 113
전상직(全祥直) 404
전성우(全聖祐) 404
전수묵(全修默) 294, 295, 296, 299, 327, 341
전악(典樂) 77, 80, 113, 133, 206, 250, 432
전위대(前衛隊) 42, 43, 113, 133
전웅수(全應洙) 404
전의묵(全毅默) 294, 295
전재성(全在成 혹은 在晟) 292, 293, 327, 339
전재영(全在英) 293, 327, 340
전재준(全在俊) 293
전재학(全在學) 293
전초관(前哨官) 209
전택인(全宅仁) 293, 327, 340
전패군(前牌軍) 160
절화영모(節花翎毛) 10첩 중병풍 301
정덕홍(鄭德弘) 289, 327, 335

정도근(鄭道根) 295, 327, 342
정동렬(鄭東烈) 293, 294, 327, 340
정리자(整理字) 23, 358
정묘호란(1627) 26
정성왕후 서씨(貞聖王后 徐氏) 95
정수동(鄭秀東) 294, 327, 340
정순왕후 김씨(貞純王后 金氏) 96
정양완(鄭良婉) 366
정연호(鄭淵祜) 327, 340
정영미(鄭瑛美) 315, 361
정옥자(鄭玉子) 386
정응렬(鄭應烈) 294, 327, 340
정이항(鄭履恒) 290, 327, 337
정익선(鄭益善) 295, 296
정족산성(鼎足山城) 26
정창현(鄭昌鉉) 293, 327, 340
정환종(鄭桓宗) 291, 328, 338
정휘조(鄭彙朝) 295, 328, 342
제조(提調) 54, 297, 391, 432
조경선(趙敬善) 296, 328, 342
조경우(趙慶遇) 290, 328, 337
조계명(趙繼明) 404
조광승(趙光承) 285, 328, 331, 404
조기대(趙基大) 367
조기학(趙祺學) 296
조두순(趙斗淳) 216
조만영(趙萬永) 191

조만흥(趙萬興) 287, 328, 333
조문명(趙文命) 94
조서승(趙瑞承) 285, 328, 331, 404
조석헌(趙碩獻) 286, 328
『조선시대 궁중기록화 연구』 202, 355, 410
『조선시대 기록화의 세계』 412
조성명(趙成明) 404
조의명(趙義明) 404
조재흥(趙在興) 295, 299, 328, 342
조정벽(趙廷璧) 404
조중묵(趙仲默) 294, 328, 340
조철명(趙哲明) 286, 287, 328, 333
조홍우(趙弘宇) 288, 328, 334
조회(照會) 231
좌통례(左通禮) 112
주작기(朱雀旗) 111
주통(朱筒) 97
죽책(竹册) 36, 43, 46, 50, 56, 94, 192, 193, 284~286, 292, 295, 425, 432
죽책여(竹册輿) 43
죽책요여(竹册腰輿) 239
죽책전금(竹册塡金) 290
죽책전금화원(竹册塡金畵員) 294
죽책제구(竹册諸具) 287, 288, 289
죽책채여(竹册彩輿) 162
지가(支架) 134, 163

지거(支擧) 78, 134, 163
지거군(支擧軍) 134
진재기(秦再起) 404
진재해(秦再奚) 287, 328, 333, 404
차정원(車廷元) 285, 328, 331
차지(次知) 81, 99, 432
차충익(車忠益) 285, 328, 331
채여 50, 56, 201, 257, 259
채여(彩輿) 36, 50, 56, 80, 81, 94, 200, 201, 212, 257, 259, 280, 295, 346, 348, 433
채여기화(彩輿起畵) 291
채여기화화사(彩輿起畵畵師) 294, 295
채초(彩綃) 병풍 303
책비(册妃) 19, 97, 183, 198, 202, 216, 231, 430, 433
천하태평기(天下太平旗) 111
청도군(淸道軍) 193, 200, 209, 274, 275
청룡기(靑龍旗) 111
청상립차비침선기(淸箱笠差備針線妓) 222
청선(靑扇) 46, 51, 79, 111, 162, 251
청양산(靑陽傘) 46
초(綃) 대병풍 301
초(綃) 중병풍 301
초(綃) 화초영모 중병풍 300
초관(哨官) 42, 54, 56, 80, 94, 132, 163,

247

초주지(草注紙) 32, 358

최달효(崔達孝) 293, 328

최동적(崔東績) 288, 328, 334

최명구(崔命九) 291, 328, 338

최석준(崔碩俊) 286, 328, 332, 404

최석헌(崔碩巘) 286, 328, 332, 404

최석현(崔奭鉉) 294, 295, 328, 341

최선아(崔善娥) 383

최성홍(崔成泓) 386

최성흥(崔聖興) 289, 328, 335

최수억(崔壽億) 404

최수철(崔壽哲) 404

최수한(崔壽漢) 404

최운제(崔雲齊) 288, 328, 334, 404

최원(崔垣) 291, 292, 329, 338

최윤평(崔允平) 295, 329, 342

최의철(崔宜喆) 295

최중길(崔重吉) 290, 329, 337

최진옥(崔珍玉) 7

최창우(崔昌祐) 290, 329, 337

최택흠(崔宅欽) 293, 329, 340

최한준(崔漢俊) 293

춘방(春坊) 193, 227, 274, 433

춘추관(春秋館) 25

충장위(忠壯衛) 50, 430, 433

충찬위(忠贊衛) 50, 132, 133, 163, 430,

433

취고수(吹鼓手) 98, 99, 260, 433

친영(親迎) 19, 37, 97, 96, 158, 161,
183, 192, 198, 202, 216, 224, 231,
233, 391, 430, 433

친영의(親迎儀) 19, 36, 39, 55, 95, 97,
161, 346

태조(太祖) 어진(御眞) 376

태평관(太平館 또는 大平館) 38, 39

파총(把摠) 42, 222, 229, 237, 433

포살수(砲殺手) 42, 54, 56, 80, 81, 94,
98, 238

표골타자(豹骨朶子) 111, 209

표미기(豹尾旗) 209, 267

표미창수(豹尾槍手) 227

풍양 조씨(豊壤 趙氏) 191

『풍呈도감의궤(豊呈都監儀軌, 풍정도감의궤)』 381

프랑스 국립 도서관 4, 13, 15, 18, 26,
27, 95, 346, 354, 362, 363, 371,
372, 384, 388

프린스턴(Princeton) 대학 362, 375,
376

한림대학교 발굴단 389

한무신(韓戊辰) 303

한사근(韓師瑾) 289, 329, 335

한상진(韓相震) 385

한선국(韓善國) 285, 329, 331, 404

한세기(韓世琦) 404
한승수(韓昇洙) 386
한시각(韓時覺) 285, 286, 296, 329, 331, 404
한시웅(韓時雄) 404
한시진(韓時振) 404
한신국(韓信國) 404
한영우(韓永愚) 13, 352, 355, 386, 412
한제국(韓悌國) 405
한종유(韓宗裕) 405
한종일(韓宗一) 289, 329, 335
한중흥(韓重興) 405
한후방(韓後芳 혹은 後邦) 286, 329, 332, 405
함경룡(咸慶龍) 285, 329, 332
함두량(咸斗樑) 405
함성하(咸成夏) 405
함세휘(咸世輝) 287, 288, 329, 333, 405
함제건(咸悌建) 286, 329, 332, 405
함종건(咸宗建) 285, 286, 329, 332
함찬(咸燦) 405
함태흥(咸太興 혹은 泰興) 287, 288, 329, 333
향교동(鄕校洞) 본궁(本宮) 38, 39
향용정(香龍亭) 161, 163, 200, 206, 212, 214, 228, 214, 433
향정(香亭) 228, 229, 236, 295, 433

향차비(香差備, 향자비) 78, 433
향통배(香桶陪) 76, 80
허감(許礚) 405
허겸(許謙) 405
허굉(許宏) 290, 329, 337, 405
허담(許淡) 405
허도(許燾) 294, 295
허론(許碖) 405
허민(許珉) 405
허석(許晳) 405
허숙(許俶) 405
허순(許淳) 291, 292, 329, 338, 405
허승현(許承賢) 405
허식(許寔) 291, 330, 338, 405
허용(許容) 405
허우(許佑) 287, 330, 333, 405
허운(許沄) 291, 292, 330, 338
허의순(許義順) 286, 330, 332, 405
허인순(許仁順) 286, 330, 332, 405
허임(許任) 288, 330, 334, 405
허잡(許磼) 289, 330, 335, 406
허준(許俊) 406
허즙(許楫) 406
허철(許哲) 406
허포(許䆃) 290, 329, 337, 405
허홍(許泓) 406
허흡(許洽) 291, 330, 338

헌종가례진하계병(憲宗嘉禮陳賀契屏) 264
현무기(玄武旗) 111, 298
현유강(玄有綱) 287, 330, 333, 406
현인서(玄麟瑞) 330, 334
현재항(玄載恒) 289, 330, 335, 406
현학기(玄鶴旗) 111
협률랑(協律郞) 77
협시중관(挾侍中官) 227
홍경민(洪敬民) 285, 330, 331
홍문대기(洪門大旗) 111
홍봉순(洪鳳淳) 295, 330, 341
홍봉한(洪鳳漢) 95
홍응복(洪膺福) 406
홍재현(洪在炫) 296
홍주복(洪疇福) 406
홍재룡(洪在龍) 202
홍필환(洪弼煥) 294, 330, 341
『화사양가보록(畫寫兩家譜錄)』 20, 318, 398
화원도화주사(畫員圖畫主事) 299, 350
화조영모도 팔첩병풍 308
화초십첩대병풍(花草十貼大屛風) 298, 300
황룡기(黃龍旗) 111
황문기(黃門旗) 209
황수영(黃壽永) 353

황윤손(黃倫孫) 406
효순왕후(孝純王后) 94
효장세자(孝章世子, 追尊 眞宗) 94
효정왕후 홍씨(孝定王后 洪氏) 202
효현왕후 김씨(孝顯王后 金氏) 197, 202
후부고취 113
후사대기(後射隊旗) 134
후수(侯繡) 267, 434
후패군(後牌軍) 161
훈련대장 99
훈련도감포살수(訓練都監砲殺手) 81
훈령(訓令) 231
『휘경원원소도감의궤(徽慶園園所都監儀軌)』 362
흑개(黑盖) 228
흥명문(興明門) 159
흥선대원군(興宣大院君) 216, 217, 347
흥정당(興政堂) 159

왕실 혼례의 기록
가례도감의궤와 미술사

2008년 6월 23일 1판 1쇄

지은이 : 李成美

펴낸이 : 柳炯植
펴낸곳 : (주)소와당笑臥堂
신고번호 : 제313-2008-5호
주소 : (121-819) 서울시 마포구 동교동 198-20 한사스튜디오 701호
전화 : (070)7585-9639
팩스 : (050)5115-9639
전자우편 : hansan@sowadang.com
사진촬영 : 류정석
사진보정 : 채희만

저작권자와 맺은 협약에 따라 인지를 생략합니다.

값은 뒤표지에 적혀 있습니다.
잘못 만든 책은 서점에서 바꾸어 드립니다.

ISBN 978-89-960638-2-7 03910